本成果受到中国人民大学 2022 年度"中央高校建设世界一流大学(学科)和特色发展引导专项资金"支持。

Supported by fund for building world-class universities (disciplines) of Renmin University of China.

中国近现代林业经济史

柯水发 等编著

中国财经出版传媒集团

经济科学出版社

Economic Science Press

图书在版编目（CIP）数据

中国近现代林业经济史/柯水发等编著. -- 北京：
经济科学出版社，2023.9（2024.2 重印）
（人大农经精品书系）
ISBN 978 - 7 - 5218 - 5128 - 1

Ⅰ.①中⋯　Ⅱ.①柯⋯　Ⅲ.①林业经济 - 经济史 - 研
究 - 中国 - 近现代　Ⅳ.①F326.23

中国国家版本馆 CIP 数据核字（2023）第 174505 号

责任编辑：刘　莎
责任校对：王苗苗
责任印制：邱　天

中国近现代林业经济史

柯水发　等编著

经济科学出版社出版、发行　新华书店经销
社址：北京市海淀区阜成路甲 28 号　邮编：100142
总编部电话：010 - 88191217　发行部电话：010 - 88191522
网址：www. esp. com. cn
电子邮箱：esp@ esp. com. cn
天猫网店：经济科学出版社旗舰店
网址：http：//jjkxcbs. tmall. com
固安华明印业有限公司印装
787×1092　16 开　28 印张　390000 字
2023 年 9 月第 1 版　2024 年 2 月第 2 次印刷
ISBN 978 - 7 - 5218 - 5128 - 1　定价：120.00 元
（图书出现印装问题，本社负责调换。电话：010 - 88191545）
（版权所有　侵权必究　打击盗版　举报热线：010 - 88191661
QQ：2242791300　营销中心电话：010 - 88191537
电子邮箱：dbts@ esp. com. cn）

编著人员

主要编著人员

柯水发　李红勋　崔海兴　赵铁珍　乔　丹

其他编著人员

赵海兰　王雨濛　马明娟　袁雪婷　吕晓萱

纪　元　谢艳琦　黄丹妮　石守信　周丁盈

袁婉潼　叶冠宏　赵慧敏　肖　灿　梁楚仪

序

写史不易，写林业经济史更不易。

习近平总书记于2015年致第二十二届国际历史科学大会贺信中强调："重视历史、研究历史、借鉴历史，可以给人类带来很多了解昨天、把握今天、开创明天的智慧。"

王长富教授非常重视对中国林业经济史的研究，他在其所著《中国林业经济史》前言中认为"中国林业经济有悠久的历史，中国林业经济在整个国民经济中虽未占首要地位，但是，其作用也是不容忽视的。中国林业经济有很多值得参考、借鉴以及弘扬的成果和经验"。王长富教授编写了《中国林业经济史》（1990）等专著，开启了中国林业经济史研究的先河。2019年，中国林业经济学会和国家林业和草原局管理干部学院组织编写并出版了《新中国林业经济思想史略》，是新中国成立以来第一部系统汇总、传承林业经济理论研究及学科建设的综合性、资料性书籍。

柯水发教授系中国人民大学农业与农村发展学院林业经济与管理系主任、教授、博士生导师，曾于1995~2011年在北京林业大学经济管理学院学习和工作，曾跟随中国社会科学院李周先生深造，长期从事林业经济教学与研究工作，对林业经济管理学科的建设担当有为。柯水发教授等编著的《中国近现代林业经济史》，在继承前人研究的基础上，把诸多散见于有关书籍里的林业经济史料和相关论文进行了系统整理，并增补了许多新的内容，这不仅填补了林业经济史研究的一些空白，而且为当代林业的高质量发展提供了很好的参考。

党的二十大绘就了中国式现代化的宏伟蓝图，开启了中华民族复兴图强的崭新篇章。人与自然和谐共生的中国式现代化新征程的时代号角已经吹响，中国林业高质量发展必须守正创新，以习近平新时代中国特色社会主义思想，尤其是以习近平生态文明思想为根本遵循，以"两山理论"为根本基调，以解决好生态保护、绿色发展与民生改善为根本问题，把握新发展阶段，贯彻新发展理念，构建新发展格局。

柯水发教授和所带领的团队编写的《中国近现代林业经济史》，为新征程上正在奋进的中国林业建设添智添力，为蓬勃发展的林业经济学科发展添砖加瓦。《中国近现代林业经济史》史料丰富，内容充实，条理清晰，相信广大读者一定能够从中有所获益。

值新书出版之际，乐为序。

中国林业经济学会副理事长

北京林业大学教授

2023 年 5 月

前　言

　　党的二十大报告明确提出"坚定历史自信，增强历史主动"的要求。习近平总书记曾在为《复兴文库》所作的题为《在复兴之路上坚定前行》的序言中指出：修史立典，存史启智，以文化人，这是中华民族延续几千年的一个传统。

　　"以史为鉴，察往知来。"林业经济史的梳理与出版意义重大。林业经济史的梳理，对于加快构建中国自主知识体系和中国特色社会科学学科体系、学术体系和话语体系具有重要意义。林业经济史的梳理对于揭示林业经济发展规律、发扬林业经济思想、提升林业经济理论和完善林业经济政策体系具有重要意义。林业经济史的梳理对于促进林业经济学科研究也具有积极意义，相关史料具有重要的历史价值，为相关后续研究奠定重要的史料基础。此外，林业经济史的梳理，对于促进农林经济管理学科发展、提升学校学院学科影响力具有重要意义，对于促进政府相关部门的林业经济发展决策也具有重要的参考借鉴意义。通过林业经济史的梳理，有利于总结林业经济发展经验、吸取教训，有助于探索当前和未来的林业经济发展道路。

　　当前，我国林业经济史研究已有一定基础，国内已经积累了较为丰富的林业史文献资料和研究成果。文献资料是开展林业经济史研究的重要基础。新中国成立后，《中国森林史料》（陈嵘，1951）和《中国林业技术史料初步研究》（干铎，1964）等在史料方面为研究中国林业史做了扎实的准备。改革开放以来，中国林业史文献整理成果丰硕，如熊大桐于 1989 年出版了《中国近代林业史》，樊宝敏于 2009 年出版了《中国林业思想与政策史（1644—2008）》，这些都是中国林业史研究的重要成果。2014 年，严耕主持出版的《中华大典·林业典》对中国林业史研究具有奠基性的贡献。2016 年，国家林业局组织编纂的《林业史话》出版，这是第一部具有通史性质的中国林业史著作。2017 年，李莉主编了国家林业局普通高等教育"十三五"规划教材《中国林业史》，这是国内第一本介绍中国林业历史发展过程的通识教材。中国林业史研究的这些重要成果为近现代林业史研究提供了重要参考。

在林业经济史研究方面，也已积累一定的前期成果。如东北林业大学王长富教授作为资深的林业经济学家，非常重视对中国林业经济史的研究。他认为"中国林业经济有悠久的历史，中国林业经济在整个国民经济中虽未占首要地位，但是，其作用也是不容忽视的。中国林业经济有很多值得参考、借鉴以及弘扬的成果和经验"。1985 年，王长富教授离休后身体力行，笔耕不辍，出版了《沙皇俄国掠夺中国东北森林史考》（1986）、《中国林业经济史》（1990）、《东北近代林业经济史》（1991）、《东北近代林业科技史料研究》（2000）等专著，为完善补充中国林业经济发展史作出了重要贡献。

2017 年底，中国林业经济学会和中国林业出版社发起编写《新中国林业经济思想史略》的倡议。2018 年 6 月 14 日，编纂工作正式启动。2019 年 10 月，中国林业经济学会和国家林草局管理干部学院合作出版。该书记录了 28 位林业经济研究资深专家的学术思想，在此基础上，形成了 1949~2000 年中国林业经济研究及思想体系形成发展的综述。同时，首次较为系统全面地梳理了林业经济学科创立以来的重要事件，以及 1985 年以来林业经济研究获奖情况，是新中国成立以来第一本系统汇总、传承林业经济理论研究及学科建设的综合性、资料性书籍。

　　林业经济史研究是一项长期而持续的事业。前人研究成果为本书出版奠定了重要基础。但林业经济史梳理的系统性、逻辑性、针对性和规范性仍有待加强。特别是当前林业经济史对近代及 21 世纪以来的林业经济发展史料梳理不充分。中国近现代林业经济史长达 180 多年，正值中国发生历史性巨变的历史时期，其内容极其丰富复杂，近现代林业经济史的深入研究极为必要和重要。

　　财政部农村司赵鸣骥早在 1989 年《对建立新中国林业经济史学的建议》一文中就明确提出建立系统的新中国林业经济史学科是林业改革和发展的客观要求，也是摆在林业经济学界面前的一项迫切任务。2022 年，中国林业出版社邵权熙等在《加强中国当代林业史研究刍议》一文中明确提出需要加强中国当代林业史研究。新时代新形势下，为进一步增加历史主动和历史自信，有必要在前人丰富成果的基础上再接再厉，推动林业经济史的新发展。

　　本书编写主要基于如下原则：（1）真实性原则。实事求是是研究新中国林业经济史的重要指导思想。历史事实是研究工作的根本点和出发点。以唯物史观为理论基础，基于可靠和丰富翔实的史料基础，对林业经济发展的内在规律性和发展特点进行实事求是的总结。本书基于丰富的历史文献和统计数据，分三个篇章系统梳理中国近代现代林业经济发展史、林业经济政策史和林业经济思想史。（2）系统性原则。尝试对近现代林业经济史进行清晰、系统的演进阶段划分，将近现代划分为清朝后期、中华民国、新中国三个阶段。新中国阶段分为计划经济时期、计划经济向市场经济转轨时期、社会主义市场经济建立和完善时期以及新时代中国特色社会主义建设时期四个时期，并进行系统整理。（3）针对性原则。基于丰富的史料，紧紧围绕"林业经济"这一核心主题，本书针对林业经济发展状况、林业经济政策和林业经济思想进行了较为系统的梳理。限于篇幅，林业经济理论演进史暂不作梳理，计划后续再单独编写一本林业经济理论史。需要说明的是,本书的林业经济范畴重点关注森林资源保护与利用、林业经济发展状况、林业发展战略、林业产权制度、林业税费、林业投资、林产品市场与贸易等内容。

本书共包括三篇八章。第一篇为中国近现代林业经济发展史,包括第一章中国近代林业经济发展史和第二章中国现代林业经济发展史。第二篇为近现代林业经济政策史,包括第三章近代林业经济政策史、第四章现代林业经济政策史和第五章近现代林政管理体系演变史。第三篇为近现代林业经济思想史,包括第六章清朝后期林业经济思想史、第七章中华民国的林业经济思想史和第八章新中国成立以来的林业经济思想史。此外,本书附录为林业经济学科发展大事记,较为系统地梳理了林业经济学科发展史。

本书由中国人民大学农业与农村发展学院的柯水发教授、北京林业大学经济管理学院的李红勋教授、中国人民大学农业与农村发展学院的崔海兴副教授、国家林业和草原局发展研究中心的赵铁珍副编审和北京林业大学经济管理学院的乔丹讲师负责策划和组织编著。国家林业和草原局发展研究中心的赵海兰副研究员、中国人民大学的王雨濛副教授、北方民族大学的马明娟讲师等也参与了书稿的编著工作。袁雪婷、吕晓萱、纪元、谢艳琦、周丁盈、黄丹妮、石守信、袁婉潼等研究生参与了书稿素材整理和部分章节的编撰工作。叶冠宏、赵慧敏、肖灿、梁楚仪等本科生参与了书稿素材的搜集和整理工作。

本成果受到中国人民大学2022年度"中央高校建设世界一流大学(学科)和特色发展引导专项资金"支持。本书的出版得到了中国财经出版传媒集团经济科学出版社的鼎力支持!在此深表谢意!

感谢中国林业经济学会副理事长、北京林业大学教授陈建成老师为本书倾情作序!

感谢中国社会科学院李周研究员、中国人民大学朱信凯副校长、中国人民大学农业与农村发展学院仇焕广院长、中国人民大学孔祥智教授和唐忠教授、华南农业大学高岚教授、北京林业大学刘俊昌教授、陈建成教授、温亚利教授和东北林业大学曹玉昆教授以及国家林业和草原局发展研究中心的王前进研究员为本书的编写提供了宝贵的指导意见和建议！

　　感谢所有参著师生的辛勤付出！对所有关心、指导和支持本书出版工作的领导和同行们表示衷心感谢！向所有从事林业经济及林业经济史研究的前辈们致以崇高的敬意！

　　本书可作为林业经济教学与研究人员的参考读物，也可作为农林经济管理专业林业经济学或林业经济史等相关课程的参考教材。

　　由于编著时间和编著水平有限，书中错漏不足之处，敬请海涵指正！

2023 年 6 月

目 录

第一篇 中国近现代林业经济发展史

第二篇 近现代林业经济政策史

第三篇 近现代林业经济思想史

第一篇　中国近现代林业经济发展史

第一章

中国近代林业经济发展史[*]

森林是人类和众多生物赖以生存和发展的基础。它具有丰富的生物多样性、复杂的生态结构和生态过程，是自然界丰富稳定的有机碳贮库、基因库、资源库、蓄水库和能源库，对改善生态环境，维持生态平衡，保护人类生存发展的基本环境起着决定性和不可替代的作用（赵同谦等，2004）。以森林为基础的林业兼具生态、经济、社会三大效益，既是国民经济的基础产业，也是重要的社会公益事业（刘东生，2009）。林业经济是指林业中经济关系和经济活动的总称，包括生产、交换、分配、消费等方面的经济活动和经济关系。林业经济不仅包括林业部门和企业的生产经营活动及其组织管理，也包括正确处理林业生产和再生产中各方面的经济关系。本书中的林业经济范畴主要关注森林资源培育和利用、林业行政管理机构设置、林业经济政策制定、林业产业发展、林业建设投资、林业税费和林产品市场与贸易等。

从 1840 年鸦片战争到 1949 年中华人民共和国成立，中国处于近代史的发展阶段。1840 年（清道光二十年），鸦片战争爆发，1842 年，中英签订《南京条约》，中国开始沦为半殖民地半封建社会。1900 年（清光绪二十六年）八国联军侵华，1901 年签订《辛丑条约》，中国完

---

* 本章参加编著人员：柯水发、赵铁珍、纪元、吕晓萱、肖灿、梁楚仪。

全沦为半殖民地半封建社会。1911 年 10 月 10 日，旨在推翻清朝专制帝制、建立共和政体的全国性革命即辛亥革命爆发。1912 年 1 月 1 日，孙中山在南京宣誓就任临时大总统，以 1912 年为中华民国元年。1912 年 2 月 12 日清帝退位，中国两千多年的封建帝制至此结束。1949 年 10 月 1 日，成立中华人民共和国。因此，中国近代包括清朝后期（或晚清或清末）（1840～1912 年）和中华民国（1912～1949 年）两个阶段。为进一步明确时间划分，本书认为晚清从 1840 年 6 月 28 日至 1911 年 12 月 31 日，中华民国从 1912 年 1 月 1 日至 1949 年 9 月 30 日。中华民国又可细分为临时政府时期（1912～1913 年）、北洋政府时期（1913～1928 年）和国民政府时期（1928～1949 年）。

这一时期，中国的社会性质开始发生变化，由封建社会转变为半殖民地半封建社会。天朝上国的迷梦被惊醒后，一大批有识之士开始睁眼看世界，努力向西方学习先进的科学文化，同时，大量先进的西方学术思想包括西方林业思想也开始传入中国。为了救亡图存，师夷长技以制夷，朝野各界人士呼吁大力发展包括林业在内的实业经济。清末思想和政策上的准备为中国近代林业的诞生奠定了基础。近代中国森林资源破坏加剧，但林业也得到一定程度的发展，林业政策更加完善，森林培育利用得到进一步发展，为现代林业的发展奠定了基础。

第一节　清朝后期（1840～1912 年）林业经济发展状况

清朝后期是指从 1840 年 6 月 28 日鸦片战争爆发至 1912 年清朝灭亡的这段历史。先后经历五个皇帝的统治，他们的年号为：道光（1821～1850 年）、咸丰（1851～1861 年）、同治（1862～1874 年）、光绪（1875～1908 年）、宣统（1909～1912 年）。其实，慈禧太后是同治、光绪两朝的实际掌权者，当政长达 48 年（龚书铎，1996）。

一、清朝后期的森林资源变化情况

清政府对全国的森林未做全面的调查和统计。据中华民国行政院实业部的资料和日本南满洲铁道株式会社的资料来推算，鸦片战争前后，全国森林面积约为 15 900 万公顷。当时的国土总面积约为 1 260 万平方公里，森林覆盖率约为 12.61%。道光二十九年（1849 年）全国人口为 41 299 万人，平均每人占有森林 0.38 公顷（折合 5.77 亩）。

受帝国主义、国内战争、火灾频发和经济等因素的影响，清朝后期，中国的森林资源在全国尤其是在东北地区受到严重破坏。清政府从嘉庆年间开始在东北地区进行有组织的森林开发。在奉天省内共设 22 处伐木场。结果在较短的时间里，这些林区的森林遭到严重破坏。咸丰年间（1851~1861 年），吉林、黑龙江二省此处森林被划为 48 个窝集，其中 22 个在外兴安岭和锡霍特山。咸丰八年（1858 年）和咸丰十年（1860 年），清政府与沙皇俄国政府签订《瑷珲条约》和《北京条约》，22 个窝集被划入沙皇俄国版图。另有 26 个窝集在今黑龙江、吉林境内，包括大、小兴安岭，张广才岭，老爷岭和长白山。当时，森林蕴藏量丰富，未遭砍伐。到光绪三十三年（1907 年），东北森林面积为 4 199.4 万公顷，蓄积量为 50.39 亿立方米（王长富，2000）。华北地区的太行山、恒山、燕山有一些森林，其他地区森林则很少。西北地区的天山森林直到清末未进行大规模采伐。东南地区、华中地区、华南地区，在清朝前期的基础上森林又有进一步减少。西南地区，虽然也有减少，但由于交通不便，森林资源仍相当丰富。鸦片战争以后，内忧外患，中华民族处于危机之中，森林资源任帝国主义掠夺，遭受严重破坏，全国范围内森林面积和蓄积急剧减少。且不说失去的国土上的森林，就按今天的国土面积计算，这一时期的森林覆盖率大约由 17% 下降为 14.5%，在 71 年的时间内下降了 2.5 个百分点。而森林蓄积量的减少更是难以估算。清朝后期的森林破坏达到了有史以来的最高峰（樊宝敏，2001）。

二、清朝后期的森林所有制

晚清时期，森林按所有制度可分为官有林和私有林。

官有林为晚清朝廷和各级官府占有的森林，包括：（1）大面积的无主的天然林，如分布于东北、西北、西南等林区的大面积原始森林；（2）皇室林，如直隶省围场厅（今河北省围场县东）的畋猎林等；（3）陵墓林，如京师（今北京市）附近的清东陵和西陵周边的山林；（4）河防林，如康熙、乾隆年间在黄河、运河中和永定河等河流的一些河段两岸所植的护岸林；（5）军垦林，如光绪年间陕革总督左宗棠在陕西省潼关厅（今陕西省潼关县）到玉门县（今玉门市西）大道两侧所植的护路林；（6）朝廷和各级官府管理和支配的其他森林。

私有林为私人占有的山林，包括：（1）地主占有的山林；（2）官员、商人和士绅所办林业公司占有的山林；（3）大小官吏占有的山林；（4）土司等少数民族首领占有的山林；（5）寺庙占有的山林；（6）农民占有的山林和"一山二主"①的山林；（7）氏族或村寨占有的山林（熊大桐等，1989）。

---

① 南方有些山区，农民租地主的山地造林，有"一山二主"的情况。山林分为"山皮"和"山骨"，山地称"山骨"，归地主所有；山地上所植林木称"山皮"，归农民所有。农民需同地主交纳山租，或山林收益双方分成。

三、清朝后期的森林培育和利用状况

森林培育意在保证林业的可持续发展，使林业能够在科学指导下发展得又好又快。植树造林是森林培育的基础性工作，植树造林思想在当今中国已渗透到社会各阶层的意识之中。在近代中国，政府和学界曾不遗余力地开展植树造林宣传和实践。近代中国的森林采伐运输由于外国势力掠夺和工业发展开始出现机械化手段，大规模森林采伐由此开始。近代中国在遭受列强入侵的同时，丧失了经济主权的独立，帝国主义将中国当成原材料产地和商品倾销地。在这种背景下，中国民族资本挣扎求生，取得了一定发展，木材和其他林产品贸易也随之发展起来。

鸦片战争以后，欧美和日本等国发展林业的思想传入中国，朝野有识之士纷纷奏请清政府发展林业。1895 年，康有为提出《公车上书》，除政治方面的改革外，主张振兴实业，包括发展林业。1901 年，湖广总督张之洞、两江总督刘坤一上奏折，鼓励植树造林，建议发展农林业。

光绪二十九年（1903 年）和光绪三十二年（1906 年），光绪帝手谕提倡荒山造林。

受西方国家发展实业的影响，晚清时期有不少豪绅、资本家、华侨等纷纷举办垦殖公司，雇工耕作、造林。如光绪年间，广东省嘉应州（今梅县）杨亮生集股成立自西公司，种植橙橘、松、杉、竹等果树和用材树木。江苏省丹徒县黄鼎、袁仁茂等创办利用树艺公司，种植树木。华侨何麟书在海南岛乐会县设琼安公司，从南洋带回橡胶树苗种植。这是中国民族资本经营林业的开端。

四、清朝后期的森林工业发展状况

清朝后期，中国资本主义伐木业和木材业开始产生。咸丰末年，同

治初期（1861～1864 年），为开发鸭绿江流域的森林和发展林业，派左宝贵将军有组织、有计划地进入鸭绿江流域的上游地带，并进行了林区调查，为开发林区打下了良好的基础。木材生产由熟悉木材生产业务的"木把"（即把头）组织执行。他们把来自山东省破产的农民为谋生而"闯关东"的这批劳动大军，组织起来进入林区，从事木材采运工作。这批劳动大军，后来成为中国森林工业的产业工人和主力军。同治年间（1870 年前后），盛产杉木的福建省出现了农民伐木换钱的情形，福州形成了木材市场和木商。浙江省宁波许多木商都涌向福州，设据点收购木材、然后转运到上海出售，这就是后来所谓的"宁波材"的由来。这一时期，是中国木材采运工业的资本主义萌芽的初期阶段。湘黔地区，还出现农民"卖青山"的情形。所谓"卖青山"，指的是农民在自己的山场植树造林，在成林或接近成林阶段与木商洽谈，一是作价出售，二是合作，即由木商出资招工采伐，木材售出之后，木商与农民分成，基本上是这两种方式。但木商出价是很低的，以此来剥削农民。一时间，福建省各地相继出现木材生产经营活动，长江沿岸也出现大小木商，南京木材市场也相当繁荣。

太平天国（1851～1864 年）以后，清朝政府开始在当时的主要木材生产基地，或主要木材市场，设局征税。如在南京设木厘征收木材百金。光绪初年（1875 年），在安东（即丹东）出现了经营木材的"料栈"，清政府设大东沟木税局。光绪四年（1878 年），有华商张子尚等在上海董家渡开办小型机械锯木厂，为制材机械化的开端，也是中国近代民族资本木材加工业的发端。光绪二十八年（1902 年），由官商合办，共同出资 20 万两白银在安东（即丹东）创办鸭绿江木植公司。在吉林设立了江浙铁路木植公司。黑龙江省也有官办的裕祥木植公司成立。这是中国近代官办的第一批伐木企业。

光绪二十九年（1903 年），创办了以采伐鸭绿江流域的森林为目的的中日合办义盛公司。光绪三十年（1904年），以采伐东北三省铁路沿线森林为目的，签订了黑龙江省铁路公司与东省铁路公司的伐木合同。光绪三十四年（1908年）8月，在安东成立中日合办鸭绿江采木公司，资本金300万元、两国政府各出一半。光绪三十三年（1907年），清朝政府吉林劝业道，以一万元资金设立吉林林业公司，经营木材生产事业。以后，吉林省当局又与官银号、官、商、士绅共同出资开设松江林业公司，也是经营木材生产事业。这是中国近代史中期官办或中外合办以及官商士绅合办的第一批木材采运企业。但是，有的木材企业是根据不平等条约被迫承办的，利权外溢。中国民族资本森林工业只能在外国资本主义尚未占据的空隙中求生，而且受到外国资本主义和国内封建势力的双重压迫。当时各种木材捐税和厘金名目繁多。而外商享有特权，可以豁免许多捐税。近代民族资本经营的森林工业发展有限，外商在中国近代森林工业中，尤其是在锯木、胶合板制造等木材加工业中占垄断地位。

五、木材市场与贸易

在经济、生态需求的压力下，清政府为了解决财政、挽救危局，被迫采取了一些发展林业的政策，林业所有制较清前期有重大变化。清朝前期，由于康、雍、乾等皇帝视长白山为发祥之地，厉行封禁（樊宝敏，2002），所以该地区的森林资源得到了较好的保存，晚清对东北林区不再实行封禁，开始主张振兴林政、兴办林业教育，成立农工商局，始创农林学术团体和农林学堂，派遣学林留学生，并且开始进口木材。

清代主要有两大木材市场，福州木材市场和东北的大东沟木材市场，被誉为"清朝两绝"。福州木材市场在清前期已经很发达，大东沟木材市场兴起于嘉庆年间对东北林区的封禁政策出现松动之后（张迎春，2011）。日俄战争前，大东沟是中国北方地区最重要的木材集散地，公认为"东洋第一木材市场"。据《华南早报》记录，1904年以前，每年旺季时，来大东沟运木的帆船可达4 000艘以上。大东沟平均每年从鸭绿江上游接受木材约50万根，其中约30万根供应天津。天津的大东沟木材市场价格按照尺寸不同分为六档，每一副价值为1.96元至2.52元。日俄战争时，长白山区的伐木业和鸭绿江上的木筏运输全部停滞，在日本的干预下，该地区开始出产鸭绿江材，并对原木进行加工。

晚清时期的林业产业主要集中在木材采伐和木材加工方面，严格讲还不能称为产业。其产业发展正向激励因素包括：19世纪末20世纪初，政府决定加强军备和铁路建设，枕木等工业制材需求量极速上升；东北林区的弛禁政策、伐木垦殖政策促进了伐木加工业的发展；外商对中国木材市场进行投资，升级工厂和加工技术。也有一些因素阻碍了林业产业的发展：日本殖民者强化了对东北林业资源的控制和掠夺，政治力量的不平衡导致林业产业外资强、内资弱，林业捐税持续加重。

同治七年（1868年），中国开始进口木材。甲午战争后，帝国主义垄断中国经济命脉，将大量木材倾销到中国，导致中国进口木材激增。自光绪二十九年（1903年）起，中国开始出口木材。中华民国成立以前，每年出口木材价值100多万关平两[①]。19世纪60年代，英商开设上海砖瓦锯木厂，此后又设立密勒锯木厂。光绪十年（1884年），英商在上海开设祥泰木行。英商1832年在广州创立的怡和洋行也涉足木材贸易。这些外商企业凭借殖民权益从事木材经销，严重冲击了中国民族资本木材产业。

---

① 关平两，又称"关平银""关银""海关两"，清朝中后期海关所使用的一种记账货币单位，属于虚银两。

六、林业经费与林业税费

晚清政府对林业不重视，未列林业专项经费，林业经费由实业经费中支拨。据宣统三年（1911 年）预算，实业方面经费为 1 603 835 两（纹银）（赵尔巽，1976）。

清代沿明制，设关卡征税，木植税起初为十分取二，顺治十八年（1661 年）各关木植税都征 1/10（赵尔巽，1976）。

除常关①征税以外，咸丰三年（1853 年），刑部右侍郎②雷以诚为筹措军饷镇压太平天国运动，在扬州仙女庙设立厘金所，对该地米行征收 1% 的捐税。1% 为 1 厘，故称"厘金"。以后，征收厘金范围扩大，不仅限于粮米，税率也不限于 1%。咸丰四年（1896 年），雷以诚规定经过厘卡的货物都要征收厘金，其中林产品有：木炭每担 20 文③，桐油每大篓 160 文、小篓 80 文，枣每包 100 文，木排、漆、纸筹照行票核算，每本 1 000 文，抽厘 12 文（李文治，1957）。

征收厘金的办法很快推行到全国。咸丰五年（1855 年），江西省共设立 65 个局卡，湖北省设立 480 多个局、卡，湖南省设立省城内外厘金总局、分局，江苏省扬州、常州、镇江等府增设五个厘金局。以后各地征收厘金有增无减。由于厘金积弊过深，有的地方改为统捐，即在甲地曾纳捐的货物，到乙地不再重征捐税（赵尔巽，1976）。宣统二年（1910 年），贵州省三江厘金局改办为木植统捐局。

---

①　常关为清政府在水陆交通要道或商品集散地所设的税关。鸦片战争以后，通商口岸设立海关。为区别于海关，原有税关称"常关"或"旧关"。辛亥革命以后，各地仍设常关。直到民国 20 年（1931 年）始撤销。

②　清政府设吏、户、礼、兵、刑、工 6 部。刑部为主管司法行政的机构。右侍郎为部里尚书（相当国务大臣）以下的高级官员。

③　清代铜钱一面铸有文字，故一枚铜钱称一文。

东北为清代满族的发祥地，原来是禁止砍伐森林的，以保护风水。光绪四年（1878年），为增加财政收入，清政府解除伐木禁令，实行伐木收捐（谢先进，1931）。

晚清政府继续沿用清前期办法，征收木植税，在水陆交通要道或商品集散地设税关，称为常关（与鸦片战争后所设海关相区别）（熊大桐，1989）。从嘉庆二十三年（1818年）开始，清政府对东北进行有组织的森林开发，在奉天省内共设22处伐木场，由盛京工部侍郎掌管东北三省的木税，征收木植实物税率为1/15，也有折银征收的。光绪四年（1878年），清政府解除伐木禁令，在鸭绿江右岸实行伐木收税（谢先进，1931）。光绪二十四年（1898年），吉林省设置官立林业公司，对木材征收山份和附加税，分别为木价的6%和19%。光绪三十三年（1907年），东北的木植税由度支部征收，税率起初为木价的10%，而后俄国人修筑东清铁路（即中东铁路）所伐木材都予免税，于是出现华人木商以代俄国人伐木为名逃税的情况。因此清政府规定，不论哪国人伐木，都按木价的18%征税。到宣统元年（1909年），木税由木税局统一征收（汤尔和，1930）。除东北外，全国其他地区，也征收木税和林产品税（樊宝敏，2002）。

第二节　中华民国时期（1912～1949年）林业经济发展史

中华民国时期从1912～1949年，包括临时政府时期（1912～1913年）、北洋政府时期（1913～1928年）和国民政府时期（1928～1949年）。近代，中国森林资源破坏加剧，但林业得到一定程度的发展，林政更加完善，森林培育利用得到进一步提升，林业思想文化和林业科技、教育在接受西方先进学说的基础上有符合中国实际的创见，为现代林业的发展奠定了基础。

一、中华民国时期的森林资源状况

在此期间，社会总体上处于动荡和混乱时期，社会性质仍属于半封建半殖民地社会。中国出现三种统治区域：国民党统治区、共产党开辟的革命根据地和日本侵略者占领区。森林主要分布于东北林区和西南林区。受帝国主义掠夺、战争毁林、乱砍滥伐森林、毁林垦种、燃料消耗、森林火灾等因素的影响，森林资源急剧减少，达到有史以来森林破坏的最高峰。民国时期的生态灾难极其严重，比清朝后期有过之而无不及。森林资源继续遭受破坏，生态环境进一步恶化。

樊宝敏（2001）对民国时期我国森林资源数量和质量进行了系统的总结与阐述，具体摘引如下：北洋政府时期因未做森林调查，故对全国的森林资源不是很清楚。民国二十三年（1934 年），国民政府实业部公布各省森林资源情况，合计全国林地面积 43 958.39 万公顷，森林面积 9 108.79 万公顷，森林覆盖率为 8.0%（《第三次申报年鉴》，1935），平均每人占有森林面积为 0.2 公顷（折合 3 亩）。1947 年，国民政府农林部公布了按林区汇总的全国森林资源资料：全国森林面积 8 412.19 万公顷，林木蓄积量 585 718.7 万立方米，当时国土总面积为 1 135.7 万平方公里，人口为 46 100.6 万人，森林覆盖率降至 7.41%，平均每人占有森林面积降至 0.18 公顷（折合 2.74 亩）。全国各省份森林资源状况如表 1-1 所示。

表 1 - 1　　　　　　　　　　1947 年全国森林资源数据

省份	人口（人）	土地（亩）	林地（亩）	森林（亩）	森林与土地比率（％）	人均占有森林（亩）	宜林地（亩）
江苏	34 129 684	158 407 500	31 681 500	4 118 595	2.6	0.12	27 562 905
安徽	21 715 596	214 022 500	64 210.050	10 701 675	5.0	0.49	53 508 375
浙江	20 625 067	151 591 500	43 961 535	12 127 520	8.0	0.58	31 824 215
福建	10 076 138	181 575 000	88 971 750	31 685 500	18.0	3.15	56 288 250
广东	32 427 656	335 766 000	134 506 400	33 576 600	10.0	1.05	100 729 800
广西	10 926 647	329 814 000	151 925 600	16 490 700	5.0	1.51	115 434 900
云南	15 821 234	597 874 500	298 937 250	137 511 135	23.0	9.95	161 426 115
贵州	14 745 722	264 720 000	152 360 000	23 824 800	9.0	1.62	108 535 200
湖南	30 500 341	323 185 500	161 592 750	61 405 245	19.0	1.95	100 187 505
江西	20 322 837	252 354 000	98 418 060	30 282 480	12.0	1.49	68 135 580
湖北	26 696 253	273 165 000	109 266 000	35 511 450	13.0	1.33	7 375 455
四川	47 992 282	605 451 000	296 670 990	205 853 340	34.0	4.92	90 817 650
西康	3 000 000	709 056 000	354 528 000	14 181 120	2.0	4.73	340 346 880
青海	1 800 000	1 092 297 000	535 225 530	21 845 940	2.0	12.14	513 389 590
新疆	2 567 640	2 462 331 000	714 075 990	123 116 550	5.0	47.95	590 958 440
甘肃	6 281 286	571 254 500	165 675 405	34 277 670	6.0	5.46	131 397 735
宁夏	1 449 869	453 676 500	136 102 950	18 147 060	4.0	12.52	117 955 890
陕西	11 802 124	292 614 000	117 045 600	46 818 240	16.0	3.97	70 227 560
山西	12 087 951	242 763 000	97 105 200	14 565 780	6.0	1.20	82 539 420
河南	30 565 651	258 232 500	77 469 750	1 549 395	0.6	0.05	75.920355
山东	28 672 419	230 566 500	69 169 950	1 613 966	0.7	0.06	67 555 984
河北	31 138 827	210 789 000	63 236 700	1 897 101	0.9	0.06	61 339 599
辽宁	14 999 330	376 219 500	180 585 360	18 810 975	5.0	1.25	161 774 385
吉林	7 783 219	423 458 000	207 514 020	114 344 460	27.0	14.69	93 169 560
黑龙江	3 660 278	866 946 000	433 473 000	242 744 880	28.0	66.32	190 728 120
热河	2 367 051	280 940 000	127 860 600	2 609 400	1.0	1.10	125 251 200
察哈尔	1 997 234	388 222 500	112 584 525	2 529 335	0.6	1.17	110 255 190

续表

省份	人口（人）	土地（亩）	林地（亩）	森林（亩）	森林与土地比率（%）	人均占有森林（亩）	宜林地（亩）
绥远	2 123 914	456 087 000	136 826 100	3 648 696	0.8	1.72	133 177 404
西藏	3 722 011	1 357 498 500	529 424 415	27 149 970	2.0	7.29	502 274 445
合计	452 791 069	16 760 337 000	6 593 758 550	1 366 318 418	8.0	3.00	5 227 440 082

资料来源：熊大桐等. 中国近代林业史［M］. 北京：中国林业出版社，1989.

国民政府农林部将全国划分为东北、西北、西南、东南、华中、华北6个林区（熊大桐等，1989）。各林区森林资源状况如表1-2所示。

表1-2　　　　　　　　1947年全国各林区森林资源概况

林区	森林面积（万公顷）	林木蓄积量（万立方米）	占总蓄积量（%）
东北林区	6 500.00	372 985.67	63.68
西北林区	119.60	17 609.89	3.01
西南林区	629.76	157 903.76	26.96
东南林区	962.42	26 917.17	4.59
华中林区	160.50	10 282.93	1.76
华北林区	39.91	19.33	0.003
合计	8 412.19	585 718.74	100

注：本表系根据《中国森林》第1卷第162页表换算而成。
资料来源：中国森林编辑委员会. 中国森林（第1卷）［M］. 北京：中国林业出版社，1997.

中国森林按民国二十三年（1934年）统计，仅占世界森林的3%，森林覆盖率仅相当于世界平均覆盖率的35.36%，平均每人占有森林仅相当于世界每人占有率的11.36%。中国同世界其他国家相比，差距也很大。如亚洲近邻日本的森林覆盖率高达66.3%，为中国的8.3倍。欧洲的德国、法国，美洲的加拿大和美国等国家，森林覆盖率都大大高于中国（熊大桐等，1989）。

这一时期森林资源分布不均。中国森林分布于东北、西南两地最多，其次为东南和华中，西北和华北最少。黑龙江省和四川省，森林面积都在 2 亿亩以上。四川省森林覆盖率高达 34%，居全国首位；黑龙江省达 28%，居第二位；吉林省达 27%，居第三位。河南省森林覆盖率仅 0.6%，为全国最后一位，仅相当于四川省的 1.78%，两者相差极为悬殊。山东、河北、察哈尔、绥远 4 省森林覆盖率也都在 1% 以下，这 4 个省份森林面积每省不过一二百万亩。新疆森林面积在 1 亿亩以上，但土地面积大，森林覆盖率仅 5%。湖南、湖北、江西和福建等省份的森林都比较多。

据国民政府农林部资料，全国经济林木 110 多科、2 500 多种。其中，水杉、杉木、福建柏、台湾杉、珙桐等为中国特有的珍贵树种。东北所产红松，材质优良，可与美国的花旗松媲美。南方所产樟脑、桐油资源在世界占首位。全国宜林地面积多达 5 亿多亩，其中新疆、青海、西藏、西康等地人口少，自然条件较差，发展林业困难较多，但大部分省份都具备发展林业的条件。如湖南、广东、广西、辽宁、黑龙江等省份宜林地面积都在 1 亿亩以上，发展林业大有用武之地（李进霞，2009）。

1912~1946 年，全国各省份植树造林共计 13.79 亿株（熊大桐等，1989）。但损毁的森林大大超过天然更新和新造的森林，因此，就全国来说，森林面积还是越来越少。森林资源受破坏的原因，除了农垦、建筑、薪炭等生产生活因素外，还有帝国主义的掠夺和战争，特别是沙皇俄国和日本帝国主义对我国东北、西北、台湾、海南岛等地区森林资源进行的掠夺。据统计资料，1916~1929 年，沙皇俄国在我国东北三省开办的中东铁路公司，其所属东线林场，共采伐原木 474 695 立方米，枕木 777 890 根，木桦 2 473 505 立方米。同时，大批俄国资本家涌入我国东北三省滥伐森林。1931 年"九一八"事变后，中国东北全境被日本人侵占，长达 14 年之久。日本财阀也纷纷来东北三省创办伐木公司，滥伐森林。至 1945 年日本投降，日本侵略者在东三省共滥伐掠夺木材 1 亿多立方米（熊大桐等，1989）。

由于上述原因，民国时期全国森林资源不断减少。据国民政府实业部 1934 年公布的资料，全国森林面积为 9 108.79 万公顷，而 1947 年国民政府农林部公布的资料，全国森林面积为 8 412.19 万公顷，即 1934 ~ 1947 年，森林面积减少 696.6 万公顷（熊大桐，1987）。由此可以明显看出森林面积减少的程度。

二、中华民国时期的森林所有权状况

1. 北洋政府时期的森林所有权

北洋政府时期，森林分为国有林、公有林和私有林。

国有林的所有权属于国家。这类森林包括无主的大面积天然林和江河上游的保安林，依照法律归国有的森林，北洋政府直属林业机构经营和植造的森林，北洋政府每年植树节组织民众植造的森林，各地风景、名胜、古迹等处的森林，各地驻军植造的森林等。

公有林的所有权属于地方政府和有关部门。这类森林包括省、县林业机构经营和植造的森林，省、县政府每年植树节组织民众植造的森林，铁道部门在铁路沿线植造的森林，交通部门在公路沿线植造的森林，煤矿部门在矿区附近植造的森林，其他厂、矿自己植造的森林，医院、疗养院在其周围植造的森林，学校植造的教育林和教学实习林等。

私有林的所有权属于私人。这类森林包括地主占有的山林，商人个人和商人、士绅所办林业公司经营和植造的森林，大小官吏占有的山林，少数民族首领占有的山林，寺庙占有的山林，农民个人经营和植造的森林，"一山二主"的森林，农民组成林业公会经营和植造的森林，部落、氏族、村寨经营和植造的森林等。

2. 国民政府时期的森林所有权

国民政府时期，森林分为国有林、公有林和私有林。

民国三十四年（1945年），国民政府公布修正的《森林法》规定，森林以国有为原则。国家认为有必要时，可以征收公有林和私有林为国有林，但给予补偿金。民国三十七年（1948年）农林部公布修正的《森林法施行细则》规定：国有林指属于国家所有的森林，国家领域内一切无主的天然林都属于国有林。这类森林包括无主的大面积天然林和江河上游的保安林，依据《森林法》收归国有的森林，少数民族部落或土司相沿占有但未依法取得所有权的森林，农林部直属林业机构经营和植造的森林，农林部每年举行植树式时组织民众植造的森林，各地风景、名胜、古迹等处的森林，各地驻军植造的森林等。

公有林包括省有林，县（市）有林，乡镇有林，以及归铁道、交通、厂矿、医院、学校等单位所有的树林。

私有林包括地主占有的山林，商人个人和商人、士绅所办林业公司经营和植造的森林，大小官吏占有的山林，土司依法取得所有权的山林，寺庙占有的山林，农民个人和农民组织林业合作社经营、植造的森林，"一山二主"的森林，部落、氏族、村寨经营和植造的森林等。

3. 革命根据地和解放区的森林所有权

1928年12月公布的井冈山《土地法》规定：茶山和柴山照分田的办法，以乡为单位，平均分配给当地农民，而竹木山则归苏维埃政府所有，经苏维埃政府许可后可以砍伐利用。1929年4月公布了兴国《土地法》，其有关林权的规定与井冈山《土地法》相同。新中国成立前夕，1949年9月13日，中国共产党全国土地会议通过的《中国土地法大纲》规定：山林、水利、芦苇地、果园、池塘、荒地和其他可分的土地，按普通土地的标准分配给当地农民，大森林、大水利工程、大矿山、大牧场、大荒地和湖沼等则归政府管理。根据《中国土地法大纲》的规定，东北解放区各省政府明确规定，较大面积的森林划分为国有林。

1941年，晋冀鲁豫边区政府在《林木保护办法》中规定：机关、团体、部队种植的树木，在私有地内的属于土地所有人所有，在公有地内的，如不声明则归所在村公有。

北岳行政公署规定：原属一村或几村所有的森林和各村的照山、靠山，都划为村有林。原属个人所有或多人共有的森林划为私有林，其中有重大保安作用，私人未能加劳力仅系自然占有，且私人力量不能经营的较大森林，亦可划为国有林。森林权属划分清楚后，由县政府分别发给林木所有证。

1948年，山东省人民政府在《山东省保护及奖励培植林木暂行办法》中规定：大山林由省政府直接管理，或委托各行政公署管理；县范围内原有的"封山""森林"及社地、庙地的林木由村政府管理；重要河道（如黄河）和公路、铁路两侧林木由交通、铁道部门管理。未确定所有权的荒山、河滩，如群众自愿植树造林，由县以上政府成立管理机关登记批准，所植林木归群众所有，但地权仍归公有。机关、团体所植树木，如果在私人地内，则归该土地所有者所有；如果在公地内，又未向当地政府备案，则归公有。公地若分给群众，所植树木随土地转移。

华北解放区在农业互助合作运动中，农民自发组织起来合作造林，所造的树林归造林者集体所有，林木收益按股分红。

三、中华民国时期的林产工业发展状况

1. 木材加工业

以东北为例，甲午战争以后，清政府逐渐放松了民间建厂的政治压

制，东北凭借其丰富的资源，优越的地理位置，原料加工工业逐渐发展兴盛起来，成为民国时期重要的经济繁荣区之一。丰富的森林资源，使得木材加工业成为东北早期工业的典型代表。

民国时期木材加工业的形成和发展，得益于早期机械的大规模投入生产，更得益于一种新兴的人机关系的构建和发展。在工业文明之前的农耕社会，人们改造自然界主要依赖于简单的生产工具——锄、镐、犁、斧等。这些工具相比于近代工业机械最大的区别是，前者是对大自然物理性和物理规律的简单模仿，而后者是发现、学习、创新改造的结果。相比简单工具，机械凝结了更多人的意识因素，它使得人类生产活动，不再受到人身素质的影响，摆脱了人和工具的效率同步。也就是说，在生产活动中，实现了机械和人工的效率分离，打破了以往生产关系的平衡。新兴的人机关系，是一种不平衡的生产关系。机器的超前性和人工的滞后性，使得人不得不作出两种选择：其一，为实现无限生产，扩大生产时间和规模，进行人员轮班制；其二，继续扩大机械规模，提高机械化程度，以实现无限生产。这两种选择，自机器产生至今都一直在进行中。有人说："机器取得了对人的胜利，人在技术社会中丧失了本性。"西南各省的木材加工技术比较落后，仍以手工制作为主，且生产规模都比较小，机械化程度低，劳动效率不高。林产化工制造业虽然取得一定发展，但整体水平还很落后。紫胶、松香、松节油等林产化工品的产量有所增加，促进了林产品贸易的发展。

2. 木材采伐和运输

民国时期，西南各省份先后成立了许多伐木公司，对森林资源进行了大肆开采。这些伐木公司采伐木材时仍然使用传统的刀锯、斧子等简单工具，生产效率很低，并且经常采好留坏、采大留小、采近留远，影响了森林的天然更新和自我恢复。许多木材商为了获取高额利润，经常对森林乱砍滥伐，使得"交通便利的地方，已童山濯濯，交通不便的地方，往往伐下的木材无法运出，任其在林地腐烂"（熊大桐等，1987）。这些行为都对森林资源造成了很大破坏。西南各省的木材运输仍以传统的水运为主，森林公路和森林铁路的建设相对较少。虽然木材水路运输的成本低廉，但却艰辛而且危险，许多水运工人不幸遇难。由于国际市场的需求，桐油、生漆、茶油、五倍子等林产品大量销往国外。抗日战争爆发以后，林产品贸易受到很大影响，出口量大幅度下降。

3. 木材贸易

中华民国成立后，木材进口继续增加。民国十八年（1929年），资本主义经济危机爆发，帝国主义为摆脱危机，向中国大量倾销包括木材在内的商品。从此以后，中国进口木材价格直到抗日战争时期一直保持在每年2 000～3 000万关平两①。第二次世界大战之后，西方列强恢复了对中国市场的木材输入，加之中国百废待兴，对木材需求量大，所以进口量逐年递增。中华民国成立后，木材出口量连年增长，民国十二年（1923年）已达2 000万关平两。但"九一八"事变和长江水灾后，木材出口量开始一蹶不振（见表1-3）。民国十五年（1926年）至民国三十五年（1946年），以英商和美商为代表的外商操纵着中国的木材贸易。中国输入木材的来源国主要是美国、日本、加拿大等国。进口木材种类主要是轻木材，其次是重木材、铁路枕木、桶箱板料。出口木材种类包括轻木材、重木材、杉木、桩木、杉木桁、桐木块、桐板、棺木等，主要发往日本和东南亚地区，其中日本很喜欢中国的桐木块。

---

① 关平两又称"关平银""关银""海关两"，清朝中后期海关所使用的一种记账货币单位，属于虚银两。一关平两的虚设重量为583.3英厘、或37.7495克（后演变为37.913克）的足色纹银（含93.5374%纯银）。海关在征收关税时，依据当地实际采用的虚银两与纹银的折算标准进行兑换，关平银每100两在上海相当于规元110两4钱，在天津等于行化银105两5钱5分，在汉口约等于洋例银108两7钱5分。

表 1 - 3 　　　　　　　1912～1935 年中国进出口木材数量 　　　　单位：立方米

年份	进口木材数量	出口木材数量
1912	247 873	65 657
1913	463 539	69 738
1914	568 649	70 963
1915	251 494	48 958
1916	581 552	45 684
1917	263 346	45 437
1918	353 038	84 408
1919	395 446	70 559
1920	799 975	80 218
1921	320 070	218 436
1922	686 739	280 450
1923	416 100	468 230
1924	792 932	220 700
1925	615 337	114 681
1926	826 068	104 059
1927	609 982	43 325
1928	635 926	32 983
1929	325 126	45 631
1930	1 035 318	46 853
1931	1 160 046	58 006
1932	975 767	
1933	1 156 225	
1934	1 011 264	
1935	1 086 353	

资料来源：熊大桐等. 中国近代林业史［M］. 北京：中国林业出版社，1989.

　　清末到民国时期主要的木材市场有哈尔滨、吉林（市）、安东、西安、上海、南京、福州、长沙、武汉、广州、成都。

　　1927～1937 年，我国对外木材贸易情况如表 1 - 4 所示。由表 1 - 4

可知，我国每年从国外进口的木材总额超过了我国出口的木材，且入超逐年递增。1935 年，进口木材为 3 476.8 万元，出口木材为 260.5 万元，入超达到了出口额的 12 倍多。出口的木材多为东北九省木材，东北九省森林主权又大多掌握在日本等帝国主义国家手中，故出口的收益并非全部为我国所有，而进口贸易的利益全为帝国主义国家所得，贸易逆差巨大。

表 1 - 4　　　　　　　　　1927 ~ 1937 年我国对外木材贸易简表

年份	进口（元）	出口（元）	入超（元）	入超为出口的倍数
1927	18 675 644	14 805 880	3 869 764	0.26
1928	24 225 039	18 325 604	5 899 435	0.32
1929	33 064 009	17 415 985	15 648 014	0.90
1930	27 547 637	11 760 318	15 787 319	1.34
1931	39 337 866	7 910 656	31 427 210	3.97
1932	32 709 000	3 986 000	28 823 000	7.23
1933	37 356 000	2 951 000	34 405 000	11.66
1934	34 152 000	2 688 000	31 464 000	11.71
1935	34 768 000	2 605 000	32 163 000	12.35
1936	28 911 000	3 452 000	25 459 000	7.38
1937	23 239 000	3 379 000	19 860 000	5.88

资料来源：熊大桐等. 中国近代林业史 [M]. 北京：中国林业出版社，1989：363.

其中，海关两和银圆都是民国时期政府发行的货币，1 海关两相当于 1.558 银圆。表 1 - 4 单位统一换算为银圆后，可以对木材贸易逐年进行对比。可以看出，1927 ~ 1937 年，我国木材进口先呈现上升趋势，1931 年达到 3 933.8 万元，随后受国内形势动荡的影响，进口总额有所下降；我国木材出口呈现下降趋势，一方面是由于我国林业发展缓慢、生产力低下，另一方面是由于我国的林业主权受到帝国主义国家侵犯，入超逐年拉大。

从清末到民国，"龙泉码"的使用范围逐渐扩大到几乎整个杉木产区，"龙泉码"的计算方法也日益完善。清末民初，安东（今辽宁丹东）等地在计算木材材积时，检量大小两头的直径，取平均数，自乘，再乘以材长，得到的结果基本准确。只不过因未考虑圆周率因素，导致算出的材积略大于实际材积。长江流域杉木产区通用"龙泉码"，但是检量的杉木径级越大，产生的误差也就越大。除"龙泉码"外，其他地区也有不同的木材材积计算方法，比如台湾、四川等地。

四、中华民国时期的林业经费状况

1. 北洋政府时期的林业经费

北洋政府时期，全国林业经费由实业经费中支拨。各省林业经费都列入预算。

民国四年至九年（1915~1920年）安徽省林业经费为81 640元（银圆，下同），分经常费和临时费，其中经常费60 040元，临时费21 600元。每年林业经费稍有增加（仇文新，1921）。

民国十年（1921年）前后，山西省设大林区署和小林区署，经费由国家、地方负担各半。全年经费，大林区署兼第一小林区署为17 400元，第二小林区署为3 864元，第三小林区署为4 716元，第四小林区署为4 080元，第五小林区署为4 260元，第六小林区署为4 080元，共计38 400元。各县设有苗圃，每年经费：一等县400元，二等县300元，三等县200元。

2. 国民政府时期的林业经费

国民政府时期较之北洋政府时期林业有所发展，林业经费也有所增加。

民国二十一年（1932 年），各省份支出林业经费共计 1 688 701 元（见表 1 - 5）（索景炎，1934）。

表 1 - 5　　　　　　　　**1932 年各省份林业经费**　　　　　　单位：元

省份	林业经费	省份	林业经费
江苏	390 445	察哈尔	10 360
浙江	104 220	绥远	13 368
福建	8 112	甘肃	2 614
江西	39 192	青海	130
安徽	79 493	广西	153 303
湖南	51 691	四川	10 120
山东	261 326	云南	138 608
山西	60 596	上海	13 536
河北	99 251	青岛	22 838
河南	229 508	合计	1 688 701

资料来源：索景炎. 两年来林业界（二十一、二十二两年）[J]. 中华农学会报，1934（129 - 130）.

民国二十四年（1935 年）以后，四川省当局比较重视林业，要求各县设立林场，整顿原有苗圃，广为播种油桐，实行官荒山地造林，将林业经费列入县年度预算内。民国二十五年（1936 年），鉴于各县农场有名无实，决定只保留江北、达县、广安 3 县的农场，其余各县的农场都停办，改设苗圃或林场。从此，四川省各县林业事业有所发展。民国二十五年（1936 年），全省苗圃经费达 85 684.93 元，其中最多的为乐至县，达 4 541.5 元，最少的为兴文县，仅 80 元。同年，全省林场经费为 43 351.99 元，其中最多的为奉节县，达 1 590 元，最少的为汶川县，仅 10 元。民国二十六年（1937 年），全省苗圃经费为 80 428.4 元，其中乐至县最多，为 2 123 元，汶川县最少，仅 64 元。同年，全省林场经费 26 801.8 元，其中奉节、剑阁二县都多达 1 000 元，而最少的雅安县仅 20 元（邬仪，1938）。

抗日战争期间和战后，全国林业经费由农林经费中支拨，但在农林经费中所占份额很少，最高年份仅占 1/6 左右，最低年份占大约 1/40。从具体数额来看，逐年有增加，但受通货膨胀影响，实际上增加不多。民国三十五年至三十六年（1946~1947 年），林业经费明显增加，一个原因是货币急剧贬值，另一个原因是抗日战争胜利而收复了失地，经营林业的地域扩大了。民国二十九年至三十六年（1940~1947 年），农林部实际支出全国林业经费如表 1-6 所示（农林部林业司，1947）。

表 1-6　　　　　　　　1940~1947 年林业经费

年份	林业经费法币（元）	农林经费法币（元）	林业经费占农林经费（%）
1940	38 000	1 450 000	2.6
1941	1 500 000	14 250 000	10.5
1942	2 554 600	38 977 420	5.6
1943	10 896 000	107 880 000	10.1
1944	12 804 831	235 065 670	5.5
1945	49 520 230	626 967 984	7.9
1946	455 960 000	2 848 928 900	16.0
1947	3 936 249 600	24 856 381 600	15.8

资料来源：农林部林业司. 中国之林业，1947：33.

五、中华民国时期的林业捐税

北洋政府为了增加财政收入，积极收取林业捐税。一方面，通过发放国有林来收取各种税费，如 1912 年农林部公布的《东三省国有林发放规则》，准许砍伐东北森林，从中敛取税款。另一方面，在各地设税局、税关，征收林木税（熊大桐，1989），如当时在哈尔滨设有木石税总局，征收林木出产税（木植税）、木材销场税、租金（山份）、木税附加捐、军用附加捐、警察捐等。北洋政府虽然在形式上采取鼓励造林的政策，但实际上所投入的林业经费却相当有限，林业捐税十分繁重，对林业是"取多予少"。

1. 北洋政府时期的林业捐税

民国元年（1912年），北洋政府农林部公布《东三省国有林发放规则》，准许砍伐东北森林，从中敛取税款。民国三年（1914年）修改了《东三省国有林发放规则》。承领园有林需领取执照，应交执照费50元（银圆，下同）。按照有效期20年，每年验照一次，纳费10元。承领10平方公里森林需交勘测费100元，增加1平方公里即增加勘测费1元。承领10平方公里森林还应交保证金200元。所领森林如转让给别人采伐，需交转让执照费50元。伐木后出售木材时，再按木材市价8%交纳木植票费，并另行交纳木税（陈嵘，1934）。

20世纪20年代，哈尔滨设有木石税总局，征收林木税：（1）林木出产税（木植税），包括木植票费和木税，共征木材总价的18%。（2）木材销场税，由吉林省运入的木材，如果在吉林省已纳税，则只征木材总价的6%；由其他省运入的木材，如果在当地已纳税，则征木材总价的10%。（3）租金（山份），征收木材总价的13.5%（林木出产税的75%），木桦每立方沙绳①征收1.5元；枕木每根征收0.08元。此外，还有多种附加捐，如木税附加捐，为林木出产税的2%，即木材总价的0.36%；军用附加捐，为林木出产税和木材销材税的20%，即木材总价的4.8%。警察也要从木材上征收捐税，如苇沙河和乌珠河县政府征收警察捐，按每火车皮计算，方木3元，圆水、木板和枕木2.5元，火柴木1.25元，电杆、矿柱1元，木桦0.9元。东北三省特别区

---

① 立方沙绳为俄制新炭材计量单位：1立方沙绳相当于9.71立方米。

警察总管理处征收警察捐为：制作棺木的木材 8 元，圆水、木板 5 元，枕木、火柴木 3 元，小木棒、碎小建筑材料 2 元，木桦 1 元。水上特种警察捐为：电杆 100 根 3 元，柞木 100 块 3 元，上等薪木 100 块 0.2 元。护路军总司令部征收林场保卫费为木材总价的 2% ~3% 。木商如果偷漏应缴纳的各项捐税，要处以原税额两倍以上、20 倍以下的罚金。由于各项捐税都按木材总价计算，因此对木材价格做了统一的估定。在哈尔滨木石税局所辖范围内的木价，哈尔滨最高，东三省铁路沿线次之，沿松花江各地最低。以上各项捐税合计起来，约为木材总价的 55% 。这样重的捐税，使得各地木商叫苦连天（苏林，1932）。

吉林省也设有木石税局，所征各项木材捐税占木材总价的百分数如下：木税 10% ，木税附加税 0.5% ，木植税 8% ，木植税附加税 0.5% ，山份 6% ，山份附加税 0.5% ，木植货牙税 6% ，合计 31.5% 。此外，还有地方捐税（满铁庶务部调查课调查报告，1929）。

黑龙江、吉林的木材，不论输出或输入，都征收海关税（苏林，1932）。

鸭绿江和浑江流域林区的木材捐税为：按木材总价计算，木税 6.7% ，木业经费 0.6% ，小学校捐和山林队捐 2.7% ，帆船出口税 2.5% ，海关税 5% （谢先进，1931）。

南方木材主要产地之一的福建省，木材捐税也相当重。民国十五年（1926 年），从闽江上游运往福州的木排，捐税达 20 多种。每连捐税 20 多元，每厂[①]捐税多达 600 多元（福建木材产销情况及其近况，1926）。

2. 国民政府时期的林业捐税

国民政府统治时期，林业捐税有增无减，各地所征收的木材捐税名目繁多，如上海的木材捐税有进口税、出口税、复进口税、子口税、常

---

① 福建小木排称"连"。连有 5 底（1 底为 1 根杉木）、7 底、9 底、11 底、13 底、15 底、18 底多种。20 ~24 连为 1 "厂"。

关税、货物税等。抗日战争时期，国民政府为了增加财政收入，加征木材捐税。民国三十二年（1943 年），对竹木、皮毛等森林产品开征统税，木材捐税不断增加，木商不堪负担。除木材外，其他林产品的捐税也很繁重，如桐油出口税，过重的捐税使桐油成本增加，在很大程度上影响了中国桐油业的发展。国民党政府相对实现了关税自主，这对林业发展是有利的；但是，木材及其他林产品税收的不合理却不利于林业的发展。

上海是木材进出口的重要商埠，征收木材捐税名目繁多，主要捐税如下（沪市销售松杉情形暨国内近年木材之进出口，1929）。

（1）进口税：为从国外进口木材的税。据国民政府民国十七年（1928 年）规定：板条（平常砍伐木材和圆木段，而柚木和已列名木材不在内），每千条征白银 0.5 两。枕木，按木价征 10%。重木（每立方米价值不超过白银 3.5 两），每立方米征白银 0.2 两。轻木（平常制成木材，但桅杆不在内），每立方米征白银 0.1 两。平常桅杆，按木价征 10%。柚木、梁、木板、木段，每立方米征白银 0.5 两。樟木、鸟木，按木价征 10%。

（2）出口税：指的是输往国外木材应征收的税。一般征收木价的 5%，梁、柱、桁和桩木每根征白银 0.03 两。

（3）复进口税：又称沿岸贸易税，由一个口岸运往另一个口岸木材征收的税。税率为进口税的 1/2。

（4）子口税：为内地关卡征收的税。在上海缴纳子口税后，就可以免去内地各子口纳税的麻烦。税率为木价的 2.5%。

（5）常关税：为内地关卡征收的税。税率一般为木价的 2.5%。上海的江海常关、吴淞的淞关规定常关税则如下：木段每根征税白银 0.2 两。

抗日战争时期，国民党政府为增加财政收入，加征捐税。民国三十二年（1943 年），对竹木、皮毛等森林产品开征统税（中国人民大学政治经济学系《中国近代经济史》编写组，1976）。由于木材捐税不断增加，木商不堪重负，于是重庆木商想方设法逃避捐税。例如，有时几个股东凑集资金，挂起招牌，成立一家木行，派人去产地采办木料，运到重庆销售。完成几批交易，结清账目，马上歇业。有的木行 1 年之中曾改组 3 次之多。当时通货膨胀，物价飞涨，国民党政府一面滥发纸币，一面欺骗老百姓，搞所谓的"平定物价"。木材为议价商品，由木业工会同国民党政府有关部门议定价格，由木业工会公布施行。木材市价一涨再涨，议价增长的速度赶不上市价。于是，各木行照市价出售木材，按议价记账，而将巨大的差额另记暗账，从而逃避木材捐税（赵渭人，1950）。

除木材外，其他林产品的苛捐杂税也很多。从咸丰八年（1858 年）起，即开始征收桐油出口税，每担海关银 3 钱。民国十八年（1929年），国民党政府加征二五附税，每担海关银工 1.5 钱。民国二十年（1931 年）6 月起，对每担桐油又增收关税海关银 1.15 两，共计每担桐油需纳出口税海关银 1.6 两，折合银圆 2.5 元（贺闿、刘瑚，1934）。民国二十年（1931 年）以前，在四川省主要桐油集散地万县，桐油捐税有 18 项，分为两类，一类为关税，另一类为厘金。关税为海关征收，厘金为地方政府和驻军等征收。

民国二十年（1931 年），财政部更改了出口税则，取消从晚清即开始征收的厘金，减去一些附加税，关税由原来的每担桐油征海关银 0.3两增加到 1.6 两。实际上，国民党政府取消厘金，减少附加税的法令在各省行不通，四川各地军阀仍然到处设卡，任意征收厘金。民国二十年（1931 年）前后，四川防区分为七个大区，运桐油每经过一区需完厘 1次，有的区甚至需完厘 3~4 次。由于苛捐杂税名目多、税率高，过重的捐税，使桐油成本增加，在很大程度上影响了中国桐油业的发展。

3. 中华苏维埃政权的林业税收

中华苏维埃政权建立后，立即宣布废除国民党政府的一切苛捐杂税，建立了统一的税收制度，人民自愿缴纳税收。1931 年 11 月，中央执行委员会颁布《暂行税则》，规定："税收的种类分为商业税、农业税、工业税三种。"1933 年 10 月中央财政委员部颁布《山林税征收细则》，规定对竹麻、茶子、茶叶、果子四项经济作物征税，其余暂不纳税。对茶叶征税的具体做法是按实收干茶斤数计征，实行差别税率，贫农中农少交税，富农多交税。除个别时期外，根据地政府的林业税收政策所收税率根据纳税人的产量、盈利状况来定，使他们承受得起，而且保护贫农中农的利益，能调动群众生产和纳税的积极性。

第三节　中国近代林业经济发展的特点

中国近代包括晚清和民国两个阶段（1840～1949 年）。清王朝经历所谓的"康乾盛世"之后，在封建主义道路上继续蹒跚而行，在政治上日趋腐败。与此同时，英、法、美等西方国家的资本主义经济迅速崛起，并成为世界强国，通过向外扩张和推行殖民政策争夺海外市场和原料基地。鸦片战争后，中国一步步沦为半殖民地半封建社会，森林资源受到帝国主义掠夺式开发、毁坏，以及在近代战争、毁林垦种、燃料消耗等的影响下，森林资源破坏达到有史以来的最高峰，生态环境不断恶化。在此背景下，林业经济发展呈现出半殖民地半封建性、弱质性、动荡性、落后性等特点。

一是半殖民地半封建性。晚清时期，森林资源遭受帝国主义的大肆掠夺，与帝国主义国家签订不平等的采木合同，林产品关税和对外贸易受外国人掌控颇深。在这种形势下，我国的林业经济权利掌握在帝国主义手中，成为西方列强的原材料产地和商品倾销地，帮助其缓解了资本主义经济危机。在经济、生态需求的压力下，清政府被迫采取一些发展林业的政策。为增加财政收入，东北林区实行了开禁政策，解除伐木禁令，大量征收林产品税捐供反动统治阶级消费，广大农民百姓遭受着缺材少柴和旱涝频繁的经济和生态双重灾难之苦，民族矛盾和阶级矛盾日益加剧。民国时期，北洋政府为了增加财政收入，积极收取林业捐税，虽然在形式上采取鼓励造林的政策，但实际上所投入的林业经费却相当有限，林业捐税十分繁重，对林业是"取多予少"（樊宝敏，2002）。国民政府统治时期林业捐税有增无减，各地所征收的木材捐税名目繁多，虽然相对实现了关税自主，但林业经济发展仍然戴着沉重的枷锁。中华苏维埃政权改革了森林所有权，废除了国民党政府的一切苛捐杂税，建立了统一的税收制度，人民自愿缴纳税收，在一定程度上满足了不同利益群体的诉求，缓和了阶级矛盾，巩固了工农联盟，调动了生产者的积极性。

二是弱质性。鸦片战争之后，有识之士面对民族危机，大力主张振兴实业救亡图存，其中包括林业。因此，社会性质变化之下，林业经营思想、林业实业经济思想的兴起，为中国现代意义的林业经济诞生奠定了基础，林业科学、教育也在艰苦的环境中缓慢前进，林政管理、林业规章制度初具雏形。晚清时期，中国资本主义伐木业和木材业开始产生。甲午战争后，清政府逐渐放松了民间建厂的政治压制，东北凭借其丰富的资源、优越的地理位置使得木材加工业极大发展，木材和其他林产品贸易逐渐发展。与此同时，帝国主义垄断了中国经济命脉，英商和美商为代表的外商，操纵着中国的木材贸易，中国民族资本森林工业只能在外国资本主义尚未占据的空隙中求生。由于经济权利掌握在帝国主义手中，因此，出口的收益并非全部为我国所有，而进口贸易的利益却全为帝国主义国家所得，林业经济贸易逆差巨大。另外，近代各种林业木材捐税和厘金名目繁多，而外商却可以豁免许多捐税，使得民族森林工业受到外国资本主义和国内封建势力的双重压迫，经济发展更为艰难。

三是动荡性。这一时期，社会基本处于动荡和混乱时期，内忧外患严重，日本殖民者强化了对东北林业资源的控制和掠夺。政治力量的不平衡，导致政策调整频繁，且产业生存空间不断受到西方资本主义的挤压。森林资源经历了过度开发和破坏式掠夺下，人地关系矛盾也趋于激化，生态灾难极其严重，林业经济发展既面临着重重天灾考验，又经历着人祸带来的挫伤。

四是落后性。近代中国的林业经营理念和森工产业大多处于起步阶段，对森林的经营主要依靠自然力，在木材利用、采伐和运输等方面的木材加工技术也比较落后，生产规模都较小，加之人力成本低，导致生产多以手工制作为主，机械化程度低，劳动效率不高。西方资本主义经济进入中国办厂，虽然在一定程度上提高了林业生产技术水平，但核心技术仍然掌握在西方资本家手中，本土林业经济发展整体水平还很落后。

本章推荐读物

［1］樊宝敏. 中国清代以来林政史研究［D］. 北京林业大学，2002.

［2］王长富. 中国林业经济史［M］. 哈尔滨：东北林业大学出版社，1990.

［3］王长富. 东北近代林业经济史［M］. 北京：中国林业出版社，1991.

［4］张迎春. 中国近代林业产业状况研究［D］. 河北农业大学，2011.

［5］胡坚强. 中国林业史研究概述［J］. 浙江林学院学报，2002（3）.

［6］李莉，李飞．中国林业史研究的回顾与前瞻［J］．自然辩证法研究，2017（12）：93 – 97.

［7］熊大桐．中国近代林业史［M］．北京：中国林业出版社，1989.

［8］陈嵘．历代森林史略及民国林政史料［J］．中国农学会，1934：99 – 100.

［9］李莉．中国林业史［M］．北京：中国林业出版社，2017.

［10］孟一衡．杉木与帝国：中国早期近代中国的森林革命［M］．张连伟，李莉，李飞，郎洁译．上海：光启书局，2022.

［11］国家林业局．林业史话［M］．北京：社会科学文献出版社，2016.

［12］王立磊．近代以来我国林业税费制度变迁研究［D］．河北农业大学，2011.

本章思考与讨论

1. 你认为中国近代林业经济发展阶段该如何划分？依据是什么？

2. 中国近代林业经济发展呈现出哪些特点？

3. 中国近代林业经济发展受哪些因素影响？

4. 中国近代森林资源保护和利用有哪些特点？

5. 中国近代林业捐税对林业经济发展有何影响？

6. 中国近代林业建设经费投入水平如何，有哪些特点？

第二章

中国现代林业经济发展史[*]

1949 年新中国成立以来，我国林业经济虽历经波折，但总体呈现出较好的持续发展态势。本章将现代林业经济发展分为四个阶段：新中国成立到改革开放前，实行计划经济体制（1949～1978 年）；改革开放后，创造性地从计划经济体制转向社会主义市场经济体制（1978～1992年）；建立和完善社会主义市场经济体制时期（1992～2012 年）；新时代林业高质量发展时期（2012 年至今）。

第一节　计划经济体制时期（1949～1978 年）林业经济发展

新中国成立后，建立了国营经济领导下多种经济成分并存的新民主主义经济体制，中国共产党运用政治魄力和政治智慧，仅用三年的时间就奇迹般地在战争废墟上恢复了国民经济，并在此贫穷落后的基础上开始了大规模的经济建设。"一五"时期开展了以"156 项工程"为中心的大规模工业建设，为我国基础工业体系奠定了重要的基础，大大缩短

---

　　* 本章参加编著人员：柯水发、李红勋、纪元、袁雪婷、肖灿、梁楚仪、乔丹。

了中国与发达国家工业发展水平的距离。与此同时，模仿苏联模式，新民主主义经济形态改造为社会主义初级阶段经济形态，市场与计划相结合的经济体制改造为高度集中的计划经济体制。

一、新中国成立后恢复发展时期（1949～1957 年）林业经济发展

1949 年 10 月 1 日，以毛泽东主席为领袖的中国共产党领导中国各族人民，建立了中华人民共和国。从此，中国历史进入社会主义革命和建设新时期。1950 年开始，政府进行了大规模的城市工商业社会主义改造和农村土地集体化以及社会改革。1953 年，开始进行社会主义工业化建设和对农业、手工业与资本主义工商业的社会主义改造（即"三大改造"），逐步由新民主主义向社会主义过渡。本节部分内容来源于《中国林业史》（李莉，2017）和《新中国林业经济思想史略》（中国林业经济学会、国家林业和草原局管理干部学院，2019）。

1. 森林资源保护和培育状况

我国幅员辽阔，历史上森林面积广大。但是由于过去长期的开垦、战乱火灾破坏和乱砍滥伐，到中华人民共和国成立之前，已成为一个贫林国家。从 1973 年开始，我国先后共完成了 9 次全国性森林资源清查。森林资源消长变化如表 2－1 所示（李莉，2017）。

新中国成立之时，由于长期过度开垦、战乱破坏、乱砍滥伐等历史原因，我国已经是一个贫林国家，加之资源分布不平衡、运输困难，林业工作的基础非常薄弱。全国森林面积仅有 8 280 万公顷，宜林荒山 28 959 万公顷，新中国成立前夕中国的森林覆盖率只有 8.6%（韩得尔，2019）。由表 2－1 可以看出，新中国成立后的 30 年间，森林覆盖率在 12% 左右。新中国成立后，森林资源得到了初步恢复，但为了解

决粮食、能源、建材、城乡建设等问题（李莉，2017），从1950年开始进行改造，到1956年完成三大改造，林业为国民经济的恢复、建设和发展作出了重大贡献。1950～1962年的森林覆盖率为11.8%，活立木蓄积量为110.24亿立方米，分别低于1949年的12.5%和116亿立方米。这一时期，林业作为基础产业从国家建设需要出发，首要任务是生产木材，森林资源曾一度出现消耗量大于生长量的局面。

表2-1　　　　　　　　新中国成立以来我国森林资源消长变化

时期（年）	全国森林清查	林地面积（亿公顷）	森林面积（亿公顷）	森林覆盖（%）	森林蓄积（亿立方米）	活立木蓄积量（亿立方米）	森林蓄积年总消耗量（万立方米）	森林蓄积年总生长量（万立方米）
1949				8.6		116	—	—
1950～1962				11.8		110.24	12 600	8 800
1973～1976	第一次		1.2186	12.7	86.56	95.32	22 692	19 653
1977～1981	第二次		1.1528	12	90.28	102.61	27 532	29 410
1984～1988	第三次		1.2465	12.98	91.41	105.72	36 497	38 034
1989～1993	第四次	2.629	1.337	13.92	101.73	117.85	47 503.78	37 583.8
1994～1998	第五次（沿用国际流行的森林标准：郁闭度为0.2以上）	2.633	1.589	16.55	112.67	124.9	45 752.45	37 075.18
1999～2003	第六次	2.85	1.75	18.21	124.56	136.18	36 500	49 700
2004～2008	第七次	3.038	1.95	20.36	137.21	149.13	37 900	57 200
2009～2013	第八次	3.1	2.08	21.63	151.37	164.33	39 200	64 400
2014～2018	第九次		2.2	22.96	175.6	190.07		

资料来源：①林业部资源和林政管理司．当代中国森林资源概况（1949～1993）.1996；②历次全国森林资源清查资料。

　　林垦部于 1950 年 2 月 28 日至 3 月 8 日，在北京召开首届全国林业工作会议，提出了"普遍护林，重点造林，合理采伐和合理利用"的林业建设基本方针，为这一时期的林业建设指明了方向。但由于当时百废待兴、生产建设和人民生活都急需大量的木材，林业建设总方针在实际中的落实情况有限。

　　1950 年，政务院发布了《关于全国林业工作的指示》，强调林业建设的任务从普遍造林向有计划、重点造林转变。1950～1952 年，全国造林的重点是风沙水旱灾害十分严重的冀中、冀西、陕北、豫东、东北西部和江苏沿海一带。1949～1952 年，全国造林面积达 171 万公顷。"一五"期间，实行专业护林与群众护林相结合，仅豫东地区就营造沙荒防护林近 5 万公顷，保护了 15 万公顷农田；黄河、淮河等河流中上游配合水利工程造林，控制水土流失面积达 69.2 万平方千米；在长江以南大力营造用材林，计划每年造林 100 万公顷，建立木材生产基地。"一五"计划第一年，即 1953 年，全国造林 111 万公顷，为国民党政府统治时期 22 年造林总面积的两倍（李莉，2017）。

　　1953 年 9 月，政务院下发《关于发动群众开展造林育林护林工作的指示》，对群众在造林、育林、护林等方面的行动进行了全面指导，充分肯定了群众在造林工作中的主体地位，有效调动了群众力量，显著增加了造林面积。据《关于一九五五年国家决算和一九五六年国家预算的报告》显示，"在林业方面，1955 年完成造林面积 2 560 多万亩，比1954 年完成数增长 47%"（任铃，2022）。

　　1955 年 12 月 21 日，毛泽东在起草的《征询对农业十七条的意见》中提出"在十二年内，基本上消灭荒地荒山，在一切宅旁、村旁、路旁、水旁，以及荒地上荒山上，即在一切可能的地方，均要按规格种起树来，实行绿化"。1956 年 3 月，毛泽东在给新中国成立后的第一次全国性的青年造林大会的贺电中向全国发出"绿化祖国"的伟大号召。

当时，中华大地掀起一个个造林绿化热潮，这在持续了几千年的封建社会很少见到（樊宝敏，2021）。

2. 林业经济发展状况

在当时的历史条件下，林业和全国其他行业一样，都是首先学习借鉴苏联的经验和做法，林业经济上实行"以木材生产为主"。为适应国家建设对大量木材生产的需要，在此时期我国森林工业得到迅速发展。1950～1952年，生产木材3 229万立方米。1950～1957年，全国木材产量从764万立方米增加到2 787万立方米（任铃，2022）。森林工业职工达36万人，木材采运机械化水平达到42%，为国家上缴利润最高年份列全国各行业的第二位（樊宝敏，2022）。除为木材生产之外，这一时期也开始鼓励经济林果业的发展。1956年，国务院《关于新辟和移植桑园、茶园、果园和其他经济林木减免农业税的规定》，以减免税政策鼓励农民种植桑、茶、果和其他经济林。

新中国成立至改革开放（1949～1978年）林业总产值如图2－1所示。可以看到，林业总产值总体上呈现上升趋势，从1952年的7.28亿元增长到了1978年的48.1亿元，增长了6倍之多。其中1952年至1957年，林业产业发展迅猛，总产值增长率达到140%。20世纪60年代初，林业产值曾出现短暂回落，这是由于1959～1961年正处于三年严重困难时期，从气象、水文、农业、民政和统计部门记录的原始资料文献看，这是新中国成立以来第一场连续多年的严重干旱灾害。

以1952年、1957年、1962年为例，细化研究林业的产值构成，分为营林、木材采运、木材加工、林产化工四部分研究（见表2－2）。在新中国成立初期，木材采运始终是林业产值中贡献最大的部分，分别为55.19%、45.68%、53.96%，由于政府部门积极进行林地所有制改革，推进林业合作化，营林产值也有大幅度提升，1957年为9.3亿元，比1952年增长了220.7%。

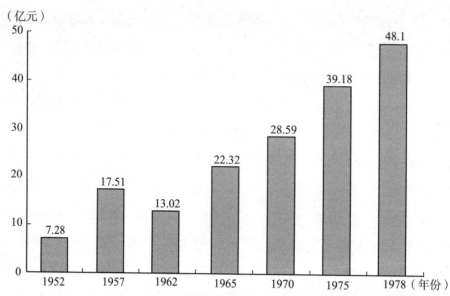

图 2 - 1　新中国至改革开放（1949～1978 年）林业总产值

资料来源：前瞻数据库。

表 2 - 2　　　　　三年林业产值构成（按不变价格计算，亿元）

年份	合计	营林	比例（%）	木材采运	比例（%）	木材加工	比例（%）	林产化工	比例（%）
1952	11.0	2.9	26.35	6.1	55.19	2.0	18.40	0.0072	0.06
1957	23.6	9.3	39.35	10.8	45.68	3.5	14.85	0.0266	0.12
1962	20.4	7.3	35.84	11.0	53.96	1.9	9.4	0.1625	0.8

资料来源：全国林业统计资料汇编。

3. 林业经费和林业税费状况

新中国成立初期，百废待兴，林业经费投入有限。

林业涉及的税种主要是农业税和工商税两种，以及育林基金和维简费两种规费。育林经费是进行林业建设的重要保障。林垦部成立后便开始着手推动解决育林经费问题。1950 年，政务院将林业建设支出纳入国家统一管理财政中，使我国林业建设有了专门的资金支持。1951 年 7

月 21 日，政务院发布《关于育林费的征收及使用办法之补充规定》。尽管如此，林业建设经费仍然不足。这样，我国便开始探索新的制度化举措，通过建立育林基金，拓展林业建设的资金来源。简单来说，育林基金就是国家在财力有限的情况下设立的一种专项基金，即按国家规定从木材销售成本中提取育林经费，实行专款专用，只供森林更新、造林、育林之用，以不断扩大森林资源。在这个问题上，同样是国家、集体、个人发挥合力。最初，我国尝试在私有林业中征收育林费作为育林基金。1954 年，政务院、林业部、财政部先后发布《关于征收私有林木育林费作为育林基金的决定》《育林基金管理办法》《关于征收私有林育林费问题的联合通知》。这些政策的推行，缓解了林业资金缺乏的问题。此后，在"建立育林基金以林养林"要求的指导下，我国开始在国有林区筹集育林基金。

二、动荡发展时期（1957～1978 年）林业经济发展

1958 年，全国各条战线掀起了"大跃进"高潮。1966～1976 年的"文化大革命"，林业偏离发展轨道，林地被侵占、森林被乱砍滥伐，不少地区森林资源情况变得严峻，生态环境持续恶化，国民经济遭受了很大的损失。本节内容主要基于《中国林业史》（李莉，2017）和《新中国林业经济思想史略》（中国林业经济学会、国家林业和草原局管理干部学院，2019）。

1. 森林资源保护和培育状况

1973～1976 年进行的第一次全国森林资源清查结果显示，相较于1950～1962 年，1973～1976 年虽然森林覆盖率由 11.8% 上升到 12.7%，但活立木蓄积量由 110.24 亿立方米下降到 95.32 亿立方米，森林蓄积年总消耗量由 12 600 万立方米上升到 22 692 万立方米。

1958 年 2 月，森林工业部和林业部合并为林业部。尽管两部门合而为一，但由于没有很好地研究解决森林采育之间的问题，没有建立起一套正常合理的采育经济关系，所以，森林资源保护和利用这对根本性的矛盾仍然没有很好地解决，给以后不断加重的森林资源采育失调问题留下了隐患。

1958～1960 年，受"大跃进"的影响，国营林场和社队林场不合理增速很快。由于各地大炼钢铁，大办公共食堂，大量的天然林甚至原始林遭到掠夺式砍伐。加之木材生产中的高指标，造成集中过量采伐和三年困难时期的毁林开荒。短短的几年间，森林资源遭到了严重破坏（李莉，2017）。

由于搞"一平二调"和"共产风"，一些地方将初级、高级农业生产合作社时期尚未偿还的折价山林，全部低价甚至无偿划归公社集体所有，造成林木、林地权属混乱，严重挫伤了广大农民植树造林的积极性，有的地方乱砍滥伐森林，导致了以后的林权纠纷（中国林业经济学会、国家林业和草原局管理干部学院，2019）。

1963 年 5 月，国务院发布《森林保护条例》，从总则、护林组织、森林管理、预防和扑救火灾、防治病虫害、奖励和惩罚、附则等方面作出 7 章 43 条规定。

1970 年，林业部和农业部合并成立农林部（1970 年 5 月至 1979 年 2 月）。在广大农村，大面积开荒种粮，大批林木被毁（国家林业局，1999）。国有和集体林区集中采伐现象普遍，采育严重失调。1966～1977年，全国发生森林火灾 11 万多起，平均每年受害森林面积达 67 万公顷。东北、内蒙古和西南国有林区 131 个国有林业局，有 25 个可采资源枯竭，开始出现资源危机和经济危困局面（樊宝敏，2021）。

20 世纪 70 年代初期，北方飞播造林开始恢复，播区范围逐步扩大。据统计，1967～1978 年，全国飞播面积达 1 000 万公顷，平均每年

83 万多公顷，一年的飞播面积比 1967 年以前 9 年飞播总面积还大，逐步形成了一片片飞播林基地（李莉，2017）。

2. 林业经济发展状况

为适应国家经济建设迅速发展对木材的需要，1957 年，按照中央发布的《关于企业下放的几项规定》，除一些重要的、特殊的和试验性质的企业仍归中央继续管理以外，其余企业一律下放给地方管理。这一时期，我国森林工业得到迅速发展，木材产量由 1950 年的 764 万立方米增加到 1957 年的 2 800 万立方米，森林工业职工达 36 万人，木材采运机械化水平达到 42%，为国家上缴利润列全国各行业的前三位。这种管理机构的设立深受苏联管理体制的影响，但却没有和国内实际情况相结合，因而实践效果并不理想，特别是造成采伐森林和培育森林之间的许多矛盾（中国林业经济学会、国家林业和草原局管理干部学院，2019）。

1957 年 9 月 5 ~ 12 日，林业部、森林工业部在北京召开国有林区林业厅长和森林工业局长座谈会，研究林业和森林工业体制问题，并以两部党组名义向中央提出《关于我国林业与森林工业体制的意见》。1958 年 5 月 20 日至 6 月 15 日，林业部召开全国林业厅（局）长会议，将木材综合利用作为林业部门的重要任务。但这时，"大跃进"运动开始在全国范围内开展起来，由于各地大炼钢铁、大办公共食堂，大量的天然林甚至原始林遭到掠夺性砍伐，森林资源受到破坏。"大跃进"运动结束后，党和国家开始调整国民经济，林业政策也随之相应调整。发展科学技术，开展木材综合利用、提高木材利用效率成为这一时期林业政策调整的重要内容。

1957 年，全国木材采伐企业达到 50 个，分布在东北林区 32 个，内蒙古林区 8 个，西南林区 5 个，西北林区 5 个。1957 年，全国共生产原木 2 000 万立方米，比 1952 年增长一倍。

1958 年 11 月 3 日，与森林工业部合并后的林业部召开全国林业厅局长会议，会议强调大力发展木材综合利用，大搞人造板加工工业。

1958 年，林业部、轻工业部、商业部《关于大力组织栲胶生产的联合通知》号召发展栲胶产业。1961 年，国务院批转林业部、商业部《关于发展紫胶生产问题的报告》。1963 年，财政部、林业部、人民银行总行决定，垦复和抚育竹子、油茶、油桐所必需的生产资金，可以从农业贷款中适当解决，并给予无息贷款支持。1964 年，林业部发出《关于安排引种油橄榄的通知》。1976 年，农林部召开南方 14 省用材林和油料林基地造林现场会。

1961 年 7 月 25 日，刘少奇视察东北林区题词：充分利用森林资源，尽可能满足国家和人民群众各方面的需要。1964 年 1 月 27 日，中共中央、国务院批准成立大兴安岭特区。特区的主要任务为开发大兴安岭林区，由林业部直接领导，同时接受黑龙江省和内蒙古自治区领导。1964 年 2 月 10 日，中共中央、国务院批转林业部、铁道兵《关于开发大兴安岭林区的报告》，批准成立开发大兴安岭林区会战指挥部。由此吹响了全面开发建设国有林区的号角。

1962 年，中共中央、国务院批转国家经济委员会、计划委员会《关于充分利用木材资源、大力开展木材的节约代用工作的报告》，提出了包括以煤换木，增产纤维板、胶合板、刨花板、厚纸板等充分利用木材资源和节约代用的 22 项措施。

1966～1976 年，"文化大革命"使林业管理陷入混乱状态，制定的林业政策难以推行，林业遭受巨大挫折，生态环境日益脆弱，社会经济受到严重不利影响。一是国营林业管理弱化，使国有林受到破坏。各省（区、市）大多撤销林业厅（局），林业干部和技术人员下放到农村基层和"五七"干校劳动锻炼。全国 83% 的国营林场下放到地方县或公社管理，管理机构全部撤销，工作人员也被陆续下放。二是国家执行

"以粮为纲"方针，林业的地位下降（樊宝敏，2021）。

这一时期，受传统林业经营思想的影响，在林业经营实践中，"不管是森工企业，还是营林部门，特别是森工企业，都执行了一项以原木生产为中心的经营方针"。森林仅被作为一种经济资源，林业建设的首要任务被定位为生产木材。随着国民经济的恢复、发展，社会各条战线对木材等林产品的需求不断加大。超指标采伐、超期采伐，甚至乱砍滥伐，给林业发展带来了严重危害（胡运宏、贺俊杰，2012）。

3. 林业经费和林业税费状况

1961 年 12 月，林业部、财政部联合发出《关于在国有林区建立"育林基金"的联合通知》，规定"将现行更新费改为育林基金制，由每立方米原木销售成本中提取 10 元育林费作为育林基金"。1962 年 3 月，财政部、林业部颁发的《国有林区育林基金使用管理暂行办法》，具体规定了育林基金的来源比例、使用范围、管理方法，包括实行专款专用、专户存储、先存后用，实行林业部、省、市、自治区分级管理，按年季编制育林基金收支计划等。1964 年 2 月 5 日，财政部、林业部等部门发出《关于建立集体林育林基金的联合通知》，将育林基金的适用范围进一步扩大到集体林，同时要求从集体林提取的育林基金只供社队集体更新、造林、育林、护林之用。育林基金这一发展林业专项基金的设立，为我国林业建设提供了多渠道的资金保障（任铃，2022）。1964 年，财政部、林业部和中国农业银行联合颁发了《集体林育林基金管理暂行办法》，建立甲种育林基金和乙种育林基金。1972 年 5 月，林业部、财政部和中国农业银行联合颁发了《育林基金管理暂行办法》。

维简费最早出现于国有林区，是维持木材简单再生产和发展林区生产建设事业的资金。1952 年起在东北、西南等国有林区试行"维持再生产基金"办法，木材产量按每立方米 5 元从生产成本中提取。

第二节　计划经济体制向社会主义市场经济体制
转轨时期（1978～1992 年）林业经济发展

1978 年 12 月召开的党的十一届三中全会作出了把全党工作重点转移到社会主义现代化建设上的战略决策，林业建设开始步入正确的发展轨道。这一时期，改革从农村确立家庭联产承包责任制开始，乡镇企业"异军突起"，1984 年，全面转向城市的国有企业扩大自主权和"利改税"改革；放弃了国家对外贸的垄断，在沿海设立经济特区、开放沿海城市、建立海南经济特区和浦东开发区。1984 年"六五"计划提前一年完成，成为新中国成立以来效益最好的五年计划。经济体制朝着中共十二届三中全会确定的"有计划的商品经济"转型，逐步摆脱传统的发展模式和经济体制的束缚。此后，国民经济经历了 1986～1987 年的"软着陆"，1988 年价格"闯关"和 1989～1991 年治理整顿的曲折。本节部分内容主要源于《中国林业史》（李莉，2017）和《新中国林业经济思想史略》（中国林业经济学会、国家林业和草原局管理干部学院，2019）。

1. 森林资源保育及生态建设状况

改革开放初期，山林承包责任到户，由于林政管理工作跟不上，木材市场放开，南方集体林区一度出现了乱砍滥伐森林资源的严重局面。在其他地区，由于分田、分山、分林到户，曾出现破坏森林、林木的情况。1987 年，中共中央、国务院《关于加强南方集体林区森林资源管理坚决制止乱砍滥伐的指示》，及时作出了调整，要求加强森林采伐管理，才扭转了这种趋势（李莉，2017）。

根据表 2-1 全国林业资源清查的结果显示，1978～1991 年，森林覆盖率、森林蓄积、活立木蓄积都是持续提高的。改革开放初期，1977～1981 年的森林覆盖率低于 1973～1976 年的统计结果，但从第三次和第四次的森林清查结果来看，森林覆盖率、森林蓄积、活立木蓄积都高于改革开放之前。

党的十一届三中全会以来，党和国家十分重视和关心林业，作出一系列重大决策，林业建设进入恢复发展的新阶段。1982 年 2 月 28 日，中央绿化委员会成立。此后，各级绿化委员会也相继成立，统一领导本地区的义务植树运动和整个造林绿化工作，大力推行植树造林，加快造林绿化步伐。具体措施包括：开展全民义务植树运动，启动林业重点生态建设工程，编制实施造林绿化规划，建设用材林基地，扩大飞播造林面积（李莉，2017）。

1979 年 2 月召开的第五届全国人民代表大会常务委员会第六次会议在审议《中华人民共和国森林法（试行草案）》的基础上，通过"决定每年 3 月 12 日为我国植树节"。在邓小平同志的提议下，1981 年 12 月 13 日召开的第五届全国人民代表四次会议讨论并通过《关于开展全民义务植树运动的决议》。从此，全民义务植树运动作为一项法律开始在全国范围内施行。

1980 年，中共中央国务院发布了《关于大力开展植树造林的指示》，林业建设的重点开始转移到大规模植树造林、加快国土绿化的轨道上。

按照中央部署，为了保护森林，促进林业发展，我国农村广泛实行了林业"三定"政策。但随着经济体制改革的深入，木材市场逐步放开，在经济利益的驱动下，一些集体林区出现了对森林资源的乱砍滥伐、偷盗等现象，甚至一些国营林场和自然保护区的林木也遭到哄抢，导致集体林区蓄积量在 300 万立方米的林业重点市，由 20 世纪 50 年代的 158 个减少到不足 100 个，能提供商品材的县由 297 个减少到 172 个

（胡运宏、贺俊杰，2012）。

面对森林资源出现的危机，党和政府高度重视，先后颁布了一系列林业保护政策。其中主要有《国务院关于坚决制止乱砍滥伐森林的紧急通知》（1980）、《中共中央国务院关于制止乱砍滥伐森林的紧急指示》（1987）、《中华人民共和国森林法》（1987）、《中华人民共和国森林法实施细则》（1987）、中共中央国务院《关于加强南方集体林区森林资源管理坚决制止乱砍滥伐的指示》（1987）、林业部《封山育林管理暂行办法》（1988）、《国务院关于保护森林资源制止毁林开垦和乱占林地的通知》（1988）、《中华人民共和国水土保持法》（1991）、《国务院办公厅转发〈林业部关于当前乱砍滥伐、乱捕滥猎和综合治理措施报告〉的通知》（1992）等。以上政策明确指出，保护森林、发展林业是我国社会主义建设中的一个重大问题，要正确处理"当前利益和长远利益""经济效益和生态效益"的关系。我国林业建设实行以营林为基础，普遍护林，大力造林，采育结合，永续利用（胡运宏、贺俊杰，2012）。

森林限额采伐政策于 1986 年实施，对我国森林资源管理发挥了积极而重大的作用。1984～1988 年，全国森林蓄积总生长量 36 497 万立方米，消耗量 38 034 万立方米；1989～1993 年，生长量 47 503.78 万立方米，消耗量 37 538.80 万立方米。在 20 世纪 90 年代，实现了生长量大于消耗量的目标（中国林业经济学会、国家林业和草原局管理干部学院，2019）。

为了防治沙漠化、水土流失、改善生态，国家启动实施林业重点生态建设工程。1978 年 11 月，决定在东北、华北、西北地区实施"三北"防护林体系建设工程。工程横跨 13 个省（自治区、直辖市），涉区 551 个县（市、旗），总面积 406.9 万平方千米，占国土总面积的42.4%，堪称世界之最。工程从 1978 年开始至 2050 年结束，分三个阶段、八期工程。规划造林总面积 3 560 万公顷，加上原有林地 2 314 万公顷，工程建成后，森林覆盖率达 14.95%（中国林业经济学会、国家林业和草原局管理干部学院，2019）。之后，又相继启动长江中上游、沿海、防沙治沙、太行山绿化、平原绿化、黄河中游、珠江流域、淮河太湖流域、辽河流域等防护林体系林业生态工程，合称林业十大重点工程。工程规划设计区覆盖了我国主要的水土流失、风沙和盐碱等生态环境最为脆弱的地区（李莉，2017）。

2. 林业经济发展状况

1978～1992 年，我国市场体系建设的起始阶段，率先在农村启动家庭联产承包责任制，逐步放开小商品价格管制，以促进小商品生产和流通来满足市场需要。1981 年，出台《关于保护森林发展林业若干问题的决定》，针对南方林区启动了"稳定山权林权、划定自留山、确定林业生产责任制"的林业"三定"工作，标志着中国改变传统的林业体制，打破了原有的林业产权完全归国家所有的体制，农民分到了自留山，承包责任山，开始步入多元化发展道路。1984 年，党的十二届三中全会提出建立"有计划的商品经济"。1985 年，中国的集体林区开始取消木材统购，开放木材市场，允许林农和集体的木材自由上市，实行议购议销。1987 年，党的十三大明确提出"加强建立和培育社会主义市场体系"。

党的十一届三中全会以后，林业经济管理体制改革逐步展开，开始减少用行政办法管理经济，注重利用经济杠杆来管理林业经济，并辅之以法律手段，使三者有机结合起来。国家林业管理部门更多地运用行政、经济、法律等手段，综合地对林业建设进行宏观调控，并且把林业发展从部门行为进一步扩展到全社会的共同职责，在全国推广实施了"实行各级行政领导和企业负责人的森林资源消长任期目标去任制"，极大地调动了各级政府和全社会重视林业、支持林业、建设林业、保护森林的积极性。林业市场在优化资源配置方面开始发挥基础性的调节作用，我国的林业经济管理体制日益走向社会主义市场经济之路。在国家林业建设方针政策的指引下，林业的发展步伐明显加快（中国林业经济学会、国家林业和草原局管理干部学院，2019）。以1984年《中华人民共和国森林法》的出台为标志，我国林业建设进入了深化发展阶段。

改革开放40余年来，林业总产值稳步上升。由于统计年鉴中"林业产业总产值"这一指标只统计了1994年至今的数据，所以1978～1993年的总产值数据选取"林业总产值"这一指标进行分段分析。改革开放之初至1993年（见图2-2），我国林业总产值从48.06亿元增至494亿元，同比增长927.88%。

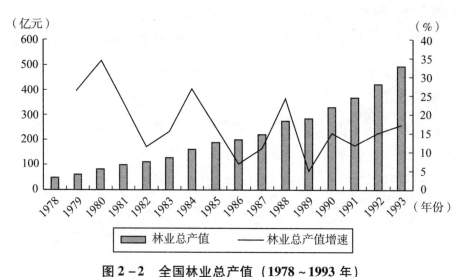

图2-2 全国林业总产值（1978～1993年）

资料来源：《中国林业统计年鉴》（1978～1993年）。

1981年，中共中央、国务院《关于保护森林发展林业若干问题的决定》要求，稳定山权林权，因地制宜大力发展经济林。1987年，林业部、国家计委等部委《关于加强松香管理的联合通知》将松香的产供销统一交由林业部门管理。

3. 林业建设经费投入

1981年，中共中央、国务院在《关于保护森林发展林业若干问题的决定》中指出，把国家林业投资、财政拨款、银行贷款、按规定提取的育林基金和更改资金，列入林业资金，由中央和地方林业部门按照权限建立国家林业基金制度，分级管理，专款专用。中国绿化基金会于1984年3月成立，通过多种形式和渠道，筹集绿化资金。1984年11月，中国政府与世界银行正式签署贷款协议书，世界银行向中国政府提供4780万个特别提款权（SDR）的贷款，用于支持中国的林业发展项目，开创林业利用外资的先河。

林业基本建设是政府扶持林业发展的主要渠道。我国林业基本建设的投资规模大致呈现出波动缓慢上升的趋势，林业基本建设投资总额由1978年的8.5亿元上升到1987年的15.5亿元（见图2-3）。从林业基本建设的投资方向来看，这一时期仍旧以森林工业投资为主，基本建设投资的比重始终高于50%，但营林在基本建设中比重在波动中小幅度增加。1979年营林占比达到49%，为该时期最高，表明这一时期重森工、轻营林的林业投资战略有所松动。

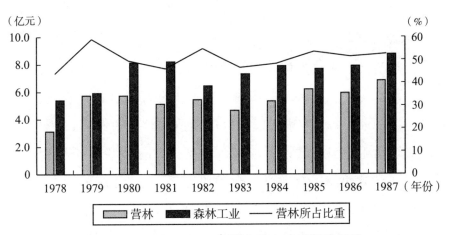

图2-3　1978~1987年林业基本建设投资结构

资料来源：《中国林业统计年鉴》（1978~1987年）。

在林业基本建设投资的资金来源方面，这一时期以国家投资为主，国家投资包括中央财政资金和地方财政资金，国家投资占林业基本建设资金比重最大值出现在 1979 年，为 78%，最小值出现在 1981 年，为 46%。国家投资以投入森林工业为主（见图 2-4）。国家投资占林业基本建设投资比重变动趋势与森工中国家投资变化趋势具有一致性，体现出该阶段政府在林业投资中的主导性特征

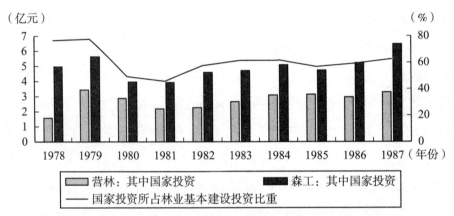

图 2-4 1978~1987 年林业基建投资中国家投资变化状况

资料来源：《中国林业统计年鉴》（1978~1987 年）。

4. 林业税费状况

这个时期出台的主要相关政策文件有：《关于对农林特产收入征收农业税的若干规定》（1983）、《关于进一步做好农林特产农业税征收工作的通知》（1989）、《中华人民共和国增值税暂行条例》（1993）。

这一时期随着"利改税"体制改革推进，林业税种类也相继增多。1985 年，国家物价局、林业部、财政部颁布的《南方实行木材指导价格的方案》中规定征收的林业税费种类就有 12 种，其中林业税包括产品税、营业税、农林特产税、城市维护建设税，林业费包括育林基金、更改基金、市场管理费、林政管理费、林区管理建设费、检尺费以及林

业经营企业毛利率和少许运杂费等（徐拓远等，2019）。1988 年，国家对林业税收种类增设教育费附加，并对出省木材开征资源补偿费和林业建设基金。

1987 年，中共中央、国务院在《关于加强南方集体林区森林资源管理坚决抵制乱砍滥伐的指示》中规定"在销售木材中必须预留森林资源更新费"，该资金由林业站代管，资金所有权归属于农民，各省基于区域情况制定提取比例。为了筹集更多资金，福建省还加征了 3%～5% 的森林资源补偿费，用于森林资源建设（徐拓远等，2019）。

1988 年 3 月，国家经济委员会、林业部、财政部、物价局、工商行政管理局共同颁布《关于整顿和调整南方集体林区木材费用负担问题的通知》，取消木材检尺费，只保留了林业"两金"（育林基金和更新改造基金）、林政管理费、林区建设管理费和市场管理费等（徐拓远等，2019）。

国务院、财政部于 20 世纪 90 年代初曾多次颁发关于治理乱收费的规定，如 1990 年中共中央、国务院《关于坚决制止乱收费、乱罚款和各种摊派的决定》与 1993 年中共中央办公厅、国务院办公厅《关于转发财政部〈关于治理乱收费〉的通知》。

林业税费的政策内容如下。

（1）农林特产税。农林特产税自 1983 年开始征收。由于木材主要由森工部门生产，因此木材被当作工业品统一征产品税，税率为 10%，直至 1983 年以前，始终没有将原木、原竹纳入农业税征收范围（徐怡红，2002）。对农林特产税的征收开始于 1983 年 11 月，《关于对农林特产税收入征收农业税的若干规定》开始考虑林农和企业的负担能力以及公平税负的问题。1983 年，除已有产品税之外，国家开始对木材、苗木计征农业税——农林特产税。1983 年初，规定税率为 5%～10%，在此范围内，各省、自治区、直辖市任命政府按照不同农林特产产品的获利情况，在不低于粮田实际负担水平的原则下，分别规定不同产品的税率，但不得超过15%。1989年3月，国务院颁发《关于进一步做好农林特产农业税征收工作的通知》，规定原木按8%征收农林特产税（对森工企业暂缓征收）。1994年，国务院颁布《国务院关于对农业特产收入征收农业税的规定》，财政部发布《关于农业特产税征收具体事项的通知》，重新规定了农业特产税税目、税率和征收环节，并规定可按正税税额的10%征收地方附加，同时取消10%的产品税，把农林特产税的名称改为农业特产税。据此，林场生产和销售原木按统一税率（正税率）8%执行，地方可附加0.8%的特产税，即林场应按8.8%的税率计征原木农业特产税。生漆、天然树脂税率为10%，天然橡胶为8%，松香为22%等（樊宝敏，2009）。1993年，税率进一步降低至7%。

（2）产品税。1984年，工商税制全面改革时，将原工商税征收对象部分工业品和农、林、牧、水产品划作产品征收对象。国家于1984年实行第二步利改税时，开始对木材征收10%的产品税。1993年，将税率降低至5%。

（3）所得税。所得税的征收开始于1983年，这是国家实行的第一步利改税。按企业的隶属关系，相继确立了私营企业、集体企业及国营企业所得税三个税种（见表2-3）。同时，为了鼓励国有林场、苗圃实行企业化管理，对国有林场和苗圃的多种经营，综合利用项目所得利润免征所得税。

表2-3　　　　　　私营企业、集体企业及国营企业的所得税

时期	国有大中型企业	国有小型企业	集体企业	私营企业
1983年	55%统一税率	8级超额累进税		
1983年以后	55%比例税率	8级超额累进税	10%~55%	35%比例税率

（4）增值税。1987～1994年，国家税收体制改革。此时，国家对企业普遍实行财务包干办法，森工企业也推出利改税，转为上缴包干利润，同时对木材加工产品，包括锯材等，开始按加工增值额的14%开征增值税。为了鼓励和支持林业部门充分利用森林资源，国家于1993年对东北、内蒙古的国有林区森工企业以"三剩物"和次小薪材为原来生产的综合利用产品免征增值税。1995年，财政部、国家税务总局发出《关于林业税收问题的通知》，规定从1996年开始，对国有森工企业以林区"三剩物"（采伐、抚育林木产生的剩余物）和次小薪材为原料生产加工的综合利用产品也要征收增值税，销项税按17%税率计算，而进项税只能以10%予以抵扣（李育明，2001）。

（5）土地使用税。1991年，国家税务局《关于林业系统征免土地使用税问题的通知》中提出：①对林区的有林地、运材道、防火道、防火设施用地，免征土地使用税。林业系统的森林公园、自然保护区，可比照公园免征土地使用税。②林业系统的林区贮木场、水运码头用地，原则上应按税法规定缴纳土地使用税，考虑到林业系统目前的困难，为扶持其发展，在1991年12月31日前，暂予免征土地使用税。③除上述列举免税的土地外，对林业系统的其他生产用地及办公、生活区用地，应照章征收土地使用税。

（6）育林基金。1986年，林业部、财政部联合印发《南方集体林区木材开放后有关育林基金、更改资金征收使用和管理问题的通知》，将过去按每立方米木材固定金额缴纳，改为由木竹经营单位按集体或林农出售价的25%，向所在省、自治区林业主管部门缴纳。1988年，国家经委、财政部、林业部、国家物价局、工商局《关于整顿南方集体林区木材费用负担问题的通知》，将育林基金由原规定的按集体成林农出售价15%计征，改为对产区木竹经营单位按其收购后的第一次销售价的12%计征。1991年，国有林区改为按木材销售收入的26%提取育林基金，南方集体林区按 12% 提取。

（7）林政管理费。1993 年以前，林政管理费征收标准为 3 元/立方米。党中央、国务院为减轻农民负担，于 1993 年取缔林政管理费。这一期间，税率持续走低以及税收优惠政策，促进了林业的发展。国家先后出台了一系列税收优惠政策，如减免税费、降低税费率等以达到保护森林资源、扶持林业发展的目的。这些优惠政策对促进林业发展和保持林区社会安定起了非常重要的作用。

第三节　全面建立和完善市场经济体制时期
（1992～2012 年）林业经济发展

1992 年，邓小平南方谈话和党的十四大的召开，统一了全党关于经济发展和改革开放方面的认识，明确了改革的目标是"建立社会主义市场经济体制"。1993 年 11 月，党的十四届三中全会审议通过《中共中央关于建立社会主义市场经济体制若干问题的决定》，把党的十四大提出的经济体制改革目标和基本原则进一步具体化，制定了建立社会主义市场经济体制的总体规划，其基本框架为：在坚持以公有制为主体、多种经济成分共同发展的基础上，建立现代企业制度、全国统一开放的市场体系、完善的宏观调控体系、合理的收入分配制度和多层次的社会保障制度。我国经济体制改革开始向着建立社会主义市场经济体制的目标整体性推进。这一时期经历了价格体制改革、商品流通体制改革、金融体制改革、国有企业改革等一系列重大的改革实践，逐渐打破了计划经济体制的僵局，市场化程度不断提高。

2002 年，中国已初步建立了市场经济体制，政府对企业和个人等微观经济主体的干预程度大大减弱，市场成为资源配置的基本手段。社会主义市场经济体制推动中国经济社会进入高速发展的快车道，1995年实现了 GDP 总量比 1980 年翻两番，2000 年实现了人均 GDP 比 1980年翻两番。

2009 年 6 月，在中央林业工作会议上明确指出了林业的"四个地位"，即在贯彻可持续发展战略中林业具有重要地位，在生态建设中林业具有首要地位，在西部大开发中林业具有基础地位，在应对气候变化中林业具有特殊地位。

本节内容主要基于《中国林业史》（李莉，2017）和《新中国林业经济思想史略》（中国林业经济学会、国家林业和草原局管理干部学院，2019）进行梳理。

一、全面建立市场经济体制时期（1992~2003 年）林业经济发展

1. 森林资源保护和培育状况

1993~2003 年，根据森林资源的清查结果可知，森林覆盖率、森林蓄积量、活立木蓄积量持续提高，森林蓄积年总消耗量持续下降，森林蓄积年总生长量持续增加，尤其是 1999~2003 年第六次全国森林资源清查的结果显示，森林蓄积年总消耗量和年总增长量发生了明显的变化。

为了加快生态环境建设步伐，1993 年以后，相继启动了黄河中游、珠江、淮河太湖、辽河等重点生态工程，形成林业十大重点工程整体推进的局面。黄河中游防护林体系建设工程，1995 年批准，期限为 1996~2010 年，造林总面积 315 万公顷。珠江流域防护林体系建设工程，1995 年 11 月批准，一期工程至 2000 年，建设规模 120 万公顷，森林覆盖率由 35.01% 提高到 37.94%。淮河太湖流域防护林体系建设工程，

1995 年底工程试点启动，工程期限 10 年，规划县（市）208 个，营造林总规模 104.7 万公顷，森林覆盖率由规划时的 13.9% 上升到 17.3%。辽河流域防护林体系建设工程，1995 年批准，规划至 2005 年结束，规划新安排建设规模为 120 万公顷。1998 年夏，长江发生全流域大洪水。究其原因，既有气候异常导致的"天灾"，也有因上游生态恶化加剧水土流失的"人祸"。受 1998 年长江、嫩江等流域洪水的影响，国家加大了林业生态建设的力度，启动了天然林保护、退耕还林还草工程（中国林业经济学会、国家林业和草原局管理干部学院，2019）。1999 年起，四川、陕西、甘肃三省率先启动退耕还林工程试点。三年后，这项工程全面启动，涉及全国 25 个省份和新疆生产建设兵团，工程区的农民祖祖辈辈垦荒种粮的耕作习惯实现了历史性转变。

进入 21 世纪之后，中国林业发展进入了一个新的历史阶段。1998 年，长江松花江流域暴发的特大洪水，进一步昭告了生态保护的重大意义，也凸显了林业在生态保护和可持续发展中的特殊作用。"98 洪水"之后，国务院迅速提出了灾后重建、根治水患的 32 字方针，列在第一位的就是"封山植树、退耕还林"。随后，中央又出台了一系列重大决策，提出了中国必须走可持续发展的道路。历史环境的变化，对林业发展提出了新的更高要求，林业工作者肩负的历史使命更加重大。为了适应新形势的要求，国家林业局启动了"中国可持续发展林业战略研究"，分析林业在经济社会发展中所面临的机遇与挑战，明确林业在中国可持续发展中的地位和作用（中国林业经济学会、国家林业和草原局管理干部学院，2019）。

1992 年 6 月，巴西里约热内卢联合国环境与发展大会对人类环境与发展问题进行了全球性规划，会议通过的《21 世纪议程》，使可持续发展这一模式成为世界各国的共识。会后，我国编制了《中国 21 世纪议程——中国 21 世纪人口、环境与发展白皮书》，成为中国可持续发展的总体战略。作为可持续发展战略的重要组成部分，党和政府把生物多样性资源保护、森林资源保护等放到了突出位置。

1998 年特大洪灾后，林业发展向以生态建设为主转变。党和政府果断采取措施，实行天然林保护工程。进入 21 世纪后，又相继实施了退耕还林还草工程、"三北"防护林建设、长江中下游地区重点防护林体系建设、京津风沙源治理、野生动植物保护及自然保护区建设、重点地区速生丰产用材林建设等工程。林业六大工程的实施，标志着我国林业以生产为主向以生态建设为主转变。

1998 年，党中央、国务院果断决定对天然林实行更严格的保护，在长江上游、黄河上中游地区全面停止天然林商品性采伐，在东北、内蒙古等重点国有林区大幅度调减木材产量，并率先在四川省等 12 个省份启动试点工作，从此拉开了保护天然林的序幕。

2000 年，国务院批准《长江上游、黄河上中游地区天然林保护工程实施方案》《东北、内蒙古等重点国有林区天然林保护工程实施方案》，天然林保护工程进入全面实施阶段。这一阶段也被称为"天然林保护工程一期"，规划年限为 11 年，实施范围包括 17 个省份的 734 个县和 167 个森工局。

2010 年 12 月，为巩固工程一期实施成果、维护国家生态安全、有效应对全球气候变化、促进林区经济社会可持续发展，国务院第 138 次常务会议决定，实施天然林资源保护二期工程，时限为 2011～2020 年。为保护南水北调重要水源地，二期工程实施范围在天保一期基础上增加了丹江口库区的 11 个县（市、区）。

环境监测数据显示，通过实施天然林保护工程，2000～2010 年，三峡库区水土流失总面积减少了 1 312.39 平方公里，黄河含沙量每立方米减少 1.92 公斤。

2. 林业经济发展状况

1992 年，党的十四大提出发挥市场机制对资源配置起基础性作用并颁布新的《价格管理目录》，大幅度减少中央管理的价格项目，加快步伐放开价格管制。1993 年以后，国家进入社会主义市场经济时期，现代林业快速发展。1993 年，中共中央十四届三中全会作出《关于建立社会主义市场经济体制若干问题的决定》，我国加快了市场化进程（中国林业经济学会、国家林业和草原局管理干部学院，2019）。

1995 年 8 月，国家体改委和林业部联合颁发《林业经济体制改革总体纲要》，提出林业经济体制改革的目标和任务。林业改革的重点是逐步开展分类经营，调整产业结构，完善产业政策，建立森林资源林政管理和森林资产监管、运营并重的管理体制，建立现代林业企业制度，建立布局合理、规则健全、管理有序的林业市场体系，建立经济、法律、行政手段相结合的林业宏观调控体系。

为了促进山区经济发展和群众脱贫致富，从 1996 年开始，在国家财政信贷的支持下，各地积极推进以林业为龙头的山区综合开发，鼓励和吸引社会各方面力量，以多种形式参加山区开发和兴办绿色产业，改善山区生态环境，带动群众脱贫致富。到 20 世纪末，全国已经建立 114 个山区综合开发示范县，山区林业综合开发取得明显成效（中国林业经济学会、国家林业和草原局管理干部学院，2019）。

1997 年，党的十五大提出中国基本经济制度是公有制为主体，多种所有制经济共同发展。1998 年《中华人民共和国价格法》提出实行并完善主要由市场形成价格的机制。1999 年印发《关于林业税收问题的通知》，对南方集体林区育林基金费和更新改造基金明确规定部分免征。1999 年明确非公有制经济是社会主义市场经济的重要组成部分。

20 世纪 90 年代的集体林权制度改革正式打开了中国林业市场化改革的突破口，进一步推动了林业的市场化，规范林地、林木流转机制，发挥市场在林业生产要素配置中的多种功能，努力促进林业的现代化发展。

改革开放以来，林业产值维持着高速增长势头。根据《中国林业统计年鉴》数据测算，改革开放之初至 1998 年，我国林业总产值从 48.06 亿元增至 2 727.85 亿元，增长了 56 倍。

为了保护森林资源，《中国林业统计年鉴》数据显示，我国政府从 1997 年开始，每年以 500 万立方米的幅度调减产量。1997 年，我国木材生产量是 6 395 万立方米，到 2000 年已调减到 4 700 万立方米；同时，加大了对超限额采伐和乱砍滥伐监督处罚力度，1999 年超采数量有所减少，约为 3 000 万立方米。2000 年中国国内商品材总量在 8 000 万立方米左右。

这一时期，进一步加强天然林资源的保护力度，我国木材产量攀升的趋势得到了控制。根据《中国林业统计年鉴》数据测算"九五"期间（1996~2000 年），我国木材产量为 24 308.1 万立方米，较"八五"时期（1991~1995 年）的 31 755.1 万立方米，减少 7 467.0 万立方米，降幅达 23.5%；"十五"期间（2001~2005 年），木材产量为 24 504.6 万立方米。

2001 年，国家开展了森林生态效益补助试点，极大地带动和加快了林业由以木材生产为主向以生态建设为主转变。过去以木材生产为中心的林业指导思想、政策措施已经明显不能适应我国当前的国情和林情。中国林业经济由木材经济加快向非木质经济、森林生态经济、森林绿色经济转型。

在促进经济林产业发展方面，1994 年，在北京农业展览馆举行"全国林业名特优新产品博览会"。同年，全国林业会议要求，建立比较完备的林业生态体系和比较发达的林业产业体系。1995 年，国家体改委、林业部《林业经济体制改革总体纲要》提出，发展与利用相配套的工业原料林基地，发展深加工、精加工、高附加值的龙头企业，带动干鲜林果、木本油料、木本药材、木本香料、工业原料、茶桑等经济林发展。1999 年，全国林业会议要求，按照建立比较完备的林业生态体系和比较发达的林业产业体系的目标，推进林业分类经营。这一时期，经济林的种类、数量和规模增加，林业企业发展壮大。全国经济林达到 3.5 亿亩。

3. 林业税费

1993 年 12 月 15 日，国务院发布《关于实行分税制财政管理体制的决定》，自 1994 年 1 月 1 日起全面实施。分税制改革的主要措施是中央政府与地方政府基于事权划分确定收支范围，并设立中央税、地方税和中央地方共享税。

在林业税方面，1994 年，《国务院关于对农业特产征收农业特产税收的规定》中提出废除对林业征收产品税，由地方财政部门收取农业特产税（原名农林特产税）。农业特产税的收费标准是按原木、原竹生产、销售双环节实际收入的 8% 征收，地方可按照正税税额的 10% 征收地方附加。双环节收费致使产品税废除失去意义。此外，林业税还增设增值税、营业税、教育附加费、城市维护建设费、企业所得税、个人所得税、基础设施建设附加费、社会事业发展税、防洪及保安费、地方教育费、劳务费、房产税、土地使用费、印花税等多个税种（徐拓远等，2019）。林业费作为预算外资金，征收更为繁重。

林业部门由于开始承担职责增多，还开始征收森林植物检疫费、森林资源补偿费、森工企业管理费、林业养路费、更新造林预留费、森林病虫害防治专项费、野生动植物资源保护管理费、义务植树绿化费、自然保护区管理费、护林防火费、建议代办费、工本费、运输费、检尺费、能源基金、木材销售咨询费、还贷准备金、养老统筹等。乡镇征收乡村提留及分利、农村债务事业附加、乡镇管理费、乡村统筹费等（徐拓远等，2019）。据统计，这一时期我国木材税费占木材收入的 50% ~

70%（谢晨等，1999），木材税费占比仍处于较高水平。

这个时期出台的主要政策文件有：《国务院关于对农特特产收入征收农业税的规定》（1994），《关于农业特产税征收具体事项的通知》（1994），《关于对采伐国有林区原木的企业减免农业特产税问题的通知》（2001），《关于调整农村税费改革试点地区农业特产税若干政策的通知》（2001），财政部、国家税务总局《关于林业税收政策问题的通知》（2001），《关于2003年农村税费改革试点地区农业特产税有关问题的通知》（2003）。

农业特产税。1994年始，农林特产税与产品税合并，改为农业特产税，统一税率为8%（见表2-4），区别所有制，集体、个人等非国有林业单位适用税率为8%，国有林业单位按照收购和生产两个环节，合并适用税率为16%，国有林区为10%，对林产品加工维持增值税的征收，适用低税率13%。

表2-4　　　　　　　　　　1994年后农业特产税征收标准

税目	税率
原木、原竹	8.80%
国有森工企业竹木	10%
其中：东北、内蒙古国有森林企业	5%
国有林场、苗圃木竹	16%
生漆、天然树脂	10%
天然橡胶	8%
其他林产品	5%～10%

资料来源：《关于农业特产收入征收农业税的规定》（1994年143号令）和（财税政字〔1994〕第200号）。

1994年，根据国家税务总局《关于森工企业、林场、苗圃所得税征免问题的通知》，对全国森工企业、林场、苗圃从事种植业、养殖业、农林产品初加工所得免征所得税。另外，国家规定，对林业单位和个人自产自销的林产品免征增值税，对在新开荒的土地上发展林业而取得的收入，实行有限期的农业特产税和所得税的减免。

2001年，《财政部　国家税务总局关于林业税收政策问题的通知》规定：对森林抚育、低产林改造及更新采伐过程中生产的次加工材、小径材、薪材（以下简称次小薪材），经省级人民政府批准，可以免征或者减征农业特产税。次小薪材的具体标准，由省、自治区、直辖市农业税收征收机关根据国家规定的技术标准确定。对东北、内蒙古国有林区森工企业生产的次小薪材，"十五"期间继续按《财政部国家税务总局关于"十五"期间对国有森工企业减免原木农业特产税的通知》的规定执行。

所得税。对各类型内资企业的所得税，从1994年1月1日起，统一按33%的比例征收，体现了简化税制，公平税负的原则。

《财政部　国家税务总局关于林业税收政策问题的通知》规定，自2001年1月1日起，对包括国有企事业单位在内的所有企事业单位种植林木、林木种子和苗木作物以及从事林木产品初加工取得的所得暂免征收企业所得税。种植林木、林木种子和苗木作物以及从事林木产品初加工的范围，根据《财政部　国家税务总局关于国有农口企事业单位征收企业所得税问题的通知》的规定确定。该通知规定，对边境贫困的国有林场区的生产经营所得和其他所得暂免征收企业所得税。

农业特产税。对森林抚育、低产林改造及更新采伐过程中生产的次加工材、小径材、薪材（以下简称次小薪材），经省级人民政府批准，可以免征或者减征农业特产税。次小薪材的具体标准，由省、自治区、直辖市农业税收征收机关根据国家规定的技术标准确定。对东北、内蒙古国有林区森工企业生产的次小薪材，"十五"期间继续按《财政部国家税务总局关于"十五"期间对国有森工企业减免原木农业特产税的通知》的规定执行。

4. 林业建设保护费

1994 年，经国务院批准，国家计划委员会、财政部联合发布《关于林业保护建设费收费标准的通知》（计价格〔1994〕138 号文），规定对木材征收林业保护建设费的标准为 5 元/立方米，在木材销售环节一次性征收（李育明，2001）。林业建设保护费主要用于林政管理、林区中幼林抚育、森林防火以及林区道路建设。

5. 林政管理费和林区管理建设费

1993 年，每立方米收取 3 元林政管理费。1993 年，停止收取林政管理费。财政部、国家计划委员会《关于收取林业保护建设费的通知》规定，根据《中共中央办公厅、国务院办公厅关于涉及农民负担项目审核处理意见的通知》的精神，对涉及农民负担的，由林业部门收取的林政管理费和林区管理建设费等收费项目，决定予以取消。

二、完善市场经济体制时期（2003～2012 年）林业经济发展

2003 年通过《关于完善社会主义市场经济若干问题的决定》要求建成完善的社会主义市场经济体制，深化经济体制改革，促进经济全面发展，标志着中国市场化发展进入新阶段。由强调市场在资源配置中的基础性作用转为更大程度上发挥市场在资源配置中的基础性作用，再到 2007 年党的十七大提出要更好地发挥市场在资源配置中的基础性作用。

在新时期、新阶段，中国顺应国内外形势发展变化，抓住重要的战略机遇，完善社会主义市场经济体制。这一时期以转变政府职能为核心，着力推进行政管理体制改革；取消农业税、牧业税和农业特产税；

国有企业改革向纵深推进，依法加强对私有财产的保护，促进各种所有制经济平等竞争、相互促进；健全公共财政体制，加快推进国有商业银行股份制改革，实行有管理的浮动汇率制度，逐步扩大企业投资自主权；进一步健全商品市场，发展要素市场，加快重要资源价格的市场化步伐。

2003 年 6 月，中共中央国务院《关于加快林业发展的决定》（以下简称《决定》）出台，标志着我国林业以生态建设为主的发展战略完全确立。《决定》明确指出：在贯彻可持续发展战略中，要赋予林业以重要地位；在生态建设中，要赋予林业以首要地位；在西部大开发中，要赋予林业以基础地位。《决定》确立了我国以生态建设为主的林业可持续发展道路，是指导新时期我国林业加快发展的纲领性文件。

1. 森林资源保护与培育状况

2004~2008 年第七次全国森林资源清查显示，森林面积蓄积持续增长，全国森林覆盖率稳步提高；天然林面积蓄积明显增加，天然林保护工程区增幅明显；人工林面积蓄积快速增长，后备森林资源呈增加趋势；林木蓄积生长量增幅较大，森林采伐逐步向人工林转移；森林质量有所提高，森林生态功能不断增强；个体经营面积比例明显上升，集体林权制度改革成效显现。

2009~2013 年第八次全国森林资源清查显示，相较于第七次全国森林资源清查：一是森林总量持续增长，森林面积由 1.95 亿公顷增加到 2.08 亿公顷，净增 1 223 万公顷；森林覆盖率由 20.36% 提高到 21.63%，提高 1.27 个百分点；森林蓄积由 137.21 亿立方米增加到 151.37 亿立方米，净增 14.16 亿立方米。二是森林质量不断提高，森林每公顷蓄积量增加 3.91 立方米，达到 89.79 立方米；每公顷年均生长量增加 0.28 立方米，达到 4.23 立方米；每公顷株数增加 30 株，平均胸径增加 0.1 厘米，接近成熟林和过熟林面积比例上升 3 个百分点，混交林面积比例提高两个百分点。随着森林总量增加、结构改善和质量提高，森林生态功能进一步增强。全国森林植被总生物量 170.02 亿吨，总碳储量达 84.27 亿吨；年涵养水源量 5 807.09 亿立方米，年固土量 81.91 亿吨，年保肥量 4.30 亿吨，年吸收污染物量 0.38 亿吨，年滞尘量 58.45 亿吨。三是天然林稳步增加，天然林面积从原来的 11 969 万公顷增加到 12 184 万公顷，增加了 215 万公顷；天然林蓄积从原来的 114.02 亿立方米增加到 122.96 亿立方米，增加了 8.94 亿立方米。四是人工林快速发展，人工林面积从原来的 6 169 万公顷增加到 6 933 万公顷，增加了 764 万公顷；人工林蓄积从原来的 19.61 亿立方米增加到 24.83 亿立方米，增加了 5.22 亿立方米。人工造林对增加森林总量的贡献明显。五是森林采伐中，人工林比重继续上升，森林年均采伐量 3.34 亿立方米。其中，天然林年均采伐量 1.79 亿立方米，减少 5%；人工林年均采伐量 1.55 亿立方米，增加 26%；人工林采伐量占森林采伐量的 46%，上升了 7 个百分点。森林采伐继续向人工林转移。

2009 年 9 月，联合国气候变化峰会在纽约联合国总部举行，国家主席胡锦涛出席峰会，并向世界承诺，争取到 2020 年，单位国内生产总值 CO_2 排放比 2005 年有显著下降，森林面积增加 4 000 万公顷，森林蓄积量增加 13 亿立方米。

《2012 年中国国土绿化状况公报》数据显示，截至 2012 年底，全国参加义务植树人数累计达 139 亿人次，义务植树 640 亿株。2012 年，完善了森林抚育规程，启动了森林经营样板基地建设，森林抚育经营由试点转向全面推开。

2003 年，生态工程造林面积较上一年的增长率为 21.92%，2004～2007 年，林业重点工程造林面积继续调减，工程效益逐渐显著；在接下来的几年里，林业重点工程取得新突破，我国生态安全体系建设步伐加快，造林绿化稳步推进，森林经营全面加强（见表 2 - 5）。到 2012

年，防沙治沙取得重要进展，湿地和生物多样性保护成效明显，林业重点生态工程深入实施，国家生态安全屏障进一步稳固。

表 2 - 5　　　　　　　　　　　生态工程造林情况

年份	生态工程造林面积（万公顷）	生态工程造林面积较上一年的增长率	生态工程造林面积占全部造林百分比
2003	826.28	21.92%	90.61%
2004	576.68		84.87%
2005	310.91	-35.27%	85.47%
2006	179.07	-42.40%	
2007	268.16	-4.59%	68.62%
2008	343.75	28.19%	64.21%
2009	459.62	33.71%	73.40%
2010			
2011	309.39		51.59%
2012	275.39		49.21%

资料来源：国家林业和草原局网。

2. 林业经济发展状况

根据表 2 - 6，2003 年林业产业总产值较上一年的增长率为 26.46%，高于前 5 年的 14.16% 的平均增长速度。2003～2012 年林业产业稳步发展，第一产业的比重逐渐缩小，向第二产业和第三产业转移，森林旅游业游客的人次持续增加，森林旅游业保持良好发展态势。林产品进出口贸易总额总体趋势是增加的，但在 2009 年出现增长率下降，原因是受 2008 年冰冻雨雪灾害影响，须清理受损林木和进行灾后重建，木材产量增幅较大，对外贸易的需求有所下降。

表 2 - 6　　　　　　　2003～2012 年林业经济发展状况

年份	林业产业总产值较上一年的增长率	林业三次产业的产值结构	林产品进出口贸易总额（亿美元）	林产品进出口贸易总额较上一年的增长率	森林旅游业游客人次（亿人）
2003	26.46%	60.04：34.24：5.71			
2004	17.61%	56.40：37.16：6.44			1.47
2005	22.73%	51.49：41.22：7.29	412.9	18.14%	1.47
2006	25.93%	44.21：48.80：6.99	507.65	22.95%	2.13
2007	17.66%	44.25：48.14：7.61	642.91	23.32%	2.47
2008	14.94%	44.14：47.47：8.39	719.27	23.67%	2.74
2009	21.43%	41.30：49.84：8.86	702.18	-16.27%	3.33
2010					
2011	34.32%	36.14：54.54：9.32	1 203.33	28.25%	4.68
2012	28.94%	34.85：52.97：12.18	1 206.39	1.51%	6.80

资料来源：国家林业和草原局网。

1994～2013 年，木材、橡胶、松脂、生漆、油桐籽、油茶籽的产量状况如表 2 - 7 所示。

表 2 - 7　　　　　　　主要林产品产量状况

年份	木材产量（万立方米）	橡胶产量（吨）	松脂产量（吨）	生漆产量（吨）	油桐籽产量（吨）	油茶籽产量（吨）
1994	3 778	374 002	569 270	3 219	434 539	630 737
1995	6 767	424 025	548 133	2 976	404 929	623 128
1996	6 710	402 450	580 819	3 740	407 744	696 633
1997	6 395	451 970	701 183	4 416	453 535	856 868
1998	5 966	462 344	543 156	4 577	438 680	722 846
1999	5 237	489 991	571 477	5 314	448 323	792 690
2000	4 724	480 248	551 057	5 279	453 461	823 224

年份	木材产量 （万立方米）	橡胶产量 （吨）	松脂产量 （吨）	生漆产量 （吨）	油桐籽产量 （吨）	油茶籽产量 （吨）
2001	4 552	477 437	563 689	4 925	406 716	824 731
2002	4 436	527 413	563 388	6 360	389 024	854 624
2003	4 759	565 045	625 757	8 664	372 645	779 492
2004	5 197	574 739	673 310	9 641	381 428	874 861
2005	5 560	513 618	767 134	14 316	368 688	875 022
2006	6 612	537 983	908 784	20 762	382 989	919 947
2007	6 977	588 380	965 618	12 891	361 285	939 096
2008	8 108	547 861	849 205	15 526	370 966	989 859
2009	7 068	618 866	1 046 579	20 498	367 287	1 169 289
2010	8 090	690 812	1 115 711	20 093	433 624	1 092 243
2011	8 146	750 853	1 156 612	18 867	437 702	1 480 044
2012	8 175	802 255	1 215 065	26 027	427 048	1 727 708
2013	8 438	864 806	1 307 747	25 154	418 924	1 776 506

资料来源：著者根据《中国林业统计年鉴》整理。

近年来，我国木材进口量逐年增长。从 2003 年的 3 105.36 万立方米，到 2007 年的 4 369.04 万立方米，五年连续增长。2008 年受到世界金融危机的影响，进口木材量降到 3 662.15 万立方米，然后又逐年增长。虽然 2012 年与上年同比有小幅下降，但也达到 5 846.69 万立方米（见表 2－8）。

表 2－8　　　　　　　　2003 年至 2012 年全国进口木材统计

年份	进口木材总量 （万立方米）	其中	
		原木（万立方米）	锯材（万立方米）
2003	3 105.36	2 545.55	559.81
2004	3 236.02	2 630.85	605.17

续表

年份	进口木材总量（万立方米）	其中	
		原木（万立方米）	锯材（万立方米）
2005	3 542.22	2 936.80	605.42
2006	3 830.60	3 215.29	615.31
2007	4 369.04	3 713.26	655.78
2008	3 662.15	2 956.96	705.19
2009	3 792.29	1 805.93	1 293.33
2010	4 455.39	3 434.75	1 471.11
2011	6 384.4	4 232.58	2 151.82
2012	5 846.69	3 790.13	2 056.56

资料来源：著者根据《中国林业统计年鉴》整理。

从以上的统计数据可以看出，我国的木材进口量十年来增长了46.89%。也就是说，十年来我国木材进口数量增长了将近一倍。其中除2008年由于受到世界金融危机的影响，同上年相比降幅较大外，其他时段基本处于连年上升趋势。另外，在进口的木材中，还有一个明显趋势是锯材进口量长期呈上升趋势，这是因为世界不少产材国禁止和限制原木出口，所以原木出口量下降，而锯材出口量明显增加。

2003年，中共中央、国务院《关于加快林业发展的决定》要求，优化林业结构，促进产业发展，突出发展名特优新经济林、生态旅游等新兴产业。2004年，国家林业局《全国林业产业发展规划纲要（2004～2010）》要求，发展一批工业原料林、名特优新经济林产业带和林产品加工基地群。2006年，国家林业局印发《关于发展油茶产业的意见》。2007年，国家林业局、国家发改委等七部委印发《林业产业政策要点》，支持名特优新经济林基地建设和经济林果品储运、精深加工产业发展。2009年，全国林业会议要求，加快各类工业原料林基地建设。同年，国家发改委、财政部、国家林业局发布《全国油茶产业发展规划

（2009～2020年）》。2011年，林业发展"十二五"规划提出，加速培育木本粮油、特色经济林等十大产业。全国经济林发展到约5亿亩。

2003年6月，中共中央、国务院颁布了《关于加快林业发展的决定》，明确提出，"进一步完善林业产权制度是调动社会各方面造林积极性，促进林业更好更快发展的重要基础"。《决定》确立了林业改革发展的大方向，标志着新一轮林权制度改革的开始。

2006年3月14日，十届全国人大四次会议审议通过的《国民经济和社会发展第十一个五年规划纲要》中，特别在农村深化改革部分增加"稳步推进集体林权改革"等内容模块。2007年10月，党的十七大报告中明确提出："深化农村综合改革，推进农村金融体制改革和创新，改革集体林权制度。"

2008年6月，中共中央、国务院发布《关于全面推进集体林权制度改革的意见》，决定用5年时间，在全国基本完成集体林权制度改革。2009年6月，集体林权制度改革在全国范围内全面展开。

3. 林业税费

进入2000年以来，减轻林农负担、降低林业税费的呼声越来越高，森林资源保护日益重要，国家通过减免林业税费以及增加林业补贴变成不可改变的趋势，林农的积极性被激发出来。2008年以后，中共中央、国务院《关于全面推进集体林权制度改革的意见》始终将减税费作为重要指导思想。

（1）农业特产税。根据《中共中央、国务院关于促进农民增加收入若干政策的意见》有关规定，经国务院批准，现就取消除烟叶外的农业特产税问题通知如下：从2004年起，对烟叶仍征收农业特产税。取消其他农业特产品的农业特产税。

（2）农业税。2006年，在全国范围内取消农业税的政策，这标志着在我国延续了2600年的农业税从此退出历史舞台。农业税取消后，农民可自行支配用于交纳农业税的那部分资金，农民的生活无疑会得到一定改善。从某种程度上讲，取消农业税可以再次调动农民积极性，使农民可以更自由、自主地选择和从事他们的增收行为。

（3）所得税。进一步降低所得税税率。对各类型的内资企业的所得税，从1994年1月1日起，统一按33%的比例征收，体现了简化税制，公平税负的原则。自2007年起，这一比例降低至25%。自2008年1月1日起，按照《关于发布享受企业所得税优惠政策的农产品初加工范围（试行）的通知》，部分范围可享受林业企业所得税优惠政策。财政部、国家税务总局《关于国有农口企事业单位征收企业所得税问题的通知》规定，对边境贫困的国有林场区的生产经营所得和其他所得，暂免征收企业所得税。

（4）增值税。现行林业增值税同国家其他行业的生产所征收税率一致。林木产品初级加工，流通环节主要征收13%左右的销项税和进项税，但是用以生产加工产品的征收17%的增值销售税。

2006年财政部和国家税务总局公布联合发布的《关于以三剩物和次小薪材为原料生产加工的综合利用产品增值税即征即退政策的通知》规定：国有森工企业以"三剩物"和次小薪材为原料综合利用产品都享有即征即退的优惠政策。财政部、国家税务总局2008年发布的《关于发布享受企业所得税的优惠政策农产品初级加工范围（试行）的通知》以及《增值税暂行条例》规定：自产自销的增值税，也给予了免征税率的优惠政策（见表2-9）。

《国家税务总局关于林木销售和管护征收流转税问题的通知》规定，纳税人销售林木以及销售林木的同时提供林木管护劳务的行为，属于增值税征收范围，应征收增值税。《中华人民共和国增值税暂行条例》第十五条规定，下列项目免征增值税：（一）农业生产者销售的自产农产品。《中华人民共和国增值税暂行条例实施细则》（财政部令

2008 年第 50 号）第三十五条规定，条例第十五条规定的部分免税项目的范围，限定如下：第一款第（一）项所称农业，是指种植业、养殖业、林业、牧业、水产业。

表 2 – 9　　　　　　　　2004 年后增值税征收标准

税种	税率	征收对象
增值税	免征	自产自销的原木、木竹
增值税销税项	13%	流通环节的原木、木竹
增值税销税项	17%	以木材、竹材为原料的加工产品
增值税销税项	13%	征收农业特产税的单位和个人生产的农产品
增值税	即征即退	国有森工企业以"三剩物"和次小薪材为原料综合利用产品
增值税销税项	买价 13%	购进免税农产品

（5）育林基金及其他收费。2009 年，财政部和国家林业局联合修订的《育林基金征收使用管理办法》进一步规范育林基金征收使用管理，减轻林业生产经营者负担，促进林业可持续发展。《育林基金征收使用管理办法》规定，从 2009 年 7 月 1 日起，育林基金由 20% 下调到 10%（原集体林区为 12%），具备条件的地区可以将育林基金征收标准确定为零。至此，林业税费负担又有所减轻。集体林权制度改革进程中，林业税费的减少取得了明显的效果，林业税费负担从原来占木材销售价的 42% 减少到 23%。随着近年来我国一系列林业税费优惠政策的出台，我国林业的总体税收减少，但是林业收费却成了林业税费的主体。

《中共中央办公厅、国务院办公厅关于涉及农民负担项目审核处理意见的通知》规定，对涉及农民负担的由林业部门收取的林政管理费和林区管理建设费等收费项目，决定予以取消。1994 年，经国务院批准，国家计划委员会、财政部联合发布《关于林业保护建设费收费标准的通知》（计价格〔1994〕138 号文），规定对木材征收林业保护建设费的标准为 5 元/立方米，在木材销售环节一次性征收。林业建设保护费主要用于林政管理、林区中幼林抚育、森林防火以及林区道路建设。

2000 年，中共中央、国务院颁布《关于进行农村税费改革试点工作的通知》，预示农林税费体制改革将至，通知明确规定，取消乡统筹费、农村教育集资等专门面向农民征收的行政事业性收费和政府性基金，积极创建单环节征收农业特产税条件。2003 年，国务院正式发布《关于全面推进农村税费改革试点工作的意见》，许多地方都在积极推进林业税费体制改革试点工作。2000 年，福建省南平市作为林业税费改革试点，在《南平市人民政府关于全市统一规范木材生产经营税费征收项目及标准的通知》中，规定对木材税费同价计征，规范税费项目。以木材为例，税种仅包含生产环节与购销环节特产税、增值税、城建税、教育费附加、社会事业发展费，费用仅包含育林费、维简费、森林植物检疫费和林业保护建设费，此外，取消其他一切收费项目。2001年，这一改革在福建全省予以推广。

2003 年，财政部、国家发展改革委、国家林业局联合发布《关于全面清理整顿涉及木材生产经营收费项目的通知》，对行政事业性收费、政府性基金、政府性集资进行全面整顿，取消各级政府收取的"木材生产经营行业管理费、乡镇管理费、联营管理费、林区道路养路费、预留造林更新费等收费项目"，取消"各地林业主管部门收取的林业保护建设费，取消省级人民政府及其财政、价格主管部门出台的森林资源补偿费（金）、自然保护区管理费、护林防火费、森工企业管理费、林业系统公司上缴管理费、林木种子调拨管理手续费、珍贵出口木材资源培植费、出口木片森林资源补偿费等项目"。

第四节 中国特色社会主义新时代（2012 年至今）林业经济发展

2012 年 11 月 8 日，中国共产党第十八次全国代表大会在北京召开，这是在我国进入全面建成小康社会决定性阶段召开的一次十分重要的大会。从党的十八大开始，中国特色社会主义进入新时代。2015 年 10 月，习近平总书记在党的十八届五中全会上提出了"创新、协调、绿色、开放、共享"的新发展理念。

党的十八大开启了我国新的历史发展阶段，在党史、新中国史上具有划时代的重大意义。党的十八大是党史、新中国史上的重要里程碑，主要体现在开启全面深化改革进程，系统整体设计新时代发展方略；贯彻新发展理念，推动国家发展全局发生历史性变革。2013 年 11 月，党的十八届三中全会通过了《中共中央关于全面深化改革若干重大问题的决定》，正式拉开全面深化改革的大幕。

党的十八大以来，以习近平同志为核心的党中央把生态环境保护提到前所未有的高度，中国生态环境保护从认识到实践发生了历史性、全局性变化，环境治理由此驶入快车道，生态环境保护的面貌焕然一新，是生态文明建设力度最大、成效最好的时期。2012 年，党的十八大首次把生态文明建设摆到中国特色社会主义事业"五位一体"总体布局的战略位置，系统破解经济发展与生态保护协调难题。2013 年 9 月，习近平总书记在哈萨克斯坦纳扎尔巴耶夫大学回答学生提问时，首次对"绿水青山就是金山银山"理论作出全面阐述："我们既要绿水青山，也要金山银山。宁要绿水青山，不要金山银山，而且绿水青山就是金山银山。"

党的十八大以来，我国林业产业进入了历史上发展最快的时期，林业产业总产值年平均增速达 12.1%，保持全球林产品生产、贸易第一大国地位。发展林业产业既是实现绿色发展的潜力所在，又是实现协调发展、创新发展、共享发展的重要领域，对加快实现"绿水青山就是金山银山"的战略构想意义重大。

一、全面深化改革初期（2012～2017 年）林业经济发展

1. 森林资源保育及生态建设情况

国家林业局数据显示，党的十八大以来，全国共完成造林 4.5 亿亩、森林抚育 6 亿亩，分别比"十一五"增加 18% 和 29%；森林覆盖率提高到 21.66%，森林蓄积量增加到 151.37 亿立方米，全面完成了"十二五"规划任务，中国一跃成为全球森林资源增长最多的国家。新一轮退耕还林启动后，共安排 1 500 万亩退耕还林还草。"三北"工程开展了六个百万亩防护林基地建设和退化林分改造，完成造林 4 974 万亩。长江、珠江、沿海防护林工程及太行山绿化工程完成造林 3 048 万亩，工程区森林覆盖率提高 1.2 个百分点。石漠化治理工程、京津风沙源治理工程分别完成林业任务 2 113 万亩和 3 200 万亩，新增 74 个国家森林城市。2014 年，全国城市建成区绿化覆盖率达 40.22%，人均公园绿地面积达 13.08 平方米（李莉，2017）。自 2012 年开展国家储备林建设试点以来，建设范围扩展至 29 个省（区、市）和新疆生产建设兵团 1 897 个县（市、区、旗、场），建成国家储备林 8 869 万亩，森林蓄积增加 4 亿立方米。国家储备林建设为维护国家木材安全发挥了重要作用。

全国动员、全民动手、全社会共同参与，国土绿化步伐全面加快。党的十八大以来，我国森林面积净增近 3.75 亿亩，其中人工林面积稳居世界第一。2013 年，造林规模达到自 2008 年实施扩大内需政策以来

的历史新高，全年共完成荒山荒地造林面积 610.01 万公顷；2014 年，全国共完成荒山荒地造林面积 554.96 万公顷，其中，人工造林 405.29 万公顷，飞播造林 10.81 万公顷，无林地和疏林地新封山育林 138.86 万公顷；2015 年，全国共完成造林面积 768.20 万公顷。其中，人工造林 436.18 万公顷，飞播造林 12.84 万公顷，新封山育林 215.29 万公顷，退化林修复 73.93 万公顷，人工更新 29.96 万公顷；2016 年，造林绿化任务完成，全国共完成造林面积 720.35 万公顷，全面完成造林任务。

党的十八大以来，新增国家森林城市 152 个，总数已达 193 个，城市建成区绿化覆盖率由 39.22% 提高到 42.06%，城市人均公园绿地面积由 11.8 平方米提高到 14.8 平方米。广泛开展乡村绿化美化行动，建设各具特色的绿色村庄，认定国家森林乡村 7 586 个，村庄绿化覆盖率达到 29%。

党的十八大以来，我国坚持发挥重点生态工程在国土绿化和改善生态中的主体作用。至 2022 年，天然林保护工程完成建设任务 6 191.2 万亩，退耕还林还草 9 939.2 万亩，三北、长江等重点防护林工程营造林 1.83 亿亩，京津风沙源治理工程完成建设任务 6 075.2 万亩，石漠化综合治理工程完成 2 972 万亩，国家储备林工程完成 8 550.5 万亩。

林业重点生态工程深入推进，生态效益提升。天然林资源保护工程、退耕还林工程、京津风沙源治理工程和三北及长江流域等重点防护林体系建设工程造林面积在全部造林任务中占重要比重，如表 2 - 10 所示。

防沙治沙工作迈上新台阶，生物多样性保护加强。2013 年，颁布实施了《全国防沙治沙规划（2011 ~ 2020 年)》，加强石漠化综合治理工程建设和质量管理，全年完成造林 35.6 万公顷，治理区林草植被盖度比工程实施前平均提高 15 个百分点，开展沙区生态资源保护和国家沙漠公园建设试点。2014 年，各项防沙治沙工作取得重要进展，全年完成沙化土地治理面积 126.5 万公顷。2015 年，全年完成沙化土地治理面积 191.9 万公顷。2016 年，防沙治沙步伐加快，完成沙化土地治理面积 233.94 万公顷，新增国家沙漠（石漠）公园试点 15 个。

表 2 – 10　　　　　　　　　　生态工程造林情况

指标	2013 年	2014 年	2015 年	2016 年
生态工程造林面积（万公顷）	256.90	192.79	284.05	250.55
生态工程造林面积占全部造林百分比（%）	42.11	34.74	36.98	34.78

资料来源：国家林业和草原局网。

这一时期加快构建以国家公园为主体的自然保护地体系。建立国家公园体制和自然保护地体系，逐步把自然景观独特、自然遗产珍贵、生物多样性富集的区域严格保护起来。2013 年 11 月，党的十八届三中全会决定首次提出建立国家公园体制。2015 年以来，陆续开展了 10 个国家公园体制试点，圆满完成试点任务。2015 年 9 月，中共中央、国务院印发的《生态文明体制改革总体方案》对建立国家公园体制提出了具体要求，强调"加强对重要生态系统的保护和利用，改革各部门分头设置自然保护区、风景名胜区、文化自然遗产、森林公园、地质公园等的体制"，"保护自然生态系统和自然文化遗产原真性、完整性"。

2016 年 12 月 5 日，中央全面深化改革领导小组第三十次会议审议通过了《大熊猫国家公园体制试点方案》和《东北虎豹国家公园体制试点方案》。大熊猫国家公园试点区面积 2.71 万平方千米，覆盖了现有野生大熊猫种群数量的 86.59%。东北虎豹国家公园试点区面积 1.46 万平方千米，覆盖了我国东北虎豹野生种群总数量的 75% 以上。2016 年，9 个国家公园体制试点方案获得国家批复。

2. 林业经济发展状况

2013 年，党的十八届三中全会提出要全面深化改革，推动经济、政治、文化、社会和生态文明体制改革，鼓励、支持、引导非公有制经济发展，提出市场在资源配置中起决定性作用。2014 年，我国农产品领域实现全部放开，由市场形成价格。2015 年出台《关于国有企业发展混合所有制经济的意见》，要求稳步推进混合所有制经济的实践发展。国家发展和改革委员会联合国家林业局于 2016 年发布了《关于运用政府和社会资本合作模式推进林业建设的指导意见》，林业 PPP 的实施拓宽了中国林业融资渠道，作为一个新杠杆撬动中国林业市场的新发展。多地利用电商盘活林地资源，推动特色林产品，积极探索林业 PPP 等新型模式。

整体来看，林业产业总产值的增长率逐年下降（见表 2 - 11），但总产值是逐年增加，林业产业结构中第一产业所占比例略有减少，第二产业所占比例也逐渐下降，以林业旅游与休闲为主的第三产业所占比例逐年增大，产业结构逐步优化。

表 2 - 11　　　　　　　　2013 ~ 2016 年林业产业发展状况

年份	林业产业总产值较上一年的增长率（%）	林业三次产业的产值结构
2013	19. 93	34. 60：52. 79：12. 61
2014	14. 20	34：52：14
2015	9. 86	34：50：16
2016	9. 30	33：50：17

资料来源：国家林业和草原局网。

2013 年，林业产业保持快速增长。全年实现林业产业总产值 4.73 万亿元（按现价计算）。2016 年，全国林业产业总值首次突破 6.49 万亿元，和 2000 年相比，16 年间增长了 15.6 倍。

2013 年，全国商品材总产量为 8 438.50 万立方米。锯材产量持续增长，产量为 6 297.60 万立方米；人造板产量保持增长，产量达到 2.56 亿立方米。木竹地板产量恢复增长，产量为 6.89 亿平方米。

2016 年，商品材有所增加，非商品材有所减少。全国商品材总产量为 7 775.87 万立方米；非商品材总产量为 2 357.82 万立方米，比 2015 年减少 20.39%。各类经济林产品产量稳定增长，达 1.80 亿吨。

我国已成为世界林业产业发展最快的国家，是世界林产品生产、贸易、消费第一大国。2013 年，林产品出口 644.55 亿美元，占全国商品出口额的 2.92%；林产品进口 640.88 亿美元，占全国商品进口额的 3.29%。2016 年，林产品出口 726.77 亿美元、进口 624.26 亿美元，在全国商品出口额与进口额中的占比分别为 3.46% 和 3.93%，林产品贸易顺差为 102.51 亿美元。

这一时期，林业改革继续深入推进。2014 年 9 月 24 日，为深入贯彻落实党的十八届三中全会精神和当年中央一号文件精神，贯彻落实中央全面深化改革的决策部署，深化集体林权制度改革，国家林业局下发了《关于开展深化集体林权制度改革综合试验示范区申报工作的通知》，标志着集体林权制度改革进入了全面深化阶段。国务院办公厅《关于完善集体林权制度的意见》于 2016 年印发。至 2016 年底，除上海、西藏和港澳台以外，其他 29 个省（自治区、直辖市）确权集体林地面积 27.05 亿亩，发证面积累计达 26.41 亿亩，发放林权证 1.01 亿本，约 5 亿农民获得了集体林地承包经营权。积极培育新型林业经营主体，评定了 348 家全国林业专业合作社示范社，117 家林业专业合作社入围 2016 年国家农民合作社示范社评选，85 家农民林业专业合作社纳入国家林下经济示范基地建设支持范围。共有 28 个省（自治区、直辖市）出台了林下经济发展规划和支持林下经济发展的意见。

2018 年，印发《国家林业和草原局关于推进集体林业综合改革试验区工作的通知》，启动新一轮（2018～2020 年）改革试验区工作，明确 33 个改革试验区及其分别承担的改革任务，提出用 3 年左右的时间，在重点领域和关键环节开展探索试验和制度创新。

2018 年，国家林草局出台的《关于进一步放活集体林经营权的意见》中再次强调，要"加快建立集体林地三权分置运行机制""推行集体林地所有权、承包权、经营权的三权分置运行机制……充分发挥'三权'的功能和整体效用，是深入推进集体林权制度改革的重要内容，放活林地经营权是其核心要义"。2019 年 10 月，党的十九届四中全会《中共中央关于坚持和完善中国特色社会主义制度、推进国家治理体系和治理能力现代化若干重大问题的决定》中明确指出，深化农村集体产权制度改革。党的二十大报告持续明确提出"深化集体林权制度改革"。

2013 年 8 月，河北、浙江、安徽、江西、山东、湖南和甘肃七省启动国有林场改革试点。2015 年 2 月 8 日，中共中央、国务院印发《国有林场改革方案》，目的是解决国有林场功能定位不清、管理体制不顺、经营机制不活、支持政策不健全、林场可持续发展面临严峻挑战等问题，充分发挥国有林场的生态修复和生态建设重要作用，维护国家生态安全。截至 2018 年底，全国国有林场完成改革任务。

2013 年 11 月，党的十八届三中全会将健全国有林区经营管理体制列为生态文明体制改革的重大举措。从 2014 年 4 月 1 日起，龙江森工集团和大兴安岭林业集团全面停止了木材商业性采伐；从 2015 年 4 月 1 日起，内蒙古、吉林、长白山森工集团全面停止了木材商业性采伐，河北省纳入停伐试点；2016 年，经国务院批准，"十三五"期间的天然林商业性采伐指标全面取消，并在福建、广西等 8 省区开展集体和个人天然商品林停伐奖励补助试点。中共中央、国务院于 2015 年印发了《国有林区改革指导意见》（中发〔2015〕6 号），明确了国有林区管理体制改革的目标和指导思想，对后续具体工作方案进行规划部署，标志着国有林区改革进入了实质性推动的新阶段。由表 2 – 12 可知，一方面国有林区木材产量调减效果明显，林区木材产出量占全国的比例很小，另一方面停止国有林区天然林商业性采伐，对我国的木材产出影响很小。2016 年 5 月，习近平总书记考察黑龙江伊春时，提出了"绿水青山是金山银山，黑龙江的冰天雪地也是金山银山"等一系列重要指示，伊春国有林区牢记总书记"让老林区焕发青春活力"政治嘱托，大力发展绿色富民产业，统筹推进林区产业发展和生态保护，走上了一条生态致富道路。

表 2 – 12　东北、内蒙古重点国有林区木材产量占全国木材总产量的比例

年份	国有林区木材产量 （万立方米）	全国林业木材总产量 （万立方米）	国有林区木材产量 占全国木材总产量比（%）
2021	26. 8703	9 888	0. 0027
2020	34. 0025	10 257	0. 0033
2019	23. 6246	10 046	0. 0024
2018	30. 1674	8 811	0. 0034
2017	40. 1939	8 398	0. 0048
2016	14. 5719	7 776	0. 0019
2015	179. 0992	7 200	0. 0249
2014	344. 8249	8 233	0. 0419
2013	421. 4796	8 439	0. 0499
2012	494. 0413	8 175	0. 0604
2011	618. 0310	8 146	0. 0759
2010	1 130. 8429	8 089	0. 1398
2009	1 086. 7727	7 068	0. 1538
2008	1 153. 8241	8 108	0. 1423
2007	1 178. 7072	6 977	0. 1689

年份	国有林区木材产量 （万立方米）	全国林业木材总产量 （万立方米）	国有林区木材产量 占全国木材总产量比（%）
2006	1 103.4485	6 612	0.1669
2005	1 132.6574	5 560	0.2037
2004	1 155.1661	5 197	0.2223
2003	1 117.4236	4 759	0.2348
2002	1 132.6656	4 436	0.2553
2001	1 163.2859	4 552	0.2556
2000	1 256.4637	4 724	0.2660

资料来源：著者根据《中国林业统计年鉴》数据进行整理和测算。

党的十八大以来，各级林草部门大力推进生态补偿扶贫、国土绿化扶贫、生态产业扶贫，助力2 000多万人脱贫增收（顾仲阳，2022）。

2013年，国家林业局《推进生态文明建设规划纲要》提出，加快发展木本粮油，维护国家粮油安全，大力发展特色经济林和林下经济。2014年，国家林业局、国家发改委、财政部《全国优势特色经济林发展布局规划（2013～2020年)》提出，重点选择木本油料、木本粮食、特色鲜果、木本药材、木本调料五大类30个优势特色经济林树种，科学布局，重点发展。同年，国家林业局《关于加快特色经济林产业发展的意见》提出，按照"生态建设产业化，产业发展生态化"的总体思路，做大做强特色经济林产业。同年，国务院办公厅《关于加快木本油料产业发展的指导意见》要求，建立健全木本油料种植、加工、流通、消费产业体系。2015年，中共中央、国务院《关于加快推进生态文明建设的意见》要求，大力发展特色经济林、林下经济、森林旅游等林产业。2016年，财政部、国家林业局《林业改革发展资金管理办法》明确指出，支持油茶、核桃、油用牡丹、文冠果等木本油料产业发展。

3. 林业建设经费与林业税费

根据国家林业局《2017 年中国林业发展报告》，2016 年，全国林业完成投资 4 509.57 亿元，其中，国家预算资金 2 151.73 亿元，占全年完成投资的 47.71%。用于生态建设与保护的投资为 2 110.00 亿元，占全部林业投资完成额的 46.79%；用于林木种苗、森林防火、有害生物防治、民生保障等林业支撑与保障的投资为 403.38 亿元，用于林业产业发展的资金为 1 741.93 亿元，其他资金为 254.26 亿元，在林业投资完成额中所占比例依次为 8.94%、38.63% 和 5.64%。

2016 年，中央财政安排 224 亿元用于支持国有林区改革。为解决东北、内蒙古重点国有林区金融债务，对天然林资源保护工程一期以后新增与停伐相关的金融债务 130 亿元，财政部从 2017 年起，每年安排贴息补助 6.37 亿元，补助到天然林资源保护工程二期结束的 2020 年。2016 年，中央财政落实国有林场改革补助 133.8 亿元。

二、新时代高质量发展时期（2017 年至今）林业经济发展

2017 年 10 月 18 日，习近平总书记在党的十九大报告中指出"中国特色社会主义进入了新时代"，提出人与自然和谐共生的现代化，标志着社会主义生态文明建设与社会主义现代化建设的一体化新进程。党的十九大报告提出"我国经济已由高速增长阶段转向高质量发展阶段"。2020 年 10 月，党的十九届五中全会指出"我国已转向高质量发展阶段"。

2020 年 10 月 29 日，习近平总书记在中共十九届五中全会第二次全体会议上的讲话指出，新发展阶段就是全面建设社会主义现代化国家、向第二个百年奋斗目标进军的阶段。进入新发展阶段，是中华民族伟大复兴历史进程的大跨越，有必要构建以国内大循环为主体、国内国际双

循环相互促进的新发展格局。

2022 年 10 月 16 日，党的二十大报告指出，中国式现代化是人口规模巨大的现代化，中国式现代化是全体人民共同富裕的现代化，中国式现代化是物质文明和精神文明相协调的现代化，中国式现代化是人与自然和谐共生的现代化，中国式现代化是走和平发展道路的现代化。

2022 年 3 月 30 日，习近平总书记在参加首都义务植树活动时指出，森林是水库、钱库、粮库、碳库，生动形象地阐明了森林在国家生态安全和人类经济社会可持续发展中的基础性、战略性地位与作用。

1. 森林资源保育和生态建设状况

按照 2016～2018 年全国营造林生产滚动计划，2017 年造林任务 1 亿亩，森林抚育任务 1.2 亿亩。2017 年，全国共完成造林面积 768.07 万公顷（1.15 亿亩），完成森林抚育面积 885.64 万公顷（1.33 亿亩），超额完成了全年计划任务；2018 年，全国共完成造林 729.95 万公顷，超额完成了年度计划任务。至 2021 年，全民义务植树 40 年，累计 175 亿人次参与植树超 780 亿株。2017 年 12 月 5 日，联合国环境规划署宣布，中国塞罕坝林场建设者获得 2017 年联合国环保最高荣誉——"地球卫士奖"。

截至 2018 年底，国家投入天然林资源保护工程资金达 4 000 多亿元，建立了比较完备的森林管护体系，19.44 亿亩天然乔木林得以休养生息，全国天然林面积净增 4.28 亿亩，森林蓄水保土能力显著增强。2019 年 7 月 23 日，中共中央办公厅、国务院办公厅印发《天然林保护修复制度方案》，确立完善天然林管护制度，建立天然林用途管制制度，健全天然林修复制度，落实天然林保护修复监管制度，强化实施保障，完善支持政策。

2022 年，国家林业和草原局公布《2021 中国林草资源及生态状况》，这是我国首次开展国家林草生态综合监测评价工作，在国家层面对森林、草原、湿地三大生态系统构成的生态空间、生态产品、生态系统功能价值量进行整体评估。评估结果显示：2021 年，我国森林面积 34.6 亿亩，森林覆盖率 24.02%，森林蓄积量 194.93 亿立方米；草地面积 39.68 亿亩，草原综合植被盖度 50.32%，鲜草年总产量 5.95 亿吨；林草植被总碳储量 114.43 亿吨。2021 年，我国森林、草原、湿地生态系统年涵养水源量 8 038.53 亿立方米，年固土量 117.20 亿吨，年保肥量 7.72 亿吨，年吸收大气污染物量 0.75 亿吨，年滞尘量 102.57 亿吨，年释氧量 9.34 亿吨，年植被养分固持量 0.49 亿吨。森林、草原、湿地生态空间生态产品总价值量为每年 28.58 万亿元。林草生态系统呈现健康状况向好、质量逐步提升、功能稳步增强的发展态势。

2021 年 8 月 25 日，国务院第三次全国国土调查领导小组办公室、自然资源部、国家统计局公布的第三次全国国土调查主要数据公报显示，林地 28 412.59 万公顷（426 188.82 万亩）。其中，乔木林地 19 735.16 万公顷（296 027.43 万亩），占 69.46%；竹林地 701.97 万公顷（10 529.53 万亩），占 2.47%；灌木林地 5 862.61 万公顷（87 939.19 万亩），占 20.63%；其他林地 2 112.84 万公顷（31 692.67 万亩），占 7.44%。87% 的林地分布在年降水量 400 毫米（含 400 毫米）以上地区。四川、云南、内蒙古、黑龙江 4 个省区林地面积较大，占全国林地的 34%。

全国绿化委员会办公室发布的《2022 年中国国土绿化状况公报》显示，2022 年，全国完成造林 383 万公顷，种草改良 321.4 万公顷，治理沙化、石漠化土地 184.73 万公顷。目前，我国森林面积 2.31 亿公顷，森林覆盖率达 24.02%，草地面积 2.65 亿公顷，草原综合植被覆盖率达 50.32%。在"十四五"规划中，森林覆盖率再次成为约束性指标，到 2025 年，森林覆盖率要达到 24.1%。《全国重要生态系统保护和修复重大工程总体规划（2021 ~ 2035 年）》提出，到 2035 年，森林覆盖率要达到 26% 的目标（刘珉、胡鞍钢，2021）。

这一时期，继续坚持大工程带动森林生态建设，实施了新一轮退耕还林、三北防护林等重大生态修复工程，围绕"一带一路"、京津冀协同发展、长江经济带建设，启动实施了一批新的生态修复工程，全面启动了森林质量精准提升工程。

2017 年，三北防护林体系建设工程 40 年之际，工程累计完成造林保存面积 3 014.3 万公顷，工程区森林覆盖率由 1977 年的 5.05% 提高到 13.57%，活立木蓄积量由 7.2 亿立方米提高到 33.3 亿立方米。累计营造防风固沙林 788.2 万公顷，治理沙化土地 33.62 万平方公里，保护和恢复严重沙化、盐碱化的草原、牧场 1 000 多万公顷，工程区沙化土地面积由 20 世纪末的持续扩展转变为年均缩减 1 183 平方公里，沙化土地面积连续 15 年净减少，重点治理的毛乌素、科尔沁、呼伦贝尔三大沙地全部实现了沙化土地的逆转。累计营造水土保持林 1 194 万公顷，治理水土流失面积 44.7 万平方公里，重点治理的黄土高原林草植被覆盖度达到 59.06%，年入黄河泥沙减少 4 亿吨左右。三北防护林体系建设工程于 2018 年被联合国授予联合国森林战略规划优秀实践奖。

随着京津风沙源治理、三北防护林建设和沙化土地封禁保护区试点等重点生态工程的实施，我国生态保护和治理力度不断加大，土地沙化总体实现了从扩展到缩减的历史性转变。20 世纪 80 年代至 2020 年，我国森林覆盖率由 12% 提高到 23.04%，森林蓄积量由 90.28 亿立方米提高到 175.6 亿立方米，人工林面积居全球第一（见表 2-13）。全国城市建成区绿化覆盖率由 10.1% 提高到 41.11%，人均公园绿地面积由 3.45 平方米提高到 14.8 平方米，城乡人居环境明显改善。中华大地上的绿色越来越多，城乡环境越来越美。

表 2 – 13　　　　　　　　　　九次清查人工林资源概况

清查期限	人工林面积（百公顷）	人工林蓄积（百立方米）
第一次清查（1973～1976 年）	236 900	1 643 700
第二次清查（1977～1981 年）	278 115	2 734 894
第三次清查（1984～1988 年）	382 993	5 014 706
第四次清查（1989～1993 年）	413 899	7 119 803
第五次清查（1994～1998 年）	512 820	10 129 947
第六次清查（1999～2003 年）	532 573	15 045 256
第七次清查（2004～2008 年）	616 884	19 610 000
第八次清查（2009～2013 年）	690 000	24 830 000
第九次清查（2014～2018 年）	795 428	33 880 000

资料来源：国家林业和草原局网。

应对气候变化方面，2020 年 12 月 12 日，国家主席习近平在气候雄心峰会上发出了令人振奋的国家自主贡献目标，"到 2030 年，中国森林蓄积量将比 2005 年增加 60 亿立方米"。这也更新了 2015 年中国国家自主贡献中增加 45 亿立方米的目标。此外，我国还通过开展中欧环境与气候高层对话，加入《关于森林和土地利用的格拉斯哥领导人宣言》等，积极支持减少全球毁林。在 2020 年 9 月举办的第 75 届联合国大会上，中国承诺，力争 2030 年前二氧化碳排放达到峰值，并在 2060 年前实现碳中和。2020 年，中央经济工作会议将"开展大规模国土绿化行动，提升生态系统碳汇能力"作为"碳达峰、碳中和"的内容纳入"十四五"开局之年我国经济工作重点任务。

国家公园建设方面，2017 年 9 月，中共中央办公厅、国务院办公厅印发《建立国家公园体制总体方案》。2019 年 6 月 26 日，中共中央办公厅、国务院办公厅印发《关于建立以国家公园为主体的自然保护地体系的指导意见》并发出通知，要求各地区各部门结合实际认真贯彻落实。2021 年 10 月，我国正式设立三江源、大熊猫、东北虎豹、海南热带雨林、武夷山等首批 5 个国家公园，保护面积达 23 万平方公里，涵盖近 30% 的陆域国家重点保护野生动植物种类。截至 2022 年 2 月，首批 5 个国家公园各项工作稳步推进，特别是在生态保护方面，取得新进展。2022 年 12 月 28 日，海南热带雨林国家公园成为全国首个完成自然资源确权登记的国家公园。

2. 林业经济发展状况

"十三五"时期（2016～2020 年），我国林业产业持续提质增效、转型升级，逐步迈入高质量发展阶段。据统计，2020 年，全国林业产业总产值达 7.55 万亿元，第一产业 2.36 万亿元，第二产业 3.38 万亿元，第三产业 1.81 万亿元，形成了经济林产品种植与采集、木材加工及木竹制品制造、林业旅游与休闲服务三个年产值超过万亿元的支柱产业。产品供给能力持续提升，产出了与人们衣食住行密切相关的 10 万多种产品。2021 年，林业产业总产值超过 8 万亿元，林产品进出口贸易额达 1 600 亿美元，带动 3 400 多万人就业。这一时期，大力发展林业特色产业，油茶等木本油料、林下经济、竹藤花卉、种苗牧草、森林旅游等特色产业不断发展壮大。

党的十八大以来，各地将林业生态建设与精准扶贫相结合，吸纳贫困人口参与生态建设、发展林下富民产业，"造林护林、生态修复"成了群众脱贫致富的"金钥匙"。新增退耕还林任务的 80% 安排到贫困县，优先安排给建档立卡的贫困户。中西部地区选聘 28.8 万建档立卡的贫困人口为生态护林员。通过国土绿化扶贫、生态补偿扶贫、生态产业扶贫三大举措，带动 2 000 多万贫困人口脱贫增收，在建档立卡贫困人口中累计选聘生态护林员 110.2 万名，保持生态扶贫政策持续稳定，国家林业局定点帮扶 4 个县如期脱贫摘帽。

2017 年，国家林业局和发改委、财政部等 11 个部委联合印发了《林业产业发展"十三五"规划》，将"改造提升"作为木材产业发展的关键要求，围绕改造提升木材培育产业、木材加工产业，提出多项具体政策措施。规划提出，到 2020 年，建成国家储备林 2.1 亿亩，每年新增木材供应能力 9 500 万立方米以上。

2017 年，我国林业第二产业、第三产业比例为 68%，世界发达国家一般超过 70%，甚至高达 90% 以上。林业第二产业是所占比例最大的产业，是林产品最丰富的产业，也是把小品种做成大产业的优势所在。第三产业产值所占比重不高，反映了我国林业产业整体结构水平还需进一步调整和优化，也从另一个侧面说明我国林业第三产业发展潜力巨大。

2017 年，超过万亿元的林业支柱产业分别是经济林产品种植与采集业、木材加工及木竹制品制造业和以森林旅游为主的林业旅游与休闲服务业，产值分别达到 1.4 万亿元、1.3 万亿元和 1.1 万亿元。第三产业中的林业旅游与休闲服务业产值首次突破万亿元，旅游收入 10 676.00 亿元，林业旅游和休闲人数达到 31 亿人次，直接带动其他产业产值 11 050.05 亿元。发展势头强劲，森林旅游已成为世界旅游业的重要组成部分和现代林业必不可少的重要内容。从 2017 年开始，森林旅游创造社会综合产值超过万亿元，成为林草业三大支柱产业之一。2019 年，我国森林旅游游客量达到 18 亿人次，创造社会综合产值 1.75 万亿元。2021 年，国家林草局发布第三期中国森林资源核算研究成果，其中首次发布了"中国森林文化价值评估研究"项目成果。评估显示，全国森林文化价值约为 3.1 万亿元。

2017 年，商品材总产量 8 398.17 万立方米，比 2016 年增长 8.00%；各类经济林产品产量继续增长，达到 1.88 亿吨，比 2016 年增长 4.44%。国家林业局与各地方人民政府联合举办了国家级林业重点展会 5 个，参观人数近 100 万人次，交易金额 65 亿元人民币。

2017 年，林产品出口 734.06 亿美元，比 2016 年增长 1.00%，占全国商品出口额的 3.24%；林产品进口 749.84 亿美元，比 2016 年增长 20.12%，占全国商品进口额的 4.07%；林产品贸易逆差为 15 亿美元（国家林业和草原局网，2017）。

2018 年，林业产业总产值达到 7.63 万亿元（按现价计算），同比增速减少 2.85%。林业三次产业结构比进一步得到优化，林业三次产业结构比为 32∶46∶22。

2018 年，全国商品材总产量为 8 810.86 万立方米，比 2017 年增加 412.69 万立方米，同比增长 4.91%。全国非商品材总产量为 2 087.64 万立方米，比 2017 年减少 243.58 万立方米，同比降低 10.45%。2018 年，全国各类经济林产品产量有所减少，经济林产品产量达到 1.81 亿吨，比 2017 年减少 3.72%。全年林业旅游和休闲的人数达到 36.6 亿人次，比 2017 年增加 5.58 亿人次。

2018 年，我国木材加工及木材制品制造业产值达 1.3 万亿元，占林业总产值的 17%，整体发展稳中有进。全国木地板企业近 3 000 家，从业人员约 100 万人，生产、消费、出口量均居世界第一。2018 年，木竹地板产量为 7.89 亿立方米。

2018 年，林产品出口 784.91 亿美元，占全国商品出口额的 3.16%，林产品贸易逆差为 33.82 亿美元。我国是木制品出口大国。2018 年，木材和木制品出口额约 387 亿美元，出口基本保持稳定上升的态势。人造板出口美国、日本、英国等 200 多个国家和地区，2018 年出口总额 67.75 亿美元。胶合板是人造板"三大板"中最主要的部分，出口额占全部人造板出口总量 80% 左右。木地板 2018 年出口量 73.1 万吨，出口金额 24.8 亿美元，实木复合地板成为主要出口产品，约占出口木地板总量 70% 以上，木塑地板、石塑地板等新型地板发展迅猛，5 年来增长了 2 倍多。我国是世界上最大的木家具出口国，木家具出口 100 多个国家和地区，主要集中在美国、欧盟、日本等发达国家。近 3 年，我国木家具出口增幅持续放缓，2018年出口金额229.4亿美元。木家具产业方面。作为我国家具行业中规模最大的领域，全国家具企业近8万家，从业人员约500万人。全国已形成了珠三角、长三角、环渤海、东北和西部五大家具产业聚集区，集中了全国90%的家具产能。2018年，定制家具市场规模约2 901亿元。

2022年，全国林草产业总产值达到8.37万亿元，林产品进出口贸易额达到1 910亿美元。

2019年，国家林草局《关于促进林草产业高质量发展的指导意见》强调，推动经济林产业提质增效，建设木本油料、特色果品、森林药材等经济林基地。2020年，国家发改委等十部委《关于科学利用林地资源，促进木本粮油和林下经济高质量发展的意见》提出，优化资源管理制度，科学布局木本粮油产业，通过扩大产业规模、促进上下游产业融合、强化良种良艺良机支撑、塑造特色品牌、强化产销对接、提标准化水平、完善财税政策，构筑高效产业体系。2021年国土三调数据显示，全国经济林达到5.5亿亩。

截至2018年，三北工程在40年来累计营造各类经济林463万公顷，年产干鲜果品4 800万吨，比1978年前增长了30倍，年产值达到1 200亿元。约1 500万三北人依靠特色林果业实现了稳定脱贫。四十年来，累计营造农田防护林165.6万公顷，有效庇护农田3 019.4万公顷，防护效应使工程区年增产粮食1 057.5万吨。营造用材林折合木材储备量达18.3亿立方米，经济效益达9 130亿元（国家林业和草原局网，2020）。

党的十八大以来，党中央、国务院高度重视油茶发展，采取了一系列有效措施，促进油茶快速健康发展。2022年12月22日，国家林业和草原局、国家发展和改革委员会、财政部关于印发《加快油茶产业发展三年行动方案（2023～2025年)》的通知。国家林业和草原局统计数据显示，2022 年全国完成油茶种植 13.33 万公顷、改造 26.67 万公顷，茶油年产量有望突破 100 万吨。此外，2022 年，《林草产业发展规划（2021~2025 年)》《全国林下经济发展指南（2021~2030 年)》《全国沙产业发展指南》《林草中药材产业发展指南》等相继出台。党的二十大报告提出，树立大食物观，发展设施农业，构建多元化食物供给体系。2022年中央"一号文件"明确，支持扩大油茶种植面积，改造提升低产林。当前，我国油茶种植面积已达 6 888 万亩，茶油产量达 90 万吨，占国内食用植物油产量的 8%，总产值 1 920 亿元，为保障我国粮油安全作出了巨大贡献。

在制度改革与创新方面。全面推行林长制，是生态文明建设的一项重大制度创新。林长制，是指按照"分级负责"原则，构建省市县乡村五级林长制体系，各级林长负责督促指导本责任区内森林资源保护发展工作，协调解决森林资源保护发展重大问题，依法查处各类破坏森林资源的违法犯罪行为。2017 年 3 月，安徽省在全国率先探索建立林长制，在合肥、宣城、安庆市开展试点。截至 2019 年底，全国有安徽、江苏等 21 个省、自治区、直辖市全面或在部分地区试点实施林长制。2021 年 1 月，中共中央办公厅、国务院办公厅印发了《关于全面推行林长制的意见》，发出通知要求各地区各部门结合实际认真贯彻落实。

在林权制度改革方面，2015 年，中共中央、国务院印发了《国有林场改革方案》和《国有林区改革指导意见》；2016 年，国务院办公厅印发了《关于完善集体林权制度的意见》。2023 年，中共中央办公厅和国务院办公厅印发《深化集体林权制度改革方案》，这是我国集体林区林业改革发展进入新阶段的重要里程碑。同时，国有林场改革扎实开展，改革把握了国有林场公益事业性质的取向，将 95% 的国有林场定为公益事业单位，并做到了事业编制明确到位、财政预算保障到位。

国有林区深化改革持续推进。2023 年，国务院政府工作报告中强调，要"深化国资国企改革，提高国企核心竞争力。坚持分类改革方向，处理好国企经济责任和社会责任关系，完善中国特色国有企业现代公司治理"。

2016 年，国家林业局印发《林业发展"十三五"规划》明确提出，要大力发展森林康养，到 2020 年，森林康养和养老基地数量达到 500 处，森林康养国际合作示范基地 5～10 个，由此推动森林康养产业步入快速发展阶段。党的十九大以来，中央一号文件等一系列重要文件对发展森林康养提出了明确要求，为产业发展指明了方向，创造了良好环境。2019 年 3 月，国家林草局、民政部、国家卫健委、国家中医药局，联合发布《关于促进森林康养产业发展的意见》，要求持续高位支持森林康养发展，到 2035 年，建成覆盖全国的森林康养服务体系，建设国家森林康养基地 1 200 处。2017 年，在北京林业大学自然保护区学院设立了全国首个森林康养本科专业，林业院校纷纷开设森林康养专业。2019 年，国家林草局联合国家卫健委等部门出台了《关于促进森林康养产业发展的意见》，同时联合教育部推出了 10 家全国中小学生研学实践教育基地，全国现有国家林下经济示范基地 550 个、国家森林康养基地 96 个。2022 年，《林草产业发展规划（2021～2025 年）》提出，到 2025 年，森林康养服务总人数超过 6 亿人次。在最新修订的《国家职业分类大典（2022 年版）》公示名单中，森林康养师列入其中。

2022 年，国家林业和草原局印发《林草产业发展规划（2021～2025年）》。该规划提出到 2025 年，全国林草产业总产值达 9 万亿元，比较完备的现代林草产业体系基本形成，产业结构更加优化，质量效益显著改善，吸纳就业能力保持稳定；产品有效供给能力持续增强，供给体系对国内需求的适配性明显提升，产品生产、流通、消费更多依托国内市场；林草产品国际贸易强国地位初步确立，年进出口贸易额达 1 950 亿美元；林草资源基础更加巩固，资源利用效率不断提升；有效保障国家生态安全、木材安全、粮油安全和能源安全，服务国家战略能力进一步增强。"十四五"时期林草产业发展主要指标如表2-14所示。

表2-14   "十四五"时期林草产业发展主要指标

序号	指标	2020 年	2025 年
1	林草产业总产值（万亿元）	8.1	9
2	林草产品进出口贸易额（亿美元）	1 528	1 950
3	经济林种植面积（亿亩）	6.2	6.5
4	茶油年产量（万吨）	72	200
5	竹产业总产值（亿元）	3 000	7 000
6	国家林业重点龙头企业（个）	511	800
7	国家林下经济示范基地（个）	550	800
8	林特类中国特色农产品优势区（个）	27	40
9	生态旅游年接待游客人数（亿人次）	—	25
10	国家森林步道里程（公里）	25 000	35 000

注：以上指标均为预期性指标。
资料来源：林草产业发展规划（2021～2025 年）。

3. 中国林业产业产值变化

改革开放之初至2019 年，我国林业总产值从48.06 亿元增至80 751 亿元，增长167 921.22%，可见我国林业事业40 年增长之迅猛。由于《中国林业统计年鉴》中"林业产业总产值"这一指标只统计了部分年份按现行价格的数据，所以，1978～2019 年的总产值数据选取1999～2019 年"林业总产值"这一指标进行分段分析。

改革开放以来，我国林业产业初步形成第一、第二、第三产业竞相发展的比较完整的林业产业体系，成为林产品生产、消费和进出口贸易

大国。1998～2019 年，我国林业产业的总产值持续增长，从 1998 年的
2 727.8 亿元增长至 2019 年的 80 751 亿元（见表 2 – 15），增长了 28.6
倍。分时期进行分析，1998～2008 年，林业产业总产值稳步增长，2008
年后林业总产值开始飞速增长，其中增速时最快达到了 34%，林业产
业总值从 2008 年的 14 406 亿元增长至 2019 年的 80 751 亿元。

表 2 – 15　　　　　　　　　1998～2019 年林业产业总值　　　　　　单位：亿元

年份	林业产业总产值	年份	林业产业总产值
1998	2 727.8	2009	17 493.8
1999	3 187.7	2010	22 779
2000	3 555.5	2011	30 596.7
2001	4 090.5	2012	39 450.9
2002	4 634.2	2013	47 315.4
2003	5 860.3	2014	54 032.9
2004	6 892.2	2015	59 362.7
2005	8 458.7	2016	64 886
2006	10 652.2	2017	71 267.1
2007	12 533.4	2018	76 272.8
2008	14 406.4	2019	80 751

资料来源：中国林业统计年鉴（1998～2008 年）。

从林业经济政策角度看，政府的大力支持，市场化体制的建立与完
善，林业产权制度的变革、林业税费的减免以及林业对外贸易的推动，
都有力地刺激了林业产值的增长（王心同，2008）。1978 年以来，国家
林业财政投资大幅度增加，对林业产业发展、生态建设发挥着关键作
用；私营经济发展起来，非公有制经济丰富了林业所有制形式，活跃了

林业经济的发展。

从 1999 年起，为了促进木材国际流通，我国实行了一系列包括零关税在内的优惠税收政策；2000 年之后，我国林业发展顺应经济全球化趋势加入 WTO，大力"引进来"和"走出去"，推动林业市场国际贸易化，2001 年，我国加入 WTO 后，国家林业局正式成立中国森林认证工作领导小组，推动林产品对外出口贸易（寇文正，2005）。

目前，我国现已跻身世界林业大国，人造板、家具产量均居世界第一位，松香产品占世界贸易量的 50% 以上，林产品国际贸易进出口总额处于比较稳定的状态，开始出现贸易顺差，且贸易顺差额在逐年增加。

分地区看以 2019 年为例，东南部地区林业产业总产值所占比重最大，约占全部林业产业总产值的 45%。林业产业总产值超过 4 000 亿元的省份共有 10 个，分别是江苏、浙江、安徽、福建、广西、山东、湖北、湖南、广东、广西。其中，广东、福建、山东三省的林业产业总产值最高，占据全国前三位，分别高达 8 416 亿元、6 450.5 亿元、6 587.8 亿元。

4. 林业产业结构变化

改革开放 40 多年来，林业产业发展进程明显加快，产业结构逐步优化。经过长达半个多世纪的发展，林业产业有了长足的进步，逐步形成了第一、第二、第三产业竞相发展的比较完整的林业产业体系，已初步形成包含森林资源培育、木材加工、经济林果、种苗、花卉和森林旅游等方面的综合性产业。累计向社会提供木材 50 多亿立方米、竹材 106 亿根、松香 1 404 万吨、人造板 2.33 亿立方米。按照 2019 年《中国林业统计年鉴》，林业第一、第二、第三产业的体系构成如表 2 - 16 所示。

表 2 – 16 林业产业结构

第一产业	涉林产业	林木育种和育苗
		营造林
		木材和竹材采运
		经济林产品的种植与采集
		花卉及其他观赏植物种植
		陆地野生动物繁育与利用
	林业系统非林产业	
第二产业	涉林产业	木材加工和木、竹、藤、棕、苇制品制造
		木、竹、藤家具制造
		木、竹、苇浆造纸和纸制品
		林产化学产品制造
		木质工艺品和木质文教体育用品制造
		非木质林产品加工制造
	林业系统非林产业	
第三产业	涉林产业	林业生产服务
		林业旅游与休闲服务
		林业生态服务
		林业专业技术服务
		林业公共管理及其他组织服务
	林业系统非林产业	

资料来源：中国林业统计年鉴（2019 年）。

　　林业第一产业包含涉林产业和林业系统非林产业，其中涉林产业主要包括林木育种和育苗、营造林、木材和竹材采运、经济林产品的种植与采集、花卉及其他观赏植物种植、陆地野生动物繁育与利用；林业第二产业包含涉林产业和林业系统非林产业，其中涉林产业主要包括木材加工和木、竹、藤、棕、苇制品制造，木、竹、藤家具制造，木、竹、苇浆造纸和纸制品，林产化学产品制造，非木质林产品加工制造；林业第三产业包含涉林产业和林业系统非林产业，其中涉林产业主要包括林业生产服务、林业旅游与休闲服务、林业生态服务、林业专业技术服务、林业公共管理及其他组织服务。

以上为 2019 年《中国林业统计年鉴》的最新划分，事实上不同年份产业细分各有差别。2007 年第三产业的细分开始变化，2007 年以前，涉林产业包括林业旅游与休闲服务、林业专业技术服务、自然保护管理服务、森林公园管理服务、林业公共管理服务；2010 年开始设有林下经济核算；2013 年及以前林业生产服务属于第一产业，2013 年以后将其纳入第三产业；2013 年以前，营林产值没有单独成项，包含在"林木的培育和种植"中，2013 年及之后，营林产值从林木育种和育苗模块中分离出来。由于国家林业局从 1998 年才开始披露分产业结构情况，所以本书仅使用 1998～2019 年数据进行分析。1998～2019 年林业产业结构如表 2-17 所示。

表 2-17　　　　1998～2019 年林业产业结构（按现行价格计算）

年份	林业产业总产值（亿元）	第一产业产值（亿元）	比例（%）	第二产业产值（亿元）	比例（%）	第三产业产值（亿元）	比例（%）
1998	2 727.8	1 903.1	69.8	716.2	26.3	108.5	4.0
1999	3 187.7	2 134.8	67.0	930.9	29.2	122.0	3.8
2000	3 555.5	2 389.3	67.2	1 034.6	29.1	131.6	3.7
2001	4 090.5	2 703.7	66.1	1 241.6	30.4	145.2	3.5
2002	4 634.2	2 911.7	62.8	1 485.7	32.1	236.8	5.1
2003	5 860.3	3 518.1	60.0	2 007.4	34.3	334.8	5.7
2004	6 892.2	3 887.5	56.4	2 561.1	37.2	443.5	6.4
2005	8 458.7	4 355.7	51.5	3 486.5	41.2	616.6	7.3
2006	10 652.2	4 708.8	44.2	5 198.4	48.8	745.0	7.0
2007	12 533.4	5 546.2	44.3	6 033.9	48.1	953.2	7.6
2008	14 406.4	6 358.8	44.1	6 838.2	47.5	1 209.3	8.4

续表

年份	林业产业总产值（亿元）	第一产业产值（亿元）	比例（%）	第二产业产值（亿元）	比例（%）	第三产业产值（亿元）	比例（%）
2009	17 493.8	7 225.3	41.3	8 717.9	49.8	1 550.6	8.9
2010	22 779.0	8 895.2	39.1	11 876.9	52.1	2 006.9	8.8
2011	30 596.7	11 056.2	36.1	16 688.4	54.5	2 852.1	8.4
2012	39 450.9	13 748.5	34.8	20 898.3	53.0	4 804.1	12.2
2013	47 315.4	16 373.8	34.6	24 976.2	52.8	5 965.5	12.6
2014	54 032.9	18 559.5	34.3	28 088.0	52.0	7 385.4	13.7
2015	59 362.7	20 207.3	34.0	29 893.3	50.4	926.1	1.5
2016	64 886.0	21 619.4	33.3	32 080.7	49.4	11 185.9	17.2
2017	71 267.1	23 365.5	32.8	33 952.7	47.6	13 948.9	19.6
2018	76 272.8	24 580.8	32.2	34 995.9	45.9	16 696.0	21.9
2019	80 751.0	25 264.6	31.3	36 195.9	44.8	19 290.0	23.9

资料来源：《中国林业统计年鉴》（1998～2019年）。

由表2-17可知，1998～2019年，我国林业产业发展进程明显加快，三次产值处于高速增长阶段，但增长速度不一样，第二、第三产业产值的增长速度高于第一产业的增长速度。1998～2019年，林业第一产业产值由2 727.8亿元增长至80 751亿元，同比增长2 860.3%，第二产业和第三产业分别由716.2亿元增长至36 195.9亿元、由108.5亿元增长至19 290亿元，同比增长4 953.9%、17 678.9%。

这也体现在三次产业占林业总产值的比例上，从1998年的69.8∶26.3∶4.0开始，第一产业的比例逐年下降，而第二产业、第三产业的比例逐年上升。发展到2006年的时候，林业第二产业的比例首次超过第一产业，分别为48.8%与44.2%。到2019年，林业三次产业的产值结构调整为31.3∶44.8∶23.9，第二产业、第三产业占比合计高达68.7%。经过几十年发展，我国已经建立起适应市场经济的林产品生产、销售和服务的现代产业体系，实现林业产业发展模式由资源主导型向自主创新型、经营方式由粗放型向集约型、产业升级由分散扩张向龙头引领转变，林业产业结构逐步向合理化调整，产业结构由"一二三"向"二三一"转变。

在2013年之后，由第二产业规模经济带来的红利逐步减弱，中国林业朝向多元化、生态绿色化方向发展，林业产值的增速有所下降，但增速仍维持在高于10%的水平上。

目前，林业第二产业虽是占比最大的产业，但是第三产业的增长率高于第一、第二产业，发展势如破竹，势态良好。经过几十年的发展蓄力，林业产业链条不断延伸，产品系列化、品牌化发展加快，终端消费品比重大幅度提高，资本密集型、技术密集型、规模以上林业企业大量涌现，林业企业活力和创新能力显著提升，林业服务业快速发展，产业发展质量明显提高。随着森林生态服务产业的大力推进以及林业产业整体结构的持续优化调整，未来第三产业发展潜力巨大。

2019年，林业支柱产业分别是经济林产品种植与采集业、木材加工及木竹制品制造业和以森林旅游为主的林业旅游与休闲服务业（见图2-5）。经济林产品种植与采集业产值达到15 084.1亿元，占第一产业产值的59.7%；木材加工和木、竹、藤、棕、苇制品制造业产值达到13 398.9亿元，占第二产业产值的37%；林业旅游与休闲服务业产值达到15 392.4亿元，占第三产业产值的79.8%，较2008年的689.6亿元同比增长2 132.1%。随着国有林场的改革，中国森林旅游业迎来黄金时期，发展势头强劲，潜力巨大，已成为世界旅游业的重要组成部分和现代林业必不可少的组成部分。近年来，"稳步发展第一产业，优化第二产业结构，快速健康发展第三产业"成为林业产业结构调整的中心任务。加快发展以森林康养、生态文化产业、林业会展为主的林业第三产业，不断提升以木材及经济林产品加工业、林产化工业、木浆造纸

业为主的林业第二产业发展水平，坚持把提高森林质量作为林业第一产
业发展的关键。

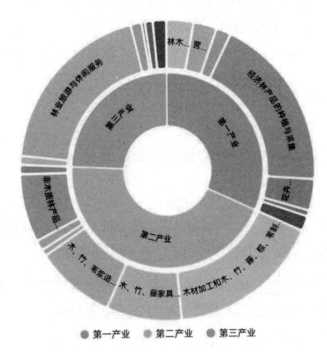

图 2 - 5　2019 年林业分类产值占比情况

资料来源：中国林业统计年鉴（2019 年）。

5. 林业经费投入

按照中央创新投融资体制的安排部署，国家林业和草原局在国家发
改委、财政部的大力支持下，会同国家开发银行、中国农业发展银行等
开发性政策性金融机构，发挥财政金融合力，建设多元投入体系，推进
林业生态保护建设。

在全国经济下行、财政收入增速放缓和中央对农业投入资金减少的
严峻形势下，2017 年，中央财政对林业投入新增 10.34 亿元，累计完
成 4 800.26 亿元。其中，中央和地方财政预算资金 2 259.23 亿元，占

全年完成投资的 47.07%。用于生态建设与保护的投资为 2 016.29 亿元，占全部林业投资完成额的 42.00%。用于国有林区和国有林场改革补助、林木种苗、森林防火与森林公安、林业有害生物防治等林业支撑与保障的投资为 614 万亿元，用于林业产业发展的资金为 2 007.76 亿元，其他资金为 161.86 亿元，在当年完成林业投资总额中占比依次为 12.80%、41.83% 和 3.37%。

第五节　现代林业经济发展的特点

新中国成立之初，由于长期过度开垦、战乱破坏、乱砍滥伐等历史原因，我国森林资源存量不容乐观，加之资源分布不平衡、运输困难，林业工作的基础非常薄弱。新中国成立后，时代赋予林业日益多元、日趋重要的使命，党和政府认识到森林对于国家富强的重要作用，通过一系列措施实现了森工体系的快速完善，推动传统林业向现代林业跨越发展，并不断加强林业法制建设和森林资源的保护管理，实现林业产业从木材经济向以生态服务产品供给为核心的生态经济的转型，形成了"绿水青山就是金山银山"等成熟的生态文明思想。总体而言，中国现代林业经济发展具有如下特点。

一是林业使命日益多元，地位日益重要。新中国成立之初，林业为国民经济的恢复、国家原始资本的积累作出了重大贡献。森林被作为一种经济资源，林业作为基础产业，其首要任务和使命是生产木材满足国家工业化建设的需要，这也导致森林资源消耗量长期居高不下、采育失调问题突出，且由于开发不合理、利用率低，使得资源过早面临耗竭危机。这一时期虽提出了造林绿化运动，但由于当时百废待兴、生产建设和人民生活都急需大量的木材，因而林业建设总方针没有充分落实。20

世纪 90 年代，国家的生态环境逐渐恶化，环境灾害频发，党和国家开始重视和关心林业，林业建设进入恢复发展的新阶段，且工作重点逐渐转移到大规模植树造林、加快国土绿化等方面，以营林为基础，朝向多元化、生态绿色化方向发展。如今的林业既是一项重要的公益事业，又是一项重要的基础产业，不仅承担着生产物质产品、保障林产品供给的重要职责，而且承担着生产生态产品、维护生态安全的重要使命，且在建设生态文明、应对气候变化和实现碳中和目标过程中扮演越来越重要的角色。林业作为生态文明建设的主战场，事关国家生态安全、生存安全、淡水安全、国土安全、物种安全、气候安全等。加快林业发展、加强生态建设已经成为党和国家重要的战略选择。

二是生态工程成效显著，森林资源稳定增长。中国森林资源已经实现 30 年连续保持面积、蓄积量的"双增长"，成为全球森林资源增长最多、最快的国家，生态状况得到明显改善。其原因之一是对森林的重视程度不断提高，林业投资逐渐提高。20 世纪 90 年代陆续启动六大生态工程，包括持续植树造林、修复草原湿地、加强荒漠化治理在内的一系列举措成效显著，生态安全保障体系逐渐成熟和完善，对于改善生态环境、实现可持续发展的意义重大。党的十八大以来，生态环境保护提至前所未有的高度，制定了严格的林业生态红线管理办法，严格林地用途管制和林地定额管理，并建立以国家公园为主体的自然保护地体系，是建设生态文明的重大体制创新。另外，全社会森林资源保护意识不断增强，生态环境特别是森林破坏现象得到有效遏制。原因之二是林业经营管理技术的提高。在森林资源管理方面，建立了森林经营规划制度并形成国家、省、县三级森林经营规划体系，森林经营补贴制度日益完善，森林抚育和低产低效林改造持续推进，一系列措施能够有效提高森林质量和林分结构、推动森林资源实现增长，也使商品林供给能力提升，公益林生态功能增强。针对天然林建立了比较完备的森林管护体系，确立并不断完善天然林管护制度、天然林用途管制制度，日益健全天然林修复制度，使得天然林保护修复成效显著，天然林质量稳步提高；加之林木综合利用技术的更新和进步，森林资源产出效率大幅度提高，减少了林木采伐消耗量，森林蓄积长效盈余持续扩大。原因之三是在中国快速实现城市化的过程中农村人口向城市移动。农村人口向城镇聚集，城镇人口涌向大城市，使得人对自然的压力在变小，促进了植被的保护和恢复，降低了封山育林、退耕还林的执行成本和执行效率。

三是林业经济发展逐渐兼顾三大效益，经济结构日趋完善。新中国成立后，森林资源的所有制实现了从私有到国有和集体所有的转变，而在新中国成立之后的前三十年，在快速工业化的背景下，"大木头主义"占主导地位，森林资源利用以追求经济效益为主。之后数十年，林业产值维持着高速增长势头，林业企业日益发展壮大。与此同时，森林的生态效益和社会效益地位不断提高。进入 21 世纪，林业由以木材生产为主向以生态建设为主转变，林业经济由木材经济加快转向非木材经济、森林生态经济、森林绿色经济转型，名特优新经济林、木本粮油、生态旅游、林下经济、竹藤花卉、种苗牧草、森林食品和森林药材等新兴产业快速兴起，呈现出多样化的经济形态，且在农村创造了大量的就业岗位，促进了林区经济的发展和农民收入的提高。经过几十年蓄力，林业经济产业链条不断延伸，产品系列化、品牌化效应逐渐显现，林业企业活力和创新能力显著提升，产业发展的质量明显提高。在经济结构方面，林业第一产业的比重逐渐缩小，第二产业所占比重也逐渐下降，以林业旅游与休闲为主的第三产业所占比重逐年增大，产业结构逐步优化。党的十八大以来，林业生态建设还同精准扶贫相结合，通过吸纳贫困人口参与生态建设、发展林下富民产业，探索形成了通过发展林业经济带动脱贫脱困的有效路径。

四是林业经济支持政策不断完善，林业全面改革持续深化。新中国成立以来，林业税费负担不断减轻，且林业建设经费持续增加，林业公共财政体系不断完善。国家先后出台了一系列林业税收优惠政策，通过减免税费、降低税费率以及整顿林业收费达到保护森林资源、减轻林农负担、扶持林业发展的目的，反哺林业的特征明显。另外，在林业建设经费投入来源方面，以国家投资为主，兼有世界银行等外资支持林业发展项目，充分发挥财政金融合力，形成了多元投入体系。在林业改革方面，从 20 世纪的林业"三定"到如今的集体产权制度改革，从开放木材市场到国有林场改革，都始终和社会改革保持着同步进行，体现了产权制度的明确与赋权于民，以及国家经济体系市场化的改革和深化，不断推动林业的市场化，有利于充分发挥市场在林业生产要素配置中的多重功能，是实现林业现代化发展的应有之义。动态协调政府与市场的关系至关重要，政府有所为有所不为，政府作为主体，着眼于经济运行的全局，运用经济、法律和必要的行政手段，对林业资源的配置从宏观层次上所进行的调节和控制。同时，厘清政府与市场、林业社会组织之间的行为边界，在充分尊重市场配置资源的基础性作用、尊重农村林业自主管理的基础上，合理进行宏观调控和正确引导。在市场化不断深入的大环境下，充分发挥市场在资源配置中的基础作用。通过健全森林采伐管理、生态补偿等相关政策机制，完善林业产权制度，改革林业管理体制，培育新型林业经营主体，创新森林资源管护体制等措施极大地调动了各级政府和全社会重视林业、支持林业、发展林业、保护森林的积极性，林长制的提出还提升了山水林田湖草的综合治理效能（樊宝敏等，2021），为构建市场机制与政府调节相结合的林业宏观调控体系奠定良好基础，也为林业发展提供了充分的制度保障。

综合历史发展来看，中国林业经济发展受到诸多因素的影响。开放稳定的社会和市场化体系的建立和不断完善为林业发展创造了良好的环境；时代的进步、科技水平的提高为林业发展提供了动力和创新点；产权的变革、集体林权制度改革和国有林权制度改革为林业发展提供了制度保障；一系列林业重点工程的实施推动了林业高速发展；税费的减少有力地激励着社会资本投资林业；政府扶持政策和财政补贴进一步激励了中国林业发展。

　　林业作为国民经济支柱产业之一，要顺应时代潮流，抓住社会变革大契机，将林业改革与社会变革相融合。回顾改革开放40余年，林业变革与社会变革是同步进行的，无论是市场化的改革和深化，还是产权制度的明确与赋权于民，林业改革政策都紧随国家大政方针而设。在乡村振兴战略如火如荼进行过程中，林业要发挥其优势，助力乡村振兴，深化集体林区和国有林区改革，完善林权制度体系，既是服务乡村振兴战略大局的必然要求，也是乡村振兴战略的重要组成部分。

　　中国正面临百年未有之大变局，国内发展环境同样面临深刻复杂的变化，处于转变发展方式、优化经济结构、转换增长动力的攻坚期，与之相应的林业也正处于从传统向现代化转变的时期，实现生态建设完善和产业体系升级的战略目标形势严峻，同发达国家的林业相比还有一定的距离。因此，中国林业发展同时面临难得的机遇和严峻的挑战，还需要长久的努力以深化林业全面改革，提升林业发展质量，服务于中国现代化建设的目标。

本章推荐读物

　　[1] 樊宝敏. 中国清代以来林政史研究 [D]. 北京林业大学，2002.

　　[2] 李莉. 中国林业史 [M]. 北京：中国林业出版社，2017.

　　[3] 王长富. 中国林业经济史 [M]. 哈尔滨：东北林业大学出版社，1990.

［4］熊大桐．中国近代林业史［M］．北京：中国林业出版社，1989．

［5］胡鞍钢，沈若萌．生态文明建设先行者：中国森林建设之路（1949—2013）［J］．清华大学学报（哲学社会科学版），2014，29（4）：63－72．

［6］刘珉，胡鞍钢．人与自然和谐共生的现代化——中国林业绿色发展之路（1949—2060）［J］．海南大学学报（人文社会科学版），2022，40（5）：70－79．

［7］国家林业和草原局．2020年度中国林业和草原发展报告［R］．北京：中国林业出版社，2021．

［8］江泽慧．中国现代林业［M］．北京：中国林业出版社，2008．

［9］张建龙．现代林业统计评价研究［M］．北京：中国林业出版社，2013．

［10］张广智，李克亮，宋继善．南方集体林区经济论［M］．北京：中国林业出版社，1992．

［11］田宝强．中国林业经济增长与发展研究［M］．哈尔滨：黑龙江人民出版社，1995．

［12］刘璨．中国集体林制度与林业发展［M］．北京：经济科学出版社，2008．

［13］廖文梅，孔凡斌．林业市场改革、林业经济增长与集体林地经营问题研究［M］．北京：中国环境出版社，2016．

［14］高阳．中国林业经济发展的波动及成因分析［D］．北京林业大学，2015．

［15］王玉芳．基于生态功能区建设的国有林区社会经济转型问题研究［M］．北京：科学出版社，2018．

［16］柯水发，李红勋，崔海兴等．林业经济学［M］．北京：中国林业出版社，2000．

本章思考与讨论

1. 中国现代林业经济发展阶段如何划分？依据是什么？

2. 中国现代林业经济发展各个阶段的特点是什么？

3. 中国现代林业经济体系如何构成？

4. 中国森林资源增长还有多大空间？如何提升森林资源质量？

5. 市场和政府在现代林业经济发展的作用如何演进？

6. 当前中国林业承担哪些使命？

7. 中国林业发展应该处理好与哪些战略的融合关系？

8. 什么是林业现代化？如何实现林业现代化？

9. 驱动中国林业经济发展的关键因素是什么？

10. 未来中国林业经济发展趋向是什么？

第二篇　近现代林业经济政策史

第三章

近代林业经济政策史[*]

近代以来，与林业发展相关的法律法规、政策文件不断建立和完善，取得了令人瞩目的成果，也走过不少弯路。历史是最好的教科书。当今世界正处于百年未有之大变局，国内外形势急剧变化，经济社会的高质量发展、生态文明建设、乡村振兴等国家战略向林业提出了一系列新的更高要求（樊宝敏等，2022）。为了制定切实可行的林草政策，需要深入研究近代以来的林业政策史，总结经验教训，以史为鉴。

这里所说的近代，是指 1840 年鸦片战争至 1949 年中华人民共和国成立这个时期的历史，以清道光二十年（1840 年）的鸦片战争为上限，以中华民国三十八年（1949 年）国民党政府在中国大陆的统治结束为下限，前后大约 110 年。其中，清代后期以清政府，民国时期以北洋政府、国民政府、革命根据地政府为不同的政治主体，针对各自所面对的社会政治经济条件、森林生态资源禀赋和林业发展情况，颁布和施行了众多的林业经济政策和法律法规。

本章着重梳理近代中国各政治主体在不同时期所制定和实施的林业经济政策，以梳理相关的林业经济政策文件为脉络，分析其围绕社会主要矛盾变化而不断调整政策目标和方法的演变过程，总结其发展成就、

---

* 本章参加编著人员：柯水发、王雨濛、吕晓萱、袁雪婷、叶冠宏、谢艳琦。

历史经验和运行规律。

第一节 清朝后期（1840～1912年）林业经济政策演进

鸦片战争给中国带来惨重的损失，它所引起的文化危机是中国传统文化走向近代的重要契机（张岱年等，1994）。它使中国人开眼看世界，向西方先进文化学习，从而使中国接收到西方的自然科学技术知识和管理方法。数学、地理学、物理学、生物进化论、生态学、林业科学技术等知识随之而来，在客观上促进了中国林业的全面发展。19世纪末叶起，不少有识之士面临民族危机，为了救亡图存，大力主张振兴实业，其中包括林业，于是林业管理机构设置起来。尽管清朝后期政府投入林业的经费很少，林业捐税名目繁多，但现代意义的林业诞生了，为日后的独立发展奠定了基础。

鸦片战争前后，西方资本主义国家迅速发展，帝国主义列强对中国虎视眈眈，农民起义风起云涌，清朝政府腐败不堪。基于这些原因，地主阶级内部逐渐分化出一部分具有进步思想的知识分子，对国计民生的有关重大问题，提出了改革、改良的各种建议。龚自珍、林则徐、魏源等是中国近代第一批提出改良朝政和向西方学习的人士。他们之后则以梁启超、康有为为代表。光绪皇帝为世界潮流所趋，进行戊戌变法，与农林有关的改革行为是设专官、兴学校。

19世纪末，森林效益逐渐为人们所重视，资本主义各国相继开始发展林业。1873年，美国国会通过了《木材培育条例》；1897年，日本制定了《森林法》；清政府中一些开明人士提倡发展林业（熊大桐，1989）。自此，清政府采取积极的政策和措施，开始林业的初步建设。

一、大臣关于兴林的林业经济政策建议

为了缓解甲午战争后国内经济状况的恶化趋势，广开财源，清政府大臣们陆续提出效仿西方新法兴办农林的建议。光绪二十二年（1896年），御史华辉上奏折，提出"广种植、兴水利"的建议。光绪二十四年（1898年），康有为上奏折建议政府设专局12个，其中包括农局、工局、商局等。光绪二十七年（1901年），张之洞和刘坤一上奏折，主张"修农政"（樊宝敏，2002）。光绪二十九年（1903年）巡抚岑春煊奏请"清土亩""辨土性"，建议调查各类土地，提倡开垦荒地和荒山造林，要"就土性所宜，设法栽种"，做到"广兴艺植，毋使地有遗力"。光绪三十二年（1906年），御史赵炳麟上奏折："近日英、美、日本列邦，其所以图富强者，事不一端，而尤以农林为先务。盖农林者工商之母，财政之源，故必设专学以研究之，立良法以维持之，"提出振兴农林业，"使国无矿土，野无游民，悉合我国古时之王政也。"他们的建议多被清政府所采纳。在大臣屡言兴林的形势下，慈禧太后于光绪三十三年（1907年）就振兴农林业作出明确指示："从来求治之道，养民为先，古人重府事修和，外国亦最尚实业。方今中国生齿日繁，庶而未富，生财之道亟应讲求，国家特设农工商部综理一切。乃数年以来，风气尚未大开，则官吏提倡之力，劝导之方，有未至也。着各将军、督抚迅饬所属，于兴学各业极力振兴，凡有能办农工商矿，或独立经营，或集合公司，其确有成效者即从优奖励"（熊大桐，1989）。

这些政策建议，归纳起来主要包括：（1）兴办农林学堂，派遣留学生，培养林业人才；（2）设立林业专门机构；（3）鼓励使用新品种、新器具、新方法；（4）对发展林业实行优惠政策，如对荒地植树予以免税、奖励；（5）加强资源调查，制定适宜的章程等。

二、农工商部的林业政策

光绪二十四年（1898 年）以后，清政府设农工商总局，其中设农务司，林业由农务司掌管。光绪三十二年（1906 年），商部改为农工商部。宣统元年（1909 年），农工商部提出振兴林业的措施：（1）通知出使各国大臣搜集各国发展林业的资料；（2）派人赴日本考察造林方法；（3）通知各省将军和督抚，调查宜林地和天然林，绘制图说报部，以便制定经营方案。同年，农工商部制订发展林业的年度计划：第一年，筹议各省设立农务总分会，开办京师农事试验场，颁布农会章程；第二年，筹议开垦事宜、林业事宜，举办各省农务总会，设立蚕业讲习所、茶务讲习所；第三年，调查内地丝业、茶业情形，各省筹设农林学堂、农事试验场，举办各省农务分会，推广蚕业、茶务讲习所；第四年，调查丝市、茶市情形，各州县筹设习艺所；第五年，农会编辑农务统计，列表报部，调查森林区域，筹议改良丝业、茶业事宜，筹议农事半日学堂、农事演说会场，筹设各省劝业会；第六年，筹办林业警察，农会改良农具、开拓农业、增殖农产，实行开垦办法，厘定振兴丝业、茶业办法；第七年，各劝业道查明水利事宜，绘具图说报部，实行振兴丝业、茶业办法；第八年，考查农会办理成绩；第九年，通饬报告历年筹办森林情形，编制全国森林图志（熊大桐，1989）。

三、林业法律章程

清朝后期的林业法律，在许多方面延续清朝前期制定的《大清律》，同时在许多方面不得不作出调整。为了解决财政不足的问题，清政府不能固守《大清律》中"凡（皇陵）山前山后各有禁限"的规定，开始制定开禁东北森林的有关章程。从咸丰年间开始，清政府加速了对奉天、吉林、黑龙江三省的土地开垦，并制定相应的章程（刘克祥，1995）。这些章程加速或者规范了东北林区的开禁，承认了伐木垦荒、林地转为农业用地的合法性。

除中央政府外，有些地方官府也制定发展林业的法规章程，鼓励百姓广种树木。例如，在光绪年间，陕甘总督陶模制定了《劝谕陕甘通省栽种树木示》，其所总结的"六利"以及制定的发展林业的措施，不仅在当时产生了积极影响，而且在今天看来仍然有很多合理性和启发意义。福建省程听彝参照陶模的规定制定出《福建省劝民种树利益章程》，共计十六条，前八条讲种树的利益，后八条为政策，对种树的利益和有关林业政策作出了更加具体的规定。刘铭传任台湾巡抚时，也曾引用这个章程，劝谕台湾同胞植树（樊宝敏，2002）。

第二节　中华民国时期（1912～1949年）林业经济政策演进

民国时期分为北洋政府时期（1912～1927年）和国民政府统治时期（1928～1949年）。北洋政府时期的林政在清朝后期基础上得到进一步发展。在林业经济政策方面，森林所有制分为国有、公有和私有三种。政府虽然形式上采取鼓励造林的政策，但实际上所投入的林业经费却相当有限，林业捐税十分繁重，对林业显然是"取多予少"。期间，制定了我国第一部《森林法》，揭开了以法治林的序幕。其他法规还有《狩猎法》《东三省国有林发放规则》等。部级林业机构尚未独立，而是与农、工、商、矿等部门合在一起，先后称山林司、农林司或林务处。下设林务总局、林业试验场、林场等直属机构，各省设大林区署或森林局，由林务专员负责。从此开始出现林业专门机构和官职。

国民政府时期，森林在形式上分国有、公有和私有三种，但实际上主要被大地主和官僚资产阶级所占有。林业经费较北洋政府时期有所增加，但林业捐税有增无减。在林业法规方面，重新公布《森林法》《狩猎法》，在植树造林、经营管理、考成奖励等方面也制定了一些规则章程。但由于客观形势、社会制度等原因，文件制定的不少，实际执行的不多。林业机构多变，先后经历农矿部、实业部、经济部、农林部几个时期。直辖机构有林业试验所、国有林业管理处、经济林场、水土保持实验区。各省林业由建设厅、实业厅主管，厅下设林务局或造林场。

一、北洋政府时期的林业经济政策（1912～1927 年）

辛亥革命推翻了清朝帝制，结束了中国两千多年的封建统治，成立了中华民国，在中央政府中设立了实业部，下设农务、矿务、工务、商务四个司，林业行政由农务司主管。南北统一后，政府迁都北京，把原实业部一分为二，设农林与工商两部，其中农林部下设农务、山林、垦牧、水产四司，林业行政由山林司主管。北洋政府时期的林政在晚清基础上得到进一步发展。

1. 林业法律法规与章程

民国元年（1912 年），农林部明确规定林政方针，并通令各省："凡国内山林，除已属民有者由民间自营，并责成地方官监督保护外，其余均定为国有，由部直接管理，仍仰各该管地方官就近保护，严禁私伐"（王长富，1990）。

民国三年（1914 年）11 月 3 日，中国第一部关于森林的独立法律《森林法》，由时任农林工商总长的张謇主持制定并由《政府公报》颁布。张謇经过半年时间对全国林区情况调查了解，于 1914 年 5 月 3 日完成《规划全国山林办法给大总统呈文》。呈文根据国外对森林保护的经验，结合中国林业紊乱落后的现状，对森林的保护和规划提出了一系列的主张和办法：先于全国水源宏大之区，设保安林；先于东三省测勘林区，规定发放规则；先就东三省设官营伐木，以求为整理全国林政经费之用；编、栽保安林，涵养水源；奖励造林，试验育苗等详细的实施要求和办法。在该呈文半年之后，张謇就主持制定并颁布了中国有史以来第一部《森林法》。

　　第一部《森林法》分为总纲、保安林、奖励、监督、罚则、附则共六章，32 条。第一章总纲，规定森林的所有权，将全国林区分为国有、公有、私有三种性质。"确无业主之森林及依法律应归国有者，均编为国有林"，由农商部直接管理或委托地方官署管理，其中关系江河水源的、面积横跨两省以上的或关系国际交涉的国有林，由农商部直接管理。第二章保安林，共 6 条，是该法的重点，规定保安林的编定、解除、补偿等。将有关预防水患、涵养水源、公众卫生、航行目标、便利渔业、防蔽风沙的森林编为保安林，由农商部委托地方官署经营管理，非经准许，不得樵采，并禁止带引火物入林；到无必要时，可以解除保安林。第三章奖励，共 6 条，旨在鼓励个人或团体承领官荒山地造林，规定承领的面积不得超过 25 平方公里，但该地造林完毕后可以申请扩大面积。承领时，每平方公里应缴纳 8 元（银圆，下同）以上、100 元以下的保证金，按年息 3% ~ 5% 核给利息。承领荒地后经过 1 年尚未着手造林的，则撤回荒地，没收保证金。所领荒地 5 ~ 30 年免征租税。第四章监督，共 3 条。地方官署为公益起见可禁止或限制在公有林和私有林内开垦，如公有林和私有林所有者滥伐或荒废森林，可限制或进行警戒；地方官署还可以对公有荒山和私有荒山限期强制造林。第五章罚则，共 10 条，意在惩罚林业犯罪，对盗窃、烧毁和损害森林者给予处罚。第六章附则，共 2 条。规定从公布之日起生效和施行细则另订

（熊大桐，1989）。

森林法是指导国家林业活动的总章程，是林业的基本大法，是林业政策的集中体现和制定其他林业法规的依据。"北洋政府制定的这部森林法，内容很不完善，但它是中国第一部森林法，是中国林业法规的嚆矢"（熊大桐，1989）。从此，中国揭开了依法治林的序幕。这部森林法特别重视"保安林"，提出了"经济补偿""不得樵采"的问题，奖励承包官荒山地造林问题以及"强制造林"等问题。这实际上是重视森林的生态效益，并触及了生态公益林的管理、补偿问题——即林业的根本性问题（樊宝敏，2002）。北洋政府制定的这部《森林法》虽然条文简单，内容也存在极大的完善空间，但首创意义不容低估，是中国林业法规的发轫之作。

民国四年（1915 年）6 月 30 日，北洋政府公布《森林法施行细则》，共 20 条。细则对划分国有林、公有林或私有林、保安林，以及承领官荒山地造林作了具体的规定（熊大桐，1989）。第一部《森林法》颁布后两个月左右，与之配套《造林奖励条例》11 条公布，成为实施的准则；同时颁布的《国有森林发放规则》，使国有森林处处有人负责，为民国初年的林业制定了一套较为完善的法律法规以及健全的行政和监督的制度，开创了依法保护森林的新时代，为中国森林立法树立了榜样，奠定了深厚的法制基础。

民国三年（1914 年）9 月 1 日，北洋政府公布《狩猎法》，共 14 条。《狩猎法》规定：本法所指的狩猎是以铳器、网罟或其他器械捕获鸟兽。狩猎器具的种类和限制，由地方警察官署长官规定，详报当地最高级长官转农商部。不论何人，未经警察官署核准，不准捕猎。警察官署给狩猎者发狩猎证书。不准用炸药、毒药、剧药、陷阱捕获鸟兽。遇到特殊情况必须使用上述方法捕猎时，应经警察官署核准，由警察官署先期发布布告。狩猎时须携带狩猎证书，随时接受警察官署检查，不得冒用他人证书。该法还规定了禁止狩猎的场所，每年允许狩猎的时间以及违反相关规定时需缴纳的罚金数额。民国十年（1921 年）9 月 14 日，农商部公布《狩猎法施行细则》，共 23 条（熊大桐，1989），对狩猎证书、狩猎禁区、受保护鸟兽的种类以及相关处罚措施等有关事项作了具体规定。

光绪二十年（1894 年）甲午战争后，东北原始森林受到日本和沙俄的大肆掠夺（熊大桐，1989）。民国以后，北洋政府对东北森林无力经营，农林部于民国元年（1912 年）12 月 11 日公布《东三省国有森林发放暂行规则》，共 20 条，准许中国人采伐，以期合理经营此地区的天然林，增加国家收益，同时保持水土安定和国防安全。具体规定如下：东三省的国有森林除由林务局经营外，树木可以依照规则予以发放，有"中华民国"国籍业均可承领。但有关国土保安和供公用的森林不予发放。承领森林者须向林务局递承领书，写明相关情况。经林务局许可后，须领取执照，并按拟伐木数量缴纳保证金。木材出山到埠后，须由林务局查验，按木植市价 8% 收取执照费，保证金如数发还承领者。执照有效期为 1 年，若 1 年内未着手采伐，则执照作废，保证金不予发还，若树木尚未伐完或未运出，得呈请林务局核发新执照。承领者若将执照转让或抵押他人，须经林务局许可。如超过原定界限采伐，得给予处罚。民国三年（1914 年）8 月 8 日，农商部公布修正的《东三省国有林发放规则》；民国九年（1920 年）6 月 9 日，农商部再次修正《东三省国有林发放规则》。

民国三年（1914 年）8 月 8 日，北洋政府农商部公布经大总统批准修正的《东三省国有林发放规则》。与民国元年（1912 年）的《暂行规则》相比，这次的规则增加了以下内容：除中国人民外，依照"中华民国"法律成立的法人也可承领森林。林务局（森林局）收到承领书后进行查核，若无重复，再派员勘测，造具报告，呈农商部核办。承领书除了记载原定项目外，还要记载运输设备和制材设备，并附上承领地的图说。每人承领森林不得超过 25 平方公里。该规则还规定了承领者应缴纳的勘测费数额。林务局（森林局）勘测后呈报农商部，如认为该处森林不能发放，则退还勘测费一半。承领森林经农商部核准，由部注册，发给部照，有效期最多 20 年，期满缴销。承领人领取执照后缴纳相应注册费。林木出山时，承领人将所伐树木的相关情况呈报相关主管官厅查验。树木出售时，承领人除按税则缴纳木税外，还应按树木市价 8% 分别缴纳山本和木植票费。转让已领林区，须按相关规定呈农商部核准，由转领人缴纳注册更正费 50 元。转让执照有效期限以原领执照为准。承领森林如已超过执照所写期限仍未采伐，则撤销承领原案，追缴部照。承领人伐木时，每亩应按规定保留天然下种母树。采伐后的林地，除该管官厅认为不能开垦者外，承领人可按照国有荒地承垦条例承领开垦。由此，林地变为农地就有了法律上的依据。

民国五年（1916 年），农商部推进人民群众共同经营现有林和营造新林。同年 12 月，农商部制定了《林业公会规则》。同年 10 月，农商部内部成立了临武研究所，并有相关研究所章程。民国六年（1917 年）9 月，农商部又公布《林业公会组织办法》。这两份文件规定：每村可设立一所林业公会（即林业合作所），有特殊情况的也可两村以上联合设立林业公会。此外，文件还规定了林业公会组织、造林、收益分配及奖惩等相关事项。倡办林业公会，其目的是将农民组织起来设立林业合作社，保护现有森林，恢复荒废林野，育苗造林，通过政府给予的支持、监督和奖励，使林业发达起来。

为了规范林业机构及其人员的行政事务，北洋政府农商部还制定了《农商部林务处暂行章程》《林务专员规则》《林务研究所章程》《林业试验场章程》《林务局章程》《农商部交通部会同筹办造林保路办法》。

除上述中央制定的法律法规外，一些省份根据当地情况制定了林业法规，如《云南省森林章程》《山西省保护森林简章》《山西省种树简章》《吉林省国有林临时规则》《广东省暂行森林法草案》等。

2. 鼓励造林政策

辛亥革命以后，受我国传统的林业思想和国外发展林业思潮的影响，植树造林比以往更受重视。民国之初，以凌道扬、金邦正、陈嵘为代表的一批林学留学生相继回国，他们在国内广泛宣传植树造林的重要意义，在全国尤其是青年中产生了很大影响（樊宝敏，2002）。当时的政府实行了一些鼓励或强制造林的政策，包括：确立植树节并开展植树运动；奖励民间造林；国家创设造林机构，开展试验性造林；开展军队造林；铁路沿线造林；学校周围造林等。

民国四年（1915 年）6 月 30 日，北洋政府农商部公布《造林奖励条例》。奖励共分一、二、三、四等奖章和特等奖。按照成活标准和相应造林面积颁发各级奖励。该条例还规定，凡经营特种林业与国际贸易有重大关系者，或者可供造船、筑路等大工程之用者，农商部认为必要时，得按其面积、株数核给奖金。

二、国民政府的林业经济政策（1927～1949 年）

北伐战争以后，国民党在南京成立国民政府，定都南京（抗战时期迁陪都重庆）。此后，根据孙中山先生遗训，国民政府制定林政方针：全国划分林区，广设苗圃，积极提倡造林。期间，国民政府还公布了一系列林业法律和法规，继承并发展了北洋政府时期的林业政策、法规及行政管理。但由于国土沦丧、政局动荡及政治腐败，这些法律和法规大多流于形式。

1. 林业法律法规与章程

由于北洋政府公布的第一部《森林法》内容不完备并且不适宜当

时的社会经济条件，民国十七年（1928 年），农矿部以旧有森林法须加修正，重新草拟森林法草案共十章七十三条，分为总纲、国有林、保安林、营林的监督、林业合作社、土地之使用及征收、森林警察、奖励、罚则以及附则，于民国十八年（1929 年）呈行政院转咨立法院审核，次年 11 月开始审查。民国二十一年（1932 年）9 月 16 日，国民政府公布了由农矿部草拟，经行政院转立法院修正通过的第二部《森林法》，共十章七十七条，分为总则、国有林及公有林、保安林、林业合作社、土地之使用及征收、监督、保护、奖励、罚则以及附则，较之第一部《森林法》新增四章四十五条，内容更为完善充实。所增四章为：国有林及公有林、林业合作社、土地之使用及征收、保护。其中，林业合作社一章规定：为了协同保护森林、进行荒废林地造林、进行森林施业工事、合作进行其他有关森林事项，得限定区域组织林业合作社。合作社有无偿承领附近国有荒山荒地的优先权。土地之使用及征收一章规定：森林所有权人从森林内搬运产物和设备，必要时经地方主管官署许可，得使用他人土地。土地使用继续三年以上，或变更土地地形地貌及使用性质时，土地所有权人得请求征收其土地。第四、第五章是新增内容中较有特色的章节。

实业部于民国二十四年（1935 年）2 月 4 日公布了《森林法施行规则》，对《森林法》的施行办法做了详细的补充规定。明确了实业部、地方主管官署、个人或自治团体、国有林管理机关、林业合作社社员、承领国有荒山荒地造林者各自的职责，及其相互关系。

民国三十四年（1945 年）2 月 6 日，国民政府农林部公布再次修正的《森林法》。第三部《森林法》分为通则、国有林公有林及私有林、保安林、森林土地之使用、监督、保护、奖励及承领、罚则、附则，共九章五十七条。与 1932 年的《森林法》相比，这部《森林法》新增了森林以国有为原则；国有林的编定、经营和林区的管理，由农林部拟订计划，呈请行政院核定；国有林的采伐，除农林部依作业计划直接经营或委托地方林业管理机关经营外，其他人非经农林部核准并取得伐木执照，不得经营；砍伐公有林、私有林，应经林业管理机关查验始得运销；设置森林警察保护森林，或者由当地警察代行森林警察职务；各地乡镇保甲长有协助保护森林之责；对扑灭森林火灾或清除害虫有显著功效者给予奖励；承领荒山荒地造林，其面积不得超过 20 平方公里；承领荒山荒地的保证金以承领时当地所审报的地价为准，原则上不超过 5%。新《森林法》各项处罚的规定都比旧《森林法》稍为加重。此外，省略了关于林业合作社和土地征收的条款（熊大桐，1989）。

民国三十七年（1948 年）2 月 28 日，农林部公布修正的《森林法施行细则》，规定了国有林的经营原则，国有林、公有林、私有林的采伐要求，国有林区管理处的职责，森林用地的地价税的减征标准，荒山荒地造林后的免税标准，承领国有荒山荒地造林的相关事项等（熊大桐，1989）。

民国二十一年（1932 年）12 月 28 日，国民政府公布了新修订的《狩猎法》，共十九条。这部《狩猎法》与此前相比，在鸟兽种类、狩猎人员条件、狩猎时间、处罚和禁猎条件等方面都做出了更加严格和明确的规定，狩猎时间进一步缩短，处罚更重。新规定如下：将鸟兽分为四类，分别规定了四类鸟兽的不同狩猎限制条件；未成年人、精神病人、士兵、警察、受本法处罚不满年者不得狩猎；狩猎期为每年 11 月 1 日至翌年 2 月末；鸟兽众多之地，市、县政府每年应将禁止狩猎的鸟兽种类名目于开猎前公布；在宣布戒严时、发现盗匪时，准许狩猎的鸟兽有保护必要时和准许狩猎的地方有禁止狩猎的必要时，市、县政府和警察机关须停止狩猎。触犯该法相关条款者，处以 50 元以下罚金，并撤销狩猎许可证。

此外，国民政府在森林经营管理、林业考成和奖励、林业机构组织条例方面都制定了相应的规章制度。在营林管理方面，民国十八年（1929年）国民政府农矿部公布《东三省国有林整理委员会章程》，拟对东三省国有林实施整理。民国二十年（1931年）5月27日，实业部公布《管理国有林公有林暂行规则》，规定：国有林停止发放，公有林（包括省、市、县所有森林）绝对禁止发放；国有林由各省主管官厅暂行管理，负责保护。表明国民政府更加注重森林的国有化管理。民国三十年（1941年）4月30日，农林部公布《国有林区管理规则》。同年6月12日，农林部和侨务委员会共同公布《奖励华侨投资营林办法》，在林业经营方面对华侨制定了投资优惠政策。同年8月28日，农林部公布《奖励经营林业办法》，对民国二十一年（1932年）《森林法》中"奖励"一章进行补充，规定：对经营林业卓有成绩者给予奖章、奖状或匾额。

此外，国民政府还制定一些业务性规章和办法，在林业考成和奖励方面，实业部于民国二十年（1931年）1月26日公布《林业考成暂行办法》；农林部和侨务委员会于民国三十年（1941年）6月12日共同公布《奖励华侨资营林办法》；8月28日，农林部公布《奖励经营林业办法》。在林业机构组织条例方面，国民政府公布了《农矿部直辖中央模范林区组织章程》《实业部林垦署组织法》《经济林场组织通则》《水源林区管理处组织通则》《农林部民林督导实验区组织条例》等规章制度。

此外，实业部（农林部）还颁布了一系列业务性规章和办法，如民国二十六年（1937年）2月15日，实业部公布《督促防除松毛虫办法》；民国三十一年（1942年）5月13日，农林部公布《国有林区初查及复勘实施办法》；民国三十二年（1943年）5月3日，内政部和农林部公布《森林警察规程》；民国三十二年（1943年）7月10日，农林部公布《国有林区内伐木查验规则》《公私有林登记规则》等（熊大桐，1989）。

2. 鼓励造林政策

民国十七年（1928 年）北伐战争结束，国民政府成立农矿部，同年 10 月成立林政司，通令全国划分林区，广设苗圃、积极提倡造林，林业工作顺利开展。实施造林运动方案即其中之一。国民政府成立后，根据当时国土遭到破坏的现实情况、主要是中部、北部各省因人口增加，森林锄垦，深入山地、致使森林日趋荒废。因此，昔日森林所保持的土壤，均被雨水冲刷净尽，濯濯童山，石骨嶙嶙。山坡急流所携带的淤沙，一入平原逐渐沉没，淤塞河身，阻碍河流，日积月累，遂致河身高出平原之上，是以水患频仍，无法制止。为了解决这个问题，国民政府于民国十九年（1930 年）11 月，行政院公布了《堤防造林及限制倾斜地垦植办法》。这是林政史料上的重要举措之一。与此同时，关于国有林的管理问题，公布了实业部管理国有林、公有林暂行规则。

为了带动全国开展植树造林，民国十八年（1929 年）2 月 9 日，农矿部公布《总理逝世纪念植树式各省植树暂行条例》，规定：每年 3 月 12 日（孙中山）总理逝世纪念日在植树地点举行植树式和造林运动，唤起民众对林业的重视。此后拟定《造林运动实施方案》十条。在《总理逝世纪念植树式各省植树暂行条例》修改补充的基础上，民国三十二年（1943 年）2 月 27 日行政院公布《植树节举行造林运动办法》，规定每年 3 月 12 日除了举行植树节仪式外，还要举行造林运动植树竞赛。行政院于民国十九年（1930 年）11 月公布《堤防造林及限制倾斜地垦殖办法》。

民国二十五年（1936 年）4 月 27 日，实业部公布《全国公路植树监督规则》，规定将公路植树经费列入建筑公路预算，并与公路设计同时拟订植树计划。民国二十六年（1937 年）2 月 2 日，实业部公布了《培植保护特种林木监督办法》，规定了特种林木树种名单，国有和公有林场培植特种林木的林地面积，免税标准，以及采伐更新期限。民国二十六年（1937 年）8 月，军政部和实业部公布《军队造林办法》，倡导地方驻军厉行造林。民国三十二年（1943 年）2 月 27 日，行政院公布《植树节举行造林运动办法》，3 月 26 日，农林部公布《强制造林办法》，要求全国各地普遍造林、保林。民国三十二年（1943 年）5 月，教育部和农林部公布《学校造林办法》，倡导全国学校厉行造林。民国三十三年（1944 年）6 月 18 日，交通部、内政部和农林部联合公布《全国公路植树规则》，对公路植树的期限、标准、管护、奖惩等做出规定（熊大桐，1989）。

第三节　革命根据地和解放区政府时期（1927～1949 年）的林业经济政策

1927～1949 年，共产党在全国各地创建革命根据地，先后经历土地革命战争、抗日战争和解放战争三个时期。革命根据地和解放区人民政权把保护森林和植树造林工作摆在重要的位置上。在极端困难的环境里，根据地军民在共产党的领导下，一边同国民党军队和日本侵略军作坚决的斗争；一边发展生产，植树造林，改革森林所有制，制定林业政策法规，建立林业管理机构，努力发展林业生产，建设革命根据地。

1928 年以后，中国共产党在各革命根据地实行土地改革、调整林木所有制的同时，大力提倡群众植树造林，绿化荒山。1928 年，毛泽东于江西永新倡导造林；1932 年 3 月，在中央苏区的江西瑞金，中华苏维埃人民委员会召开第十次常务委员会，通过《中华苏维埃人民委员会对植树运动的决议》（以下简称《决议》），《决议》指出：第一，由各级政府向群众做植树运动的广泛宣传，说明植树的利益，发动群众种植各种树木；第二，沿河两岸和大路两旁应种植各种树木，适宜种树的荒山应尽可能种树，以发展森林，旷场空地都应种植树木；第三，种树前，由各乡、区政府考察某地某山适于种植哪些树木，通知群众选择适宜的树种；第四，为保护森林和树木起见，在春夏之时，禁止随便采伐，免伤树木之发育；第五，用开展竞赛的办法来鼓励群众，推动植树护林运动。以后要注意培养树木种子，在每年春季开展植树活动，以此号召各根据地军民开展植树运动。此外，湘赣、闽浙赣、鄂豫皖、川陕等苏区，也都制定了发展林业的政策。中央决定发出后，苏区人民积极响应，宣传并开展护林、造林运动。

在土地革命战争时期，1928 年 12 月公布的井冈山《土地法》规定了森林所有权：茶山和柴山照分田的办法，以乡为单位平均分配给当地农民；竹木山归苏维埃政府所有，经政府许可后可以砍伐利用。后来公布的兴国《土地法》，有关林权的规定与之相同。1947 年 9 月，中国共产党全国土地会议通过《中国土地法大纲》，规定：山林、荒地和其他可分的土地，按普通土地的标准分配给当地农民，大森林、大荒地等则归政府管理。森林所有制的变革，调整了林业生产关系，调动了人民群众保护森林、发展林业的积极性，并奠定了根据地林业政策法规制定的经济基础。

抗日战争时期，随着战争和生产形势的发展，各边区政府陆续颁布有关政策法令，以保护林木，奖励植树造林。1938 年 2 月，陕甘宁边区政府规定：严格保护各地林木，有计划地砍伐；积极广泛发动群众植树，发动党、政、军、民、学，各机关首长和工作人员有组织、有计划地开展大规模的植树运动。1940 年 4 月，边区政府公布《陕甘宁边区森林保护办法》和《陕甘宁边区植树造林办法》。1941 年 1 月，将这两个文件修正后再次公布，并公布《陕甘宁边区砍伐树木暂行规则》。这三个规章对边区的植树和林木保护做出详细的规定：公有林、私有林受到保护；政府认为有植树造林必要的私地，可备价征用或换用；为发展适宜的优良树种，供应造林所需苗木，由县政府筹划土地，采集树木种子，建立苗圃，培育苗木，除公用外，免费分发群众造林；确立每年春秋两季为植树造林时期；对造林有功的军民、对领导有功的机关给予奖励；惩罚破坏林木者，奖励护林有功者等。

林业建设方面，以陕甘宁边区为例，1938～1942年，陕甘宁边区政府发动群众植树260万株；1943～1946年，在陕北张家畔荒滩植树500余万株。林业建设也为根据地建设提供了大量物资，据乌廷玉《北方抗日根据地农林牧副业的发展》研究，陕甘宁边区当时有七大林区：九原、洛南、华池、分水岭、南桥、关中、曲西林区。以九原林区为例，年产板材1.13万立方米、原木200万根、有用果实2.5万斤、染色原料10万斤、籽油2万斤、药材80万斤、蜜蜡0.8万斤、造纸原料800万斤、纤维原料40万斤、薪炭1.8万斤。各林区林业都为抗战作出了很大贡献。

1929～1934年，中央苏区在白色政权包围中顽强地生长和发展着。为打破敌人的经济封锁、支援革命战争，中国共产党充分利用苏区的自然环境，在"赣水苍茫闽山碧"的环境中壮大红色政权的同时，开展了兴修水利、倡导植树造林、规范林业资源等生态实践。这些实践成为中央苏区建设的重要组成部分，对苏维埃政权的巩固起到了一定的促进作用（陆波、方世南，2021）。

在兴修水利的同时，对山林植被的保护，也是苏维埃政府的重要任务之一。由于连年战争的影响，苏区山林荒化，水旱灾害时有发生，严重危害了人民的生产生活和根据地的巩固。1932年3月16日通过的《中华苏维埃共和国临时中央政府人民委员会对于植树运动的决议案》（以下简称《决议案》）明确指出，"为了保障田地生产，不受水旱灾祸之摧残以减低农村生产影响群众生活起见，最便利而有力的方法，只有广植树木来保障河坝，防止水灾天旱灾之发生"。《决议案》颁布后，苏区各地积极响应号召，开展了轰轰烈烈的植树造林运动。

1933 年春，福建省苏维埃政府发出培植森林、蓄养水源的号召，要求每人最少种十株茶油树或最少种十株松树，并作出"省政府拿出一百元钱来，去江西买茶子"的安排布置。1933 年 10 月，江西省苏维埃政府号召群众保护山林、收集肥料，为来年春季植树运动做充分准备。1934 年春，针对植树造林运动中出现的问题，中华苏维埃共和国临时中央政府总结经验并出台相关条例，实行以法治林，针对任意砍伐树木的行为明确了相应的处罚措施。与此同时，各级地方苏维埃政府也相继出台了林业管理法规，并制定了植树造林的具体计划和措施。例如，"闽西苏维埃政府制定的《山林法令》，共分总纲、杉山及杉树、竹山、茶山、杂山及园地、公用山林、山林之开垦与保护、矿山问题等八章"。在各级党组织和苏维埃政府的高度重视以及苏区军民的共同努力下，苏区植树造林取得显著成绩。据《红色中华》报记载，截至 1934 年 5 月，瑞金一县就种树 60.37 万棵，兴国种树 38.98 多万棵，就是多山的福建，也植了 21.38 多万棵，并且还种了木梓种 1 699 斤。植树造林运动的成果有效弥补了战争造成的生态破坏，森林密布的环境为我们党的发展壮大提供了坚固的屏障、宝贵的给养和坚强的阵地。这些措施对发展苏区经济、促进苏维埃政权建设等发挥了重要作用。

陕甘宁边区政府成立后，将林业工作摆在重要位置。为了有针对性地制定林业政策，有效改善边区生产生活条件，1940 年 5 月，边区政府组建了森林考察团，对边区各地自然林进行实地调查。考察团"历经 40 余天，对甘泉、延安、鄜县、合水、正宁、固临等十几个县区的森林进行了考察……并根据调查所得到的大量的第一手资料写出了《陕甘宁边区森林考察团报告书》"。考察团"第一次对边区的森林面积、分布、森林与生态的关系，森林与边区农业、工业的关系进行了论证，并提出了保护森林的措施",成为边区林业建设的重要依据。为了加强对边区林业的开发与管理,边区政府在建设厅下设林务局,颁布了《陕甘宁边区林务局组织规程(草案)》,"规定林务局的职责是:负责公私林的保护、管理和监督;全边区护林、造林及其开发利用之设计、实施、指导、奖励等;保安林、经济林的编制与调节;林业、林政、森林教育的调查研究;林垦气候、水工及树木之研究;森林技术及林务工作人员的训练等事项"。林业管理机构的设置,推动了边区林业向健康方向发展。

1941年2月,陕甘宁边区政府又明确了林务工作的四项任务,即保护原有林、建造防风林、设立县苗圃、发动私人植树。边区政府重视林业技术的实验与推广,通过筹划实验林场,改造抚育天然林和实验人工造林的技术。在边区政府的积极倡导和边区军民的共同努力下,边区林业环境得到有效改善,为边区经济建设提供了有效保障。

晋察冀边区行政委员会1939年9月公布《保护公私有林木办法》,主要内容包括划定禁伐区域、封禁期限、处罚、举报奖励等。规定:公私林木都由县政府督同区、村公所负责保护;经许可入林樵采时,不得私伐林木,否则责令赔偿或处罚;林地和禁山未经开放,禁止放牧;山间树根不准掘采,以保持水土,违者据情节予以适当处罚,罚金作育苗、造林费用或林业奖金;居民发现毁林时,应速报当地政府或林木所有人,对报告人酌情给予奖励等。同年10月,晋察冀边区公布《禁山造林办法》,规定:坡度50度以上的山坡,逐年划为"禁山";不论公有、私有禁山,只准造林不得垦荒,只准割草不准放牧,只准修枝不准砍树,违者予以刑事或经济处罚;砍伐禁山中的成材树木,需经所属的区、村公所许可等。上述政策调动了边区群众植树造林的积极性,促进了晋察冀边区林业的发展。到1939年末,北岳区20县共植树465万株,成活率达70%。1940年,在阜平、行唐、平山等30县,共植树

1 386 万株，成活率在 75% 以上。第五专区各县，共植树 467 万株，每人平均植树 5 株以上。在冀中各县，1940 年共植树 740 余万株。

1941 年，晋冀鲁豫边区政府设农林局，所辖各行政公署和专员公署也都设有农林局。1941 年 10 月，晋冀鲁豫边区政府公布《林木保护办法》。规定：边区军民都有保护林木的义务；公有林非经主管机关批准，任何机关、团体不得采伐；现有村林和禁山，得经逐年增植扩大；公有林、禁山、村林等区域内，只准造林，不准开荒；必须砍伐禁山、村林时，须经政府机关批准，经批准砍伐树木都须给价，如未经批准砍伐林木，按窃取林木加倍处罚；边区人民可以请领公有荒地植树造林等。山东抗日根据地的林业有很大发展，到 1946 年 6 月，共有园圃 97 处，植树 1 700 余万株。山东抗日根据地的 5 个大区到 1946 年上半年，共设林场 41 处，面积 315 934 亩，成林树木 220 多万株。各县共植树 1 754 余万株。

解放战争时期，1946 年，晋察冀边区政府设农林科。1948 年，北岳行政公署设农林厅，并设北岳区林牧场。同年，晋察冀和晋冀鲁豫两个边区政府合并，成立华北人民政府。华北人民政府设农林部，部设林牧处和直属的冀西沙荒造林局。华北人民政府成立后，采取了诸多措施对山林加以保护并大规模植树造林，在各大林区及其他适宜的山地播种造林 2 000 亩，在平原沙荒地区造林 300 万株，在各大河流的沿岸植树 200 万株，在有植树条件的地区组织群众植树 500 万株。针对以前植树造林中存在的只注重"植"而不注重"活"的问题，华北农林会议强调要"加强技术指导与组织管理，保证成活率在百分之七十以上"。

在山东解放区，根据牛建立发表的文章《二十世纪三四十年代中共在华北地区的林业建设》统计，1945 年，鲁中植普通树 2 152 979 株、果树 70 761 株，造公有林 11 亩、私有林 1 210 亩；鲁南植普通树

412 328 株；滨海植普通树 2 159 000 株；胶东植普通树 659 439 株。共计植普通树 5 383 746 株、果树 70 761 株、公有林 11 亩、私有林 1 210 亩。到 1948 年，山东全省有昆嵛、方山、巨隅等较大林场 9 处，苗圃 64 处。昆嵛林场推动附近 9 个村的群众造林，并帮助组织了 4 个村造林合作社，造林 464 亩；方山林场亦推动群众造林，并发给群众树苗 40 000 株。

解放战争时期，各解放区都制定了一些发展林业的政策法规。1946 年 3 月，晋察冀边区政府公布《森林保护条例》。这个条例是晋察冀边区在 1939 年 9 月公布的《保护公私有林木办法》基础上修订而成，内容更加完善，除规定了划定禁山禁地、封禁期限、处罚、举报奖励等事项外，还有关于划分林权的规定。同时还公布了《奖励植树造林办法》。

1948 年 3 月，晋冀鲁豫边区政府公布《林木保护培植办法》，规定了对不同所有权和类型的林地的管理措施，严格管理采伐行为，提倡造林，严格赏罚。

1948 年 11 月，山东省人民政府公布《山东省保护及奖励培植林木暂行办法》。该暂行办法规定保护公、私有林，划定牧场以便于群众放牧，并用免征公粮的方式鼓励造林。1949 年 4 月，晋西北行政公署发布《保护与发展林木林业暂行条例（草案）》，分为总则、林权与管理、保护、砍伐办法、奖励与罚则、附则共 6 章 26 条，详细规定了军民保护和发展公私有林木的一系列措施。同年 4 月，热河省人民政府公布《热河省造林护林暂行办法》。1949 年，东北行政委员会公布《东北解放区森林保护暂行条例》《东北解放区森林管理暂行条例》和《东北国有林暂行伐木条例》，这三个条例的实施促进了东北解放区林业工作健康发展。此外，东北其他地方政府也制定了一些详细的森林保护办法和管理条例，如《辽宁省森林管理暂行办法》《松江省防火护林办法》等

（熊大桐，1989）。

察哈尔省人民政府在1949年公布"谁种谁有"的政策，制定了护林办法，群众心里踏实，种树后也不致被毁坏或偷盗，植树造林积极性高涨。根据牛建立《二十世纪三四十年代中共在华北地区的林业建设》统计，万全县红桥堡村的共产党员带动全村330名农民植树10 200株；怀来县官庄子村的新民主主义青年团团员带动全村青年农民301人植树5 157株；万全县义兴堡村的95名妇女在妇女主任带动下植树4 160株，260名青年男子植树48 229株，61名儿童植树650株。

根据地政府所制定的林业政策法规，为森林保护和林业发展发挥了积极作用，支援了革命战争，同时为新中国成立后的林业建设积累了经验。

综合本章，清朝后期的林业经济政策，其实质是一种半封建半殖民地社会的林业政策（樊宝敏，2002）。由于失去了国家主权的独立地位，局部地区（东北）森林的封禁已不能推行；森林资源遭受帝国主义的大肆掠夺；与帝国主义国家签订不平等的采木合同；林产品关税、对外贸易主要掌握在外国人手中；国内在经济、生态需求的压力下，清政府被迫采取一些发展林业的政策，林业所有制较清朝前期有重大变化，政府大量征收林产品赋税，供反动统治阶级消费。同时，政府原先制定的法律制度已难以全面实行。帝国主义强迫清政府与之签订许多不平等条约，其中有不少与林业有关；为了解决财政不足问题，清政府制定有关章程对东北林区实行开禁；在清末新政期间，制定林业教育、奖励造林的章程等。

北洋政府时期的林政在晚清基础上得到进一步发展。在林业经济政策方面，森林所有制分为国有、公有和私有三种。北洋政府虽然形式上采取鼓励造林的政策，但实际上所投入的林业经费却相当有限，林业捐税十分繁重。期间，北洋政府制定了我国历史上第一部《森林法》，揭开了依法治林的序幕。国民政府时期，森林在形式上分国有、公有和私有三种，林业经费较北洋政府时期有所增加，但林业捐税有增无减。在林业法规方面，重新修正《森林法》《狩猎法》，在植树造林、经营管理等方面也制定了一些规则章程。但由于形势、社会制度等原因，实际执行情况难达预期。共产党领导的革命根据地政府改革森林所有权，变地主阶级所有制为劳动群众所有制；林产品税收政策实事求是，税率比较合理；制定《土地法》《植树运动的决议》《森林保护办法》《植树造林办法》《砍伐树木规则》等林业政策法规；设农场，实验林场，苗圃，加强森林保护和植树造林。

本章推荐读物

[1] 戴凡. 新中国林业政策发展历程分析 [D]. 北京林业大学，2010.

[2] 樊宝敏. 中国清代以来林政史研究 [D]. 北京林业大学，2002.

[3] 樊宝敏. 中国林业思想与政策史（1644—2008）[M]. 北京：科学出版社，2009.

[4] 陈嵘. 中国森林史料 [M]. 北京：中国林业出版社，1983.

[5] 柯水发，姜雪梅，田明华. 林业政策学 [M]. 北京：中国农业出版社，2014.

[6] 冯尕才. 民国时期西北地区森林变迁及林业建设研究 [D]. 北京林业大学，2012.

[7] 张文涛. 民国时期西南地区林业发展研究 [D]. 北京林业大学，2011.

本章思考与讨论

1. 近代不同时期的林业经济政策有哪些特点？

2. 近代林业经济政策演进有哪些规律？

3. 近代林业经济政策产生了哪些影响？

4. 近代林业经济政策有哪些局限性？

5. 近代林业经济政策体系的形成主要受国内外哪些因素的影响？

第四章

现代林业经济政策史[*]

与近代林业经济政策相比，现代林业经济政策体系更加系统和复杂。特别是党的十一届三中全会（1978 年 12 月 18 ~ 22 日召开）以来，党和国家对林业立法十分重视，颁布过许多林业及其相关的法律和规章，已初步形成了我国林业法律法规体系的基本框架，极大地促进了林业的发展，使我国林业建设逐步走上"依法治林"的轨道（樊宝敏，2009）。当然，林业经济政策不仅体现为一系列法律法规，也体现为国家和部门领导人的一些指示、批示和论述，还体现为国家或部门的相关发展战略、规划方案和指导意见等。总体而言，现代林业经济政策经历了"以木材生产"为核心，到"以生态和产业两大体系建设"为核心和以"生态建设"为核心的历史演变。就经济政策性质而言，新中国的林业经济政策在党的十一届三中全会以前，主要是计划经济政策；党的十一届三中全会后，则开始转向社会主义市场经济政策，并逐渐形成中国特色社会主义市场经济政策体系。本章较为系统地梳理了林业经济政策的演进历史，并就森林法、森林培育与保护政策、集体林改政策、林产品市场政策和林业产业发展政策等的演进进行了简要梳理。

---

* 本章参加编著人员：柯水发、崔海兴、袁雪婷、叶冠宏、谢艳琦、袁婉潼、赵海兰。

第一节　新中国不同历史阶段的林业经济政策

一、恢复发展时期（1949～1957年）林业经济政策

新中国成立之初，百废待兴，恢复生产、发展经济成为国家当时的首要任务。国民经济的恢复和建设需要大量木材，而国家资源有限、木材生产能力有限，供需矛盾十分突出。林业行政管理基础薄弱，森林仍处于无序利用阶段，森林还在继续减少。为此，国家采取一系列方针、政策和措施，保护和发展森林资源，奠定了中国林业建设的基础。1949～1956年重要涉林规范性文件文本如表4-1所示。

表4-1　　　　　　　　中国林业政策法律法规重要文件

发布年份	发布部门	文件名称
1949	中国人民政治协商会议	《中国人民政治协商会议共同纲领》
1950	中央人民政府政务院	《关于全国林业工作的指示》
1950	中央人民政府	《中华人民共和国土地改革法》
1951	政务院	《关于一九五一年农林生产的决定》 《关于适当处理林权，明确管理保护责任的指示》 《关于节约木材的指示》
1952	政务院	《政务院关于严防森林火灾的指示》
1953	政务院	《政务院关于发动群众开展造林、育林、护林工作的指示》
1954	政务院	《关于进一步加强木材市场管理工作的指示》
1956	中共中央、国务院	《关于加强护林防火工作的紧急指示》

发布年份	发布部门	文件名称
1956	国务院	《关于新辟和移植桑园、茶园、果园和其他经济林木减免农业税的规定》

资料来源：中国林业网、中国政府网、国家发展和改革委员会、财政部以及与林业相关的政府网站、万方数据库中的"法律"数据库和北大法宝数据库。

1950年2月，新中国成立刚刚4个月，第一次全国林业业务会议就在北京隆重召开。会议确定了"普遍护林，重点造林，合理采伐和合理利用"的林业建设总方针，为这一时期的林业建设指明了方向。林业建设总方针充分表明，新中国成立初期，林业政策制定者对中国林情有着充分认识，政策指导思想上还是以合理采伐、护林造林为主导。

1950年，政务院发布了《关于全国林业工作的指示》，就中国林业当前的方针和任务指出："我国现存的森林面积约占领土百分之五，木材产量不足，对天然灾害之袭击无法保障。而大部分地区对森林的破坏和滥伐行动，迄未停止。我们当前林业工作的方针，应以普遍护林为主，严格禁止一切破坏森林的行为。在风沙水旱灾害严重的地区，只要有群众基础，并具备种苗条件，应选择重点，发动群众，斟酌土壤气候各种情形，有计划地进行造林，并大量采种育苗以备来年造林之用。同时，为着发展交通，需要枕木电杆，为着恢复建设，需用大批木材，应制订各森林区的合理的采伐计划，并推节约木材的社会运动。为便于编制造林及采伐计划，应对宜林荒山荒地及交通条件较好的天然林进行重点调查，并须及时培养干部，开办短期训练班，解决技术人员缺乏的困难。这都是目前林业工作的方针和任务。"因此，林业建设的任务从普遍造林向有计划、重点造林转变。

新中国成立初期，我国不仅在政治上学习苏联"一边倒"，而且在林业上也深受苏联的政策影响。当时，苏联在林业上注重木材利用，与新中国成立初期我国需要大量的木材的国情相符。所以，这个时期的营林政策以苏联的营林政策为蓝本，在计划经济体制下，每年下达的林业目标和指标主要是每年要交给国家多少立方米木材，全面推行林业皆伐。以木材生产为目标的林业政策对当时的林业建设和林业发展起了重要的指导作用，因而，尽管新中国制定了"普遍护林"的林业建设总方针，在国家建设需要大量木材的情况下加之苏联林业政策的影响，木材生产成为政策执行的主要动力。

1953 年，国家制订国民经济发展第一个五年计划（1953～1957年），林业开始走合作化的道路。这个阶段，农户将原来分给自己的山林折价入社，山林仍归个人所有，实行合作社集体合作经营（中国林业经济学会、国家林业和草原局管理干部学院，2019）。

林业管理实行计划经济体制。1954 年撤销大行政区，东北、内蒙古、西南、西北等国有林区和南方集体林区的森林工业局、木材加工厂、林产化工厂和木材公司，分别由林业部和各省（自治区）林业厅（局）领导。加强了中央的集中统一领导，主要权力集中在中央林业部，逐渐形成一套苏联型中央集权的经济管理体制，实行以中央部门为主的垂直管理。林业及基本建设计划，基本上采取指令形式自上而下地下达。林业基本建设项目由国家统一安排，林业生产所需的投资和生产技术装备、器材由国家统一分配，林业企业和各地的生产任务由国家统一下达，木材和主要林产品由国家统一调拨，下达指令计划指标；林业财务方面，包括资金和利润，则由国家实行统收统支。"一五"期间，国家把林业工作方针调整为"普遍护林护山，大力造林育林，合理采伐利用木材"。这一时期，党和政府采取一系列有利于林业发展的政策，变革生产关系，社会生产力得到极大解放，农民植树造林的积极性高涨。但是，从营林、采伐方式直至林业行政管理，一度生硬地照搬苏联模式。全面推行皆伐，人工更新跟不上；高度集中的木材生产和统购统销政策在发挥积极性的同时，在一定程度上抑制了市场经济萌生和木材价格的合理构成；投入短缺，致使林区和企业的基础设施建设"先天不足"（中国林业经济学会、国家林业和草原局管理干部学院，2019）。

林业经济上实行"以木材生产为主"。1956 年 1 月 31 日，林业部公布《国有林主伐试行规程》，其目的是"为贯彻国有林合理采伐，满足国民经济建设木材的需要，保证森林更新，扩大森林再生产，并保持森林的防护作用"（中国林业经济学会、国家林业和草原局管理干部学院，2019）。

二、动荡发展时期（1957～1978 年）林业经济政策

这是一个波澜起伏的历史时期，中国先后经历了"大跃进"、三年严重困难、国民经济调整和"文化大革命"，林业工作受到严重冲击，机构一度陷入瘫痪状态，制度被废弃，生产被停顿，森林资源遭到比"大跃进""人民公社化"时期程度更重、持续时间更长的大破坏。但是，林业建设方针政策的及时调整，对促进一些地区的林业建设起到了积极的作用。1957～1977 年重要涉林规范性文件文本如表 4 - 2 所示。

表 4 - 2　　　　　中国林业政策法律法规重要文件

发布年份	发布部门	文件名称
1957	国务院	《中华人民共和国水土保持暂行纲要》
1958	中共中央、国务院	《关于在全国大规模造林的指示》
1960	全国人民代表大会	《全国农业发展纲要》
1961	中共中央	《关于确定林权、保护山森和发展林业的若干政策规定》（试行草案）
1963	国务院	《森林保护条例》
1967	中共中央、国务院	《关于对林业部实行军事管制的决定（试行草案）》

续表

发布年份	发布部门	文件名称
1971	国务院	《全国林业发展规划（草案）》
1973	农林部	《森林采伐更新规程》

资料来源：中国林业网、中国政府网、国家发展和改革委员会、财政部以及与林业相关的政府网站、万方数据库中的"法律"数据库和北大法宝数据库。

　　从新中国成立到 1980 年，我国对森林工业总投资额达 259 亿元，而对营林业总投资仅 36.3 亿元，森工投资是营林投资的 7.13 倍。全国活立木蓄积量已经从 1949 年的 116 亿立方米下降到 1962 年的 110 亿立方米，1949~1977 年，全国林业累计生产商品木材 10 亿立方米，为社会主义建设作出了重要贡献。因此，我们可以将 1949 年概括为新中国"木材生产为中心"的林业发展的初始阶段，围绕这一价值取向，中国林业政策进行了一系列渐进式的调整（戴凡，2010）。

　　林业政策处在一个以木材开发、利用为主要政策内容的发展阶段，这一时期的主要政策代表 1958 年中共中央、政务院共同发布的《关于在全国大规模造林的指示》和 1971 年全国林业会议通过的《全国林业发展规划（草案）》。

　　"大跃进"和"人民公社化"对森林资源造成严重破坏后，党和国家领导人十分重视，刘少奇、周恩来等中央领导对林业建设提出了许多方向性的指示（中国林业经济学会、国家林业和草原局管理干部学院，2019）。

　　1961 年 6 月，中共中央及时发布《关于确定林权、保护山林和发展林业的若干政策规定（试行草案）》（以下简称《林业十八条》），核心是确定和保证山林的所有权。社员在村前村后、房前屋后、路旁水旁、自留地上和坟地上种植树木，都归社员个人所有，造林坚持"谁种谁有"的原则。《林业十八条》规定：天然的森林资源，和在人民公社化以前已经划归国有的山林，仍然归国家所有；人民公社化以来和今后新造的各种林木，都必须坚持"谁种谁有"原则，国造国有，社造社有，队造队有，社员个人种植的零星树木，归社员个人所有；山林归谁所有，林木的产品和收入就归谁支配，任何单位和个人都不得侵犯。该政策还规定，采伐木材的时候，无论是国有森林和集体所有的森林，也无论是国家采伐还是社队自己采伐，都必须按照林木生长的规律，在不破坏水土保持，不影响森林更新的条件下进行；造林是百年大计，是根治水旱灾害，保障农业生产的根本措施，也是满足经济建设和人民生活对于木材需要的根本措施。该项政策的核心在于确定林权属和保护森林，对当时的林业建设产生了积极的指导作用。

1961 年夏，刘少奇到东北、内蒙古国有林区进行视察调研，下决心解决拖延 10 余年没有解决的育林费问题。刘少奇在调研中当场表示：这个问题"由中央决定，解决育林费。林业建设周期长，林业建设要有共产主义思想。我们建设林业不仅是为了当前，而更重要的是为了将来，为了子孙后代。"根据刘少奇指示，1961 年 12 月 25 日，林业部、财政部发布《关于在国有林区建立"育林基金"的联合通知》，规定将更新费改为育林基金制，由每立方米原木销售成本中提取 10 元育林费作为育林基金，只供森林更新、造林、育林经营之用，并实行专款专用。1962 年 3 月 28 日，林业部财政部颁发《国有林区育林基金使用管理暂行办法》。育林基金实行林业部和省、自治区、直辖市分级管理，在规定的使用范围内，林业部可以在省、自治区、直辖市间进行调剂。南方集体林区也于 1964 年实行该制度。对重要经济林产品的收购如桐籽、茶籽、松脂、毛竹等，自 1961 年起采取奖励粮食的办法，有力地促进了经济林的发展。

这一时期确立了以营林为基础的林业建设方针。1962 年 11 月 2 日，周恩来提出林业建设方针，指示"林业的经营一定要越伐越多，越多越伐，青山常在，永续作业"。1964 年，国家提出"以营林为基础，采育结合，造管并举，综合利用，多种经营"的林业建设指导思想。1963 年 5 月，国务院发布《森林保护条例》。为了加快已开发林区的营林生产，1963 年根据刘少奇的指示，国有林区开始试办"营林村"，为国有林区发展营林业探索路子。1965 年 7 月 15 日，林业部作出《关于在国有林区建立营林村的决定》，颁发《关于国有林区建立营林村若干问题的暂行规定》和《关于营林村建村经费开支标准的具体规定》（中国林业经济学会、国家林业和草原局管理干部学院，2019）。

1966 年"文化大革命"开始至 1978 年党的十一届三中全会召开前，我国的林业事业受到严重影响，但也仍在困难中前行。"文化大革命"期间，森林划给当地社队进行管理。根据 1979 年的森林更新普查的统计数据，在全国有林区的 122 个林业局中，有 55 个林业局更新跟不上采伐，更新欠账 86 万公顷，在集体林区的 356 个林业采育场中，更新跟不上采伐的有 111 个，更新欠账 7 万公顷，而且人工更新普遍存活率低，森林资源遭受巨大损失（戴凡，2010）。在 1971～1973 年和 1975 年邓小平主持国务院工作期间，进行了两次整顿和调整，一批老干部和管理、技术人员陆续恢复工作，用材林基地建设得到恢复，给林业建设带来了转机。1971 年 9 月，全国林业会议通过了《全国林业发展规划（草案）》，提出"南方 9 省、自治区……自然条件好，林木生长快，是扩大我国森林资源的重要战略基地，要充分利用有利条件，大造速生丰产林，加强用材林基地建设"（中国林业经济学会、国家林业和草原局管理干部学院，2019）。

在"大跃进"和"文化大革命"时期，中国林业在曲折中向前发展。在这一波折时期，林业政策既出现了重大失误，造成了对森林资源的破坏，又存在政策调整和政策终结，使林业建设在一定程度上获得了发展。

由于后期的政策及时调整，这一时期我国国营林场有较大发展，社队林场普遍兴起，林区开发建设步伐加快，木材综合利用能力增强。

三、计划经济体制向社会主义市场经济体制转轨时期 (1978~1992年) 林业经济政策

这一时期是林业快速发展时期，重视森林培育政策，林业的多功能开始逐渐被认识和重视，更多的政策开始寻求林业经济效益与生态效益的平衡。1978年，国家林业总局成立之后，尤其是1979年《中华人民共和国森林法》的出台和1980年中共中央、国务院《关于大力开展植树造林的指示》的发布，林业政策向重视森林培育的转变越来越明显。

改革开放后，中国的政治、经济格局发生了较大的变化，林业的发展也进入了一个快速、高效、市场化的阶段。1978年，国家林业总局正式成立，随后，《中华人民共和国森林法》《中华人民共和国野生动物保护法》和一系列林业法规的颁布和实施，标志着中国林业政策的发展进入了一个新的法治化、规范化的阶段。以《关于大力开展植树造林的指示》和《关于保护森林、发展林业若干问题的决定》的发布为标志，我国林业政策从"木材生产为中心"的政策理念朝着"林业经济效益与生态效益并重"的政策理念演变，林业重点工程开始大面积实施。

这一时期，从以原木生产为中心转移到以造林、护林为中心。在这个时期，人们已开始认识到森林是维护生态平衡的重要支柱，认识到森林的多种效应，特别是在国土保安、保持水土、富国裕民方面的作用（朱济凡等，1983）。从单纯强调林业的经济效益到重视林业的综合效益，是林业工作者战略思想的巨大飞跃（秦凤翥，1987）。1978年党的

十一届三中全会以来，党中央和国务院作出了一系列重要指示和决定，要求在保护和发展森林的基础上，逐步扩大森林资源的利用，增加木材产量和各种林产品产量，实现青山常在和永续利用，从而使林业走上健康发展的轨道（中国社会科学院农业经济研究所林业发展战略课题组，1983）。1980 年 3 月，中共中央、国务院发布《关于大力开展植树造林的指示》和《关于保护森林发展林业若干问题的决定》，明确规定保护森林、发展林业的方针政策，提出林业调整和林业发展的战略任务。1981 年 10 月，雍文涛同志在《林业的形势和我们的任务》报告中指出："今后总的任务是，切实保护好、经营好现有森林；大力造林育林，扩大森林资源；合理利用森林资源，充分发挥森林的多种功能、多种效益，以逐步满足国家建设和人民生活各方面的需要。""我们的奋斗目标是经过全国各族人民的长期奋斗，把我国森林覆盖率提高到 30%。到 21 世纪末，把森林覆盖率提高 20%。"这个总任务和奋斗目标就是 19 世纪 80 年代我国林业发展的新战略，它标志着我国林业建设工作的重点，逐步从以原木生产为中心，木材生产压倒一切，转移到以营林为基础，以造林、护林、绿化祖国为中心任务的轨道上，解决了我国林业发展的战略指导思想问题（朱济凡，1982）。这个时期的战略目标包括：到 2000 年，森林覆盖率达到 20.2%，森林面积达到 29.14 亿亩，森林蓄积量达到 120 亿立方米等。战略措施包括：保护和经营好现有森林；发挥多种经济积极性，加速林业发展；大力开展植树造林，迅速扩大森林资源；走多种经营、以短养长的道路发展林业；实行特殊政策，扶持林业发展（王本洋等，2014）。

中共中央、国务院制定、公布了一系列林业规章和重大决策，促进和保障林业快速健康发展。主要有：大力推行植树造林，加快造林绿化步伐；林业"三定"与森林资源管理；施行森林限额采伐政策；实行承包经营责任制，推进森工企业改革（中国林业经济学会、国家林业和草原局管理干部学院，2019）。具体法律法规条目如表4-3所示。

表4-3 中国林业政策法律法规重要文件

发布年份	发布部门	文件名称
1978	中共中央	《农村人民公社工作条例（试行草案）》
1979	国务院	《关于保护森林，制止乱砍滥伐的布告》
1979	全国人大常委会	《中华人民共和国环境保护法》
1979	全国人大常委会	《中华人民共和国森林法》
1979	全国人大常委会	《关于植树节的决议》
1979	中共中央	《关于加快农业发展若干问题的决定》
1980	中共中央、国务院	《关于大力开展植树造林的指示》
1980	国务院	《关于坚决制止乱砍滥伐森林的紧急通知》
1981	中共中央、国务院	《关于保护森林发展林业若干问题的决定》
1981	全国人民代表大会	《关于开展全民义务植树运动的决议》
1982	中共中央	《全国农村工作会议纪要》
1982	国务院	《关于开展全民义务植树运动的实施办法》
1982	中共中央、国务院	《关于制止乱砍滥伐森林的紧急指示》
1983	中共中央	《当前农村经济政策的若干问题》
1984	中共中央、国务院	《关于深入扎实地开展绿化祖国运动的指示》
1984	全国人大常委会	《中华人民共和国森林法》
1985	中共中央、国务院	《关于进一步活跃农村经济的十项政策》
1985	林业部	《森林和野生动物类型自然保护区管理办法》
1986	林业部	《中华人民共和国森林法实施细则》
1986	中央绿化委员会	《中央绿化委员会关于进一步推动绿化工作的建议》
1987	中共中央、国务院	《关于加强南方集体林区森林资源管理坚决制止乱砍滥伐的指示》
1987	林业部	《森林采伐更新管理办法》
1988	国务院	《森林防火条例》
1988	林业部	《封山育林管理暂行办法》
1989	国务院	《森林病虫害防治条例》

续表

发布年份	发布部门	文件名称
1989	全国人大常委会	《中华人民共和国环境保护法》
1991	全国人大常委会	《中华人民共和国水土保持法》
1991	中共中央	《关于进一步加强农业和农村工作的决定》

　　资料来源：中国林业网、中国政府网、国家发展和改革委员会、财政部以及与林业相关的政府网站、万方数据库中的"法律"数据库和北大法宝数据库。

　　党的十一届三中全会以后，在农村经济体制改革的浪潮下，我国林业经济体制改革也迅速展开，在所有制形式上，实行了以公有制林业为主体的多种经济形式并存的格局；在经营方式上，改变了国营林业的集体劳动、等级工资制和集体林业的评工记分的经营模式和分配方式，实行了以家庭承包、联合经营等形式为主的多种经营方式。在这个大背景下，林业经济学家积极探索国营林场管理体制改革、试办集体林业企业、生产经济责任制、森林保险等改革发展问题，取得一批重要成果（中国林业经济学会、国家林业和草原局管理干部学院，2019）。

　　党的十一届三中全会之后，我国开展了以"稳定山权林权，划定自留山和落实林业生产责任制"为主要内容的林业"三定"工作，到1983年，全国的65%的县市和79%的生产队完成了林业"三定"工作。

　　1981年3月，中共中央、国务院发布了《关于保护森林发展林业若干问题的决定》，推行以"稳定山权林权，划定自留山，确定林业生产责任制"为主要内容的林业"三定"工作，放宽农村经济政策，改变了过去山林权属不稳定、界限不清、责任不明的状况，调动了农民经营山林的积极性。

　　1985年1月，中共中央、国务院发布《关于进一步活跃农村经济的十项改革》，决定取消集体林区木材统购统销，放开木材市场。但由于相关的林政管理工作跟不上，我国南方一度出现了乱砍滥伐森林的局面。以福建省当时的林权改革为例，大部分林农分到了自留山，还有部分林农承包了部分山林。但是农民得到林地后，由于担心政策不稳定，不少地方出现了乱砍滥伐的现象。很快，分林到户政策被终止或者有的地方分给农户的山地又收归集体，或者实行了两山并一山，农民又失去了刚刚到手的林权。

1987年6月，中共中央、国务院发布《关于加强南方集体林区森林资源管理坚决制止乱砍滥伐的指示》，并对政策出台的原因做了这样的规定："党的十一届三中全会以来，我国南方集体林区进行了一些改革，林区经济进一步活跃，林农生活有所改善。但是，长期存在的林木超量采伐仍难以控制，森林资源持续下降。近一两年来，超量采伐普遍存在，乱砍滥伐屡禁不止，愈演愈烈，一些国营林场和自然保护区的林木，也遭到盗伐哄抢。造成这种状况的直接原因，主要是林业改革中某些具体政策失调和存在漏洞，林政和资源管理不严，对犯罪分子打击不力。为了坚决刹住这股歪风，进一步从政策和制度上堵塞漏洞，严格和加强森林资源管理。"由此可见，该政策是对之前南方集体林区林权改革政策失误所进行的调整。该政策进一步明确规定"严格执行年森林采伐限额制度，要完善林业生产责任制，整顿木材流通渠道，合理调整林业税收负担"。该政策在强化执行森林采伐限额制度，保护和发展森林资源等方面发挥了重要作用（戴凡，2010）。

1985年以前，我国实行木材生产计划管理，以木材生产为林业首要任务。由于多年的过度开发，到20世纪80年代末期，全国森林覆盖率由12.7%下降到12%。东北、内蒙古等国有林区陷入了"两危"资源危机、经济危机局面。随着社会主义市场经济体制的确立、经济社会发展和人们需求的转变，特别是集体林权制度改革的不断深入，一方面，广大森林经营者对"落实处置权和保障收益权"的呼声越来越高；另一方面，计划经济时期形成的森林采伐管理制度在一些方面已经越来越不能适应森林可持续经营和林业科学发展的需求，严重影响了林业经营者的积极性，制约了林业生产力的发展，森林采伐管理制度的改革迫在眉睫。

1979 年正式颁布（1984 年施行）的《中华人民共和国森林法》，确立了森林限额采伐制度。该法第二十九条明确规定"国家根据用材林的消耗量低于生长量的原则，严格控制森林年采伐量。国家所有的森林和林木以国有林业企业事业单位、农场、厂矿为单位，集体所有的森林和林木、个人所有的林木以县为单位，制定年采伐限额，由省、自治区、直辖市林业主管部门汇总，经同级人民政府审核后，报国务院批准"。

四、全面建立市场经济体制时期（1992～2003 年）林业经济政策

20 世纪 80 年代末 90 年代初，党和国家的发展处于又一个紧要关头。随着苏联的解体、东欧国家的剧变，国际社会主义运动出现低潮，长期以来的东西方两极冷战结束了。世界的这种大变动、大改组，对中国有着巨大的影响。

在此关键时刻，1992 年 1 月 18 日至 2 月 21 日，邓小平先后视察武昌、深圳、珠海、上海等地。视察途中，他多次发表谈话强调，党的基本路线要管一百年，动摇不得。改革开放胆子要大一些，敢于试验。判断的标准，应该主要看是否有利于发展社会主义社会的生产力，是否有利于增强社会主义国家的综合国力，是否有利于提高人民的生活水平。

1992 年 10 月 12～18 日，中国共产党召开第十四次全国代表大会。大会正式代表 1 989 人，代表全国 5 100 多万名党员。江泽民作题为《加快改革开放和现代化建设步伐，夺取中国特色社会主义事业的更大胜利》的报告。大会明确我国经济体制改革的目标是建立社会主义市场

经济体制。大会要求，围绕社会主义市场经济体制的建立，要抓紧制定总体规划，有计划、有步骤地进行相应的体制改革和政策调整。这是改革开放以来 14 年实践发展和认识深化的必然结果，也是我国进一步改革和发展的客观需要，这一重大突破具有深远的意义。

1993 年 11 月，党的十四届三中全会通过《关于建立社会主义市场经济体制若干问题的决定》，使党的十四大提出的经济体制改革目标和基本原则具体化。决定指出：社会主义市场经济是同社会主义基本制度结合在一起的，建立社会主义市场经济体制，就是要使市场在国家宏观调控下对资源配置起基础性作用。为实现这个目标，必须坚持以公有制为主体、多种经济成分共同发展的方针，进一步转换国有企业经营机制，建立适应市场经济要求，产权清晰、权责明确、政企分开、管理科学的现代企业制度。这个决定勾画了社会主义市场经济体制的基本框架，规定了国有企业改革的基本方向，是 20 世纪 90 年代进行经济体制改革的行动纲领。

按照建立社会主义市场经济体制的要求，从 1994 年起，国有企业改革从以往的放权让利、政策调整进入转换机制、制度创新阶段。

1995 年 9 月，党的十四届五中全会通过《关于制定国民经济和社会发展第九个五年计划和 2010 年远景目标的建议》，并提出要实现从传统的计划经济体制向社会主义市场经济体制、从粗放型增长方式向集约型增长方式的两个根本转变。

中国是世界林业大国，在全球林业可持续发展中占有重要地位。中国林业肩负着保护和培育森林、改善和治理土地荒漠化、保护和恢复湿地、保护野生动植物和维护生物多样性的重要职责。1992 年以来，中国林业快速发展，不仅有效解决了自身面临的可持续发展问题，也为国家经济社会的可持续发展提供了重要的生态支撑和物质基础。

一是全面加强林业生态建设，为推进可持续发展提供了良好的生态保障。1992 年以来，特别是 21 世纪以来，中国政府加大了对林业的财政支持力度，累计投入近万亿元人民币，启动实施了天然林保护、退耕还林、京津风沙源治理等一系列国家重点生态建设工程，坚持开展全民义务植树运动，强化森林资源管理和生物多样性保护，取得了举世瞩目的成就。

二是中国林业产业呈现强劲发展势头，松香、人造板、木质竹藤家具、木地板产量已跃居世界第一；森林生态旅游、木本粮油等产业快速发展。根据中国政府网公布的数据信息，1993～2011 年，中国林业产业总产值共计 15.3 万亿元人民币，林业年总产值从 1993 年的 994 亿元增加到 2011 年的 2.83 万亿元，年均增速超过 20%；同期，林产品进出口贸易额由 75 亿美元增加到 1 160 亿美元，成为世界林产品生产、加工和贸易大国。林业产业每年创造 4 500 多万就业岗位，占农村剩余劳动力的 37.5%。林业产业的发展有力地促进了区域发展和农民脱贫致富。

1995 年，《中国 21 世纪议程·林业行动计划》提出了中国林业发展的总体战略目标和对策，即既要满足当代人的需求，又不对后代人的需求构成危害，并不断地满足国民经济发展和人民生活水平提高对其物质产品和生态服务功能日益增长的需要，真正实现林业生态效益、经济效益和社会效益相统一。1995 年 12 月，徐有芳部长提出了新的林业发展战略，即"以实施分类经营改革为重点，全面实施《林业经济体制改革总体纲要》，建立新的林业经营管理体制和发展模式"。

1995 年，为了贯彻落实《中共中央关于建立社会主义市场经济体制若干问题的决定》，加快林业改革伐，转变林业经济体制，转变林业经济增长方式，发展林业生产力，为国民经济持续、快速、健康发展，逐步建立比较完备的林业生态体系和比较发达的林业产业体系创造有利条件，国务院出台了《林业经济体制改革总体纲要》（以下简称《纲要》）。《纲要》首先分析了林业经济体制改革面临的形势和任务："党的十一届三中全会以来，在邓小平同志建设有中国特色的社会主义理论的指导下，我国林业改革和建设取得许多突破，全社会办林业，全民搞绿化，普遍实行领导干部造林绿化任期目标责任制。林业肩负着优化环境和促进发展的双重使命，是一项兼有生态、经济和社会三大效益，融第一、第二、第三产业于一体的基础产业和社会公益事业，是国民经济中的一个特殊行业，是林业改革和发展的关键时期。"《纲要》提出，到世纪末，我国林业改革的目标是初步建立起既适应社会主义市场经济又反映林业特点要求的林业经济体制。林业改革的主要任务是建立分类经营、科学管理的营业体制，调整林业产业结构，完善林业产业政策，建立森林资源林政管理和森林资产监管、运营并重的管理体制，推进森林资源资产化管理，建立现代林业企业制度，建立布局合理、规则健全、管理有序的林业市场体系，建立以林业基金为保证，经济、法律、行政手段相结合的林业宏观调控体系。这是我国首次明确提出建设林业两大体系的奋斗目标。

《纲要》还提出，通过建立科学的营林体制，调整林业产业结构，完善林业产业政策，建立健全森林资源和野生动植物资源保护管理基本制度，培育和发展木材及林产品市场，建立明晰的林业产权制度，建立现代林业企业制度，深化林业科技教育体制改革，扩大林业对外开放，健全林业法制，认真实施和完善国家保护和扶持林业的经济政策等途径，达到建设林业两大体系的奋斗目标。

这一时期，林业发展"九五"计划和 2010 年远景目标是：到 2000 年，为建立比较完备的林业生态体系和比较发达的林业产业体系奠定基础；到 2010 年，初步建立上述两大体系。实现这个目标的关键是实现中央提出的两个根本性转变。1997 年，党的十五大把科教兴国和可持续发展列为国家发展战略，强调指出要"植树造林，搞好水土保持，防止荒漠化，改善生态环境"（王本洋等，2014）。

这一时期，林业法治建设取得重要进展。1998 年 4 月 29 日，第九届全国人大常委会第二次会议审议通过《关于修改〈中华人民共和国森林法〉的决定》，并公布修改后的《中华人民共和国森林法》，自 1998 年 7 月 1 日起施行。新《森林法》共 7 章 49 条。2000 年 1 月 29 日，国务院批准发布实施《森林法实施条例》。1992～2002 年的具体法律法规条目如表 4-4 所示（潘丹，2019）。

表 4-4　　　　　　　　中国林业政策法律法规重要文件

发布年份	发布部门	文件名称
1993	全国人大常委会	《中华人民共和国农业法》
1993	中共中央、国务院	《关于当前农业和农村经济发展的若干政策措施》
1994	国务院办公厅	《关于加强森林资源保护管理工作的通知》
1994	国务院	《自然保护区条例》
1995	林业部	《中国 21 世纪议程林业行动计划》
1996	国务院	《中华人民共和国野生植物保护条例》
1998	全国人大常委会	《中华人民共和国森林法》（修订版）
1998	中共中央、国务院	《关于做好 1998 年农业和农村工作的意见》
1998	国务院	《全国生态环境建设规划》
1998	国务院	《关于保护森林资源制止毁林开垦和乱占林地的通知》
1998	中共中央	《关于农业和农村工作若干重大问题的决定》
1998	中共中央、国务院	《关于灾后重建、整治江湖、兴修水利的若干意见》
2000	国务院	《全国生态环境保护纲要》
2001	全国人大常委会	《中华人民共和国防沙治沙法》
2001	国务院	《全国生态环境保护纲要》
2002	国务院	《退耕还林条例》

资料来源：中国林业网、中国政府网、国家发展和改革委员会、财政部以及与林业相关的政府网站、万方数据库中的"法律"数据库和北大法宝数据库。

在 1999 年 1 月召开的全国林业厅局长会议上，国家林业局在总结我国林业建设发展 50 年正反两方面经验教训的基础上，提出在新形势下发展林业的新思路，即要遵循现代林业的思想，按照建立比较完备的林业生态体系和比较发达的林业产业体系的目标，大力推进和深化林业分类经营改革，以此为突破口，促进整个林业的改革和发展。2000 年，在全国 17 个省份的 193 县，全面启动退耕还林还草试点示范工程（中国林业经济学会、国家林业和草原局管理干部学院，2019）。

这一时期，林业政策方面的创新举措是实施林业分类经营政策。在森林资源和林政管理实施方案中规定"努力建立生态公益林体系，实现森林分类经营"，并将全县林区划为两类：生态公益林与商品用材林。划分两林、分类经营理论成为指导林业工作的核心理论，同时该理论也在实践中不断地得到验证和发展。林业工程建设的力度空前加强（中国林业经济学会、国家林业和草原局管理干部学院，2019）。

根据党的十四大精神和国务院的部署，林业工作总的指导思想是：全面贯彻落实党的十四大精神，遵循建设中国特色社会主义的理论和党的基本路线，按照逐步建立社会主义市场经济体制的要求，进一步解放思想，实事求是，真抓实干，讲求实效，加快林业改革开放步伐。在提高质量、优化结构、增进效益的基础上，总体推进，加快林业发展，建好绿色屏障，办好绿色产业，更多地增资源、增活力、增效益，更快地绿起来、活起来、富起来，全面完成 20 世纪 90 年代林业发展的奋斗目标，促进我国林业再上一个新台阶。

五、完善市场经济体制时期（2003～2012 年）林业经济政策

这一时期颁发了《关于加快林业发展的决定》《关于全面推进集体林权制度改革的意见》，召开了全国林业工作会议和首次中央林业工作会

议，确立了以生态建设为主的林业发展战略，作出了建设生态文明的战略决策，明确了新时期林业的"四个地位"和"四大使命"。国家主席胡锦涛在联合国气候变化峰会上提出了到 2020 年我国森林面积比 2005 年增加 4 000 万公顷、森林蓄积量增加 13 亿立方米的"双增"目标。国家将森林覆盖率、森林蓄积量作为约束性指标纳入了"十二五"发展规划。在 2011 年 9 月召开的亚太经合组织首届林业部长级会议上，胡锦涛提出了发展现代林业、加强区域合作、实现绿色增长的要求。这些重大决策和举措为我国林业改革发展指明了方向、增添了动力，推动现代林业建设取得了举世瞩目的伟大成就。全国林业总产值从 2002 年的 0.46 万亿元增加到 2011 年的 3.06 万亿元，我国已成为世界林产品生产和贸易大国。2003～2012 年的具体法律法规条目如表 4-5 所示。

表 4-5　　　　　　　　　　中国林业政策法律法规重要文件

发布年份	发布部门	文件名称
2003	中共中央、国务院	《关于加快林业发展的决定》
2003	中共中央、国务院	《关于促进农民增加收入若干政策的意见》
2004	中共中央、国务院	《关于进一步加强农村工作提高农业综合生产能力若干政策的意见》
2005	国务院	《全国湿地保护工程实施规划（2005～2010 年)》《国务院关于进一步加强防沙治沙工作的决定》
2005	中共中央、国务院	《关于推进社会主义新农村建设的若干意见》
2007	国务院	《关于完善退耕还林政策的通知》
2008	国务院	《森林防火条例》（2008 年修订）
2008	中共中央、国务院	《关于全面推进集体林权制度改革的意见》
2009	全国人大常委会	《中华人民共和国森林法》（2009 年修正）
2009	国务院办公厅	《国务院办公厅关于进一步推进三北防护林体系建设的意见》
2010	国务院	《全国林地保护利用规划纲要（2010～2020 年)》
2011	国务院	《中华人民共和国森林法实施条例》（2011 年修订）

发布年份	发布部门	文件名称
2011	国务院	《森林采伐更新管理办法》（2011 年修订）
2012	国务院办公厅	《国家森林火灾应急预案》
2012	国务院办公厅	《关于加快林下经济发展的意见》
2012	国务院办公厅	《国务院办公厅关于加强林木种苗工作的意见》

资料来源：中国林业网、中国政府网、国家发展和改革委员会、财政部以及与林业相关的政府网站、万方数据库中的"法律"数据库和北大法宝数据库。

2003 年，中央提出了实施以生态建设为主的林业发展战略，实现了林业工作由以木材生产为主向以生态建设为主的转变。2007 年，党的十七大正式提出了建设生态文明战略，并且明确了发展林业是建设生态文明的首要任务，林业成为建设生态文明的主体。这"两大战略"的实施，从根本上解决了我国林业的方向和道路问题，从此，林业迎来了新的春天，进入了发展的黄金期。体制机制不顺，是制约我国林业发展的重要因素。在把握世界林业发展规律和总结我国林业实践的基础上，2003 年和 2008 年，党中央、国务院先后颁布了《关于加快林业发展的决定》《关于全面推进集体林权制度改革的意见》。这"两个文件"对林业改革发展和生态建设作出了全面的部署，理顺了林业体制机制，完善了林业政策措施，为推进我国现代林业又好又快发展提供了有力的保障。十年内，两次以中央文件的形式对林业工作做出部署，这在新中国林业发展史上是没有的。随着经济社会的快速发展，林业在全局和战略中的作用越来越突出。正是在这一大背景下，国务院于 2003 年召开了全国林业工作会议，党中央在 2009 年召开了首次中央林业工作会议。这"两个会议"的召开，提升了新世纪、新阶段我国林业的地位和作用，对进一步动员全党全国人民发展林业事业起了重要作用。特别是会议作出的关于林业"四地位"和"四使命"的重要论断，体现了我们党和政府对发展林业的最新认识，是对我国林业实践的最新理论总结，对进一步指导我国林业科学发展具有重大的现实意义和深远影响。

为了切实承担起建设生态文明和美丽中国的重大使命，林业部门在这一时期积极构建了六大体系：一是国土生态空间规划体系，优化生态布局，拓展生态空间，增加生态总量，为建设生态文明奠定坚实基础。二是重大生态修复工程体系，形成国家和地方互为补充的生态修复工程体系，以重大工程推动全国自然生态系统的全面修复。三是生态产品生产体系，最大限度地提升生态产品生产能力，为推动绿色发展、循环发展、低碳发展发挥特殊作用。四是支持生态建设的政策体系，包括健全和完善公共财政支持政策，完善基础设施投入政策，完善金融和税收扶持政策，加大对林业能力建设支持力度。五是维护生态安全的制度体系，当务之急是加强国家立法和地方立法，构建完善的法律法规制度。六是生态文化体系，重点培育崇尚自然文化，丰富生态文化载体，广泛普及生态知识，使人与自然和谐的理念成为社会主义核心价值观的组成部分，成为全社会的主流道德观。

党中央、国务院重新思考定位林业发展战略，于2003年6月25日发布的《中共中央国务院关于加快林业发展的决定》（以下简称《决定》）中，确立以生态建设为主的林业发展战略，这也成为近10年来以及未来相当长一段时期内，林业人制定实施发展规划、政策举措的最基本遵循。《决定》指出，"必须把林业建设放在更加突出的位置。在全面建设小康社会、加快推进社会主义现代化的进程中，必须高度重视和加强林业工作，努力使我国林业有一个大的发展。在贯彻可持续发展战略中，要赋予林业以重要地位；在生态建设中，要赋予林业以首要地位，在西部大开发中，要赋予林业以基础地位。"2004年3月，十届全国人大二次会议通过的《政府工作报告》明确提出，我国要"实施以生态建设为主的林业发展战略"。

2005 年，国家林业局作出了我国生态建设由"治理小于破坏进入治理与破坏相持阶段"的判断，认为治理力度和破坏程度对比相当；并根据这一阶段的特点，调整了林业生产力和生产关系布局，作出实施"东扩、西治、南用、北休"的区域发展的新战略，分区施策，分类指导（周生贤，2015）。2007 年 10 月，党的十七大首次提出建设"生态文明"的概念，把建设生态文明作为一项战略任务和全面建设小康社会的目标明确下来，提出到 2020 年，要使我国成为生态环境良好的国家。

2007 年，党的十七大报告提出，建设生态文明，基本形成节约能源资源和保护生态环境的产业结构、增长方式、消费模式，提出生态文明观念在全社会牢固树立，把我国建成人民富裕程度普遍提高、生活质量明显改善、生态环境良好的国家。这是党的工作报告首次鲜明地提出生态文明这一概念，一经提出就引起了社会各界的广泛关注。

这一时期，党中央、国务院对林业发展有了新的部署。2008 年 6 月 8 日出台《中共中央国务院关于全面推进集体林权制度改革的意见》，对林业改革发展作出安排。2009 年 6 月 23 日，召开新中国成立以来首次中央林业工作会议，明确了林业在贯彻可持续发展战略中具有重要地位，在生态建设中具有首要地位，在西部大开发中具有基础地位，在应对气候变化中具有特殊地位的新时期林业工作四个历史定位。这是我国政府根据林业的特点、国际气候谈判的形势，以及我国生态文明建设的战略目标作出的科学判断，明确了新时期我国林业的新地位、新使命（贾治邦，2010）。在同年举行的联合国气候变化峰会上，国家主席胡锦涛向全世界宣布，中国将大力增加森林碳汇，争取到 2020 年森林面积比 2005 年增加 4 000 万公顷，森林蓄积量比 2005 年增加 13 亿立方米林业"双增"目标。林业"双增"目标将成为今后我国林业生态建设的首要目标，标志着中国林业将进入一个关键的发展期（贾治邦，2010）。2011 年 9 月 7 日，在北京举行的首届亚太经合组织林业部长级会议上，胡锦涛发出了

"深化合作、携手共进，让森林永远造福人类"的倡议。同年参加义务植树时，胡锦涛明确提出，林业建设要为祖国山河披上美丽绿装，为科学发展提供生态屏障。在这些对现代林业发展具有纲领性指导意义的论断论述中，党中央、国务院一直为一个生态良好的美丽中国而谋划。

党的十八大明确提出把生态文明建设放在突出地位，融入经济建设、政治建设、文化建设、社会建设各方面和全过程，努力建设美丽中国，实现中华民族永续发展的奋斗目标。作为在生态文明建设中起主体作用、将生态文明建设作为首要任务的林业，任务更加繁重，使命更加光荣。

始终坚持深入推进林业重点工程建设。我国生态状况十分脆弱，必须通过实施林业重点工程，对生态问题进行集中治理。近年来，国家先后启动实施了天然林保护、退耕还林、三北防护林建设、京津风沙源治理、野生动植物保护及自然保护区建设、速生丰产用材林基地建设等林业重点工程，成为我国林业生态建设的主体。目前，我国人工林保存面积继续稳居世界第一位，为改善生态发挥了重要的骨干作用，赢得了国际社会的普遍赞誉。

始终坚持不断创新林业体制机制。通过全面推开集体林权制度改革，将27亿多亩林地的承包经营权和价值数万亿的林木所有权确权到户，8 000多万农户拿到林权证，充分调动了农民发展林业的积极性，极大地解放和发展了林地社会生产力，为改善生态和民生发挥了重要作用。同时，积极探索推进国有林场和国有林区改革，不断增强林业发展活力与吸引力。

始终坚持积极转变林业发展方式。针对我国森林总量不足、质量不高、生态功能较低的实际，坚持数量与质量并重、造林与管护并举，全面加强森林经营和封育保护，努力提高森林资源总量。加快产业结构调整，不断优化林业产业布局，努力提高林地产出率、资源利用率和劳动生产率。通过这些重要举措，林业发展方式得到了有效转变，林业发展的质量和效益得到了全面提升。

从国际上看，由于森林在应对气候变化、保护生物多样性、解决贫困问题和改善人居环境方面的特殊作用，林业已成为国际社会关注的焦点、国际交流合作的重点、重大外交活动的热点，加强生态建设，加快林业发展，是大势所趋，外部环境对我国林业发展十分有利。

从国内来看，党的十七大作出了建设生态文明的战略决策，并把生态良好确定为全面建设小康社会的奋斗目标。为祖国大地披上美丽绿装，为科学发展提供生态保障，比以往任何时候都需要发展林业、壮大林业，因此，各级党委、政府采取了一系列重大举措加快林业发展。从林业自身看，经过多年的不断努力，我国林业的体制机制日益灵活，政策体系逐步健全，基础设施不断改善，建设主体更加多元，林业发展有了良好基础，完全有条件实现更大的跨越。

在新形势下，坚持走中国特色林业发展道路，必须把改善民生和改善生态作为林业的核心任务，大力发展生态林业和民生林业，让林业更好地造福社会、服务人民。要紧紧围绕建设生态文明和实现林业"双增"目标，全面实施以生态建设为主的林业发展战略，努力构建绿色生态屏障，建设祖国秀美山川，维护国家生态安全。要充分发挥林业在保障和改善民生中的重要作用，让人民群众拥有良好的生产生活环境，吃上丰富的绿色食品，享受健康的生态文化。

抓住机遇，加快发展，履行现代林业的新使命，还必须努力建设创新型林业。围绕服务国家大局创新林业发展载体，拓宽林业发展新领域，创造林业发展新优势。围绕调动社会力量创新林业的体制机制，进一步深化林业改革，消除制约林业发展的制度障碍，形成全社会办林业的合力。围绕转变部门职能创新林业管理方式，坚持依法治林，加强林业执法监管和资源保护管理，强化政策、科技、信息等服务。围绕转变发展方式创新林业科技，充分发挥科技在转变林业发展方式、提高林业生产力中的支撑引领作用，实现科技兴林。

六、全面深化改革初级时期（2012～2017 年）林业经济政策

党的十八大以来，我国进入新时代，习近平总书记创造性地提出统筹推进"五位一体"总体布局的战略目标，以推动构建人与自然和谐共生的现代化。林业是生态建设和保护的主体，承担着保护自然生态系统的重大职责，是实现中国式现代化不可或缺的一部分。新时代林业政策的颁布与实施，不仅为林业高质量发展保驾护航，也对新时代林业提出了新要求。新时代林业政策的新变化彰显了新时代生态文明建设的新发展。

这一时期，注重统筹生态保护和产业发展，守护绿水青山，做大金山银山。推进城乡绿化美化，开展森林城市、森林乡村建设和乡村绿化美化、身边增绿行动，有效改善了城乡人居环境，明显增加了人民群众的生态福祉。大力发展林业产业，油茶等木本油料、林下经济、竹藤花卉、种苗牧草、森林旅游等特色产业不断发展壮大。积极推进生态扶贫和乡村振兴，通过国土绿化扶贫、生态补偿扶贫、生态产业扶贫三大举措，带动 2 000 多万贫困人口脱贫增收，在建档立卡贫困人口中选聘生态护林员 110.2 万名，保持生态扶贫政策持续稳定。积极探索生态产品价值实现机制，生态保护补偿范围持续扩大、标准不断提高，林草产品和生态产品供给能力不断增强。积极开展林业碳汇试点，巩固提升林草碳汇能力。

党的十八大以来，国家林业局共安排中央林业资金 1 900 亿元支持生态脱贫。特别是 2016 年以来，每年向 832 个贫困县安排中央林业投

资，投资额高出"十二五"年均约 30 个百分点。2013～2016 年的具体法律法规条目如表 4-6 所示。

表 4-6　　　　　　　中国林业政策法律法规重要文件

发布年份	发布部门	文件名称
2013	国务院	《全国防沙治沙规划（2011～2020 年）》
2014	国家林业局	《全国集体林地林下经济发展规划纲要（2014～2020 年）》
2013	国家林业局	《中国智慧林业发展指导意见》
2014	国务院办公厅	《关于加快木本油料产业发展的指导意见》
2015	中共中央、国务院	《国有林场改革方案》《国有林区改革指导意见》《关于加快推进生态文明建设的意见》
2016	国务院	《中华人民共和国森林法实施条例》（2016 年修订）
2016	国务院	《退耕还林条例》（2016 年修订）
2016	国务院	《风景名胜区条例》（2016 年修订）
2016	国务院办公厅	《关于健全生态保护补偿机制的意见》
2016	国务院办公厅	《关于完善集体林权制度的意见》

资料来源：中国林业网、中国政府网、国家发展和改革委员会、财政部以及与林业相关的政府网站、万方数据库中的"法律"数据库和北大法宝数据库。

这一时期，紧紧围绕建设生态文明，深入贯彻落实党的十八大和十八届三中全会精神，大力发展生态林业、民生林业，狠抓林业生态工程，着力增加森林总量、提高森林质量、增强森林功能和应对气候变化能力，努力推动我国林业走上可持续发展道路。

这一时期，狠抓林业全面改革，增强林业发展动力。深化集体林权制度改革，推进集体林地所有权、承包权和经营权"三权分置"改革，开展林业改革发展综合试点，进一步改革和创新集体林采伐管理、资源保护、生态补偿、税费管理等相关政策机制。积极稳妥地推进重点国有林区改革，健全国有林区经营管理体制。积极推进国有林场改革，按照公益事业单位管理要求，进一步明确国有林场生态公益功能定位，理顺管理体制，创新经营机制，完善政策体系。建立健全森林资源资产产权制度，加强对林权流转交易的监督管理。大力推行林业综合执法和行政审批改革，强化林业执法监管职能，规范审批行为。

七、新时代高质量发展时期（2017 年至今）林业经济思想

党的十八大以来，生态文明建设纳入中国特色社会主义建设"五位一体"总体布局，提出尊重自然、顺应自然、保护自然的生态文明理念和坚持节约优先、保护优先、自然恢复为主的方针。党的十九大报告提出"坚持人与自然和谐共生"的基本方略，正式确立建设美丽中国战略。

在习近平生态文明思想指引下，按照"山水林田湖草是生命共同体"理念，生态保护修复工作逐渐向生态系统整体保护、系统修复、综合治理转变。2017～2021 年的具体法律法规条目如表 4-7 所示。

表 4-7 中国林业政策法法规重要文件

发布年份	发布部门	文件名称
2017	国务院	《中华人民共和国自然保护区条例》（2017 年修订）
2017	中央办公厅、国务院办公厅	《建立国家公园体制总体方案》
2017	国务院	《关于划定并严守生态保护红线的若干意见》
2018	全国人大常委会	《中华人民共和国农村土地承包法》（2018 年修正）
2018	国务院	《中华人民共和国森林法实施条例》（2018 年修正）
2019	全国人民代表大会常务委员会	《中华人民共和国森林法》（2019 年修订）
2019	中共中央、国务院	《天然林保护修复制度方案》
2019	中共中央、国务院	《关于统筹推进自然资源资产产权制度改革的指导意见》

发布年份	发布部门	文件名称
2019	中共中央、国务院	《关于建立以国家公园为主体的自然保护地体系的指导意见》
2021	全国人大常委会	《中华人民共和国草原法》（2021年第三次修订）
2021	全国人大常委会	《中华人民共和国湿地保护法》
2021	国务院	《关于科学绿化的指导意见》
2021	中共中央、国务院	《关于深化生态保护补偿制度改革的意见》
2021	中共中央、国务院	《关于建立健全生态产品价值实现机制的意见》
2021	国务院	《关于加强草原保护修复的若干意见》
2021	国务院办公厅	《关于鼓励和支持社会资本参与生态保护修复的意见》
2021	中共中央、国务院	《关于全面推行林长制的意见》
2022	中共中央、国务院	《乡村建设行动实施方案》
2022	中共中央、国务院	《关于加快建设全国统一大市场的意见》

资料来源：中国林业网、中国政府网、国家发展和改革委员会、财政部以及与林业相关的政府网站、万方数据库中的"法律"数据库和北大法宝数据库。

这一时期，围绕实施黄河流域生态保护和高质量发展、长江经济带发展、京津冀协同发展等重大战略，推动实施一批重大生态工程项目，夯实了生态家底，提升了区域生态容量和承载力。围绕打赢精准脱贫攻坚战、推动乡村振兴、实现共同富裕、维护粮油安全等重大行动，着力发挥自身优势，积极发展绿色产业，推进生态富民，带动上千万人稳定就业。围绕实施"一带一路"倡议、应对气候变化等外交大局，着力提升林草碳汇能力。目前，全国林草年碳汇量达12.8亿吨。积极履行国际生态公约，为全球生态治理贡献了中国智慧和中国方案，彰显了负责任的大国风范和担当。

这一时期，林草产业的发展注重巩固脱贫成果，注重与乡村振兴融合。第一，发展优势特色产业，包括油茶等木本油料产业、竹产业、花卉苗木产业、林草中药材等，推进产业升级，发展国家级特色林草产品优势区和示范园区，培养国家级重点龙头企业，实施森林生态标志产品建设。第二，培育产业新业态，发展林下经济，培育森林旅游、森林康养、生态观光、自然教育等新业态新产品，积极发展林草循环经济，打造"生态＋""互联网＋"等产业发展新模式。第三，做强传统产业，支持经济林、木竹材加工、林产化工、制浆造纸等产业绿色化、数字化改造，推广节能环保和清洁生产技术，加快淘汰落后产能，加强产业品牌建设，形成林草品牌体系。

这一时期，林业政策注重深化林草改革开放。第一，深化集体林权综合改革，其中包括：放活集体林经营处置权、培育新型经营主体和开展林业改革综合试点。第二，完善国有林场经营机制。建立健全考核、激励和监管机制，激发发展活力；发展生态旅游、林下经济等绿色低碳产业，推进绿色转型；加强基础设施建设和人才队伍建设。第三，推动国有林区改革发展。健全国有森林资源管理体制，加强森林保护和经营，保障和改善民生，支持大兴安岭林业集团公司发展。第四，实行高水平对外开放。健全林草国际合作体系，推进双边务实合作，加强多边对话交流；加强国际履约，加强国际公约谈判，全面履行涉林草国际公约责任与义务；建设绿色"一带一路"，共建跨境流域自然保护地、生态廊道，进行林草防火合作、动物栖息地保护合作，推进生态治理技术交流，引导绿色投资。

这一时期，林业政策注重完善林草支撑体系。第一，建立生态产品价值实现机制。推进林草碳汇行动，健全生态补偿制度，建立生态产品价值核算与应用机制。第二，推进法治建设，健全林草法律体系，推进高效实施林草法制体系。第三，强化科技创新体系。第四，完善政策支撑体系。第五，加强生态网络感知体系建设。第六，加强人才队伍建设。

第二节　主要林业经济政策演进

一、林业法律法规和章程

1. 党的十一届三中全会之前

从新中国成立至 1978 年党的十一届三中全会，党和国家对林业建设比较重视，在《森林法》正式颁布以前，林业经营和发展主要依赖政府制定的许多林业相关法规性文件。

1949 年 9 月制定的《中国人民政治协商会议共同纲领》规定："保护森林，并有计划地发展林业。"1950 年 6 月 30 日发布《中华人民共和国土地改革法》，第十八条规定："大森林、大水利工程、大荒地、大荒山……均归国家所有，由人民政府管理经营之。"确立了森林、荒山、荒地的全民所有制，规定了山林改革政策，形成以劳动者个人所有为基础的私有林区。1950 年 5 月，中央人民政府政务院发布《关于全国林业工作的指示》，规定当前林业工作的方针。同年还颁布了《关于禁止砍伐铁路沿线树木的通令》《各级部队不得自行采伐森林的通令》。1952 年 3 月 4 日，中共中央发布《关于防止森林火灾问题给各级党委的指示》，中央人民政府政务院发布《关于严防森林火灾的指示》。1953 年 9 月 30 日，政务院发布《关于发动群众开展造林、育林、护林工作的指示》。1955 年 8 月，国家主席颁布《华侨申请使用国有的荒山荒地条例》，鼓励华侨申请使用国有的荒山荒地，投资办场，培植林木，经营林业。1957 年 7 月 25 日，国务院颁发《中华人民共和国水土保持暂行纲要》。1958 年 4 月，中共中央、国务院发布《关于在全国大规模造林的指示》。1961 年 6 月 26 日，中共中央制定《关于确定林权、保护山林和发展林业的若干政策规定（试行草案）》，核心是确定和保证山林的所有权。1961 年 12 月 25 日，林业部、财政部发布《关于在国有林区建立"育林基金"的联合通知》，规定将更新费改为育林基金制，育林基金只供森林更新、造林、育林经营之用，实行专款专用。1962 年 3 月 28 日，林业部、财政部颁发《国有林区育林基金使用管理暂行办法》，育林基金实行林业部和省市自治区分级管理，在规定的使用范围内林业部可以在省市自治区间进行调剂。1963 年 5 月，国务院发布了《森林保护条例》。1964 年 2 月 5 日，财政部、林业部、中国农业银行下发《关于建立集体林育林基金的联合通知》，并附《集体林育林基金管理暂行办法》。1964 年 5 月 6 日，国务院批转林业部、铁道部、国家物资管理总局制定的《木材统一送货办法》。1967 年 9 月，中共中央、国务院等发出《关于加强山林保护管理，制止破坏山林、树木的通知》，指出"要认真执行国务院发布的《森林保护条例》，积极做好护林宣传教育工作，加强山林管理，同一切破坏森林的行为作斗争"。1972 年 5 月 26 日，农林部、财政部颁发《育林基金管理暂行办法》，规定育林基金的管理原则是由省市自治区统筹安排，用于发展林业。

党中央、国务院制定的这些法规性文件，在当时的历史条件下，事实上起到了林业立法的作用。但是由于没有统一的林业法，政策法规之间难免出现矛盾，而且临时性法规缺少应有的权威性，容易给人一种法规多变繁杂的印象，出现以权代法、有法不依，在林业上表现为投入无常、乱砍滥伐等一系列问题（樊宝敏，2009）。

2. 党的十一届三中全会之后

党的十一届三中全会后，国家加快林业法治建设进程。1979 年 2 月 23 日，第五届全国人民代表大会常务委员会第六次会议通过《中华人民共和国森林法（试行）》，这是新中国第一部林业大法。《森林法（试行）》共七章 42 条，分为：第一章总则，规定了林业的总方针、任务及我国森林的分类。第二章森林管理，规定我国林业管理的各级机构、林业企业的设置任务及重大措施的职权范围。第三章森林保护，规定保护我国森林的若干措施，并要求各地根据实际需要建立森保机构，制定适合本地的必要措施。第四章植树造林，规定全国森林覆盖率要达到30%的奋斗目标，并为此规定了山区、丘陵区及平原的不同指标，分别对机关、部队、农场、牧场和工矿企业等单位的植树造林，对采伐迹地更新以及森林抚育和改造低产林，也都做了相应的规定。第五章森林采伐利用，规定国家和地方的木材生产必须全部纳入国家计划；国有森林要根据国家下达的计划进行采伐；集体所有林由林业部门向社队实行订约采伐，订约收购；并对育林基金的管理与使用做了规定。第六章奖励与惩罚，规定了对造林、育林和护林有功者予以奖励，对侵占、滥伐和毁林的予以处罚；加强社会主义法制，以教育人们遵纪守法，爱林护林。第七章附则，规定了林业部将制定实施细则，各省市也要制定具体施行办法。

《森林法（试行）》的颁布实施对促进森林资源管理保护工作、发展林业起到了重大作用，开启了新中国依法治林的进程。但由于受当时历史条件的限制，该法也存在着明显缺陷，例如，对控制森林消耗、扭转过量采伐的措施不够有力；有关处罚的规定过于原则、笼统，在实际工作中难以执行；"试行"法使有些地方和部门的干部看作可行可不行，未能认真贯彻实施。

《森林法（试行）》实施五年后，1984年9月20日，第六届全国人民代表大会常务委员会第七次会议通过《中华人民共和国森林法》，自1985年1月1日起施行。《森林法》共七章42条，规定了我国林业建设方针，即"林业建设实行以营林为基础，普遍护林，大力造林，采育结合，永续利用的方针"。与《森林法（试行）》相比，修改补充的主要内容有：稳定林木、林地的权属，严格控制森林采伐量，对森林采伐和木材实行统一管理，对林业实行经济扶持，民族自治地方林业建设，关于违反林业法规的处罚等。1986 年 5 月 10 日，经国务院批准，林业部发布《中华人民共和国森林法实施细则》。

《森林法》的实施对保护、培育和合理利用森林资源起到了重要作用，使我国的森林资源出现了面积和蓄积的双增长。同时，在保障林业建设顺利进行，提高人们的环境与林业意识及树立法律观念等多方面有重要贡献（樊宝敏，2009）。

随着社会主义市场经济体制的逐步建立，在计划经济体制下制定的《森林法》已经不能完全适应新形势下发展林业和生态环境建设的需要，且它自身的规定也有不完善之处。为了更好地满足保护和扩大森林资源，适应市场经济体制要求，减轻林农负担，保护造林单位和个人合法权益，完善森林法律制度等，根据实际情况对其做出适当的修改是必要的（王超英，1998）。1998 年 4 月 29 日，第九届全国人民代表大会常务委员会第二次会议审议通过《关于修改〈中华人民共和国森林法〉的决定》，同日公布根据该决定第一次修正的《中华人民共和国森林法》，共七章 49 条，分为：总则、森林经营管理、森林保护、植树造林、森林采伐、法律责任以及附则。2000 年 1 月 29 日，根据《森林法》规定，国务院发布《中华人民共和国森林法实施条例》。2009 年 8 月 27 日，第十一届全国人民代表大会常务委员会第十次会议通过《关于修改部分法律的决定》，同日公布根据该决定第二次修正的《中华人民共和国森林法》。2019 年 12 月 28 日，第十三届全国人民代表大会常务委员会第十五次会议对《森林法》进行修订，同日公布新《森林法》，共九章 84 条，分为总则、森林权属、发展规划、森林保护、造林绿化、经营管理、监督检查、法律责任以及附则，自 2020 年 7 月 1 日起施行。

新《森林法》突出了林业在生态环境建设中的主体作用，进一步明确了国家扶持林业发展的经济政策，强化了保护森林资源的法律措施，完善了维护森林资源所有者和使用者合法权益的法律制度，践行了绿水青山就是金山银山的理念，更加适应社会主义市场经济条件下保护、培育和合理利用森林资源，加快国土绿化，保障森林生态安全，建设生态文明，实现人与自然和谐共生的要求。新《森林法》的颁布施行，是实施依法治国方略的重要举措，也是实施可持续发展战略和加快林业发展的有力保障。

目前，我国林业部门（国家林业和草原局）作为执法主体的法律包括《中华人民共和国森林法》在内共有9部。除此之外，还有1985年6月18日第六届全国人民代表大会常务委员会第十一次会议通过的《中华人民共和国草原法》；1988年11月8日，第七届全国人民代表大会常务委员会第四次会议通过的《中华人民共和国野生动物保护法》；1997年7月3日，第八届全国人民代表大会常务委员会第二十六次会议通过的《中华人民共和国动物防疫法》；2000年7月8日，第九届全国人民代表大会常务委员会第十六次会议通过的《中华人民共和国种子法》；2001年8月31日，第九届全国人民代表大会常务委员会第二十三次会议通过的《中华人民共和国防沙治沙法》；2002年8月29日，第九届全国人民代表大会常务委员会第二十九次会议通过的《中华人民共和国农村土地承包法》；2020年2月24日，第十三届全国人民代表大会常务委员会第十六次会议通过的《全国人民代表大会常务委员会关于全面禁止非法野生动物交易、革除滥食野生动物陋习、切实保障人民群众生命健康安全的决定》；2021年12月24日，第十三届全国人民代表大会常务委员会第三十二次会议通过的《中华人民共和国湿地保护法》。除《森林法》外的8部法律中也包含有林业（经济）方面的规定。可见，我国的林业法律已初步形成体系，为"依法治林"的实施提供了法律依据。

二、森林培育与保护政策

1978 年 12 月 28 日，国家林业总局颁发《国有林抚育间伐、低产林改造技术试行规程》，目的是提高抚育间伐、低产林改造质量，多快好省地建设新的用材林基地，以适应新时期总任务对林业的要求。

1980 年 3 月 5 日，中共中央、国务院发布《关于大力开展植树造林的指示》，要求：在实现四个现代化的历史进程中，大规模地开展植树造林，加速绿化祖国，是一项重大战略任务；实行大地园林化，把森林覆盖率提高到百分之三十，是全国人民一项建设社会主义、造福子孙后代的长期奋斗目标；坚决贯彻依靠社队集体造林为主，积极发展国营造林，并鼓励社员个人植树的方针，国家、集体、个人都来兴办林业；办好社队林场，实行群众造林和专业队造林相结合，加强经营管理，巩固和发展造林成果；实行科学造林、育林，加强技术指导，纠正植树造林只求数量不顾质量的偏向等。

1981 年 3 月 8 日，中共中央、国务院发布《关于保护森林发展林业若干问题的决定》，规定：稳定山权林权，落实林业生产责任制；木材实行集中统一管理；对林业的经济扶持；木材综合利用和节约代用；抓紧林区的恢复和建设；大力造林育林；发展林业科学技术和教育；加强党和政府对林业的领导等。

1981 年 9 月 25 日，林业部公布《关于加强东北、内蒙古林区林业企业营林工作若干问题的规定》，目的是迅速扭转林业企业采育失调的严重局面，切实保护好现有森林，严格控制采伐，降低资源消耗，及时更新采伐迹地，扩大荒山荒地造林，积极进行成林抚育、低产林改造，搞好种子生产基地和苗圃建设，使林业建设转移到以营林为基础的轨道上。

1981 年 12 月 13 日，第五届全国人民代表大会第四次会议审议通过《关于开展全民义务植树运动的决议》，规定："凡是条件具备的地方，年满十一岁的中华人民共和国公民，除老弱病残者外，因地制宜，每人每年义务植树三至五棵，或者完成相应劳动量的育苗，管护和其他绿化任务。"

1982 年 2 月 12 日，国务院、中央军委发布《关于军队参加营区外义务植树的指示》，认为植树造林是人民解放军义不容辞的责任，也是军队对祖国建设应做的贡献。军队在营区外植树，要与当地政府协商，根据军队驻地情况，因地制宜，明确任务，在当地绿化委员会统一部署和指导下，分期分批地组织实施。此外还规定了苗木、管护和林权收益等问题。

1982 年 2 月 27 日，国务院常务会议通过《关于开展全民义务植树运动的实施办法》，具体规定了全民义务植树运动的组织管理机构、履行义务的人员范围和方式、奖惩措施等；县以上各级政府均应成立绿化委员会，统一领导本地区的义务植树运动和整个造林绿化工作；凡是中国公民，男十一岁至六十岁，女十一岁至五十五岁，除丧失劳动能力者外，均应承担义务植树任务；义务劳动用于在本地营造国有林和集体林；对义务植树，各单位每年都要进行检查，并将完成情况据实上报；此外还有林权、苗木、管护、经费等规定。

1984 年 3 月 1 日，中共中央、国务院发布《关于深入扎实地开展绿化祖国运动的指示》，要求：进一步提高对绿化祖国重大意义的认识；扩大视野，因地制宜，加速绿化；放宽政策，建立和完善林业生产责任制；积极支持林业专业户的发展；深入开展全民义务植树运动；切实抓好种苗，保证绿化需要；认真保护林草植被；讲究科学，注重实效；自力更生为主，广辟绿化资金渠道；切实加强对绿化工作的领导等。

1984 年 4 月 3 日，林业部、中国人民银行下发《中央级营林投资拨款暂行规定》，使营林投资的资金供应适合营林建设的特点，林业投资年终结余允许跨年度使用。1985年11月2日，林业部、财政部、中国工商银行、中国农业银行颁发《育林基金预决算暂行规定》，以管理好育林基金。

1985年6月8日，林业部印发《制定年森林采伐限额暂行规定》，以控制森林资源消耗。1986年5月10日，林业部发布经国务院批准的《中华人民共和国森林法实施细则》的第十六、第十七条也规定了森林的限额采伐。1987年8月25日，国务院批准，1987年9月10日，林业部发布《森林采伐更新管理办法》。1988年6月13日，林业部颁发《关于加强森林资源管理若干问题的规定》，规定切实加强森林资源管理，规划森林采伐限额，强化对森林资源消长的监督，尽快扭转资源下降的趋势，逐步做到森林资源的稳定增长。此外，为了对森林采伐进行有效管理，以确保限额采伐政策的落实，国家规定实施林木采伐许可证制度。

1993年2月26日，国务院发布《关于进一步加强造林绿化工作的通知》。通知指出，充分认识加快造林绿化、发展林业的重要性和紧迫性；坚持全社会办林业、全民搞绿化，总体推进造林绿化工作；要切实抓好造林绿化重点工程建设；不断提高全民义务植树的水平，努力做到规范化、基地化、科学化和制度化；进一步加快部门造林绿化步伐；要进一步提高城市绿化水平；多渠道筹集资金，增加造林绿化投入；加强领导，坚持和完善各级领导任期造林绿化目标责任制；坚持发展与保护并重，下大力气巩固造林绿化成果；切实发挥各级绿化委员会和林业主管部门的职能作用等。

1994年5月16日，国务院办公厅发布《关于加强森林资源保护管理工作的通知》，要求各级政府和有关部门要高度重视林业的重要地位，加强对林业工作的领导，促进林业持续、快速、健康发展；严格执行森林采伐限额和木材凭证运输制度，坚决扭转林木资源过量消耗的局面；强化林地利用监督管理，实行有偿使用林地的制度；加强森林资源林政基础建设，稳定林业执法队伍；坚决依法治林，严厉打击各种破坏森林资源的违法犯罪活动；坚持实行领导干部保护、发展森林资源任期目标责任制等。

1998 年 8 月 5 日，国务院发布《关于保护森林资源制止毁林开垦和乱占林地的通知》，要求各级政府把保护和培育森林资源作为改善生态环境的重要任务来抓，立即停止一切毁林开垦行为，对已经发生的毁林开垦行为进行全面清查，切实做好退耕还林工作，依法严厉打击毁林开垦的违法犯罪行为，严格实施林地用途管制，加强对林地保护工作的组织领导。

1998 年 11 月 7 日，国务院发布《关于印发全国生态环境建设规划的通知》，并附《全国生态环境建设规划》。规划指出了我国生态环境建设概况，生态环境建设的指导思想和奋斗目标，全国生态环境建设总体布局，优先实施的重点地区和重点工程，以及生态环境建设的政策措施。

1999 年 7 月 29 日，国家林业局发布《关于坚决制止超限额采伐森林的紧急通知》，以制止不少地方破坏森林资源的行为。

2000 年 3 月 9 日，国家林业局、国家计划委员会、财政部联合发布《关于开展二〇〇〇年长江上游、黄河上中游地区退耕还林（草）试点示范工作的通知》。2000 年 9 月 10 日，国务院发布《关于进一步做好退耕还林还草试点工作的若干意见》，要求：加强领导，明确责任，实行省级政府负总责；完善退耕还林还草政策，充分调动广大群众的积极性；健全种苗生产供应机制，确保种苗的数量和质量；依靠科技进步，合理确定林草种植结构和植被恢复方式；加强建设管理，确保退耕还林还草顺利开展；严格检查监督，确保退耕还林还草工程质量等。

2002 年 12 月 25 日，国务院颁发《退耕还林条例》，自 2003 年 1 月 20 日起实施。

2002 年 8 月 22 日，国家林业局发布《关于调整人工用材林采伐管理政策的通知》，为适应社会主义市场经济和林业跨越式发展的需要，充分调动社会各界营造林的积极性，加快推进由采伐利用天然林向采伐利用人工林的转变，对人工用材林采伐管理政策进行了调整。

2003 年 6 月 25 日，中共中央、国务院发布《关于加快林业发展的决定》，明确提出 21 世纪林业发展的重要地位、指导思想、战略目标和政策措施。2005 年 6 月 16 日，国家林业局颁布《关于继续深入落实〈中共中央国务院关于加快林业发展的决定〉的意见》，指出我国生态建设已从"治理小于破坏阶段"进入"治理与破坏相持阶段"。针对相持阶段的特点和要求，规定继续深化和推进林业体制、机制改革，大力加强六大林业重点工程建设和社会造林，大力发展和壮大林业产业等。

2003 年 10 月 8 日，国家林业局印发《关于切实加强森林资源保护管理的通知》，针对 2003 年以来一些地方出现较为严重的毁林现象，规定要依法强化林地管理，坚决制止林地非法流转；进一步加强森林资源采伐利用管理，合理控制森林资源消耗等。

2003 年 12 月 15 日，国家林业局下发《关于严格天然林采伐管理的意见》，为了恢复天然林生态系统，充分发挥其生态和生产功能。2003 年 12 月 30 日，林业局下发《关于完善人工商品林采伐管理的意见》，为了促进人工商品林的培育和合理利用，规范人工商品林的采伐管理。

2004 年 11 月 5 日，国家林业局颁发《关于全面推进依法治林实施纲要》。2004 年 12 月 11 日，国家林业局下发《关于合作（托管）造林有关问题的通知》，规范部分地区陆续出现的一些公司吸收社会公众资金合作（托管）造林的现象，更好地指导各种社会主体投资造林，防止和纠正某些偏差，维护和发展林业的大好形势。

2005年6月16日，国家林业局颁布《关于继续深入落实〈中共中央、国务院关于加快林业发展的决定〉的意见》。

2006年6月8日，国家林业局发布《关于加强工业原料林采伐管理的通知》，规定加强定向培育工业原料用材林的采伐管理，规范工业原料林的经营行为，促进工业原料林的有序发展和合理利用。

2006年11月17日，国家林业局颁布《中国森林可持续经营指南》，努力推进森林经营工作，树立森林可持续经营理念，及时调整我国森林经营的相关政策和措施，切实提高林地生产力，不断满足经济社会发展对森林的物质产品、生态服务、生态文化等多功能、多样化需求。

2006年11月21日，国家林业局印发《森林经营方案编制与实施纲要（试行）》，积极推进我国森林可持续经营，指导各地开展森林经营方案的编制和实施工作。

2009年7月15日，国家林业局印发《关于改革和完善集体林采伐管理的意见》，追求建立以森林经营方案为基础的森林可持续经营的新体制。

2013年4月27日，国家林业局和财政部联合印发《国家级公益林管理办法》，提出要规范和加强国家级公益林的保护、经营和管理。

2015年12月31日，国家林业局下发《关于严格保护天然林的通知》，严格控制低产低效天然林改造和天然林树木采挖移植，全面停止天然林商业性采伐，严格保护天然林资源。

2021年5月18日，国务院办公厅发布《关于科学绿化的指导意见》，倡导科学开展大规模国土绿化行动，增强生态系统功能和生态产品供给能力，提升生态系统碳汇增量，推动生态环境根本好转，为建设美丽中国提供良好生态保障。

2021年9月13日，国家林业和草原局印发《关于规范林木采挖移植管理的通知》，从严控制林木采挖移植，明确禁止和限制采挖的区域和类型。

2022年5月10日，国家林业和草原局、自然资源部和农业农村部联合发布《关于加强农田防护林建设管理工作的通知》，规定科学规范推进农田防护林建设；农田防护林建设应坚持为农业生产服务；严格落实耕地年度"进出平衡"；统筹开展农田防护林建设，积极构建适应现代农业发展需要的农田防护林体系等。

三、集体林改革政策

林业所有制（包含所有权、使用权等）问题，又称林权（或产权），是林业经济政策中的一个基本而重要的问题（樊宝敏，2009）。

新中国成立后，政府各部门便积极进行林地所有制改革，界定山林权属，推进林业合作化。1950年通过的《中华人民共和国土地改革法》明确规定"没收和征收的山林、鱼塘、茶山、桐山、桑田、竹林、果园、芦苇地、荒地及其他可分土地，应按适当比例，折合普通土地统一分配之""大森林、大水利工程、大荒地、大荒山、大盐田和矿山及湖、沼、河、港等，均归国家所有，由人民政府管理经营之"。根据这些规定，各大行政区相应地制定了实施办法，很快在全国范围内确立国有林和农民个体所有林这两种林业所有制。调整了生产关系，保护了农民的利益，促进了林业事业的发展。

1953年，国家制订了国民经济发展第一个五年计划，林业开始走合作化的道路。1955年10月，中共中央《关于农业合作化问题的决议》指出："社员的小量树木（包括果树、竹子和其他属于技术作物的树木），一般仍归社员自己经营。社员如果有成片的林木……经过原主自愿，可以入社统一经营，但是保留原主的私有权。"

1961 年 6 月 26 日，中共中央发布《关于确定林权、保护山林和发展林业的若干政策规定（试行草案)》，核心是确定和保证山林的所有权，社员在村前村后、房前屋后、路旁水旁、自留地和坟地上种植树木，都归社员个人所有，造林坚持"谁种谁有"的原则，同时规定山林归谁所有，林木的产品和收入就归谁支配。

1984 年，《中华人民共和国森林法》给出了林权在法律上的明确规定：我国的林地所有权可分为国家林地所有权和集体林地所有权。林地的使用权是指一些单位和个人依照法律规定的方式取得的开发利用林地的权利，又分为国有林地的使用权和集体林地的使用权。森林、林木的所有权是指所有人依法对森林、林木享有占有、使用、收益和处分的权利。森林、林木的所有权和使用权分为国家所有、集体所有和个人所有三种。

2008 年 6 月 8 日，中共中央、国务院发布《关于全面推进集体林权制度改革的意见》，规定坚持农村基本经营制度，确保农民平等享有集体林地承包经营权；坚持统筹兼顾各方利益，确保农民得实惠、生态受保护；坚持尊重农民意愿，确保农民的知情权、参与权、决策权；坚持依法办事，确保改革规范有序；坚持分类指导，确保改革符合实际等。此外，该意见还就明确集体林权制度改革的主要任务，完善集体林权制度改革的政策措施，加强对集体林权制度改革的组织领导等方面做了说明。

2009 年 10 月 15 日，国家林业局印发《关于切实加强集体林权流转管理工作的意见》，要求依法规范集体林权流转行为，妥善处理集体林权流转的历史遗留问题，加强集体林权流转服务平台建设，强化集体林权流转的管理工作等。

2013 年 3 月 21 日，国家林业局发布《关于进一步加强集体林权流转管理工作的通知》，针对有些地方不同程度地存在流转行为不规范、侵害农民林地承包经营权益、流转合同纠纷增多、擅自改变林地用途，以及林权流转管理和服务不到位等问题，规定进一步加强林权流转管理，防范林权流转风险，保障广大农民、林业经营者和投资者的合法权益，规范集体林权流转。

2016年7月29日，国家林业局下发《关于规范集体林权流转市场运行的意见》，规定严格界定流转林权范围，切实规范林权流转秩序，努力完善林权流转服务等。

2017年7月18日，国家林业局印发《关于加快培育新型林业经营主体的指导意见》，规定大力培育适度规模经营主体，积极发展多元服务主体，加强组织保障。

2018年5月8日，国家林业和草原局印发《关于进一步放活集体林经营权的意见》，规定加快建立集体林地三权分置运行机制，积极引导林权规范有序流转，拓展集体林权权能等。

四、林产品市场政策

党的十一届三中全会以前，在计划经济体制条件下，木材及其他林产品的流通主要是国家计划实行统一调拨、统购统销，木材价格由国家统一规定，基本上不存在木材市场，更没有森林（活立木、青山）市场。

自1979年以来，林业经济体制改革逐步深化，其中包括对木材流通体制的改革。为了推进市场化进程，针对过去统购统销的流通体制，1985年1月，中共中央、国务院印发《关于进一步活跃农村经济的十项改革》，决定：集体林区取消木材统购，开放木材市场，允许林农和集体的木材自由上市，实行议购议销。1987年6月30日，中共中央、国务院针对木材市场放开后我国南方集体林区出现乱砍滥伐的严重局面，发布《关于加强南方集体林区森林资源管理坚决制止乱砍滥伐的指示》，及时调整和明确了有关政策措施。

此后，国家在木材流通中逐步取消了大部分指令性计划和木材价格的"双轨制"，除一些地区制定木材收购最低价以保护林业生产者利益外，木材流通基本上推向了市场，购销双方直接交易，价格随行就市（吴小松等，2000）。

从20世纪90年代初开始，林业为适应国家建立社会主义市场经济的新形势，加快了改革步伐。林业部门明确提出建设林业两大体系的目标，实施林业分类经营，对森林资源实行资产化管理，实行林价制度，建立森林资源经济核算体系和企业内部商品化交换体制，推行"三段式"改革（即在森林资源管理、木材采伐和木材销售之间建立企业内部的经济结算制度，实行商品交换）等（樊宝敏，2009）。

五、林业产业政策

林业产业政策是国家根据林业发展的内在要求，所采取的调整林业产业结构和产业组织形式，使林业供给结构能够有效地适应需求结构要求而制定和实施的一系列政策措施。

1979年8月29日，林业部颁发《林业安全生产工作管理办法（试行）》和《林业安全生产责任制的暂行规定》。同年12月27日，林业部颁发《林业生产劳动定额管理办法》，以贯彻按劳分配原则，加强劳动定额管理，不断提高劳动生产率。

1982年6月17日，林业部正式颁发执行《林产工业设备管理条例》，以使林产工业生产设备经常处于良好状态，更好地为林产工业提供最佳的技术装备。

1983年2月28日，林业部颁发《松脂采集规程》，以充分利用和保护松林资源，推行合理采脂技术，提高松脂质量，促进松脂生产。

1985 年 6 月 6 日，林业部印发《林业部产品质量监督检验工作暂行条例》，以促进企业管理水平不断提高，严格执行技术标准，多生产物美价廉、产销对路和安全可靠的优质产品。

1995 年 8 月，由林业部制定，国家体改委和林业部联合颁发《林业经济体制改革总体纲要》。《纲要》提出了林业经济体制改革的目标和任务。林业改革的重点是逐步开展分类经营，调整产业结构，完善产业政策，建立森林资源林政管理和森林资产监管、运营并重的管理体制，建立现代林业企业制度，建立布局合理、规则健全、管理有序的林业市场体系，建立经济、法律、行政手段相结合的林业宏观调控体系。

1981 年 3 月 14 日，林业部、财政部颁发《国营苗圃经营管理试行办法》，分章规定了方针任务、组织领导、计划管理、财务管理、劳动管理、技术管理、机务管理、产品处理等内容。

2004 年 11 月 28 日，国家林业局印发《全国林业产业发展规划纲要（2004～2010 年）》，对林业产业的发展现状、问题、面临的机遇和挑战、发展战略、预期目标等做了总结，提出了竹产业、林产化工业、林下资源采集与加工业等林业产业和东北重点国有林区产业发展的宏观布局与任务。

2006 年 11 月 9 日，国家林业局和中国农业发展银行联合发布《关于加强合作促进林业产业发展的通知》，提出要加强林业部门与农业发展银行的合作，积极利用农业政策性银行信贷资金促进林业产业发展，推进社会主义新农村建设。

2006 年 12 月 27 日，国家林业局下发《关于发展油茶产业的意见》，针对较长时期以来各地对油茶生产的管理措施削弱，很多地方油茶林的树龄老化，品种混杂，加上粗放经营，只取不予，资源没有得到很好的开发利用，造成生产力水平下降，比较经济效益较低，在很大程度上抑制了油茶作为一项特色产业的持续发展的问题，规定优化产业布局，科学引导油茶产业发展；加大政策扶持，创造推动油茶产业发展的良好环境；积极培育油茶产业主体，打造油茶产品品牌等。

2009 年 8 月 18 日，国家林业局印发《关于促进农民林业专业合作社发展的指导意见》，积极促进农民林业专业合作社发展，规范农民林业专业合作社组织及其行为，维护农民林业专业合作社及其成员的合法权益，加快现代林业发展。

2012 年 7 月 30 日，国务院下发《关于加快林下经济发展的意见》，要求各地区大力发展以林下种植、林下养殖、相关产品采集加工和森林景观利用等为主要内容的林下经济，对于增加农民收入、巩固集体林权制度改革和生态建设成果、加快林业产业结构调整步伐有重要作用。

2013 年 2 月 5 日，国家林业局印发《全国花卉产业发展规划（2011～2020 年）》，要求加快推进花卉产业发展，促进农民增收致富，建设美丽中国。

2014 年 11 月 13 日，国家林业局下发《关于加快特色经济林产业发展的意见》，归纳了新时期发展特色经济林产业的重要意义，推进特色经济林产业发展格局建设，实现我国特色经济林资源总量稳步增长，产品供给持续增加，质量水平大幅度提高，木本粮油产业发展取得突破，经济林产业综合实力明显提升，富民增收效果显著增强的发展目标。

2017 年 10 月 27 日，国家林业局印发《关于加强林业安全生产的意见》，要求进一步加强林业安全生产工作，坚决遏制和防范林业行业发生重特大生产安全事故，为林业现代化建设营造稳定的安全生产环境。

2019 年 2 月 14 日，国家林业和草原局发布《关于促进林草产业高质量发展的指导意见》，规定大力培育和合理利用林草资源，充分发挥森林和草原生态系统多种功能，促进资源可持续经营和产业高质量发展，有效增加优质林草产品供给，为实现精准脱贫、推动乡村振兴、建设生态文明和美丽中国作出更大贡献。

2019 年 11 月 8 日，国家林业和草原局发布《关于促进林业和草原人工智能发展的指导意见》，提出抢抓人工智能发展机遇，深化智慧化引领，全面建成智慧林业。规定以林草业现代化需求为导向，以新一代人工智能与林草业融合创新为动力，深入把握新一代人工智能发展特点，充分利用新一代信息技术，实行全行业共建，强化全周期应用，推动林草业高质量发展。

2021 年 11 月 11 日，国家林业和草原局、国家发展改革委、自然资源部、农业农村部等多部门联合发布《关于加快推进竹产业创新发展的意见》，要求因地制宜发展竹产业，构建现代竹产业体系，提升自主创新能力等。

2021 年 11 月 30 日，国家林业和草原局颁布《全国林下经济发展指南（2021～2030 年)》，进一步引导和推动国内林下经济高质量发展，巩固拓展脱贫攻坚成果同乡村振兴有效衔接。

通过前文对我国近现代所实行的林业经济政策的梳理研究，可以看出，随着国际形势、国家建设重心和社会经济条件的发展、变化，我国林业经历了坎坷的历程。社会性质上，我国经历了封建社会、半殖民地半封建社会、社会主义初级阶段，林业也随之发生众多变化。

潘丹等（2019）以 1949 年以来中共中央、国务院及其相关部门和国家立法机关颁布实施的 283 个涉林规范性文件文本为研究对象，从文本发布数量、作用对象、发布部门、发布形式、政策工具以及政策效力六个维度构建特征分析框架，运用政策文献计量和内容分析方法分析中国林业政策的演进特征及其发展规律。研究结果表明，1949 年以来，中国涉林规范性文件文本在数量特征上呈整体持续上升态势，其着力点长期关注森林保护的整体层面，发布主体的行政级别较高且呈现多元化特征；文本制定以部门单独决策模式为主，跨部门联合决策情况偏少；命令控制型政策工具是最为常用的林业政策工具，经济激励型、信息公开型和自愿参与型政策工具使用不足；林业政策由侧重事前控制转为侧重事后控制再转为注重事前控制。

新中国的林业经济政策是一种社会主义的经济政策，党和国家对林业立法非常重视。党的十一届三中全会以前，主要实行计划经济政策，政府就林业工作制定了许多法规性文件，在当时的历史条件下起到了林业立法的作用，但没有制定单行的森林法。党的十一届三中全会后，则由计划经济转向社会主义市场经济政策，同时强化林业法治建设。从1979年开始试行《森林法》，1985年实施正式《森林法》，后根据现实情况多次进行修订和修正。再加上其他相关法律、国务院及林业部门的其他法规条例等，至20世纪末，已初步形成我国林业法律法规体系的框架，使我国林业建设逐步走上"依法治林"的轨道。在林业所有制方面，实行公有制为主体，同时允许和鼓励其他非公有制成分的发展。对林木管理严格实行限额采伐制度。主要采取林业生态建设工程管理的方式进行林业投入。林业税费存在过多过滥的问题。林业市场需要大力培育和规范管理。林产品对外贸易迅速增长，在保证国家经济建设和人民生活需求方面发挥了重要作用。

各历史时期不同政治主体制定的林业法律法规和章程政策不尽相同，对林业生产的影响也各异，但却积累了极为丰富且宝贵的实践经验，需要我们取其精华去其糟粕，认真总结历史教训，继承和发扬优良传统；仔细分析曾经走过的弯路和歧途，作为今后行动的鉴戒，并加以避免和改正。当前正处于现代化建设的进程中，林业经济政策体系需要与时俱进加以创新。

本章推荐读物

[1] 柯水发，姜雪梅，田明华．林业政策学理论过程与体系［M］．北京：中国农业出版社，2014：8-9．

[2] 柯水发．林业政策学［M］．北京：中国林业出版社，2013：36．

[3] 樊宝敏，李晓华，杜娟．中国共产党林业政策百年回顾与展望［J］．林业经济，2021，43（12）：5-23．

[4] 刘东生．中国林业六十年历史映照未来［J］．绿色中国，2009（19）：8-17．

[5] 党双忍等．林政之变：21世纪中国林政大趋势［M］．西安：陕西人民出版社，2023．

[6] 祝列克，王爱民．林业经济论［M］．2版．北京：中国林业出版社，2011．

[7] 潘丹，陈寰，孔凡斌．1949年以来中国林业政策的演进特征及其规律研究——基于283个涉林规范性文件文本的量化分析［J］．中国农村经济，2019（7）：20．

[8] 傅一敏，刘金龙，赵佳程．林业政策研究的发展及理论框架综述［J］．资源科学，2018，40（6）：1106-1118．

[9] 胡运宏，贺俊杰．1949年以来我国林业政策演变初探［J］．北京林业大学学报（社会科学版），2012，11（3）：21-27．

[10] 戴凡．新中国林业政策发展历程分析［D］．北京林业大学，2010．

[11] 冯洁．中国林业政策评价研究［D］．福建农林大学，2007．

本章思考与讨论

1. 新中国成立以来，中国林业经济政策演进史可以划分为哪几个阶段？

2. 新中国成立以来，林业经济政策演进有哪些规律或特点？

3. 新中国成立以来，林业经济政策演进受哪些因素驱动？

4. 新中国成立以来，林业经济政策的实施效果如何？

5. 未来林业经济政策态势会有哪些变化？

第五章

近现代林政管理体系演变史[*]

林业经济政策与林政管理体系密切相关。林政管理机构是林业经济政策制定和执行的重要主体。林业经济政策是林政管理的重要载体。广义的林政管理指包含林业行政立法在内的国家对林业管理的全过程。狭义的林政管理是指各级林业行政主管部门依照国家法律、法规、政策的规定，对森林资源的培育、保护、采伐、运输和销售等主要生产经营活动，实施计划、组织、指挥、协调、监督等职能活动。林政管理体系涉及林政管理机构的设置、机构组织关系和管理职能配置等。林政管理体系受社会制度、所有制形式、经济地位、经营指导思想、历史等因素的制约和影响，不同国家国情不同，基于本国立场，各国林政管理体系差异较大。为适应国际社会发展趋势，为适应林业的发展，许多国家不断改革、创新本国林业管理体制，形成各自独特的适合本国发展道路的林政管理体制模式，这种模式随着发展的趋势变化而变化。随着我国国家发展目标、林业生产关系的变动，我国林业行政管理机构不断调整，不断探索适合我国的最优模式，对林业建设事业的发展具有特别重大的影响。本章主要概述了近现代林政管理机构设置和林政管理体系演变。

---

* 本章参加编著人员：柯水发、李红勋、崔海兴、赵慧敏、乔丹、赵海兰。

第一节　近代林政管理体系演变

一、清朝后期（1840～1912 年）的林政管理体系

清朝后期，清政府守旧势力庞大，盲目信仰"天朝上国"的美好幻想，在封建主义的路上故步自封，致使中国落后于西方国家。与此同时，西方资本主义国家快速崛起，野心蓬勃，对落后国家进行残忍的掠夺与侵占。鸦片战争打开中国国门，西方列强对中国进行持续的侵占，民族危在旦夕，中国社会萧瑟，百姓民不聊生。为解决财政等问题，清政府在东北林区逐步实施开禁，除政府组织开采树木之外，民众开拓土地进行耕种，加上帝国主义国家对我国森林资源的掠夺以及战争造成的森林烧毁，造成东北地区森林资源在短时间内的急剧减少。其他地区森林一定程度上也在既有基础上减少，但并未进行大规模采伐。森林面积的减少，给各地都带来了不同程度的生态灾难。危急时刻，一部分有识之士站了出来，为了救亡图存，主张发展实业，包括林业，林业管理得以发展，机构初步设立，机构的设置一定程度上为之后的发展奠定了基础，但限于社会因素，林业并没有取得实质性的进步。

清顺治皇帝时期，林业事务由工部掌管，清政府在工部设虞衡司，林业属该司掌管，该司设郎中 1 人，员外郎 1 人、主事 2 人①。19 世纪末，先进人士在了解西方资本主义国家发展林业的行为后，为开拓财源，提出学习西方、发展林业的建议，清政府迫于压力，采取部分建

---

① 郎中相当于现在的司长，员外郎相当于科长，主事相当于科员。

议。光绪三十三年（1907年），慈禧太后对发展农林业作出明确的指令："著各将军、督抚迅饬所属，于兴学各业极力振兴，凡有能办农工商矿，或独立经营，或集合公司，其确有成效者即从优奖励"（朱寿朋，1958）。在内外压力推动下，晚清政府不得不改革管理机构，加强农林管理，成立专门的林业机构，组织资源的调查记录，制定相关章程，以图挽救危局。

光绪二十四年（1898年），作为戊戌变法新政之一，清政府设农工商总局，各省设立分局，各省府州县皆立农务学堂，广开农会，刊农报，购农品。农工商学事宜，一体举办。农工商总局设农务司，林业由农务司掌管。光绪二十九年（1903年）设商部，内设平均司，林业由该司掌管。光绪三十二年（1906年），在地方与中央权力斗争的推动下，工部并入商部，商部改称为农工商部，平均司改为农务司，其职掌范围包括农田、垦牧、树艺、蚕桑、森林、渔业、水产、丝茶等事宜。农务司起初设郎中、员外郎、主事共6名，以后官员增加到11名，还设有艺士、议员若干名。由此可见，林业官员极少。农工商部设立之后，调整了中央及地方的机构设置，关注农业改良，先后出台林业发展政策，采取了设立农务学堂、创办农事试验场、倡设农会、鼓励创设农垦公司、推广商品作物的种植等举措；筹议林业事业、调查林业区域，掌管全省的农工商业。光绪三十三年（1907年），在地方省级设劝业道，掌管全省的农工商业。其下设总务、农务、工务、商务、矿务、邮传6科。农务科掌管农田、屯垦、森林、渔业、树艺、蚕桑等事宜，并管辖农会、农事实验场。每科设科长、副科长各1人，设科员2~3人。省下的各厅、州、县设劝业员。同年，吉林省林业公司和吉兴林业总局成立。至宣统元年（1909年），一些省份成立了林业专门机构。清朝后期林政机构的设置如表5-1所示。

表 5-1   清朝后期林政机构的设置

时期	机构设置
光绪二十四年（1898 年）	清政府设农工商总局，其中设农务司，林业由农务司掌管
光绪二十九年（1903 年）	设商部，内设平均司，林业由该司掌管
光绪三十二年（1906 年）	商部改为农工商部
光绪三十三年（1907 年）	各省设劝业道，农务科掌管森林

二、中华民国时期（1912～1949 年）的林政管理体系

1912 年，中华民国成立。这一时期，中国社会性质仍然是半殖民地半封建社会。由于政权并未实现统一，不同政权管理的区域实施的林业政策也并不相同，森林资源持续被破坏，生态环境形势进一步恶化。期间，由于帝国主义的掠夺以及国家内部的森林乱砍滥伐以及森林火灾现象，造成森林资源的进一步减少，根据后来的推算，这一时期的森林覆盖率大约由 15% 下降为新中国成立时的 12.5%。在 38 年的时间内下降了 2.5 个百分点，达到了有史以来森林破坏的又一高峰（樊宝敏，2002）。

1. 北洋政府的林政管理机构

1912～1927 年，属于北洋政府时期。这一时期出现了一些我国近代以来最早的林业专门机构和官职，林政管理各方面均得到一定程度的发展，为中国林政管理发展奠定了基础。但由于政局动荡，社会环境影响下，林政力度微小，无论是政府还是群众，对林政的认识及重视程度均较低，这一时期林政实际产生的成效有限。北洋政府时期林政机构设置如表 5-2 所示。

表5-2 北洋政府时期林政机构设置

时间	机构设置
1912年1月	设立实业部，农务司管理林业
1912年4月	实业部划分为农林、工商两部，农林部下设山林司主管林业
1912年12月	吉林省设立林务总局，林业总局下设沈阳、哈尔滨林业分局
1913年10月	合并农林、工商两部，林业由农林司主管
1916年1月	划林区，设林务专员办事处或大林区署或森林局
1917年	撤销林务总局
1918年	设立由农商部直辖的吉林、黑龙江两个森林局

辛亥革命推翻清政府后，民国元年（1912年）1月1日，中华民国临时政府在南京成立，设实业部，分农务、矿务、工务、商务4司。林业由农务司主管。同年4月，临时政府迁往北京，实业部分分为农林、工商两部。农林部设农务、山林、垦牧、水产4司。林业由山林司主管（陈嵘，1982）。民国二年（1913年）10月，农林、工商两部合并为农商部，设农林、工商、渔牧3司和矿政局。林业由农林司主管。

民国五年（1916年），农商部设置林务处，掌管全国森林事务。该处设督办1人，由农商部次长兼任；设会办2人①，掌握具体业务，遴选确有林科学识和经验的人担任，另选技术人员、事务人员各若干名。

民国五年（1916年）10月，农商部以整理林务行政、精简管制为理由、裁撤林务处。该处主管的业务仍归农林司办理。这一年还将各省行政区域划为大林区，设林务专员1名。另外，在农商部设林务研究所，从事林务研究。民国十二年（1923年），林务研究所因经费支出被裁撤。

临时政府实业部下设直属的林业机构。民国元年（1912年）12月，

---

① 次长相当于副部长。晚清和民国初年，政府设有一些临时机构，其主管官员称督办或总办，副职称会办。

在吉林省设立林务总局，下设沈阳、哈尔滨两个林务分局，主要办理东北三省国有森林发放事宜。民国六年（1917年），林务总局撤销。民国七年（1918年），因中日吉黑林矿借款①成立，设立了由农商部直辖的吉林、黑龙江两个森林局，管理林务。民国元年（1912年）8月，农林部在北京天坛设林艺试验场，负责在北京附近育苗造林。民国二年（1913年）设立山东长清国立林业试验场。民国四年（1915年）6月，北京林艺试验场改为农商部第一林业试验场，山东长清国立林业试验场改为农商部第二林业试验场。民国九年（1920年），在湖北武昌设立农商部第三林业试验场。这些林业试验场实际上只从事一般的育苗造林，并不进行试验研究。民国十一年（1922年）12月，三个林业试验场都改为林场。

民国五年（1916年），以各省行政区划作大林区，设林务专员1名，由农商部会同该省巡按使②保荐，以有林科学识和行政经验的人担任。林务专员的职责范围包括：（1）公有林和国有林的管理；（2）林务调查和查勘境界；（3）林野测量绘图；（4）森林利用；（5）森林培养、保护和奖励；（6）采集树木种子和标本；（7）设置苗圃和造林；（8）森林主、副产物的利用；（9）设立森林会；（10）林务讲演和劝导；（11）其他林务。有的省设立林务专员办事处或大林区署。山东、安徽、江西等省则设立了森林局。有的省在大林区署下设立小林区署。如山西省设六个小林区署：大林区署兼第一小林区署设阳曲县（今太原市），第二小林区署设五台县，第三小林区署设宁武县，第四小林区署设大同县，第五小林区署设蒲县，第六小林区署设长子县。大林区署兼第一小林区署有工作人员9人，其他小林区署仅有工作人员4人。据不

---

① 民国六年至七年（1917~1918年），日本内阁为控制段祺瑞等军阀，在经济上对中国进一步侵略，与段祺瑞主持的北洋政府签订了8项借款，由西原龟三经手，故称"西原借款"。吉林、黑龙江森林，金矿借款为其中一项。

② 巡按使为北洋政府时期一省的最高民政长官，相当于省长。

完全统计，民国四年，全国有林业工作人员 100 多人。

2. 国民党政府的林政管理机构

1927～1949 年，国民政府统治时期，以孙中山先生的遗训制定的林政方针为：全国划分林区，广设苗圃，积极提倡造林。总体上继承、发展了北洋政府时期的政策法规以及林政管理体系。总体上可分为四个阶段。

第一阶段，农矿部时期（1928 年 3 月至 1930 年 12 月）。1928 年 3 月，国民政府在南京成立，设农矿部。部内设有参事厅、技术室、秘书处及农务、农民、矿业 3 司。林业由农务司掌管。同年 5 月，增设总务处；10 月，农矿部改设总务、农政、林政、矿政 4 司，由林政司掌管全国林业。同年 12 月，农矿部下设司调整，总务处、矿业司分别改称总务司、矿政司，职掌不变；农务司、农民司合并为农政司；增设林政司。林政司负责林政。林政司的职掌是：全国造林设计，造林场之筹设监督，树苗、种子试验、选择，国有森林保护、管理，私有造林事业奖励、指导，国有荒山调查、测量及利用、垦殖，国都国道植树，森林法之草拟编辑刊行，森林警察训练、指导，国产木材制造、利用、介绍、奖励事项。农矿部下设直属的林业机构。民国十八年（1929 年）1 月，农矿部发现北洋政府发放东三省国有林让中外木商采伐流弊很大，于是设立东三省国有林整理委员会。但两年后发生"九一八"事变，东北全境落入日本人手中，东三省国有林整理委员会也就裁撤了。后在原有基础上进行革新，改为中央模范林区管理局，由农矿部直辖管理。

第二阶段，实业部时期（1930 年 12 月至 1937 年 1 月）。民国十八年 3 月，农矿部与建设委员会共同设立中央模范林区委员会，以南京附近句容、六合、江宁 3 县为区域，进行育苗造林。民国十九年（1930 年）7 月，该委员会归农矿部直辖，改名为中央模范林区管理局。民国十九年 12 月，实业部成立，由农矿、工商两部合并组成。实业部成立后，北京、山东长清两个林场改为实业部直辖的模范林场。模范林场设场长 1 人，为荐任或委任，另设事务主任 1 人、技术主任 1 人、事务员 3～6 人，技术员 6～10 人，都为委任。模范林场的职掌范围包括：（1）森林种子的检定、试验和推广；（2）森林树苗的培养、试验和推广；（3）森林灾害的防除；（4）模范林的经营和管理；（5）公私有林的指导；（6）林地测候①；（7）森林副产物培养；（8）林产物的征集和展览；（9）其他事项。北洋政府农商部原设的武昌林场则由湖北省政府建设厅接收经营，改为湖北省立林业试验场。

实业部内设林垦署管理全国林业（樊宝敏，2002）。林垦署编制与人员超出一般司级机构，且结合了行政人员与技术人员。各省林业由建设厅、实业厅管辖，下设林务局或造林场。一些省划分了林区，设林务局或森林局。南京、北平、上海、青岛四个特别市在社会局下设农林事务所管理林业。各县则由建设局（科）管理林业。地方林业管理，不同省份因地制宜，由上至下，省级设立建设厅、实业厅主管林业，或以林场为单位设立森林局等机构进行林业管理；各县林业则设建设局管理。民国二十二年（1933 年），建设局经营范围增加江浦、当涂、和县 3 县。建设局设局长 1 人，分总务、技术、推广 3 课，每课设课长 1 人，总务课设课员 5 人、技术员 2 人；技术课设课员 2 人、技术员 10 人；推广课设课员工人、技术员 5 人。局长为兼任或荐任，课长为荐任或委任，课员和技术员为委任。② 总务课职掌范围为：（1）文书撰拟、收发和保管；（2）印信；（3）物品购置、修缮和保管；（4）编制预算和决算；（5）款项出纳和保管；（6）林业统计；（7）各项报告，计划的事核和

---

① 测候即气象和水文观测。

② 国民党政府的文官官阶分特任、简任、荐任、委任 4 级。特任官为文官的第一级官阶，由国民政府主席以特令任命，如中央各部的部长。简任官为文官的第二级官阶，由国民政府主席任命，如中央各部的次长、局长和各省的厅长等。荐任官为文官的第三级官阶，由主管长官推荐国民政府任命，如中央各部、局的科（课）长和各省的县长等。委任官为文官的第四级官阶，由主管长官直接任命，如科（课）员等。

汇编；（8）其他事项。技术课职掌范围为：（1）模范林场和苗圃的设置和经营；（2）模范林场和苗圃施业案的编制；（3）山荒土质的助查、分析和林野测量；（4）清理场面境界；（5）采种、育苗和造林作业法的选定；（6）育苗、造林技术的研究和改良；（7）保安林、风景林经营；（8）林产物的改良和增殖；（9）林业试验；（10）林警、林夫的训练和管理，其他技术事项。推广课的职掌范围包括：（1）指导和奖助人民造林；（2）强迫造林；（3）民营林业的保护和监督；（4）造林运动和林业宣传；（5）采集木材标本；（6）林业展览；（7）种子、苗木的推广、交换和代办；（8）林产物的保管和买卖；（9）林业合作；（10）林业调查；（11）其他推广事项。

第三阶段，经济部时期（1938 年 1 月至 1940 年 5 月）。1938 年 1 月，受战争社会环境影响，为适应抗日战争形势和当时社会现状，实业部改为经济部，撤林垦署，林业由经济部农林司管理。抗日战争期间，中国东部各地的机关、学校、企业和人口大量西迁，西部林业经营逐渐开始，因此相继成立了一些林业机构。

第四阶段，农林部时期（1940 年 5 月至 1949 年 4 月）。民国二十九年（1940 年）5 月成立农林部，农林部系由原经济部农林司扩组而成，部内林业司主管林业行政。林业司分为 3 科。第一科主管林业法规、林业争议调处、林业团体的登记和监督指导、林务人员的登记和考核、森林警察、林业考查、林业统计等。第二科主管国有林的划定和经营管理，公私林场和苗圃的管理监督，优良种苗的选定和推广，特种经济林的倡导和奖励，保安林、风景林、森林公园的设置和保护，纪念造林和公路植树的推行，育苗造林成绩的考核等。第三科主管宜林荒山荒地测勘和登记、山林勘查和登记、林区编定整理和林区划分、天然体整理和保护、森林和宜林荒山荒地的发放、林产物利用和奖励、狩猎管理、林业学术研究和改进等。农林部的下属机关有农业、林业、渔业、畜牧、垦殖、农村经济等各种实验、示范、管制和推广机构，主要有：中央农业实验所、中央林业实验所等。

民国三十年（1941年），在重庆成立了中央林业实验所，设有造林研究组、林产利用组和调查推广组。民国三十年至三十三年（1941～1944年）。先后成立了一批国有林区管理处。国有林区管理处的职责为：掌管所辖林区内（1）森林的业权清理、测量、区划和整理；（2）保安林的规划管理；（3）军联国防林的调查、规划和管理，军工用材林木的调查和开发利用；（4）施业方案的编订和施行；（5）森林风、火等灾害的防护管理和病虫害防治；（6）木材利用和市况的调查；（7）副产、特种物产的经营和加工制造；（8）森林主副产物的利用、运输和保存；（9）公私有林经营、林业合作的指导和协助；（10）林区警卫；（11）其他有关事项。管理处设主任1人，为荐任。处内设技术、事务两股，各设主任1人，由技正或技士①兼任。全处设技正1～2人（荐任）、技士2～4人（委任）、技佐3～5人（委任）、事务员2～5人（委任），会计1人（委任）。

民国三十年至三十二年（1941～1943年），先后成立农林部直辖的经济林场4处。第一经济林场设在贵州省镇远县，以培育松、杉、油桐为主。第二经济林场设在陕西省陇县，主要培育国防用材核桃木。第三经济林场设在广东省乐昌县，以培育樟、桉为主。第四经济林场设在广西省龙州县，主要培育橡胶树、金鸡纳树、八角树和咖啡树等。各经济林场的职掌范围为：（1）经济林木的栽培、繁殖和造林；（2）林场施业方案的编订和实施；（3）林场苗面地的开辟、整理和育苗；（4）森林主副产物的经营和加工、制造利用；（5）优良种苗的繁殖推广和林

---

① 国民党政府的技术人员官职分技监、技正、技士、技佐四个等级，同现在的技术职称相比，技监相当于高级工程师（一个单位只设技监1人，为技术负责人），技正相当于工程师至高级工程师，技士相当于助理工程师至工程师，技佐相当于技术员至助理工程师。

木病虫害防治；（6）林业合作社和公私有林的协助、指导、经营、保护；（7）林场警卫和员工教育、医药卫生；（8）其他事项。经济林场的人员编制与国有林区管理处大致相同。第一经济林场于民国三十四年（1945年）10月裁撤。第二经济林场于民国三十三年（1944年）裁并为秦岭国有林区管理处的工作站。因此，抗日战争胜利后，第三经济林场改为第一经济林场，第四经济林场改为第二经济林场。

民国三十一年至三十三年（1942～1944年），先后设立了农林部直辖的水源林机构。民国三十一年（1942年）9月，在河南省洛宁县设黄河水源林区洛水分区，民国三十三年（1944年）裁并为秦岭国有林区管理处。民国三十一年（1942年）9月，在陕西省南郑县设长江水源林区汉水分区，民国三十三年（1944年）改并为秦岭国有林区管理处的工作站。民国三十一年（1942年）10月，在贵州省罗甸县设珠江水源林区红水河分区，民国三十四年（1945年）裁并为西江水土保持实验区工作站。民国三十二年（1943年）10月，在江西省赣县设赣韩两江水源林区，民国三十六年（1947年）改为东江水土保持实验区。民国三十三年（1944年）1月，在甘肃省平凉县设黄河水源林区泾水分区，民国三十四年（1945年）改为天水水土保持实验区工作站、水源林区设管理处，其职责为：（1）涵养水源、防沙、防风等森林的调查管理和业权清理；（2）涵养水源、防沙、防风等森林的编入或解除；（3）涵养水源、防沙、防风等森林的测量区划和整理；（4）施业方案的编订和施行；（5）天然林的保护、补植和更新；（6）各种森林灾害的防治；（7）河流勘查和测候；（8）土地利用和土壤调查；（9）理水防沙、水土保持的森林工程；（10）其他有关事项。管理处设处长1人（荐任）。处内设技术、事务两股，各设主任1人，由技正或技士兼任。全处设技正1~2人（荐任）、技士2~4人（其中荐任1人，其余为委任），技佐和事务员各4~7人（委任）、会计主任1人和会计助理员1~3

人（均委任）。在河流的重要支流设水源林分区，在未设水源林区管理处的地方，水源林分区管理处直隶于农林部。分区管理处设主任和技正各1人（均荐任）、技士1人（委任）、技佐和事务员各2~3人（均委任）、会计1人（委任）。

民国三十一年（1942年）8月，在甘肃省天水县设立天水水土保持实验区，有平凉、兰州两个工作站。民国三十三年（1944年）8月，在广西省柳州县设立两江水土保持实验区，有南宁工作站。民国三十六年（1947年）1月，将原设于江西省赣县的赣韩两江水源林区管理处改为东江水土保持实验区，有赣县、河田两个工作站。水土保持实验区掌管所辖区域内：（1）土地利用和土壤调查研究；（2）森林调查和业权登记；（3）森林的测量和整理；（4）保安林的编定和营造；（5）草本和木本地被物的调查研究和增殖；（6）森林和其他地被物的保护；（7）水流、池沼的勘查和测候；（8）理水防沙和水土保持工程；（9）其他水土保持实验事项。实验区设主任1人（荐任），设水土保持、水源林、土地管理、总务4股。全实验区设技正2人（荐任）、技士2人、技生4~6人、事务员2~4人、会计1人（均为委任）。

民国三十年（1941年）10月，在湖南省会同县洪江镇设立洪江民林督导实验区。其职掌范围为：（1）民营森林技术上的指导和协助；（2）植树造林运动的促进；（3）乡村人民公有林和族有林的促进；（4）原野丛林示范；（5）苗木培植和推广；（6）办理特约民林；（7）林业合作社和森林保护团体的促进；（8）协办林业贷款；（9）接受林户委托办理营林；（10）指导人民承领官荒造林；（11）其他有关林业推广的实验。民林督导实验区设主任1人（荐任），设技术、推广两股，股长由技正或技士兼任。全区设技正1~2人（荐任）、技士2~4人、技佐6~10人、事务员3~5人、会计1人、会计助理员1~2人（均为委任）。

民国三十六年（1947 年），据农林部林业司统计，全国有高级林业人才 1 120 人，低级林业人才 940 人。

民国三十四年（1945 年）11 月 1 日成立农林处。12 月 8 日，在农林处下设林务局。林务局有秘书、总务、林政、经理、营林、林产、会计、技术 8 课和统计室，并直辖模范林场和山林管理所。民国三十七年（1948 年）6 月 16 日，农林处林务局改为农林处林产管理局。林产管理局设秘书室（分机要、文书两课）、人事室（分第一、第二、第三课）。总务组（分保管、出纳、事务 3 课）、作业组（分生产、利用两课）、营林组（分保安海岸林、经济林、森林治水 3 课）、供需组（分营业、管制两课）、工务组（分营缮、运输、机电、考工、材料、林道 6 课）、枕木组（分计划、检验、管理 3 课）、技术室（分设计调查，审核视导、编纂 3 课）、会计室（分会计、账务、综核 3 课）、统计室（分编审、研究、调查 3 课）、购料委员会和福利委员会，并辖阿里山、太平山、八仙山、峦大山、竹东、太鲁阁 6 个林场和台北制材工厂。全局职员共 339 人，其中局长 1 人，副局长 2 人，专门委员 5 人，技正 27 人（包括日籍留用人员 5 人），技士 34 人，技佐 23 人。林场为伐木、制材的企业。

台湾全省被划为十个林政区域，每区各设山林管理所 1 处，由林产管理局直辖。面积较大的山林管理所下设分所和工作站，有的还设有驻在所和检查站。各山林管理所设有营林组、林产组、总务组、会计室，还有统计员、人事管理员和秘书。营林组分造林、治水、经理和林政 4 股。山林管理所的主要职责是经营管理山林和造林。

民国三十七年（1948 年）9 月 5 日，台湾省政府决定，将十个山林管理所和四个模范林场由农林处直辖，林产管理局则专管伐木、制材、林产品加工和木材配售等。

1949 年 3 月，农林部缩编为经济部农林署，仍掌理全国农林渔牧行政及业务。

三、革命根据地和解放区政府时期（1927～1949 年）林政管理体系

1927～1949 年，革命根据地政府时期，各根据地和解放区政府设有林业机构，根据形势独立设置或者与其他部门合并，共同发展。1929年，中国工农红军第四军主力从井冈山先后进入赣南和闽西，在当地共产党组织和红军游击队的配合下，开辟了赣南根据地和闽西根据地。1931 年 9 月，两个根据地连成一片，建立了中央革命根据地。1931 年 11 月，在江西瑞金召开了第一次全国工农兵代表大会，宣布成立中华苏维埃共和国临时中央政府，简称中央工农民主政府。1933 年 4 月，中央工农民主政府设国民经济委员会，林业由这个委员会主管。

按照《中华苏维埃共和国宪法大纲》和《中华苏维埃共和国中央苏维埃组织法》规定，中华苏维埃共和国的最高权力机关是全国苏维埃代表大会，中央执行委员会是全国苏维埃代表大会闭会期间的最高政权机构，中央人民委员会为中央执行委员会的行政机关，即中华苏维埃共和国的最高行政机关。人民委员会下设外交、劳动、土地、军事、财政、国民经济、粮食、教育、工农检察、内务、司法等人民委员部，各人民委员部下设部务委员会，作为讨论和建议该部工作的机关。

按照苏维埃组织法规定，中央土地部下设土地委会，为讨论和建设关于土地斗争，土地生产各种问题的机关。土地委员会下设四个局："土地建设局，管理发展农业生产事项，如各季的耕种与收获、农产品展览所、犁牛合作社、劳动互助社等；没收分配局，管理依照土地法令对土地财产之没收分配及对土地之检查；山林水利局，管理坡、河堤、池塘的修筑与开发，水车的修理和添置，山林的种植培养、保护与开垦

等；调查登记局，管理土地的调查、登记、统计及发给土地证等"（蒋伯英等，1999）。

山林水利局的职能是：管理全国水利，如陂、河堤、池塘等水利的修筑与开发，水车的修理和添置，山林的种植培养、保护与开垦等。中央山林水利局成立时，由于人手紧缺，各局局长一时无法配齐，农业生产和山林水利建设工作由中央土地部部长张鼎丞兼管。山林水利局领导任职情况：张鼎丞（兼管）（1931年11月至1932年3月），李崇葵（负责）（1932年6月至1933年1月），胡海（局长）（1933年2月至1933年4月），李崇葵（负责人）（1933年5月至1934年夏），胡魁元（负责）（1934年夏至1934年10月）。

中国工农红军主力长征到达陕北以后，于1937年成立陕甘宁边区政府，边区政府设有建设厅，林业由该厅主管。1940年初，在延安杜甫川成立光华农场。这个农场分农艺、园艺、林业和畜牧兽医4组。林业组的主要任务是，调查研究边区林业生产问题和培育树苗。1940年末成立了边区林务局，局内设林政科、技术科和会计室，并直辖两个实验林场和一个苗圃。陕甘宁边区设有七个林区。林务局的主要任务是：统筹规划边区的林业生产建设，协助各县制订林业生产计划，研究和改进造林、护林和林产品加工工作。第一实验林场设在延安南三十里铺，任务是保护、管理原有森林，改造、抚育天然残林。第二实验林场设在延安西南万花山，任务是研究山丘地带人工造林。苗圃设在延安杜甫川口，与光华农场的苗圃并在一起。1942年，边区政府实行精兵简政，林务局被撤销，边区的林业工作仍由建设厅主管，光华农场又重建苗圃，开展育苗等林业工作。

1941年，晋冀鲁豫边区政府设农林局，其所辖各行政公署和专员公署都设有农林局。晋绥边区行政公署设林业管理委员会，下设吕梁山、方山、管涔山三个林委会，在县里设有林业管理所和护林委员会。

1943 年，晋察冀边区政府成立农林牧殖局，其下各专员公署和县政府则设实业科，林业由实业科管理。

1946 年，晋察冀边区政府设农林处，各行政公署设农林处，各行政公署设农林科，各专员公署仅设农林视察员，各县政府也设农林科。

1948 年，北岳行政公署设农林厅，并设北岳区林牧场。林牧场分总务、林业、畜牧 3 股，下设五台山、驼梁、恒山、殿子山、白羊峪、大营六个林区。

1948 年，晋察冀和晋冀鲁豫两个边区政府合并，成立华北人民政府。华北人民政府设农林部，部设林牧处和直属的冀西沙荒造林局。原北岳区林牧场改为五台山林牧局，也归华北人民政府直接领导。

在东北解放区，1948 年，东北行政委员会成立林务总局，各省、县设林务局。例如，松江省林务局设带岭分局，黑龙江省林务局设铁力、绥棱、圣浪分局，安东省林务局设临江、三岔子、抚松分局，内蒙古自治区林务局设阿尔山、扎兰屯、牙克石、巴彦分局。各县也设林务局，分别管理各自境内的林业生产。

第二节　现代林政管理体系演变

在探索前进的过程中，新中国中央林业管理部门先后经历了林垦部（1949 年 10 月至 1951 年 11 月）、新中国成立之初的林业部（1951 年 11 月至 1956 年 5 月）、林业部与森工部分立（1956 年 5 月至 1958 年 2 月）、两部合并后的林业部（1958 年 2 月至 1970 年 5 月）、农林部（1970 年 5 月至 1979 年 2 月）、改革开放后的林业部（1979 年 2 月至 1998 年 3 月）、国家林业局（1998 年 3 月至 2018 年 3 月）、国家林业和草原局（2018 年 3 月至今）8 个主要时期（见表 5-3）。

表 5-3　　　　　　　　　中华人民共和国时期林政机构的设置

时期	机构设置
1949 年 10 月	设立中央人民政府林垦部，内设林政司、造林司、森林经营司、森林利用司和办公厅
1951 年 11 月 5 日	林垦部改为林业部
1954 年 11 月 30 日	中央人民政府林业部改为中华人民共和国林业部
1956 年 5 月 12 日	成立中华人民共和国森林工业部，主管全国的森林工业
1958 年 2 月 11 日	撤销森林工业部，与林业部合并
1962 年 11 月 18 日	成立东北林业总局
1963 年 3 月 7 日	成立木材公司
1970 年 5 月	林业部和农业部合并，成立农林部
1978 年 5 月	国家林业总局成立
1979 年 2 月	撤销农林部，成立农业部和林业部，林业部主管全国营林和森林工业工作
1998 年 5 月	林业部改为国家林业局
2018 年 3 月	组建国家林业和草原局，不再保留国家林业局

1. 林垦部时期

1949 年 10 月，中华人民共和国成立，为管理全国林业经营和林政工作，设立中央人民政府林垦部，内设林政司、造林司、森林经营司、森林利用司和办公厅。党和政府迅速建立起从中央到地方多等级的林业行政管理机构。林业机构依据党的政策和国家行政法则对全国林业进行有效管理。为加强地方林业管理，设置地方管理机构，对于七个大行政区，在东北大区设立林业部，其他大区设农林部，省区设林业厅或农林厅。到 1951 年，全国已经建立林业专业机构 550 多处。此外，这一时期各类林业教育和科研机构纷纷建立（樊宝敏，2002）。

2. 林业部时期

1951 年 11 月 5 日，中央人民政府林垦部改为中央人民政府林业部，垦务工作交给农业部管理。1954 年 11 月 30 日，中央人民政府林业部改为中华人民共和国林业部，梁希任部长。新中国成立初期，百废待兴，国民经济的增长是国家发展的首要目标，工业发展是国家重点关注领域，此时的林业管理主要依赖于各大行政区。1954 年，撤销大行政区后，原大行政区下的国有林区及集体林区所设林业管理机构均交由林业部和各省、自治区林业厅、局领导。中央统筹规划各林区生产和建设，垂直管理国家林业。

3. 林业部与森工部并立时期

第一个五年计划实施，社会经济建设发展对林业资源的需求加大。为适应这一需要，1956 年 5 月 12 日，经全国人大常委会决定，成立中华人民共和国森林工业部，主管全国的森林工业。森工部内设 10 个司局，具体划分职责，管理国家森林工业。同时保留林业部，主管全国造林营林和林产品生产，内设 7 个司局（李莉，2017）。第一个五年计划完成后，各地区相关企业数量增加，管理难度加大，中央对各地了解不足，不能够针对性施策。为解决这一问题，中央将权力下放至各省、自治区。但是在"左"的错误思想的指导下，企业自主权并没有真正得到落实和体现，企业生产出现停滞状态（樊宝敏，2002）。专门机构设立，科学规划发展。这一时期，我国森林工业得到迅速发展，但是在苏联模式影响下，营林与森工分离的行政管理体制造成了采伐森林和培育森林之间的许多矛盾。

4. 两部合并后的林业部时期

1958 年，中央对经济体制进行改革，改革的中心是扩大地方权限，林业部又把直属林业企业下放给各省、自治区管理，扩大地方对林业的管理权限。

1958 年 2 月 11 日，第一届全国人大常委会第五次会议决定，撤销森林工业部，与林业部合并。1958～1960 年"大跃进"时期，在经济建设上急于求成，过于冒进，目标制定脱离实际，造成全国经济陷入严重困境，林业建设也受到"大跃进"和人民公社化的影响，出现严重的挫折危机。为纠正错误，改善局面，1961 年，中央提出"调整、巩固、充实、提高"八字方针。为了恢复经济，中央将地方权力上收，起到一定的作用，但是回到之前权力集中的局面，旧有矛盾再次显露。所以，中央逐步调整，在经济有所起色后，又将部分权力下放。

1962 年 11 月 18 日，中共中央、国务院作出《关于成立东北林业总局的决定》，东北、内蒙古森工企业通过东北林业总局由林业部直接管理。1963 年 3 月 7 日，国家经济委员会、林业部、商业部发出《关于成立木材公司的通知》，木材公司成立，统一经营管理全国范围内的木材。1964 年 1 月 17 日，大兴安岭林业特区获批准成立，由国家林业部与省份双重管理。实行政企合一，高度中央集权的计划管理体制，又将部分权力下放给地方。尽管林业管理权力部分下放给地方政府，但林业决策模式仍然延续着以往由中央到地方的垂直模式，地方政府和基层林业管理部门只是在林业政策执行上相比以往有更大的主动权。

1966 年，"文化大革命"开始后，林业管理机构被撤销，专业干部和技术人员大量流失。林业部于 1967 年 10 月实行军事管制，原有的行政管理机构和生产指挥系统被打乱，工作基本停滞。

1967 年 2 月，中共中央、国务院作出关于黑龙江省林业领导问题的批复，决定将权力下放，黑龙江省革命委员会领导黑龙江省林业发展管理。1969 年 1 月 9 日，林业部所属的吉林省林业管理局、内蒙古林业管理局下放给地方统一领导。全国的国有林场除山西省外，管理下放，83% 的国有林场下放到县或公社管理，管理机构全部撤销，人员也陆续下放（樊宝敏，2002）。在这一阶段的社会环境影响下，我国林业建设发展受到影响，森林资源管理停滞并出现混乱局面。

5. 农林部时期

1970 年 5 月，林业部和农业部合并成立了农林部，林业行政管理工作才开始有所转机（李莉，2017）。"文革"期间，林政管理混乱，机构撤销，处于瘫痪状态，管理专业人员流失，机构合并，成立农林部，原部署企业下放到地方，农林部内设立一个局主管全国林业，林业工作遭受冲击。在1971～1973年和1975年邓小平同志主持国务院工作期间，进行了两次整顿和调整，一批老干部和管理、技术人员陆续恢复工作，给林业建设带来了转机（樊宝敏，2002）。经过时间和实践的检验，发现将两个部门合并，并不能够很好地处理事务，相互推脱扯皮，不利于农业以及林业的发展，加上林业政策的不稳定性带来的森林资源的严重毁坏，为挽救危机、扭转局面，1978年5月，国家林业总局成立。

6. 改革开放后的林业部时期

1979年2月16日，中共中央、国务院决定撤销农林部，成立农业部和林业部，林业部主管全国营林和森林工业工作。同时，各省、自治区、直辖市的林业、农林厅（局）也相继恢复或者重建。从中央到地方，林业行政管理体系逐渐形成，各级林业主管部门担负起组织实施造林绿化规划、保护管理森林资源的重任。改革开放后，在中央领导下，混乱局面得以扭转，地方林政机构得以重建，林政管理体系逐步形成。1982年2月28日，中央绿化委员会成立。此后，各级绿化委员会也相继成立。1987年7月18日，中央森林防火总指挥部成立。林业部经过1986年、1988年、1993年三次国家机构的改革，都作为单独的行政部门存在，这对林业的改革和发展起到了非常积极的作用（李莉，2017）。

7. 林业局时期

根据国家机构改革的统一安排部署，1998年5月，林业部改为国家林业局，列入国务院直属机构序列，行政级别降格为副部级。全国部分省、自治区林业厅随之改为林业局，行政级别相应降低。这一时期的林业建设进入新的阶段。1999年2月，全国林业厅局长会议召开，国家林业局在总结我国林业建设发展 50 年经验教训的基础上，提出新形势下林业发展的思路：遵循现代林业的思想，按照建立比较完备的林业生态体系和比较发达的林业产业体系的目标，大力推进和深化林业分类经营改革，以此为突破口来促进整个林业的改革和发展（国家林业和草原局政府网，2000）。之后，在党中央领导下，国家林业局始终坚持目标引领，立足实际，积极推进林改，林业工作建设达到新的高度。

8. 国家林业和草原局时期

2018 年 3 月，根据第十三届全国人民代表大会第一次会议批准的国务院机构改革方案，将国家林业局的森林、湿地等资源调查和确权登记管理职责整合，组建中华人民共和国自然资源部；将国家林业局的森林防火相关职责整合，组建中华人民共和国应急管理部；将中华人民共和国国家林业局的职责整合，组建国家林业和草原局，由中华人民共和国自然资源部管理；不再保留国家林业局。

国家林业和草原局主要职责包括：负责林业和草原生态保护修复的监督管理，组织林业和草原生态保护修复以及造林绿化工作，负责森林、草原、湿地资源的监督管理，负责监督管理荒漠化防治工作，负责陆生野生动植物资源监督管理，负责监督管理各类自然保护地等。

2018 年 7 月，中共中央办公厅、国务院办公厅印发《国家林业和草原局职能配置、内设机构和人员编制规定》。规定国家林业和草原局是自然资源部管理的国家局，为副部级，加挂"国家公园管理局"牌子。国家林业和草原局设 15 个司（局、室）和机关党委、离退休干部局，机关行政编制 429 名；跨地区设置森林资源监督专员办事处 15 个，作为派出机构，行政编制 304 名。

2023 年 3 月，中共中央、国务院印发了《党和国家机构改革方案》，方案未涉及国家林业和草原局的机构改革事宜。

中国林业的振兴、生态环境的显著改善，最终需要落实到制定并执行正确的林业政策（政策创新）以及林业管理上来，根据国情和形势制定科学管理政策，构建科学管理体系，利用科学技术，构建信息化管理平台，大力推进森林、草原、湿地、荒漠四大自然生态系统和生物多样性"五位一体"林业治理体系现代化，扎实推进科学化、信息化、机械化、制度化、国际化"五化协同"林业治理能力现代化，向2035年基本实现林业现代化和2050年全面实现林业现代化战略目标迈进（李世东，2022）。

综合本章内容，我国林政管理机构设置的历史演进是一个循序渐进、逐步完善的过程。从清朝后期开始逐步向西方学习，初步奠定了林业管理基础。新中国成立之后，在党中央领导下的林业建设是一个不断探索，出现问题、解决问题的过程，在曲折中不断前进，结合中国林业现状不断进行管理机构革新，不断创新林业管理体系，促进林业治理现代化。

本章推荐读物

[1] 熊大桐. 中国近代林业史 [M]. 北京：中国林业出版社，1989.

[2] 中华苏维埃共和国林业史编纂委员会. 中华苏维埃共和国林业史 [M]. 北京：华文出版社，2020.

[3] 王长富. 中国林业经济史 [M]. 哈尔滨：东北林业大学出版社，1990.

[4] 刘德钦. 林政管理学 [M]. 北京：经济科学出版社，2010.

[5] 柯水发，姜雪梅，田明华. 林业政策学 [M]. 北京：中国农业出版社，2014.

[6] 郑辉. 中国古代林业政策和管理研究 [D]. 北京林业大学，2013.

本章思考与讨论

1. 近代林业管理机构设置有哪些特点?

2. 近代林业管理机构设置演变有哪些规律?

3. 林业管理机构设置主要受哪些因素影响?

4. 现代与近代林业管理机构设置相比有哪些异同点?

5. 未来林业管理体系将会如何演变?

第三篇　近现代林业经济思想史

第六章

清朝后期林业经济思想史[*]

林业经济思想是关于林业经济建设和发展的理论、观点，既包括对林业在国民经济发展中地位和作用的认识，也包括对林业经济发展的目标、道路、体制机制和政策保障的认知（中国林业经济学会、国家林业和草原局管理干部学院，2019）。

本书的林业经济思想包括国家领导人和林业部门负责人为代表的领导集体的林业经济认知、林业发展思想和执政理念等，也包括学者的学术观点、理论思考和学科贡献。林业经济思想不可避免地受当时所处时代和社会背景、当时的林业发展形势与任务要求的影响，是领导人和学者对林业发展的认知、判断与态度的一种主观偏好和客观反映。当然，林业经济思想的形成也会受到当时所处世界林业发展态势的影响。林业经济思想既是当时林业事业建设实践的产物，又为林业改革和发展提供重要的思想源泉和理论依据（中国林业经济学会、国家林业和草原局管理干部学院，2019）。

在清朝后期半殖民地半封建社会里，受西方思想文化的影响，我国传统的以农本思想和风水观念为主体的林业思想受到冲击，发生变化。向西方林业学习、兴办林业教育、加强林政管理、振兴林业等近代林业

---

* 本章参加编著人员：柯水发、赵铁珍、王雨濛、吕晓萱、袁雪婷、纪元。

思想迅速兴起。鸦片战争后，清政府被迫向西方打开国门，国外先进的林业发展思想逐渐渗透到国内，与传统的林业思想相结合，推动本土林业经济思想的萌芽与发展。本章旨在系统梳理清朝后期农工商部和主要代表性学者的一些林业经济思想，对林业发展有借鉴作用。

第一节　清朝后期农工商部（商部）的林业经济思想

光绪二十二年（1896年），御史华辉上奏折，倡导"广种植、兴水利"，提出发展林业的建议。他认为，森林有防旱灾、防止水土流失的作用；林业与水利应相互结合（樊宝敏、李智勇，2007）。他认为，发展林业需要政府给民以补助，重视发展经济林，对造林和毁林依法实行奖罚。这种思想在当时是很先进的。光绪二十九年（1903年），巡抚岑春煊建议调查各类土地，提倡荒地开垦和荒山造林。光绪三十二年（1906年），御史赵炳麟上折奏，条陈振兴农林业。赵炳麟强调首先对森林资源和宜林地进行详细的调查，然后由农工商部制订切实可行的章程（樊宝敏、李智勇，2007）。

光绪帝以世界潮流所趋，曾督促各地发展农林事业。光绪二十三年（1897年），光绪帝下诏谕云："桑麻丝茶等项，均为民间大利所在，全在官为董劝，庶几各治其业，成效可观。着各直省督抚，督饬地方官，各就土物所宜，悉心劝办，以浚利源。"于是设专官、兴学校倡办林业（陈嵘，1983）。

商部设于光绪二十九年（1903年），统掌全国商务政令及铁路、矿务、工艺与某些农事。光绪三十二年（1906年）将工部并入商部，改为农工商部。晚清时期商部（农工商部）成立后，清政府对林业生产非常重视，为推动林业的改良和发展，制订和实施了一系列振兴林业的办法和措施（苑朋欣，2010）。

第一，资源保护。清朝后期，由于战争频繁，日俄侵略掠夺，加以"民间只知砍伐不知补种"，森林资源已遭到很大程度的破坏。到清朝末年，各地森林"野生者行将用尽，人造者尚少萌芽"，使这一时期成为百年来森林毁坏最为严重的时期（苑朋欣，2010）。在此情况下，农工商部意识到我国"林业关系重要，亟宜振兴"，开始重视林业资源的保护。《大清律例》规定"近边分守武职并府、州、县官员，禁约该管军民人等，不许擅自入山将应禁林木砍伐、贩卖，违者，发云、贵、两广烟瘴稍轻地方充军""凡弃毁人器物及毁伐树木、稼穑者，计赃，准窃盗论"。宣统元年（1909年），清政府农工商部在奏请研究制定《振兴林业办法》的奏折中，概略性提到了森林具有多种重要生态作用，"可防风灾、飞沙""可防湍流潮水""可防沙土崩坏、雪石颓坠""可养水源""可供公共卫生之用""可为名胜风景之处"，上述益处"皆可以保国家与人民之安，而为森林之间接利益也"（陶吉兴，2022）。

第二，开展调查。通过林业调查，可以掌握各地的林业基础禀赋和发展情况，从而制订切实可行的林业发展办法和措施。商部（农工商部）成立后，为振兴林业生产，非常重视林业调查，指出"筹办森林自必先从调查入手"（苑朋欣，2010，以下内容均参考此文）。光绪二十九年（1903年），商部成立之初，即有请旨通饬各省振兴农务之奏，要求各省督抚通饬各州县开展农林调查，将调查情况各列一表，并附说略汇报商部，以便"实力劝导，广兴艺植"；宣统元年（1909年）后，农工商部迭次咨请各省调查林业，并多次严催各省将调查情况汇报到部。宣统元年三月，农工商部在一份奏折中要求各省"由各该地方官就所护境内履勘清查，……其荒山、荒陇以及河岸、村角、沙漠、水滩、轨路两旁等处则宜林木。林业则松、杉、桑、棉暨各项杂木果树，应就土性所宜分别种植"（苑朋欣，2010）。除通咨各省调查外，商部（农工商部）还直接派员调查林业，如商部曾于光绪二十九年"遴员分往各省考察土货，履勘林业，并令各直省商务议员统筹办法"（苑朋欣，2010）；光绪三十一年（1905 年）又派员前往长白山一带调查森林。此外，鉴于欧美各国经营森林卓有成效，调查的地域还涉及国外。例如，宣统元年农工商部"分咨出使各国大臣，调取各国森林专章"，并"遴选熟习农务之员就近派往日本考察造林之法"（苑朋欣，2010）。其目的是通过实地调查，找出林业振兴之法。

第三，兴办森林。商部（农工商部）在倡导林业调查的同时，还大力督促各省官吏重视造林。农工商部在奏折中多次强调，"林业为利甚薄，而收效甚迟，若国家无整齐划一之章程，官府无切实营办之责任，而全恃民人自为之能力，则森林之成立必永永无期"，以及"他若种树之利，各国重以专门之学，应令各省督抚出示晓谕民间，就土性所宜设法栽种"。对于造林的方式，有奏折中提出，"或酌拨官款兴办，或就地方公款遴委公正殷实绅董经办，或于官股外招集商股，按照公司章程作为官民合办，应准其体察情形，因势利导"。对于各省造林一事，农工商部高度重视，多次通咨，"专折奏催"，并且会直接督促某些地方大吏提倡造林，包括川闽等地。比如，农工商部调查发现四川省天然林较多而人造林缺乏，于宣统元年五月间"电致赵帅转饬劝业道设法提倡"；宣统元年八月十三日又电致闽督，指出"闽省多山地，大半荒废，务请分派妥员详细覆勘，设法推广种植，兴办林业，勿任久为旷废"；此外，还有西北地区，"通饬伊犁阿尔泰各处经管大臣……，相应于各薄瘠地方不能垦辟者，设法栽种树株，振兴林业，以期地无闲旷"；以及"提议于西北各处大兴森林事业，凡一切筹款用人各事责成各疆臣通盘筹划"。为督促地方官员重视造林，防止出现玩忽职守等现象，农工商部还专门制订了针对地方官员的奖惩办法。在《推广农林简明章程》中，各直省地方官筹办农林事宜是考核内容之一，规定各地造林"规模若何，成绩若何，年终编列表说，汇报该管上司咨部，由部分别优劣等差，每届三年，其切实办理者，择优奏奖，敷衍塞责或并无报告者，指名严参"。

第四，奖励优待。为鼓励民间造林、振兴林业，商部（农工商部）还出台了积极的奖励政策，给民间造林提供种种便利。农工商部一方面鼓励个人造林，规定"种树 5 000 株以上成材利用者，拟奖给三等商勋，并请赏加四品顶戴"，以及"凡绅商农民集股合资筹办农林已半有成效，或有资本不继，周转为难，应禀由地方官查明收支账册并无混弊，而成绩实有裨地方公益者，准其酌拨公款，量与补助。绅商农民筹办农林卓著成效者，即应从优奖励"。另一方面，还出台了一系列鼓励发展农林公司的措施，"于各省绅商之禀办农业公司者，莫不优加奖励，量予维持"，对于成效良好的公司，从优奖励。农工商部颁布的《华商办理爵赏章程》中，为振兴包括林业在内的各项实业，规定凡国内巨富、海外侨商能出资本创设实业局厂公司者，以资本大小、雇工之多寡作为国家赏爵的依据。为了创造条件推动农林公司的成立和发展，农工商部要求地方官准予立案并出示晓谕，给予保护，且公司成立后还要求地方官支持公司购买荒地（苑朋欣，2010），即"如有公正殷实绅商招集股款，设立公司，筹办农林，应准其指定区域，承领官荒，收买民荒，由地方官填给印照，准令开办"。这些措施极大地刺激了一些官僚、绅士及华侨、商人纷纷筹款，从政府手中购得土地，用集股的方式兴办新式农垦公司从事农林经营。

第五，倡办学堂。商部刚设立时，就把"立农学堂，兴试验场""设农务学堂以资讲习"作为振兴农务之法。商部查得袁世凯在天津设立的农事半日学堂，讲肆多在农隙之时，认为"用意最为美善"，命令各省效仿，于省会设农务学堂、乡村设农务半日学堂。宣统元年，农工商部要求州县一律设法建立农林学堂，并专门拟定了农林学堂章程，颁发至各省要求"遵照办理"，使各地办学有章可循。对于农林技术试验，商部多次咨行各省于繁盛商埠酌设试验场，比如，光绪三十二年（1906年），于北京西直门外乐善园设京师试验场，"所有树艺、蚕桑各项均按新旧理法试验研究""期于首善之区，借示农业模范，为广开风气，振兴实业之基础"，希望通过试验，"使乡民心领其意，咸知旧法之不如新法，乐于变更"。宣统元年，农工商部又奏请朝廷："各直省地方应设农林学堂一所，农林试验场一区，其已设有农业学堂农事试验场者，应将林业事宜增入，其府厅州县各乡镇地方应按区酌设农林讲习所、农林演说会，授以农林学大意暨一切改良农林各项办法。"各地农学堂、试验场成立后，大多将林业作为专业学习和科学试验的重要内容，林业技术改良得以推广普及。

综上所述，商部（农工商部）成立后，自始至终积极倡导振兴林业、鼓励林业公司的创立，推动林业经营方式和林业科技教育的进步，使林业振兴成为一项系统工程、一种有组织的社会活动，推动了林业经济沿着近代化的趋向前进，在一定程度上改变了传统林业的落后状况。

第二节　清朝后期主要学者有关林业经济论述

晚清时期，清政府国用匮绌，列强对中国的经济侵略加紧，人民群众生活水平和生存环境不断恶化。内忧外患的严重形势，迫使国人重新思考一些问题。清朝后期，国人对林业经济价值和地位、林业保护生态环境的作用以及林业的发展路径都有了深入的思考，对林业的认识不断向纵深方向发展（苑朋欣，2017，以下内容均参考此文）。

一、对林业经济价值和地位的认识

首先，认识到林业能够裕国富民。晚清《皇朝经济文新编》中《论种植防荒》一文大体上表达了这一观点。文章指出："一村一乡之地，其居民皆能衣食丰足者，其树木亦无不森茂。"晚清学者陈炽在《种树富民说》一文中亦有这方面的看法。他认为："今以一省计之，林木蕃昌，无不富者，其少者，无不贫；以一地计之，一村一镇林木蔚然，无不富者，否则贫甚矣。"陈炽还用法国通过造林致富这一事例来说明林业能够裕国富民，他说："法兰西一国，百年以前，四境萧条，林木稀少，君民困苦，劫掠为生，后有人请其国君广行种树，设官经理，屋稀田间，遍行栽植，定戕伐树株之禁，比及十载，民之贫者忽富，莠者忽良，田之瘠者忽腴，荒者忽熟，举国大富。"政府官员如御史华辉对林业的经济价值也有类似的看法，他认为"自兵燹以来，各省树木芟伐殆尽，地之腴者忽瘠，民之富者忽贫"，他提出要把种树作为改变贫穷落后面貌的办法，认为如此"行之十年，而地利不日兴，民生不日富，国计不日丰者，未之有也"。1909 年，农工商部官员在一份奏折中讲："林业为天地自然之利，上可裕国，下可富民。"由此可见，当时国人已经充分认识到林业不单单能够提供果品材木，而且能够裕国富民，在认识水平上超出了古代对林业经济价值的认识。

其次，认识到林业与农业是同等重要的产业。1902 年，《申报》中的一篇文章明确指出林业的价值并不亚于农桑。文章指出："中国自古及今，无不以农桑为重，……人但知五谷可以养生，蚕桑得以被体，……岂知林木之利可倍蓰于五谷，虽五谷为生人之本，而林之有益于生人日用者，亦断不可偏废。"当时不少政府官员在这方面也有比较明确的认识，如山东巡抚孙宝琦就把林业看得与农业同等重要，并多次强调"森林为现今要政"。有着类似见解的还有两江总督端方,他曾讲过,"讲求农林为振兴实业最要之一端,现在物力维艰,上下交困,欲求藏富于民之道,舍农林之外更无兴利之方",认为林业和农业一样,都是"藏富于民"的重要产业。山西农林学堂的一农学毕业生也十分强调林业的重要作用,并认为林业和农业都是"社会之利源,国民之根本"。林业不仅在国民经济中发挥着重要作用,而且和农业一样,与工商业之间都存在着相互依存不可偏废的内在关系。直隶省束鹿县知县就有这样的论述,他说:"窃维种植为工艺之源,材木与谷食兼重,值兹时局维艰,既拟讲求工艺以恢商业,必须设法种植。"认为林业和农业并重,都是发展工商业的基础。这些认识,都是在当时形势下形成的新思想、新看法。这表明,当时国人已认识到林业与农业同等重要。相比古代农本思想,是对林业认识上的一个很大的突破,甚至比现代有些人只把林业当作农业的分支产业来看待,认识上更高一筹。

最后,认识到林业有着抵制漏卮、挽回利权的重要作用。晚清时期的中国,由于太平天国、捻军及回民起义,清政府派兵镇压等长期战争的破坏,"各省树木砍伐殆尽",加之人们"不知栽培爱护",造成林业衰败,林木匮乏,所需材木不得不依赖进口,由此带来的利权外溢十分严重。学者陈炽在一篇文章中谈道:"民不知种树之方,官不严伐树之禁,因循苟且,仰络外人""至今日而洋木运入海疆,浸淫内地,而公私上下资其营建,岁费且千万金。"此外,当时的一些地方官员对中国林业衰败导致漏卮也有一定程度的认识,如浙江省劝业道董某说:"我国森林向无专学,野生者行将垂尽,人造者尚少萌芽。方今风气渐开,建筑日盛,求者实繁,供者不继,不及时为预备,不特坚树巨木无从取给,即普通材料亦将仰给于输入品,其漏卮莫大焉!"皖南道赵某也有着相同看法,他认为:现在"各处铁路所需之枕木与罐头所贮之菜果,率多来自外洋,中国地大物博,转致借材异地,实业不兴,漏卮不塞。"

这些都表达了人们对中国林业利权外溢的忧虑。值得注意的是，中央机关农工商部的官员对此也有了明确认识。1909 年，一份奏折中讲道："近年各处营造铁路所需之枕木，以及建筑屋宇所需之洋松，大都取之外洋。据海关洋木进口税则计之，五六年来，递有增加。以税计值，一二年内洋木出入我国者，每岁必在千万以上。则森林不足供用可见矣。"显然，晚清时期的人们已经看到森林资源匮乏，是导致利权外溢的一个重要原因。这也从另一侧面说明，当时人们已经充分认识到了林业具有抵制漏卮、挽回利权的作用。

二、对林业保护生态环境作用的认识

晚清时期，随着一些近代自然科学知识传入中国，近代林业科学思想为国人所接受，人们认识到林业具有涵养水源、保持水土、减少江河淤塞和水旱之灾，以及调节气候、防止环境污染等多方面的生态环境保护作用。例如，农学毕业廪生赵荣章关于这方面的认识已达到了相当高的水平，他说："森林之益有四大纲，一、有益卫生，二、调和天气，三、涵养水源，四、保安国土、防止雪颓山崩洪水等害。"他认为："林木之深根能吸地中水分，发散于杪叶，森林之气常清爽浸润是其明证，此西人树能引雨之说由来也。热空气能化散云雨，则知森林之为益绝大，有森林所吐清润之气，则空气不甚炎热，……此调和天气之功也。……若有树以为山障，枝叶能冒雨，雨水不遽及地，至徐徐滴沥而下，复有树根盘踞，岩石沙砾，为所把持，不至冲动，水流则纡曲潺缓，往往数十日始汇于河上，上流既缓，无冲积淤泥，则下流自无壅塞横决之患，而川流可久浸润之气常清，天气愈和，此保安国土所以与调和天气、涵养水源之说举归功于森林也。"

当时《东方杂志》一篇文章也比较透彻地论述了林业与水旱的关

系，该文认为林业利益"昭然显著者"为"保堤岸也，荫行人也，拓利源也，吸炭气也，资卫生也"，"而其利益之至为溥博而又隐而难知者，一曰御水患，一曰免旱灾"。该文认为："山童土赤之区，霖雨既降，山洪骤生，以其地之不毛，得以畅行无阻也，奔冲荡激之所及，浮土浅沙，不能不随刷而下，以泛溢于田陇之间，及其既退，则禾稼已为沙土所掩，而平日所施之肥料，复被其洗涤殆尽，而于是沃壤遂化为芜田，上腴倏变为瘠土，此洪水之所以为患也。有森林则细草丰苔所在皆是，而又有枯枝落叶以冲积于其间，微特水力所至，无浮沙浅土随之以行，纵或挟有沙土以俱来，亦必在停蓄，节节阻留，以杀其汹涌之势，而戢其驰骤之威，其下流之及于陇亩中者，可决其纡徐澄洁，而无淹没冲刷之虞也，故曰林业可以御水患也。若夫旱灾之至，人皆以为由于天时者也，而不知实由于地质，苟地质中含有多数之水量，则一经日光之热，即蒸发飞越于空气之中，为水蒸气，是即所谓云也。迨至水蒸气出乎温度之表，而触乎寒度，则必仍凝为质点，以飘散而下，是即所谓雨也。惟有草木之根荄，能吸集地质之水，以为其营养料，而不使之流走，故水蒸气常弥漫于四周之空中，以升而为云，降而为雨。……林业不兴，则地面之水，皆浸入地心，而无物以为之吸集，日曝愈久，土质愈枯，旱暵之灾由是而作矣。"

这些关于林业与水旱关系的认识都已达到了现代人的认识水平。此外，不少政府官员也认识到林业有着保护生态环境的重要作用。如曾任陕甘总督的陶模在《劝谕陕甘通省栽种树木示》中就有详尽、深刻的论述：（一）种树于山坡可以免沙压而减水害。山岗斜倚坡陀回环，古时层层有树根枝盘互联络，百草天然成篱，凝留沙土不随雨水而下。后世山木伐尽，泥沙塞川，不独黄流横溢，虽小川如灞浐诸水，亦多淤塞溃决。（二）种树于瘠土可化碱为沃，引导泉流。平原若有密树则根深蒂固，能收山气，互相灌输，由近及远，土脉渐通。（三）种树旷野可以接洽霄壤，调和雨泽。炎日重蒸易成旱干，而树叶被拂空中则能呼吸上下之气，所以塞外沙漠无树不雨，终年树密之区恒多时雨。（四）种树遍于僻壤荒村可以上连天和，驱疫疠而养民病。赤地童山，阴阳隔阂，其民多病而弱，树木之性收秽气吐清气，可使人身心健康。御史华辉对树木能引雨，以及保持水土、减少江河淤塞作用，也有比较深入的描述和说明。他说："嘉树密林，既能引泉至雨，可免旱灾，而根蟠土中，叶弃地面，当大雨时行，高处泥沙不致随流而下，凡拥压田亩淤塞河流之患，亦可减轻。"江西饶州府知府还认识到森林能改良土壤、能免水旱之灾、有益身心健康。他认为林木能够"收吸土膏，含蓄水源，硗确之处可变为腴美"，森林"清润葱蔚之气可致甘霖，能免水旱偏灾，且绿阴宜人，兼除秽恶，与夫卫生均有关系"。

这些对林业能够保护生态环境作用的认识，都已达到很高的水准，很多已经属于近代科学知识，包括生态学、林学、植物生理学等学科知识，这也说明晚清时期近代意义上的保护生态环境观念和思想已经产生。

三、关于如何发展林业的思考

林业是与农业同等重要的产业，发展林业能够裕国富民、抵制漏卮，还能保护环境、维持生态平衡，减少自然灾害，在认识到林业以上价值和作用的同时，很多人开始思考中国林业的出路。针对发展林业能够致富，他们呼吁振兴林业经济，希望通过造林，以使国富民足。如有人提出，"我国东南多水乡，而西北多陆地，秦晋陇蜀之间，群山万壑""实为林业最适宜之境界""按泰西树艺之成法以种植之，每地一顷可树 20 606 株，计其资本不过 30 余金，而每县可以植树之地，大抵不下千顷，以每顷所植至 20 年后计之，约可值价 2 万金，每县至少当有 2 000 万金"。针对发展林业能够抵制漏卮、挽回利权，不仅有人主张大力发展林业以减少木材进口，而且还有人建议发展经济林木以夺洋人之利。如户部官员唐浩镇就主张种植樟脑、橡胶树等具有很高经济价值的林木。他认为"樟脑为炸药所必需，其涨力可增至五十倍，中国江西、湖南、安徽、广西等省苟能广植，十数年间即可熬胶，每十斤可值洋五元，其利什佰倍于他产"。他还主张种橡，认为"西人岁剥橡树皮熬膏，以制器物，岁剥岁长，获利无穷，以之为物，广狭屈伸，各适于用，中国各省有之，云南最多，西人名曰胶树，今宜专收橡子，任民播种，几年即可剥胶，行销外洋足夺意大利、旧金山所产之利。"浙江"衢严等属毗皖之境，类皆山阜，故均种植果木，而漆树尤良，较皖漆为胜，行销甚广"，但"因日本洋漆通行，利权被夺"，于是又有绅士徐某等主张种漆，以挽回利益。鉴于森林能够维护生态环境，有人建议设置保安林，他们认为："中国黄河为害，每年修补所费甚巨，而其害仍然不息，欲避此害，宜于黄河流域遍植树木，深根固结，则土沙不致流出，永无此患。山西北边，地临大漠，风沙满目，不堪种植，宜建置国有林以改良土壤，调和气候，涵养水源。余如沿海之区航行木标必要之处，公众卫生必要之处，名胜古迹必要之处，其旧有森林者，禁其砍伐，旧无森林者，新为栽植。"他们希望通过采取各种有效措施来发展林业，挽回利权，使得国富民足，并且从根本上改变被破坏了的生态环境，以使风调雨顺，人民安居乐业。

发展林业是一项综合系统工程，涉及面广，情况复杂，既需要科学地培育、经营、管理、保护，又需要全社会重视。对于这些情况，当时国人也有过认真的思考和设计。

第一，由政府来直接管理林业。晚清时期没有设置负责林业的专职官员，各省主要由地方官员兼理林政。要振兴林业，应该加强林业行政能力建设，由政府专人来负责管理林业。关于这个问题，程德全在黑龙江省任道员的时候强调，"林业一端，我国古昔本有专官"，希望中国能像古代一样专人管理林业，做到"林政有官"。学者陈炽在《讲求农学说》中则直接提出，中国的水利、种树等"宜设立专官，认真经理，乃能创兴大利"，建议设置专官负责水政、林政。

第二，要科学地培育和经营林业。当时人们还对如何提高林业建设的质量和水平进行了思考。如有些农学生建议大力开展林业技术教育，他们认为，"今欲振兴国有林，则宜于各省增设学堂，多聘教习，以宏教育而广栽培。每年择优等生留学各国，调查考验，俾得于学理实习得其精详，而可为经理国有林之实用"。他们还提出"设森林会以使林学进步为目的，或临时设林学讲习会，募会员学习，或半年卒业，使确知造林之大意，俾得从事造林不致差误，或采集海内之林业新学说，为杂记发行之"。认识到培育和经营林业，要以科学技术为手段。为使林业技术改良得以推广普及，1909 年，农工商部官员在一份奏折中主张："各直省地方应设农林学堂一所，农林试验场一区，其有已设有农业学堂、农事试验场者，应将林业事宜增入，其府厅州县各乡镇地方应按区酌设农林讲习所、农林演说会，授以农林学大意暨一切改良农林各项办法，以期普及。"科技兴林，林业技术人才的培养则是关键，看来晚清时期的人们已经考虑到了。

第三，要让老百姓懂得发展林业的重要性。如有农学生主张，"宜使民知森林之益"，应设演说会，"派林业家周巡民间，苦口演说，俾民间晓然于森林之利益，而后林业自振兴矣"。他们还指出，"近来内地各省屡遭荒旱，小民但知仰天祷雨，而不知培养树木，以致频年饥馑，其所以不肯植树者，由于不知森林之利益也。今宜择森林利益显著者，如致雨、蓄水、卫生、捍沙各理由，及供给之利用，晓谕百姓"，指出"在上者果能实力劝导，则小民知识渐开，自乐于振兴林业矣"，建议"宜晓谕人民，令其先将无用之山地，瘠薄之平地，以及道旁田畔，凡属闲隙之区，广行栽植，迨风气渐开，则广大面积之森林不虑无从事者矣。"他们还提出了培育和经营林业的具体办法，提出应"于各府州县皆宜设苗圃一所，依简便方法培养稚苗，颁给民间，以资栽植之便，而开风气之先"。主张要让普通百姓都能认识到发展林业的重要性，这种提高全民造林意识的思想，在今天看来仍有积极意义。

第四，实施森林立法，加强林业保护。因晚清时期还没有全国统一的森林法规，因而，有人提出应实施森林立法，以禁止滥伐树木。如浙江省劝业道董某讲，"查东西各国森林事业发达已久，其关于森林之法律亦复周密详至，保护监督两尽其道，人民利赖。我国尚无此项通行法律，而关于森林保护及监督诸法又刻不容缓"，建议加强森林保护，尽快实施林业立法。还有农学生明确表示，"林政非有法律不足以示劝惩"，该农学生对日本"森林之罚则"进行了介绍，指出在日本，"政府令人民植树，酌定若干之数，若有任意减少者，即以树数为监禁日数""若有不遵政府之命抗拒造林，或行妨害者，则即处以严刑""盗伐他人之部分林者，监禁五年或十年""盗伐自己之部分林者，监禁十年或处以流刑"，希望中国参照日本，制定"森林之罚则"。他还建议在森林罚则出台以前，"须先由地方官考察各地情形，如土沙崩坏山河发源之地，以及荒地免粮与硗确不可耕者，皆使其造林，否则罚以每岁完粮之例"。御史华辉还建议，制订赏罚分明的森林种植保护办法，提出："今请定一劝民之法，民间有能于旧有树木外种树至 5 万株、10 万株以上者，官为酌给奖赏，以示鼓励；并请定一戕害树木之禁，有无故戕害树木一株者，贫民罚种两株，富民罚钱千文，以充公用。"发展林业单单靠植树是不够的，更重要的是加强对林业资源的保护，依法治林，那个时期的人们已经想到了。

总之，晚清时期，国人对林业价值已有了比较科学的认识，对如何发展林业，也做过非常认真的思考。这些认识和思考，是在当时林业生产衰败的时代背景下，有识之士对中国林业前途和命运不断探索的结果，也表达了这些先进的中国人强烈要求振兴林业的愿望。这些思考和愿望，为中国林业走向近代化作了必要的舆论、心理准备，成为推动中国林业沿着近代化的趋向前进的重要助力（苑朋欣，2017）。

第三节　清朝后期代表人物的林业经济思想

本部分主要参考樊宝敏（2002）的研究成果，选取代表性人物魏源、张之洞、康有为等，概述其林业经济发展相关思想，体现出中西方文化与思想的交汇和融合。

一、魏源

魏源（1794～1857年），湖南省邵阳县人。在晚清国内严重危机的形势下，他与林则徐、龚自珍等一起继承明末清初顾炎武、黄宗羲等的思想，重新提出了"经世致用"的口号，面向现实，呼唤变革。在学术上提倡"实学"，在政治上提倡"实业"（即农工商业）。林业因属于实业之一，故也受到一定程度的重视。道光五年（1825年），魏源被江苏布政使贺长龄延为幕宾，编辑《清经世文编》。书中有不少论林业的篇章，如俞森的《种树说》，鲁仕骥的《备荒管见》，陈宏谋的《倡种桑树檄》等。鸦片战争爆发后，林则徐主持编译旨在了解世界大势的《四洲志》，魏源在此基础上扩充为《海国图志》，于道光二十二年（1842年）编成60卷，咸丰二年（1852年）扩展为100卷。魏源在《海国图志》"叙"中写道，"是书何以作？曰：为以夷攻夷而作，为以夷款夷而作，为师夷长技以制夷而作"（魏源，1999）。魏源明确提出了学习西方先进技术以抵御外侮的思想，从而使他成为我国近代最早睁眼看世界的先驱者。他还特别强调人才要"革虚而之实""以实事程实功，以实功程实事""毋冯河，毋画饼"，去虚患。他还提出师夷长技以制夷的一系列具体措施：买进西方坚船利炮，并设"铸造之局"；发展"自修自强"的对外贸易；培养掌握西方长技的人才；"立译馆翻夷书"等。魏源的先进思想对中国近代早期产生了深刻的影响，并成为洋务运动、维新变法等运动的思想先导。在林业方面，他注重研究和介绍国外的森林资源和林业发展情况。虽然是表面的，但却开创了学习外国林业的先路（樊宝敏、李智勇，2007）。魏源的林业思想主要是：主张学习外国先进林业技术；发展我国的用材林、经济林、花卉业，开展野生动物资源的保护和利用；燃料上的以煤代木；加强林产品加工利用，提高林业经济水平。魏源林业思想的特点是讲求中国林业的全球性、开放性和科技性（樊宝敏、李智勇，2007）。

二、张之洞

根据樊宝敏（2002）的研究整理，张之洞的林业思想为"劝学导政"。张之洞（1837～1909 年），直隶（今河北省）南皮人，清末重臣，洋务派首领。戊戌变法时期，起初支持维新活动。光绪二十四年（1898 年），提出"旧学为体，新学为用"，攻击维新思想。光绪二十七年（1901 年），与刘坤一合上"江楚会奏变法三折"，第三折为《遵旨筹议变法谨拟采用西法十一条折》，其中含"修农政"内容（白寿彝，1999）。

张之洞林业思想的特点是强调林业教育、林业人才培养、林业行政管理，其发展农林业的措施主张包括修农学，译农书，设农官，办农校、农林试验场，选派学农留学生，劝谕各地官绅采用新法发展农林业，推广良种和新器具，垦荒缓赋税，开垦东三省荒地。张之洞还于

1903 年拟定"癸卯学制"，主张废除科举，兴办各类学堂，包括农林学堂，在《奏定学堂章程》中提出了发展林科教育以培养林业人才的方案。张之洞在这方面的努力，对林业的发展有积极意义。

三、康有为

康有为（1858~1927 年），广东南海人，近代维新派领袖，后为保皇会首领。其政治主张集中于《大同书》（写于 1884~1902 年，1935 年出版）中，也含有一些关于林业的思想。他的林业主张集中体现于林地的公有制、管理的统筹计划性方面。康有为在《大同书·公农》中说："今欲致大同，必去人之私产而后可；凡农工商之业，必归之公。举天下之田地皆为公有，人无得私有而私买卖之。政府立农部而总天下之农田，各度界小政府皆立农曹而分掌之，数十里皆立农局，数里立农分局，皆置吏以司之。其学校之学农学者皆学于农局之中；学之考验有成，则农局吏授之田而与之耕，其耕田之多寡，与时新之机器相推迁。"康有为把林业视为农业的一个组成部分，主张全世界的政府设农部，下设农曹、农局、农分局，设置官吏掌管。农分局下设农场，直接从事农林牧渔生产，有计划地科学经营。各地农曹调查山陵、原隰等处的气候、土壤条件，参考历年的记录，确定开发利用和种植数额，报农部核定，然后按下达的计划执行。他强调因地制宜选用优良品种发展生产。他主张发展农林教育，未取得农校考验证书而年逾 20 岁的人不能担任农林官吏和技术员。他强调合理利用山林资源，发展林业，改造沙漠。

除《大同书》外，康有为林业思想还见于他给清政府的奏折中。光绪二十一年（1895 年）甲午战争后，民族危机空前研究，康有为发动在京的各省应试举人上书光绪帝，提倡"变法图强"，主张振兴实业，发展林业。他提出："沙漠可以开河种树……种树之利，俄在西伯部岁入数百万。……今材木之运，罐头之鱼，中国销流甚盛，宜有以抵拒之"（翦伯赞等，1985）。光绪二十四年（1898 年），康有为奏《应诏统筹全局折》，建议政府设 12 个局，其中包括农局、工局、商局。农局的职责是："举国之农田、山林、水产、畜牧，料量其土宜，讲求其进步改良。"道设民政局，县设民政分局，县里的道路、山林学校、农工、商务等工作都由民政分局会同地方绅士办理（翦伯赞等，1985）。康有为看到森林对国计民生的利益，建议设置机构掌管山林事业。虽然他所设想的"大同世界"带有很大的空想性，但关于发展林业和改造沙漠的主张有积极意义（熊大桐，1989）。康有为林业思想的特点是更加强调林业的所有制公有性质、管理的统筹计划性以及对沙漠的改造。

本章推荐读物

[1] 樊宝敏，李智勇. 中国森林生态史引论 [M]. 北京：科学出版社，2007.

[2] 樊宝敏. 中国清代以来林政史研究 [D]. 北京林业大学，2002.

[3] 陈嵘. 中国森林史料 [M]. 北京：中国林业出版社，1983.

[4] 翦伯赞，郑天挺，龚书铎. 中国通史参考资料（近代部分）下册 [M]. 北京：中华书局，1985.

[5] 苑朋欣. 商部（农工商部）与清末林业的振兴 [J]. 北京林业大学学报（社会科学版），2010，9（3）：31 - 36.

[6] 苑朋欣. 晚清时期国人对林业的认识与思考 [J]. 史志学刊，2017，18（6）：18 - 23.

本章思考与讨论

1. 清朝后期，清政府成立农工商部主导林业发展有什么样的时代背景？

2. 农工商部出台了哪些林业发展举措？

3. 尽管清政府出台了相对完善的林业发展措施，但成果收效甚微，其原因是什么？

4. 清朝后期针对林业的一系列思考，对今天的林业发展有怎样的启示？

5. 魏源、张之洞、康有为等的林业经济思想有哪些异同？

第七章

中华民国的林业经济思想史[*]

一个时代形成的林业经济思想有强烈的时代印记。中华民国时期的林业思想较清朝后期有了进一步发展。这些林业经济思想对当时甚至对很长时期的林业发展产生了或短暂或深远的影响。本章较为系统地梳理了历任中国华民国总统、农林部门和主要代表性学者的一些与林业经济相关的执政思想、学术观点和学科贡献等，旨在促进对林业经济发展规律的认识，为今后的林业经济理论研究和林业经济学科发展提供借鉴，以便更好地服务于林业事业和社会经济发展。

第一节 中华民国历任总统的林业经济思想与实践

一、孙中山

孙中山（1866～1925年），中国近代民主革命的开拓者，中华民国与国民党的缔造者，他在政坛和民众中都有极高的威望和影响力。在他

＊ 本章参加编著人员：柯水发、赵铁珍、袁雪婷、吕晓萱、纪元。

的三民主义理论中，包含着极其深刻的林业思想。孙中山在《建国方略》中，从当时中国的实际出发，为世人擘画了一幅现代化中国的美好蓝图，计划在中国的北部及中部，由政府出资人工造林。孙中山逝世后，国民政府于 1928 年 4 月 17 日决议将每年的 3 月 12 日定为全国法定植树节（曹关平、刘新庚，2013）。蒙莹莹（2014）对孙中山的林业思想进行了较为系统的梳理，孙中山对林业建设，提出"农桑之大政，为生民命脉之所关"巩固国本的重林思想，"学者是国之本也"重教向学的兴林思想，以及国家主导的营林思想，充分体现出他的高瞻远瞩与远见卓识。

1. 巩固国本的重林思想与实践

（1）倡导人工营造森林。由于农民家庭生活环境的熏陶，使早年的孙中山已初步掌握了人工植树的方法。特别是兄长孙眉在檀香山以农、林、渔业发家致富，也对孙中山产生了一定的影响。1883 年，时年 17 岁的孙中山从檀香山回国时携带酸豆角树籽种在自家院内，这棵树是孙中山本人人工造林实践的出发点。青年时代，孙中山目睹山河破碎、生灵涂炭。1890 年，正在香港医科学院读书的孙中山出于一片爱国的赤诚，向颇有名望的洋务派官员、香山县壕头人郑藻如写了一封长信（《孙中山致郑藻如书》）。这篇长信从立身、行道到治理国家，逻辑清晰，层层递进，提出了改革社会的三个提议，分别是禁鸦片、办学堂、兴农桑等。其中对发展林业的建议，孙中山先生写道："……今天下农桑之不振，鸦片之为害。亦已甚矣！远者无论矣，试观吾邑东南一带之山，秃然不毛，本可植果以收利，蓄木以为薪，而无人兴之。农人只知斩伐，而不知种植，此安得其不胜用耶？"当年，24 岁的孙中山敏锐地觉察到滥伐森林现象如果任由其发展，将会造成严重后果，便推荐自己制订的植树造林方案："凡于沙漠之区，开河种树""其余花果草木，审察土宜，于隙地广行栽种"，及时预防"谷蝱木蠹"。在 1894 年的《上李鸿章书》一文中，孙中山向李鸿章陈述了强国富民之道，其中便有"急兴农学，讲究树畜"。孙中山提出率先发展农林业，确保人民大众丰衣足食，促使农工商业顺利发展。

孙中山从当时国情出发，探讨农林业内部的产业结构和空间结构之间的联系，认为农林业的发展需从多方面入手——既要通过狠抓种植业增加粮果产量，又要发展香桑、造林等事业。孙中山游历全国，实地调研和考察，认为在东南沿海地区适宜发展农桑；在东北平原地区种植麦豆，在荒废的原始林区恢复造林；在地广人稀的西北、西南地区发展畜牧业及种植防护林。在打败桂系军阀陆荣廷和赶走绿林强匪后，孙中山提出广西未来的建设首先要利用优越的气候和地质条件，重点发展农果产业，以求保障粮果产量可供应两广地区民众生活需求，减少对东南亚地区的粮食依赖，从而保证粮食安全。

1918 年，孙中山在《实业计划》的篇首明确地提道"于中国北部及中部建造森林"这一计划，提出测量各省荒废未耕之地，进行全面规划，"或宜种植，或宜放牧，或宜造林，或宜开矿"。用今天的话说，就是"宜农则农，宜林则林，宜牧则牧，宜矿则矿"，这都是极其合理的主张。在《实业计划》中还提到"现今中国报纸所用纸张，皆自外国输入。中国制纸原料不少，如西北部之天然森林，扬子江附近之芦苇，皆可制为最良之纸料"。

（2）重视发挥森林防护作用。1918 年，孙中山在谋求发展中国经济的同时，谋求防止华北、华中水土流失，保持生态平衡。他在《建国方略》中号召"于中国北部及中部建造森林"，这是我国三北防护林体系的雏形。

1924 年，孙中山在对"三民主义"的解读中，从森林与民生、建造森林、开发森林等六个方面为我国生态林业建设勾画了一幅美好蓝图。他认为植树造林是防水灾、旱灾的根本方法。在孙中山看来，解决吃饭问题是众多民生问题的首要问题，吃饭问题与生态林业建设密切相关。孙中山指出："要能够防水灾，便要先造林，有了森林便可以免去全国的水祸。"对于从根本上防范水旱等自然灾害，孙中山通过对森林的特殊功效考察给了民众一个比较合理的答案："近来的水灾为什么一年多过一年呢？古时的水灾为什么很少呢？原因就是古代有很多森林，现在人民采伐木料过多，采伐之后又不补种，所以森林便很少。许多山岭都是童山，一遇大雨，山上没有森林来吸收雨水和阻止雨水，山上的水流到河里去，河水马上泛滥，即成水灾。""旱灾问题用什么方法解决呢……治本的方法也是种植森林。有了森林，天气中的水量便可以调和，便可以常常下雨，旱灾便可以减少。"在孙中山看来，森林具有涵养水源、防风固沙、净化空气等生态功能，因此，保护森林、植树造林尤为重要。他高屋建瓴地认识到修筑堤坝是治标，植树造林才是治本，只有标本兼治，水旱自然灾害才会得到有效的遏制，从而达到预防与消灭饥荒的目的（曹关平、刘新庚，2013）。

2. 重教向学的兴林思想与实践

清代后期，西方科技知识通过传教士等各种渠道渗透到中国，一些西方的林业发展思想与我国传统林业思想有机结合，开明的地主阶级主张积极学习西方先进的林业知识，或翻译一些著名的科学文集，或撰写中西结合的林业科技文章。处在时代潮流前端的孙中山意识到中西科技观念、方式是传统与现代的碰撞，他号召广大青年系统学习科学知识，如动物学、植物学、地理学、农学、林学等，积极倡导建立专门林业学校，为近代中国林业走向科学化奠定基础（蒙莹莹，2014）。

发展中国林业科技和培养大批林业技术人员、林业专才，是近代中国林业建设的前提，只有发展好科教事业，才能促使中国林业由衰转盛。若忽视教育，必然导致人才缺乏，即使拥有丰富的森林资源，也不能充分发挥森林的价值，更谈不上帮助国家富强。孙中山多次向学生宣讲林业与救国的紧密联系，他的思想影响了一批留学归国的林业学子，他们归国后大多从事科研教育工作，为加快中国近代林业教育和林业科学研究的发展进程做出不可磨灭的贡献。

在孙中山对林业教育和研究的支持下，随着一批专业学者的归国，中国林业教育开始发展。江苏省立第一农业学校（前身为官立江南高等实业学堂）、北京农业专门学校（前身为京师大学堂农科）、南京私立金陵大学（后与中央大学森林系合并组成南京林学院）等，分别于1912年、1914年和1915年创建林科。1917年，林业专门的学术团体中华森林会创立；1921年，专业杂志《森林》创刊。1924年，孙中山颁布的《考试条例实行细则》中，文官考试中单列林科考试，考试科目包括森林化学、森林工学、森林测量、森林动物学、森林植物学、土壤学、气象学、林政学、树病学、造林学、昆虫学、森林保护及管理法、植物生理学。

3. 国家主导的营林思想与实践

孙中山在日本东京组织同盟会时，就再三申明建立民国的主要任务是实现民生主义，"文明之福祉，国民平等以享之"。森林拥有物质、精神、生态等多种价值，不仅能够为国民经济建设提供丰富的森林产品，还能给民众提供心灵净化的场所，既具国土保安的重大作用，又具有不可估算的生态价值。但是，林业发展需要投入大量经费，既需要大面积的土地进行大规模种植，又需要较长的时间抚育。为克服资本家对荒山野地的垄断，也为造林与伐材的有效结合，孙中山认为营林事业当以国家为主，必须在破除封建土地制的前提下"平均地权"，实现林业的"植者有其地"（蒙莹莹，2014）。

（1）林地权归国有。孙中山十分推崇"资产阶级土地国有论者"亨利·乔治的"单税论"。亨利·乔治是19世纪末美国的经济学家，在代表作《进步与贫困》中明确指出"土地是所有财富的来源"。他认为土地垄断是财富分配不平的主要原因，主张只要征收单一的地价税归公共所有，就能实现土地的公有。孙中山十分赞同亨利·乔治的"单税论"，"税法之理由，尤为精确"。孙中山的革命同盟冯自由则证实孙中山对"单税论"的肯定，"最服膺美人亨利·乔治之单税论，以为此种方法最适宜于卫国社会经济之改革"。为此，孙中山要求设立林业的相关职能部门，在专门的行政部门引导下，结合各省市地方的利益，调动人民大众的积极性，开展长期渐进的森林经营。

　　孙中山认为土地本是天然存在的，并非人工所造，然而人类的生存极为依赖土地。"平均地权"才是解决土地分配不公和贫富差距巨大的根本途径，"土地公有原为精确之理论，处中国今日而言社会主义，即预防大资本家之发展"。孙中山提出的"平均地权"由四种方法构成：核定地价、涨价归公、照价收税、照价购买。"核定地价"是"平均地权"的第一步，先由地主自己报告地价，然后国家将地主所报地价登记入籍。孙中山认为地主自报地价的方法行之有效，并不会造成"虚报高价"或者"以多报少"等情况。如果地价报高则纳税增多，地主吃亏而国家获益；如果为少纳税而报价低，使地价低于平均水平，则国家可以照价购买为国有。这两方面的双重制约迫使地主根据实际上报合理地价。"涨价归公"是指土地定价后，现有地价归原主所有，如后期地价上涨所得应完全归公。孙中山认为土地涨价并不是土地的自然增值，而是社会进步和工业发达促成的结果，土地增值的收益就应该归大众所有。具体措施如下：一块地主自报地价为两千的土地数十年后涨价到一万，国家可以用两千的原价收买地主的土地再以一万的价格出让给需要土地的工商业者，而差价八千就归国家。"照价收税"则是根据地主所报地价征收的税金，因为土地存在各种差异，价格也不尽相同，以地价高低征税，"价重者税亦重""价轻者税亦轻""贵地收税多，贱地收税少"，避免"黄埔滩一亩纳税数元，乡巾农民有一亩地亦纳税数元"的不平等现象。孙中山选择土地单一税和涨价归公的办法，实现土地所有权归国有，当国家需要时，"照地契之价购买"。

"国家需要"分为两种情况：一是地主低报地价，损害国家利益，国家则以照价购买来惩罚投机地主；二是征地用以建造公共基础设施和发展实业，如修路、开厂等如要占用私人土地，国家可以照价购买。晚年的孙中山，更加注意农民在革命过程和民国创建中的重要力量，他把农村土地改革作为实现民生幸福的重要一环，多次提出"耕者有其田"，对于林业来讲就是"植者有其地"。"耕者有其田"是"平均地权"思想的进一步升华，主要由国家将田地授予无地或租予少地的农户，让他们在国家的扶持下获得土地权。而国家分配给农户的土地则来源于"照价购买"的土地、公私均未开垦的土地、依靠国家力量填筑的土地等。孙中山对丧失土地权的农民十分同情，"国家当给以土地，资其耕作，并为之整顿水利，移殖荒徼，以均地力"。孙中山设想农民获得土地后可以直接向国家纳税，而不是被地主阶级剥削。孙中山提倡效仿俄国进行的土地改革，使耕植的纳税者"不至纳租到私人，要纳税到公家"。孙中山在《实业计划》中提到，边远地区的土地由国家购买，设为集体性质的农庄，长期借贷给移民。而最初的资本、种子、器具与住房先由公家供给，"依是在所费本钱，现款取偿，或分年摊还"。孙中山的开荒想法，实际上是一项鼓励人口流向边区的惠民政策，目的是带动边区的社会经济发展，实现国家统一进步。孙中山认为植树造林可以将一切荒地利用起来，既可安抚各县市的游民，又能安置退伍兵将。在《实业计划》中，孙中山提出对各省的荒山荒地进行勘测，以便做到因地制宜，促使农林牧渔与工矿业共同发展。而当前状况则是"山林测量中国土地尚未经科学测量制图，土地管理征税，皆混乱不清"，这造成"贫家之乡人及农夫皆受其害"，所以"农地测量为政府应尽之第一义务"。土地丈量清楚，便可依据土地特性进行合理规划，"测量工事既毕，各省荒废未耕之地，或宜种植，或宜放牧，或宜造林，或宜开矿，由是可故得其价值，以备使用者租佃"。孙中山并不主张将所有荒地开垦为农田，穷尽地力去巩固农业国本，而是提倡合理利用土地资源，均衡发展各项与国民生计息息相关的产业。

孙中山提出通过"平均地权"和"土地国有"的变革方法，既能有效防止地主独占土地的巨额增值，又能增加国家的财政收入，达到"公家愈富"和"社会发达"的双赢局面。"土地国有"的林地改革思想得到同盟会同僚以及各界开明人士的支持与赞同。朱执信可以算作国民党内除孙中山以外，对"土地国有"颇有创见的人。朱执信是坚定的三民主义追随者、马克思主义的宣传员、科学社会主义的介绍人，毛泽东曾谈道"朱执信为国民党员，这样看来讲马克思主义倒还是国民党在先"。朱执信认为地租的升涨来自"文明日进"，为避免社会各阶层贫富的差距悬隔，应使地租增值归"社会全体"。朱执信在孙中山"平均地权"四个步骤的基础上，提出"公债买收"和"涨价收买"的办法，待到实现土地国有化之后，"则可尽废诸税"，实行单一土地税。朱执信关于"土地国有"的论述实际上是沿袭孙中山的一贯倡导。建立在"单一税论"基础上的"平均地权"和"土地国有"能够撼动封建基础的土地纲领，因为单一税不仅能摧毁封建地租的剥削，还能革除以封建土地制度衍生而来的各种苛捐杂税。这样的做法不仅能解放林业生产的劳动力，调动农民投身于林业生产劳动之中的积极性，还在一定程度上控制地主与资产阶级对社会财富的占有率，确保全国人民能够享受林业发展的福祉（蒙莹莹，2014）。

（2）国家经营森林。孙中山在革命斗争中一直强调土地国有是破除封建土地制的唯一办法。民国建立之后的林地思想颇受到孙中山的影响，有些就是对孙中"平均地权"的思想进行改良，有些则是在孙中山"耕者有其田"思想上进行重新阐释。孙中山在要求土地国有的同时，也强调林业规划和森林经营应放置到国家和地方的共同筹划之中。

民国成立之后，孙中山"农政有官"的设想得以实践。1912 年 1 月，国民临时政府在南京成立；同年月，宋教仁出任近代中国首位农林总长，他在《代草国民党大政见》一文中提道"中国有世界上最大最佳的山林，而政府却不知保护"，如今封帝制革除，应"农林即特设专部，则国有山林宜速兴办也"。

1912 年，孙中山辞去临时大总统职务，以在野党领袖身份，用英文给《大陆报》撰文，主张"凡……森林各业，均应收归国有"，其所产利益作为国家税源，用于行政、教育、慈善等事业经费。在数月后的一次演讲中，他进一步指出"今日中国地主、资本家眼光尚浅，知保守而不知进取，野山荒地尚多无主之物，一般平民间亦有自由使用之权，即如樵采游牧，并无禁止之例。若在欧洲，则山野荒地皆为资本家所领有，他人不能樵采游牧于其间也"。一旦中国地主，资本家效仿欧洲，就会空断山林，操纵民生，到那时再采取补救措施，为时已晚，应当事前加以预防。

1913 年，北洋政府邀张謇主管农商两部。上任伊始，张謇发表颇具特色的《宣布就部任时之政策》，提出将农商两部合二为一，裁减工作人员，优化工作效率。至此，我国林业行政机构初具雏形，明确规定"国内山林除已属民有者，其余均定位国有，由部直接管理，严禁私伐"，正式确立国民政府"森林归国有"这一方针。

1920 年 3 月，孙中山发表《地方自治开始实行法》一文，第五条管理办法中强调"凡山林、沼泽、水利、矿场，悉归公家所有，由公家管理开发""其数年或数十年乃能收成者，如森林、果、药等地，宜由公家管理"。1923 年 10 月，孙中山向廖仲惜发出指令并附上《广东都市土地税条例》，其中规定都市内除宅地区域外的所有农田、菜地、果园、苗圃、鱼塘、桑地以及其他用以种植的土地均划分为农地，农地每年征收的普通地税为地价的千分之八；随着土地升值，如农地原价每亩不超过两百元，则免征增值税。

1923 年 11 月，孙中山在发给林森的指令中附上《国有荒地承垦条例》，明确国有荒山荒地允许民众承领进行植树造林，承垦年限为"树林地一千亩未满者一年，一千亩以上两千亩未满者两年，两千亩以上三千亩未满者三年，三千亩以上四千亩未满者四年，四千亩以上五千亩未满者五年，五千亩以上一万亩未满者六年，一万亩以上者八年"。《国有荒地承垦条例》还规定每亩地价七角，提前完成垦荒植树造林者可按比例减其地价，"提前一年，减免 5%；提前两年，减免 10%；提前三年，减免 15%；提前四年，减免 20%；提前五年，减免 25%；提前六年，减免 30%"。

1923 年，孙中山开始实施国家经营林业生产政策，在一系列法令、法规中规定：在都市内，果园、苗圃征收千分之一百零五，地价为普通地税，随着土地增值，按超过原地价的百分比征税，但每亩地价不到二百元者免征增值税。

1924 年 1 月，孙中山发表《中国国民党第一次全国代表大会宣言》，提出"山林川泽之息""皆为地方政府之所有，用以经营地方人民之事业，及应育幼、养老、济贫、救灾、卫生等各种公共之需要""本县资力不能发展兴办者，国家当加以协助。其所获纯利，国家与地方均之"。上述规定，孙中山在手书《建国大纲》中再次予以肯定。

1924 年 11 月 20 日，孙中山在广州举行国民党第一次代表大会；23 日，他发表《全国代表大会宣言》，提出山林收获的利益应为当地政府所有，这些收益可用于当地公共事业，如育幼、养老、济贫、救灾、卫生等各种公共之需要。如果"本县资力不能发展兴办者，国家当加以协助。其所获纯利，国家与地方均之"。1924 年 4 月，孙中山手书国民政府《建国大纲》，重申"讲到种全国的森林的问题，归到结果，还为要靠国家经营",并剖析国家与地方在营林方面的利益分配,仍坚持山林川泽之息,矿产水力之利,皆为地方政府之所有,而用以经营地方人民之事业。1939 年,林学家梁希在《造林在我们自己的国土上》谈到森林是一座巨大的宝库,他举例芬兰,"同样一座山,到人家手里是宝贝,国家收入全靠森林"。而中国的却是"前人不肯种树留给今人,今人不肯种树留给后人"的现状,这样不顾长远利益的做法,不仅难以消除荒山荒地,也不利于国计民生。梁希提倡"造林是公共事业,不能专归商人经营,也不能专靠百姓务农之余随便干"。因此,"我们纪念总理造林,要实事求是,指定专款,行政设专署、试验设专场,合理化、系统化、科学化、步骤化地用国家力量经营森林"(蒙莹莹,2014)。

二、黎元洪

黎元洪(1864~1928 年),湖北黄陂人,中华民国第一任副总统、第二任大总统。民国十三年(1924 年),黎元洪回到天津,从此不问政治。在告别政坛的这段时间,政治上失意的黎元洪,受到企业盈利的巨大鼓舞,热心发展实业。他自己也曾表示:"对于政治业已心灰意冷,以后将在实业界力求活动。"黎元洪拿出自己的官俸收入、土地租金或利用个人的政治影响借债银行,先后选择在北京、天津、上海、湖北等13 个省份和香港等地,投资煤矿、盐碱、钢铁、纺织、烟酒、食品、制药、林场、银行、证券、信托、保险、邮电等企业 70 多类,还亲自出任董事长,或以子女的名义担任要职,施展实业救国的抱负(肖致治,1981)。

三、徐世昌

徐世昌(1855~1939 年),民国五年(1916 年)曾为国务卿;民国七年（1918 年）10 月，被国会选为民国大总统。

清末东北新政的开端从光绪三十一年（1905 年）赵尔巽任盛京将军时期开始，1907 年，徐世昌督理东北后是清末东北新政的全面推行时期。整个东北新政历经赵尔巽、徐世昌和锡良三人，内容涉及政治、经济、军事、外交、司法、文化教育等领域。这次新政改革产生的影响之大，涉及的范围之广，在东北地区历史上是空前的（荆蕙兰，2012）。

光绪三十三年（1907 年）春，徐世昌饬令劝业道，在奉天开办植物研究所，试种棉、蔬、麻、果、花木等各类不同作物，"考其长养培护之方，任民游览，藉资考校，以扩见闻"（徐世昌，1989）。其成果供广大民众仿效，并向各府、州、县逐渐推广。

为振兴林业，吉林省设立林业总局，利用近代科学技术和劳动工具发展林业生产，奉天省开办种树公所、植物研究所、森林学堂等，对于林学的研究和林业知识的普及大有裨益。1908 年，徐世昌在奉、吉两省创办官牧场，种牛、种马牧场，对"管理饲养诸法，靡不研究尽善，以兹繁殖"（徐世昌，1989）。

第二节　中华民国农林部门总长的
林业经济思想或论述

一、宋教仁

宋教仁（1882～1913 年），生于湖南省桃源县，是著名的资产阶级革命家，也是民初第一位倡导内阁制的政治家。1912 年 4 月，宋教仁正式出任唐绍仪内阁农林总长。虽然任农林总长并非宋教仁自愿，但他上任后依然尽心尽力，在同北京某报记者的谈话中提道，"仆现任农林一席，凡关于此事业，正须改良拓充""仆即代国民负此项责任，必勉力为之"。5月13日，宋教仁随唐绍仪在参议院发表演说，宣布施政纲领。他认为农林与教育、实业和交通一样，应取渐进主义，"拟以十年为期，定国家施政之大方针"。在担任农林部长的三个月里，宋教仁主持设立了畜牧实验场、农政讲习所，特派专家到奉天、吉林实地调查林业，并提出了促进农业现代化的重要思想（唐伟锋，2014）。宋教仁发展农林业的实践和思想，对今天仍然有重要的借鉴意义，唐伟锋（2014）对此进行了系统的梳理。

宋教仁的农业思想，注重发展大农业，涵盖农、林、牧、副、渔业在内，形成一个有机的整体，突破了传统的"农本"思想，并且突破了小农经济的狭隘思想。他认为应该走农业现代化道路，把农业的兴衰看作是与国家前途命运紧密相关的重要因素，充分认识到农业在国民经济中的重要地位。宋教仁认为，农业是国民经济的基础，是发展其他产业的基础和前提，人类的生存有赖于农业。他指出，经济分为三个环节，即生产、交换和消费，而这一切的基础在于农业。他认为，木业现虽属商业，以性质而论，则属森林，是可作消费交易生产也。

山林是我国最重要的资源之一，国民政府不重视保护山林，以至于坐失大宗利源。农林部设立专部，专门开发山林。由此，制定各项开发政策，尤其要在中原腹地一带采取积极的方法，积极提倡官有事业，发挥政府的作用。宋教仁极力提倡植树，力图通过植树来保护环境，减少水患，对农业的发展也是一种促进。他的植林减灾思想在其《东南各省水患论》一文中展现得淋漓尽致，文中详细分析了造成东南各省水患的原因，乱砍滥伐一项造成的后果最为严重。他指出，林业是国家生产中不可分割的一部分，但是"惟只知斩伐，不讲栽植""恐将来尽数童山"。宋教仁提出在森林茂盛地区设立农林局，将森林经营收归国有，"兴办国有山林"。外蒙的垦植总管府，东北、西北的垦植厅的设置，对林业的发展都是极大的促进。宋教仁还致力于主持拟定边境植林的各种法律草案，并在国务会议上正式提出；此外，针对中国长期不重视水利事业的现实，宋教仁指出，"今欲民间元气之回复，农产物之发达，则当治水"。他提出了六条方案：其一，采取一定的林业政策，广殖水源地森林；其二，疏导洞庭湖；其三，广开荆州以下黄州以上分排水势之支流；其四，废弃无良效的田地；其五，疏通江口；其六，恢复中江旧迹。总之，他主张植树造林，兴修水利工程，避免灾害的发生。

宋教仁的农林业发展思想首先是重视大农业在国民经济中的基础地位，强调发挥国家在其中的调控作用，其次是重视发展技术，最后是强调学习西方国家这些方面的先进经验，对于当前解决农林业发展问题具有积极的启发作用（唐伟锋，2014）。

二、陈振先

陈振先（1877～1938年），广东新会人，光绪三十三年（1907年）毕业于美国加利福尼亚大学，归国后，授农科进士。民国成立后，先后担任农林次长、总长，曾筹办金水农场。丁健（2013）系统性概况了陈振先的施政理念。

陈振先认为农林组织机构的设置和完善，是农林持续发展的重要保证。所以上任之后，大力完善农林部的组织机构，如提出设置林务局、渔政厅、垦殖厅及垦殖总管。关于设置林务局的原因，他在《农林部致国务院请将林务局官制草案提出国务会议函》中指出："查林政一项，稽自虞衡，所以充裕财源，保安国土，用意至深且远，降及近世，古制废弛，于是山林滥伐，水土不固，旱涝因此频仍，农田无所利赖，然中国天然林野，如东北、如奉吉，东南如闽桂，西南如滇黔，腹地如湘赣等处，所在多有，徒以林政不修，致令有森林而无林业，本部创设伊始，自宜全国统筹，顾幅员绵邈，鞭长莫及，非在林产各地设立林务专局不足以促进行而收实效。"由此观之，陈振先的完善农林组织机构的理念是基于中国当时国情的考虑，是坚持实事求是，因地制宜的表现。

陈振先在其任期内，先后设立和改造了许多农林牧试验场，这些试验场在当时发挥了重要的示范效应，为改良农、林、畜种做出了重大贡献。陈振先还把京师前已设有的林艺试验场，改名为第一林业试验场，分总场和分场，面积分别为399亩、46亩。主要进行播种试验、移栽试验、插条试验、造林试验。农事试验场创设于清光绪三十二年（1906年），陈振先在其任内，又对之进行了改造，内置树艺科，主要进行种类比较，选种，浸种，人工交配，自然交配，稻热病预防，稻螟病防除，肥料用量等试验；园艺科，主要对蔬菜、果木、花卉进行试验；蚕丝科，主要对蚕室蚕具消毒、对浙江乡间土蚕种类和春夏秋蚕各种制种进行试验。陈振先通过创建和改造农林试验场，为各地农林事业树立很好的榜样，各地农会也按照示范效应，纷纷建立试验场，培育农林畜牧各业良种，这对全国整个农林事业的发展起到了很大的促进作用。

三、张謇

张謇（1853～1926年），江苏南通人，光绪二十年（1894年）状元，中国近代实业家、政治家、教育家。民国元年（1912年），起草清帝退位诏书，在南京政府成立后，任实业总长；同年，改任北洋政府农商总长兼全国水利总长。1913年10月，张謇在熊希龄名流内阁担任农林、工商总长。1914年，任中华民国政府农林工商总长。张謇平生爱树，对树情有独钟，历来主张保护森林、植树造林，且特别重视珠江、长江、黄河三大干流的水源保护，作出保安林的重大决策；十分关注重点林区东三省的森林保护；开发林源，鼓励荒山植树造林，发展林业，在森林的保护和营造方面做出了特殊的贡献。

1914 年 5 月 3 日，张謇完成《规划全国山林办法给大总统呈文》，呈文根据国外对森林保护的经验，结合中国林业紊乱落后的现状，对森林的保护和规划提出了一系列主张和办法。此后，张謇主持制定并颁布了中国有史以来第一部《森林法》。这部《森林法》加之与它配套的《森林法施行细则》《造林奖励条例》《国有森林发放规则》等，形成了比较完整的林业法律体系，开创了依法保护森林的新时代，为中国森林立法树立了榜样，奠定了深厚的基础。

1. 设置专门机构，加强林政集权管理

张謇对林业法治建设与发展有着重要贡献，自 1913 年担任农商总长之后，积极采取措施进行东三省的整改（史家瑞，2022）。张謇对东三省林业的法治建设，主要体现在设置直属于农商部的专门林政机构——林务局，由国家部门统筹管理林业事务，严格规定专职机构的职能，明确工作人员的权责分工，并将机构内部分科细化管理，形成了一套系统化、制度化的管理模式。在清代，设立专职林业机构一直仅停留在设想阶段，而到民国初年能成为现实，是一大进步。

晚清政府官商勾结，从伐木毁林中渔利，东三省原始森林遭到严重破坏。张謇上任民国农林总长后，立即制定法律整治林政。基于东三省森林在全国森林中的重要地位及当时东三省森林受害严重等因素，国家必须制定严格的法律规制，以刹住乱砍滥伐之风，维护正常的森林生态环境与林木经济。张謇上任农林总长后，先后制定并颁发了《暂行规程》《分科规则》，依法改变东三省林政失修、采伐失度的状况（史家瑞，2022）。

《暂行规程》的第一条规定就是"东三省林务局隶属于农林总长掌

事务：关于东三省国有林调查、管理、经营、发放及其他管区内林业事项"。针对东三省林政失修的状况，张謇设置了专门的林业机构——东三省林务局，对尚存有限的森林资源进行有效管理。此后，东三省林政职权集中收归国家管理，林政事项由农林总长直接负责，防止因过度放权导致权力滥用。农林总长对东三省国有林的调查、管理、经营、发放等事项进行统一集中负责，东三省地方林政部门不能随意审批发放林木，失修的林政得以整治，现有的林木也得以保护。张謇设立的东三省林务局是我国首个专门林业管理机构，林务局不仅能有效管理和保护现有的森林资源，还有利于森林资源的合理利用与可持续发展。此外，《暂行规程》还规定"林务局聘用雇员和设立分局，必须上报得到农林部核准方可，须地点适宜且雇佣人员不超过三人"。对林务局的雇员和分局的事项进行严格把控，可以防止聘用过多的人员和成立过多的分局，避免职权分散、职责不明，阻碍东三省林业政策推行（史家瑞，2022）。

《分科规则》将东三省林务局的具体事务分科管理，第一科负责林政课和林业课的事务，第二科负责主计课和庶务课的事务，并明确规定了两科下属各课负责管理的具体事务："林政课负责管理事务规程、一般调查、管理处分、境界保护、簿册、纷争以及其他林政事项；林业课负责管理编定施业、测量、调查、土木、副产物、苗圃、试验、保护等林业事项；主计课负责管理预算、经费出纳、林价征收及保管等事项；庶务课负责管理物品、文书以及其他事项。"《分科规则》对各科事项的规定简要明确，对各科工作事项的规定亦是十分清晰，这有利于各科之间权责明确，能够更加有效地执行部门规则，开展林政工作（史家瑞，2022）。

张謇制定颁行的《暂行规程》和《分科规则》两部治理东三省地方林业的法规，是对林政失修、采伐失度的东三省林业状况的对症下药。在国家农林部的领导下，东三省林务局制定实施工作细则与各科规则治理事务，使东三省林业工作得以有序开展，也促使民众生态意识的觉醒，掀起了一场兴林热潮（史家瑞，2022）。

据统计，1912~1934 年，"奉天省共计发放林场 9 处、面积 1 098 平方公里；吉林省共计发放林场 155 处、面积 30 829 平方公里；黑龙江省共计发放林场 72 处、面积 25 710 平方公里"。林业的批量发放推动森林产业化的发展，从而增加了林业税收。如"吉林省 1916 年度共征收木税 87 150 130 元、山分 40 000 723 元、木植票费 175 828 330 元，三项合计 302 979 183 元"。这些林业税费增加了国家的财政收入，为地方经济建设提供了支持，也推动了林政专管机构的发展。此外，在这场热潮的影响下，北京政府机关率先倡导植树造林，并取得显著成效（史家瑞，2022）。

得益于张謇的林业法治建设，东三省林业法治建设不断发展，随着《修正东三省国有林发放规则》等法令的颁行，东北林政管理机构的林业经营成果显著。这不仅为张謇制定全国通行的森林法律法规提供了宝贵经验，也为 1914 年《森林法》与 1915 年《森林法施行细则》中的保安林建设等事项提供了重要借鉴。全国林业逐渐走向合理合法的持续性发展道路，促进了国家经济的发展与生态文明的建设（史家瑞，2022）。

2. 健全林业法治体系，鼓励民间造林

张謇认为，"必有法律而后有准绳……故拟首订法律"（沈家五，1987）。为尽快改善森林生态环境，除了采取保护现有林、建设保安林等有效应对之策外，张謇还致力于建立健全保护森林生态的法律法规。

张謇经过半年时间对全国林区情况的调查了解，于 1914 年 5 月 3 日形成《规划全国山林办法给大总统呈文》，详细陈述了在全国水源宏大的地区建设保安林、于东三省勘测林区、设官营伐木等规划以及具体实施办法。针对当时森林采伐过度的现状，张謇主张"先于全国水源宏大之区，设保安林"，并提出"黄河、扬子江、珠江，实为经流大干，是三干者，淤垫激薄，岁屡为灾"，原因是上游发源之地"无森林以涵养水源，防止土沙。一旦洪水骤发，势若建瓴，方其急流，则混挟泥沙，奔泻直下，及遇回曲，溜势稍缓，则沉积而淀，便成涉阻。筑堤防水，水益高而患益烈"（张謇，1994），即建议首先在黄河、长江、珠江三大河流近水处设立保安林编栽局，负责保护原有森林，并购种育苗，植树造林。建设保安林，可以防治水土流失，预防洪涝灾害（张廷栖，2006）。

在该呈文半年之后，张謇主持制定并颁布了中国有史以来第一部《森林法》。《森林法》总共 32 条，分为 6 个章节。第一章为总纲；第二章为保安林，共 6 条；第三章为奖励，共 6 条；第四章为监督，共 3 条；第五章为罚款，共 10 条；第六章为附则，共 2 条。在张謇的努力下，民国四年（1915 年）6 月 30 日《森林法施行细则》公布，对国有林、保安林的划分以及承领官荒山地造林等事项做了具体的规定。《造林奖励条例》于民国四年（1915 年）6 月 30 日公布，共 11 条，明确对造林确有成绩者，依其造林面积大小分别予以奖章，以示奖励。同时，张謇主持制定了《国有森林发放规则》，使国有森林处处有人负责。张謇为民国初年的林业制定了一套较为完善的法律法规以及健全的行政和监督的制度，并训令各地行政部门对以上法规条例切实贯彻执行（史志通，2022）。

四、谷钟秀

谷钟秀（1874～1949 年），直隶定县人，光绪年优贡，1898 年考入京师大学堂，于 1901 年赴日本早稻田大学攻读政治经济学。1916 年 7

月，谷钟秀任段祺瑞内阁农商总长兼全国水利总裁，著有《中华民国开国史》《世界地理》等。

1916年7月至1917年6月，谷钟秀出任北洋政府农商总长，他曾于就职之初莅临农商部，就当时全国办理实业概况发表演说，并针对时弊提出相应对策（华辰，2005）。在演说中，谷钟秀特别强调了木材生产和造林的重要性，明确指出："比来全世界材木逐渐减少，据林学家言，恐五十年后世界必有缺少材木之叹。是今日培养材木亦开辟利源之唯一方法，况森林事业与水利关系至大，是以现在欧美各国及东方先进之日本均极注意。吾国童山满目，货弃于地，良属可惜。今宜厉行造林条例，将所有官荒山地准人民承领造林，即民荒亦一律强制令其仿造，数十年后，全国林木日茂，即全国之利源亦自然日充"（华辰，2005）。

五、李根源

李根源（1879～1965年），云南腾冲人，近代著名政治家、文化名人。民国十一年（1922年）11月，任北洋政府农商总长，民国三十年（1941年），任腾冲茶叶讲习所名誉所长。

1917年，李根源任陕西省省长期间，提出并推行一系列振兴林业、改善生态环境的思想和举措，包括宣传森林的综合效益、保护林木、倡导植树造林、发展林业经济、开展林业教育、改善林业生产条件等，表现出超前的生态意识和林业意识。李根源的林业举措虽然只实行了短短3个月的时间，便因军阀的阻挠而终止，但其林业思想顺应了历史发展潮流，对扭转陕西近代生态环境的恶化趋势，和改善社会经济凋敝现状具有积极意义，对当今的林业和生态建设不无启迪意义（冯尕才，2016）。

　　李根源积极提倡植树造林，发展林业经济。李根源赴任正值初春，他注意到警察厅旁边有不少空地，即发布《饬警察厅在署旁隙地植树令》，令警察招请工人一同栽树："照得阳春和暖，万木向荣，乘时种植，物性攸宜。查本署周围隙地甚多，令兹广栽树木，即可提倡农业，抑且裨益卫生。合亟令仰该厅遵，迅即购备柏树六百株，梅树、桃树、柳树各一百株，派遣警生，督同工人来署，分配栽植勿延。切切此令。"随后，向全省发布了《饬三道九十县公署隙地种植树木令》，要求各县学习省署，抓紧时机，广泛开展植树造林："查各公署多有隙地，自应一律植树，藉资提倡。本公署周围现已栽种柏树八百余株，所有各道县公署应亟广植柏、桐及有益果木等树，至少在百株以上，遇有新旧交替，并列入交代，以垂久远而便保存。合亟令仰该道尹、知事即便遵照办理，并转行各机关一体植树，仍将遵办情形具报查考，仍具报备查。切切此令"（冯尔才，2016）。

　　李根源同许多中国近代民族资产阶级人物一样，抱持"实业兴国"理念，因而主陕期间一再强调实业兴国的道理。陕西屡遭大灾大乱，城镇残破，生产停顿，民生凋敝，林业具有多方面的经济效益，发展林业，是落实实业、改善民生的重要途径。李根源饬令地方官摸清地方土宜气候，凡有发展林业条件的地方，一定要因地制宜，积极植树，发展林业经济。在李根源发布的 31 条整顿吏治令中，绝大多数包含着发展各地林业经济的具体指令，林业内容比农业内容还多。如《饬麟游县知事金震旭整顿吏治令》中指示："实业一项，关系民生治安，至为切要。该县著名贫瘠之区，尤应亟图振兴实业，开辟利源。查该县属境平原绝少，万山丛错，而山麓皆有溪流，兴办林业，诚属急务。应即辨别土宜，演讲劝导一般人民咸具实业知识，共速栽植适宜果木以谋久远利益。"又如，《饬盩厔县知事屈群英整顿吏治并传令嘉奖县绅吕光裕等令》指出，盩厔县"土宜气候，最适桑蚕，惟桑种不良，则蚕业难期发达"，李根源要求县知事"应即妥拟推广栽种浙桑办法，布告施行"，即推广浙江优良桑树品种，替代本地"不良"桑种，振兴蚕丝业（冯尔才，2016）。

六、易培基

易培基（1880～1937 年），湖南省长沙市人。1928 年 10 月任国民政府农矿部部长。1928 年 3 月 1 日，国民党中执会议决定，于孙中山逝世日（3 月 12 日）在全国各地举行植树活动。1929 年 2 月 9 日，易培基以部令公布《总理逝世纪念植树式各省植树暂行条例》，其中规定，"各省应于每年三月十二日总理逝世纪念日举行植树式及造林运动""举行植树式时，各机关长官职员，各学校师生及地方各团体民众，均应一律参加，躬亲栽植"，并规定所需经费应由各级政府承担。

1930 年 2 月，易培基以农林部的名义向行政院及国民政府呈文，提议自 3 月 9 日至 15 日一周间为"造林运动宣传周"。同年 3 月，农矿部举行植树造林运动宣传周启动仪式，部长易培基在演讲中指出，森林除保国安民外，还存有"美化都市，点缀河山"的功效。进而，活动志愿者以发放宣传册和贴置标语等形式向市民讲解和宣传，这些材料内容多涉及森林对个人及城市环境的影响（左承颖，2022）。该部又公布了《各省各特别市各县造林运动宣传周办大纲》，让全国照办。这个大纲共 7 条，其中要求："地方长官领导各机关职员、地方民众，植树郊外……唱造林歌及国父逝世纪念歌……公映造林教育电影"，规定的标语口号有"孙中山精神不死""要想总理精神不死，我们一定要让树活"等（曾晓江，2021）。

七、陈济棠

陈济棠（1890～1954年），广东防城（今广西防城港）人，曾任中华民国农林部部长，曾长时间主政广东，主张农、林、牧、渔、垦、殖统筹兼顾发展。陈济棠生前著有《往事记述》《陈济棠自传稿》等（周兴樑，2000）。

陈济棠是广东20世纪30年代近代化建设的总策划与总导演，按孙中山"建国方略"建设三民主义新广东的思想、实践与建树，民国二十二年（1933年）亲自制订了《广东省三年施政计划》，涵盖农业、林业、畜牧业、水产业、矿业、冶金工业、化学工业、纺织工业等轻重工业，以及公路、铁路、航运等领域，对当时广东经济建设具有指导性意义，开辟了广东陈济棠时代，在一定程度上推动了广东社会经济迈向近代化的进程（周兴樑，2000）。

陈济棠重视农林渔副业全面发展，农林业被列为"本省最重要的生产事业，……拟分增加生产，防除患害，垦殖荒地，整理农村经济，逐件去进行"，建设的项目主要有设立稻果禽畜良种繁殖场、建立农器具制造厂、办校培训农林技术人才、设立各种农特产品经营区、建立省属林场及兵农垦殖场、兴修水利、防治稻作果树病虫害与禽畜瘟疫、设立农民银行和各种模范合作社等（周兴樑，2000）。

为实现"粮食生产之增加，最低限度领达到足以自给"这一目标，陈济棠政府一方面采取了一系列减轻农民负担、保障与改善农民生活的举措，如取消270多种苛厘税捐、设立全省合作事业委员会指导各县组织合作社277处、鼓励各县设立农村借贷银行、有步骤地推行地方自治、计划改善佃耕制和实行二五减租等，从而提高了农民的生产积极性。另一方面，省府又拨出专款500万元，用于大力救济与扶持农林渔副业的发展。省府发展农业的措施主要有：一是开星荒地 49.6 万亩，扩大了耕地面积；二是变水灾为水利，先后在东莞、博罗、新兴、高要、商明等县修筑水闸、基围 10 多处，并设立东江水源林区与防沙区，扩大农田灌溉面积 55 万余亩，做到抗旱防游保丰收；三是推广良种，指导各县农民广种东莞白、中山一号及竹粘等良种，以提高单位面积产量；四是指导农民使用新式农具、科学施肥和防治作物病虫害及禽畜瘟疫，以提高生产效率，确保增产增收。在发展林业方面，政府先后在潮安、南华、罗浮、鼎湖、汕头各处设立模范林场以资提倡，并分别领订强制造林、林业促进、造林兴动种种法规，劝勉人民从事林业。1931 ~ 1934 年，24 个省县林场共造林 5.3 万余亩，各县人民自发造林 49.5 万多亩，全省扩大绿化面积近 55 万亩（钟卓安，1999）。在扶持副业方面，省府大力鼓励农民发展家庭与淡水养殖业，奖掖农民种植蚕桑、甘蔗、果树及蔬菜等经济作物，并为他们提供优良的鱼苗、果苗、禽种与菜籽。由于省政府的高度重视与大力扶助，当时广东的农林渔副业得到了全面发展，仅农副业的年产值即可增加 18.34 亿多元（钟卓安，1999）。

第三节 中华民国时期学者的林业经济思想、论著和贡献

一、凌道扬

凌道扬（1888 ~ 1993 年），生于广东省新安县布吉村丰和墟（今深圳龙岗布吉街道老墟村）。他是中国近代著名林学家、农学家、教育家、水土保持专家，中国近代林业的开创者和奠基人之一，中国林学会的前

身中华森林会的创始人之一和首任理事长。

凌道扬于 1912 年入美国麻省农业大学，后入耶鲁大学林学院，1914 年获耶鲁大学林学硕士学位，其论文题目是《论森林资源》。曾应黎元洪大总统之邀，参与《森林法》的拟定工作（王希群，2018）。1915 年，凌道扬与韩安、裴义理等林学家有感于国家林业不振，"重山复岭，濯濯不毛""欧美各邦，植树有节，推行全国，成效维昭"，建议以每年的 4 月 5 日清明节为"中国植树节"，同年 7 月报经袁世凯批准，1916 年，"中国植树节"被载入史册并正式实施。直到 1928 年植树节改为孙中山逝世纪念日的 3 月 12 日。1916 年，凌道扬和裴义理一起创办金陵大学林科，是中国最早的林科之一。1917 年，凌道扬在南京发起创建中国第一个林业科学研究组织——中华森林会（后易名为"中华林学会"），"本着集合同志共谋中国森林学术及事业之发达为宗旨"，搭建了林学界早期开展学术交流的重要平台，并被理事会推举为首任理事长和中华林学会第二、第三、第四届理事长。该会宗旨包括：提倡森林演讲，筹办森林杂志，提供林学咨询，建设模范林场。1919 年，凌道扬参与协助孙中山完成了《建国方略》一书"实业计划"农、林部分章节的写作（蔡登山，2023），他的一些治林观点，如"防止水灾和旱灾的根本方法，都是要造林，要造全国大规模的森林"，写进了孙中山的林政纲领，造林计划被定为十大实业计划之一。1921 年 3 月，他创办了中国有史以来第一份林业科学刊物《森林》，由黎元洪题写刊名。此后，又先后出任胶澳商埠督办公署林务局局长、国立北平大学农学院森林系教授兼系主任、南京国立中央大学森林系教授兼主任、广东省农林局局长、黄河水利委员会和林垦设计委员会主任委员，联合国粮食救济总署广东分署署长等职位。凌道扬一生著述甚丰，著作有《森林学大意》《森林要览》《中国水灾根本救治法》《青岛农业状况》《中国农业之经济观》《建设中之林业问题》《建设全国林业建议书》《华北造林浅说》《森林的利益》《视察西北救济工作报告及建议》等十部，另有论文及报告七十余篇（蔡登山，2023）。

凌道扬主张"森林救国"，提出了"林业兴废，关系政治盛衰，民生荣枯，国力消长"的森林国家观。提出了振兴林业，必须先振兴林政，必须坚持依法治林，加强森林资源管理的林政思想。他首次提出把林学从农学中独立出来，形成了"坚持林业通俗教育与学校教育并举"的林业教育思想。率先提出"水土保持"概念，形成了"林垦、水利工程并举合作"的水土保持思想，在中国近代林业史、林业教育史上留下了浓厚的一笔（蔡登山，2023）。概括而言，凌道扬的林业经济思想，一是森林利益极为重大，直接利益关系人民生计，间接利益关系国家强盛，提出的森林可防止水旱灾害的观点，受到孙中山的高度重视。二是振兴林业为中国急务。他深刻批判中国重农轻林的历史传统，强调必须彻底改变重农轻林的历史传统，加强对林政工作的投入，至今仍然不失其先进的时代意义。三是重视关注林业和民生的关系，强调林业科普宣传与学校教育，林业当务之急需要培养林业专门人才，提倡森林事业，制定森林法规。

1. 森林利益极为重大

凌道扬多次论述森林利益，认为森林关系国计民生、利益巨大，曾多次作"森林之利益"的演讲，也是最早明确提出并系统论述森林间接利益的学者。凌道扬指出，"考森林利益，大别之则为两端：曰直接利益，曰间接利益""间接利益者，减免地方灾难，所以保护农业，即所以保护人民之公安也"。凌道扬《森林学大意》（1916a）中，具体论述了森林的间接利用，包含森林与温度、湿度、蒸汽、雨水、川流、水灾、风灾、水源、卫生、风景等要素之间的关系。凌道扬还十分关注森林的间接利益与国家防止水灾、旱灾之间的关系，专门写了 4 篇文章详加论述（樊宝敏、王枫，2019）。

2. 振兴林业为中国急务

凌道扬认为，林政对于国家来说意义重大。一方面，曾批判中国重农轻林的历史传统，"中国只知农业为要务，不知森林与农业同为立国之要素。同是取利于地，其区别不过出产与种植之法不同。……独惜森林利益，既大且远，又非若逐什一之利，一朝夕立收其效者之可比。吾国上下拘泥于目前浅近之利，逐并此远者大者而忽之耳""吾国自古号称以农立国，而于森林不讲，任其荒废，为各国所讥笑"。另一方面，指出中国因缺乏森林而导致巨大的利益损失，"今中国之森林缺乏极矣，因缺乏森林所受之损失大矣"（樊宝敏、王枫，2019）。振兴林业为中国今日急务，关键是要振兴林政（凌道扬，1916b）。凌道扬发现，中国的林政人员、经费都远不如德、俄、日、美等国，他主张振兴我国林政必须扩增林政人员、增加林政经费、加强林政管理、发展林业教育（樊宝敏、王枫，2019），从而"使林政振兴，生计必呈活泼之象"。

3. 关注林业和民生的关系

1915 年 4 月，凌道扬发表了文章《林业与民生之关系》，文章开头这样写道："举世闻名各国莫不注重林业，关乎一国之计实大也。我国人尚不知培植森林之法，以故国中童山赤土一望无际。各国森林学家每举我国与土耳其相提并论以警戒。其国人如吾人欲一雪斯耻，并解除将来之生计困难，则惟有以振兴林业为当务之急耳"（凌道扬，1915）。1925 年，凌道扬发表《森林与旱灾的关系》一文，再次论述了造林和森林可以开发利源、利用荒山造林、消纳失业人民，防止水旱灾（凌道扬，1925）。20 世纪 30 年代初 40 年代末，在国民政府实业部和行政院善后救济总署广东分署、联合国粮食农业委员会工作期间，组织"宁属农业救济会"和开展善后救济工作，都把民生和植树考虑在内，取得了很好的成效。他在青岛期间，全面规划了青岛林业管理与发展之路，制定了多项林业规则，规划官林营造，鼓励民间造林，组建林警保护森林，丰富和发展了面向公众开放的公园模式，为青岛的林业和绿化事业做出了历史性的贡献。他还呼吁推动"农村复兴"活动，组织农业救济协会，引导成立农产改良合作社，积极推行农村经济改良试验。

二、陈嵘

陈嵘（1888～1971年），浙江安吉人。1909年入日本北海道帝国大学林科。1913年回国，任浙江省甲种农业学校校长。1917年参与发起中华农学会与中国森林会等学术团体，并任农学会首任会长（1917～1922年）。1923年辞职赴美留学，入哈佛大学阿诺德树木园（The Arnold Arboretum of Harvard University）就读，一年后获硕士学位。1925年转赴德国萨克逊大学（Saxion University）进修。同年回国，任教于金陵大学农学院，1930年任林科主任。1952年院系调整后，陈嵘被调往林垦部，任中央林业研究所所长，曾担任《林业科学》杂志主编，1971年逝世。陈嵘在树木学、造林学、林业史、竹类研究上均作出贡献，著述颇丰。李文静（2014）的研究中详细梳理了陈嵘"造林为要"的林业思想和实践，以及中西交融的造林学。在林业政策和管理方面，他倡导林业民有，政府辅助人民造林，并借鉴国外林政经验，结合中国社会实际，为民国林业政策提出建议。

1. 倡导林业民有，政府辅助人民造林

1926年1月，在中华农学会第四十九期《中华农学会报》上，陈嵘发表了《推广江苏金陵道林业的我见》一文，提倡林权为民有，主张公家辅助地方群众造林的思想。文章对民有林的建设提出了诸多建议，从树木种类的选择、树木种植的具体方法、政府如何推广和辅助人民自动造林等诸多方面加以论述。但在时局动荡的年代，统治阶级无暇顾及林业建设和管理，陈嵘的林业思想只起到了小范围的宣传和指导作用。此后，1928 年，国民政府宣告进入训政时期，颁布了七项运动，其中就包括造林运动，训导民众，在全国范围内刮起了植树造林的狂潮。

陈嵘眼见国内林业建设形势大好，1929 年底出版《林学》杂志创刊号，陈嵘以《发展首都（南京）附近各县林业意见书》为题，深刻地阐述他发展林业的观点，包括倡导林业民有，主张政府因地制宜地辅助地方人民造林。陈嵘在意见书里分析了林业建设发展缓慢的原因，包括造林主体划分不明确，农民得不到实际利益，没有造林积极性；树木生长缓慢，林业建设回报不显著；国家对民有林的不重视等。陈嵘认为推广造林举措，首要解决的问题就是造林主体的划分，"造林之主体，宜为国家或省或人民，此因先决之问题也"，即提高大众的积极性，必须奖励民间造林（陈嵘，1929）。

陈嵘倡导林业民有，认为民有林业非常重要，并分析了四种民有林存在的必要性。此外，陈嵘对公司、企业的林业建设和经营抱有悲观态度。他认为林业建设、经营和管理是门很深的学问，但投资建立林业公司的多为不懂林业经营管理的人士。这些人认为投资农、林业的收益大且迅速，一拥而上，之后发现森林收益缓慢，大多半途而废。这样不仅对森林的建设前功尽弃，而且浪费人力、物力、财力。除此之外，合伙创办的林业公司，容易出现经营不当和投机经营的问题，使得少数人得益，大多数人受害（李文静，2014）。

2. 借鉴国外经验，制定全国林政

陈嵘认为当时的农林业非常重要，是国家产业的根本，林业的兴废与民生休戚相关，国家治乱都是因为森林荒废。森林的荒废，使得气候失调，山崩河塞，水旱灾害频发。他提到国外具有雄才大略的政治家，如德国的斐德烈、法国的拿破仑、美国的罗斯福、日本的明治天皇，为了国家的安宁和富强，都十分重视林业政策建设。陈嵘总结了百余年来德、法、美、日等国林业经营的成功经验，分别叙述了这些国家林业经营的经过与最新概况，渴望我国能借鉴林业发达国家的政策管理经验，更好地建设林业。"百余年来，德法美日等国林业经营之成功，与人民所受之利益，实为吾人所钦羡不置者，爰略述其经过与最新概况，以资借鉴"（李文静，2014）。

陈嵘拟议了全国的林政。他根据政府行政单位三级的划分，分别对中央政府、各省区政府以及各县政府的林政方案提出了拟议。关于中央政府的林业政策和管理提出了两点建议：一是根据全国的情况，必须积极营造保安林；二是要求中央重新设立负责全国一致的森林科学研究机关。陈嵘借鉴日本对国有林划分区域管理的实例，按照河流山脉的自然位置，划分全国为十个保安林区，分区域进行建造和管辖，提出中央管辖和地方管辖两种方式。在森林科学研究机关的筹设方面，陈嵘建议中央政府应该集中人才与经费，设立研究机关，负责研究森林方面全国一致的问题。在各省区政府层面，提倡每省应该集中林业经济人才，在各山区域筹设大规模实验林场，提出可利用现代名山建设现代式森林，因地制宜地划分林区，建设示范林，以省有林的经营方式开辟民有林的建造。他还提到了森林法的重要性，提倡省政府部门应当设立森林法规委员会，根据各省民情不同，设立符合本省的法规指导和监督生产。在县政府层面，陈嵘认为县政府对林业的管理管辖十分重要，认为县政府应加强森林保护，清理荒山所有权，提倡县政府利用县境内的荒山，领导民众建设学校林、村有林、风景林等，建议政府鼓励人民建造私有林，并提出组织林业合作社（李文静，2014）。

三、姚传法

姚传法（1893～1959年），著名林学家、林业教育家，中国林业事业的先驱者之一，中华林学会的创办者之一。他在国民政府任职期间，提倡兵工造林，曾参加《森林法》草案的拟订工作和主持《土地法》的审议工作，主张推行法制，以法治林。参考南京林业大学（2022）相关资料，姚传法生平及林业思想简要概括如下。

1918 年 8 月，姚传法自费前往美国俄亥俄州丹尼森大学深造。1919 年获得科学硕士学位。当时担任北美基督教丹尼森大学中国留学生会负责人。因为父亲从事木材行业，耳濡目染，他从小就对林业有兴趣。在美留学期间，他对美国锐意振兴林业和林业教育，感触最深，认为"林业兴废，关系政治盛衰，民生荣枯，国力消长"，于是立志进一步研读林学，便转入美国著名的耶鲁大学林学院继续深造。1921 年，姚传法于耶鲁大学毕业，获得林学硕士学位。

1927 年 4 月 18 日，南京国民政府成立。姚传法奉调担任了江苏省农林局局长一职。5 月，江苏省建设厅成立，为省政府直辖机构。7 月 16 日，江苏省第二十五次政务会议修改通过《江苏省建设厅组织条例》。依条例规定，建设厅受省政府之指挥监督，管理全省土地、交通、水利、市政、农林、工商、渔业、矿产、畜牧、气象测候、度量衡器等各项建设事宜，并统辖所属各机关，设有设计委员会、技术科、文事科、总务科。姚传法任省建设厅专任设计委员。1928 年 5 月，江苏省农工厅改为农矿厅，姚传法任省农矿厅技正。8 月，姚传法受聘担任南京国民政府农矿部林政司科长及部设计委员会常务委员。抗战时期，国民政府迁都重庆，姚传法于 1942 年受聘兼任重庆国民政府农林部顾问。在江苏省建设厅、国民政府农矿部任职的几年里，姚传法充分发挥专业所长，做了不少有重要意义的工作。他曾写过《如何方不辜负今年江苏的植树节》一文，刊登在《农林新报》上。他相继发表《兵工与造林》《设立全国林务局意见书》等政论文章，刊登在《中华农学会报》上。1929 年 9 月，农矿部召开全国林政会议，有林业专家教授近 50 人参加，姚传法提出"请中央明令规定以大规模造林为防止水旱灾根本办法"一项提案，后经大会合并有关提案，作出决议："水源山地实行造林，严禁滥伐；严禁水源地开垦；请中央通令各治水机关划出一部分经费建造水源及江河湖海沿岸森林。"在《兵工与造林》和《兵工植树计划》两篇文章中，姚传法提出"举行兵工植树既为利用兵工空闲，义务供给地方以造林之人工，即不啻为国家与地方节省大宗造林之工资"。农矿部于1929年10月正式提出《利用编余官兵实行兵工造林》的议案，所列举的5点理由、7点办法，就是采纳姚传法的论点，作为政府文件下达。

姚传法一生代表性的林业活动及思想包括以下几个方面。

1. 强调以法治林

姚传法一贯强调推行法制，毕生为之奔走呼吁。他认为，森林事业是国家的事业，森林问题是法律的问题，未有一国政治修明而林业不兴者，也未有一国林业衰落而政治不腐败者。所以森林事业可视为国家治乱盛衰的测验表。姚传法有针对性地认为，澄清吏治即是法治之成功，全国之吏治果能澄清，林业自然振兴，法治自然推行矣。他认为建设现代化的中国一定要厉行法治。

由于前北洋政府于1914年颁布的《森林法》与南京国民政府所拟定的森林政策不相符合，有必要重新编制，从速颁布。经指定专员另行草拟了《森林法草案》，于1929年1月送请立法院审议。当时，姚传法是农矿部林政司的科长，参加了这项法案的草拟工作。其后经立法院修正通过，并入国民政府于1932年9月公布的《森林法》，对原《草案》并无重大修改。通过这项法规可以大致体现南京国民政府的林业政策，从中也可体现出姚传法的法治观念。后来，他在1944年9月发表的《森林法之重要性》一文中强调："森林法为国家大法之一，在目前森林破坏影响国本之时，其重要性应与民法、刑法、土地法相比。""森林法应具特种刑法之性质，侧重于强制执行造林、保林之各项办法。"他主张：森林法应力求简单，务使每条条文家喻户晓，发生最大的效力。他颇有感触地认为《森林法》公布多年，迄未见诸实施，多年来不但一般人民不知有《森林法》，即连大学农学院、法学院以及农林专科学校，亦未将《森林法》列入必修课程，甚至选修课亦未采列，尤可痛惜！他的这番议论，至今仍值得人们深思。

姚传法曾指出：每年植树节举行造林运动，他主张：自今以后，造林之宣传，应为《森林法》之宣传，植树之运动，应为《森林法》实施之运动。

2. 主张国家经营管理森林

张楚宝曾于 1939 年 3 月 12 日、13 日在重庆《中央日报》上发表《实行总理的森林主张》一文，加以阐扬，并提出不应将关系农田水利、国计民生的国家森林资源让私人去开发。姚传法对此观点表示赞许，和张楚宝联名将此文重新刊载在 1940 年 3 月 12 日的重庆《新华日报》上。后来于 1941 年 10 月撰写《民生主义的森林政策》一文，阐述"林业有永久循环之特性，应由国家直接经营管理……欲发展国家资本，振兴工业，消弭水旱，增加农产，必先利用占全国土地总面积半数之荒山，大规模积极经营森林"。他还提出"打破封建自私的势力，将全国大规模山林一律收归国有，用科学化、技术化的方法，直接由政府经营管理，使遍地森林、循环滋生，全国人民，子子孙孙，永享其利。滥伐早伐，必宜禁绝，森林法令，必应实施，专门人才，为国家至宝，必须培植爱护；研究试验，为进步基础，必须迎头赶上"。

姚传法痛感于抗日战争大后方的天然森林多被权贵豪绅霸占滥伐，于 1943 年在《森林与建国》一文中语重心长地写道："黄河之所以不清，所以变成'黄祸'，就是因为两岸水土冲失，没有水源林保护之故。长此下去，西部南部的森林继续滥伐净尽，大好的长江、珠江，不久也一定会变成与黄河相似的害河！"这并非他危言耸听，他的精辟警句，今日已被越来越多的人所察觉和共鸣了。

姚传法在《民生主义的森林政策》一文中主张："今后林政，必宜依据森林国有国营之中心政策，着重实施，深入林间，深入民间，分区设立国有林区管理局，同时大规模训练森林警察，切实执行森林法令，以指导民众保护山林，必要时并宜实施兵工造林，以维治安，而固边防。"

四、韩安

韩安（1883～1961 年），著名林学家，中国近代林业开拓者之一。他是中国出国留学生中第一个林业硕士学位的获得者，也是中国最早一位林学家出身的政府官员。他最早向国人介绍世界各国林业概况，建议国家规定了中国第一个植树节，并率先创办铁路沿线育苗造林、兵工造林事业，主持创建中国第一个林业科研机构——中央林业实验所。他重视林业科研教育、森林资源调查、树木定名修志，培养了大量林业人才，为中国近代林业建设作出了重要贡献。

韩安于 1898 年就读于南京汇文书院，1904 年毕业后留校任教；1907 年夏天赴美国深造，先后就读于康奈尔大学文理学院和密歇根大学，分别获得理学学士和林学硕士学位。1912 年回国后，历任吉林省林业局和东三省林务局主任、京汉铁路局造林事务所所长等职；1922 年任国立北京农业专门学校教授兼林学科教务主任。次年，他接替梁希，兼任国立北京农业大学森林系主任。他是最早在中国农业大学前身担任教授和林学科教务主任及森林系主任的学者之一。他为当时的森林系的建设与发展、为中国近现代林业教育的开拓作出了重要贡献。

韩安年轻时立下攻读林学、绿化祖国的宏志，成为中国最早获取林业硕士学位的先行者。他参加编辑了中国第一份农林期刊——农林部出版的《农林公报》，并于1913年初在这份刊物上连载发表他所编译的《世界各国国有森林大势》一文，这是中国人最早向国内介绍世界其他各国林业概况的科技文献。

1915年，当时的农商部总长周自齐采纳韩安、凌道扬等的倡议，在中国设立"植树节"。经"大总统"批准，于同年7月申令定每年"清明节"为"植树节"，规定每年这一天举行植树典礼，倡导植树造林。中华农学会成立于1917年1月，韩安是最早的会员之一，后多次担任学会组织的某些职务。中华森林会在同年创立时，也得到韩安的赞助。1917年夏，作为农商部佥事的韩安，提出营造水源林以护堤保路的建议。他在《造林防水意见》一文中阐述了水灾消长的原理，并向当局提出了忠告。1918年，他担任京汉铁路局造林事务所所长并任我国第一个国有林场——鸡公山林场场长。在此期间，为提供修筑铁路所需枕木和电线杆，营造大面积苗圃，开中国营造护路林之先河，为中国铁路育苗、造林护路的一项创举。1920年，他多次向冯玉祥陈述森林的重要作用，并促成冯玉祥领导的部队在鸡公山一带开展植树造林活动。这一举措开创了中国现代兵工造林的先河。20世纪40年代，他担任中央林业实验所所长后，进一步推动了中国林业事业的发展（刘建平，2012）。

韩安抵制"发放东三省森林"。韩安在北洋政府农林部任职不久，即被派往吉林林业局任主任，1913年夏被调到哈尔滨充任东三省林务局主任。农林部设置这两个局的主旨，在于"发放东三省森林"，借以获得发照押金的巨额收入。当时规定的"发放"办法由承领人自绘林场地图界址，出资承领，每领一份执照，只须缴纳几万元押金，便可承领天然森林二百方里，自行雇工采伐。韩安认为局方既无人往森林中实地勘测林界、林况，承领人便可随意扩大伐区范围，肆意滥伐无度，流弊无穷。他虽两次主持局务，但始终未曾签发一份执照，加以抵制。他请调回部后，力陈应予废止这项劣政，果被当政者采纳，使森林资源免遭厄运。

五、李寅恭

李寅恭（1884~1958年），林业教育家、林学家，中国近代林业开拓者之一，毕生致力于林业教育事业。1927年创建南京中央大学农学院森林组。任教近20年，为我国培养了一大批林业专门人才。向社会广泛宣传林业科学知识和发展林业的重要性，热心参加林学会工作及与林业有关的社会活动，为中国近代林业的发展作出了重要贡献。

李寅恭积极参加林学会的组建和林业社会活动，长期坚持不懈地宣传林业科学知识与林业建设的重要性，对中国林业发展起了促进作用。李寅恭是初期的中华农学会会员之一。凌道扬倡议林学界也应有自己的组织，以便"集合同志共谋中国林业学术及事业之发展"，乃于1917年春在南京组成了"中华森林会"，并于1921年创刊《森林》杂志。当时会员人数不多，李寅恭是会员之一。1928年，南京国民政府成立后，于农矿部内设林政司，并将造林列为训导民众的七项运动之一。云集在南京的林业界人士认为林学会组织有恢复的必要，于同年5月推举李寅恭等10人为林学会筹备委员。1928年8月4日在金陵大学召开中华林学会成立大会，李寅恭等11人当选为中华林学会首届理事会理事。理事会下设总务、林学、林业三个部，李寅恭任林业部主任。农矿部组织设计委员会于1929年9月在南京召开林政会议，李寅恭作为设计委员与陈嵘、凌道扬、傅焕光等49人出席了会议。李寅恭提出，既要对民众广泛宣传发展林业的重要性，也要依法治林，奖励民众造林，注意保护及抚育天然林；为了发展林业，应大力培养林业专门人才，建议政府对全国林科学生免费入学，将有关植树保林的知识编入小学教科书中；将林业工作的好坏作为考核地方行政官员主要政绩的依据之一等（周永萍、杨绍陇，2021）。1931 年，南京成立"首都造林运动委员会"，李寅恭被邀请担任委员，并被邀请在广播电台播讲。1936 年，李寅恭被选为中华林学会第四届理事会理事，并任编辑部主任，参加编审《林学》的稿件。

在李寅恭看来，要发展林业，必须让人们认识到森林的价值，从而意识到林业的重要性。从 1916 年起，李寅恭先后在《农商公报》《科学》《中央日报》等媒体发表了《道旁栽树之利益》《森林与农业之关系》《森林与水利》《森林与人生》《环境与人生之关系》《森林在战时的作用》《从川江水涨说到保安林之重要性》等大量文章，向人们全面分析和解释森林的多重价值，进而凸显发展林业的重要性（周永萍、杨绍陇，2021）。

1936 年 7 月，李寅恭在《林学》第 5 号发表《森林保护问题》一文，认为护林比造林还困难，主张应严格取缔盗伐，组织林业公会，担负护林责任，督促人民自营林业。他介绍了日本有关保护森林的经验，指出保育天然稚树为林政上至关重要的问题，提出可由学校团体选定荒山若干亩，负责保护，作为研究保育野生树的榜样。1936 年 12 月，李寅恭在《林学》第 6 号上发表的《中国林业问题》一文中指出，中国当时大学森林系过多地采用国外教材，严重脱离本国实际，又不重视实验实习和生产劳动。他的这些教学思想在当前依然是正确的。

李寅恭作为中国近代林业事业的开拓者之一，他的事迹已载入《中国近代林业史》《中国林业人名词典》等史册（周永萍、杨绍陇，2021）。

六、郝景盛

郝景盛（1903～1955年），河北省正定县人，林学家。他较早提出东北红松林人工更新为主、合理采伐的科学方案。他是中华人民共和国成立后，山区农村建设走农林牧综合经营道路的早期规划人和开拓者。曾大力宣传森林的多种效益、宣传植树造林、保持水土和林产利用。

1931年，郝景盛毕业于北京大学生物系，1934～1938年就读于德国爱北瓦林业大学和柏林大学，获森林学、自然科学博士学位。曾任中央大学森林学教授、北平研究院植物研究所所长、东北大学农学院院长。新中国成立后，历任中国科学院植物研究所研究员、中央人民政府林业部总工程师、中国林学会第一届常务理事。郝景盛著有《森林万能论》《中国木本植物属志》《中国裸子植物志》《造林学》等。

郝景盛对森林的生态效益有深刻的认识。1944年，郝景盛在《林学》杂志上撰文论述"森林与水旱天灾之关系"。他认为，"森林较多的地方，雨量亦多""森林可以调节水源""凡是森林较多的地方，其附近空气中亦含有较多之水分，空气上升，温度下降，气中湿度自然分出，先凝雾而后成雨""森林可以防止水患，可以阻止旱灾"。他主张治理长江、黄河的办法是在上游各支流区域内大规模造林。郝景盛在1947年著《森林万能论》，论述森林与木材对国家的重要性（郝景盛，1947）。他用"万能"一词，喻森林的多种效益，目的是唤起人们对森林的重视，起到振聋发聩的作用，应该说并不过分。郝景盛的"森林万能论"在20世纪80年代初引发了一场"森林作用"问题的学术大讨论。有的学者对此持有异议。但随着环境科学的发展，人们对森林的多种效益越来越达成共识。可见，郝景盛的林业思想，就其基本精神而言，高屋建瓴、深刻而正确，应予以充分肯定。

郝景盛从事林业科技工作 20 年，著作之多，范围之广，堪称林业界的榜首。他提出的"以人工更新为主，采育结合，永续利用"的经营方针，对东北林区的开发利用起着重大的指导作用。他提出山区建设要统一规划、合理利用土地，农林牧全面发展的理论，至今仍有指导作用和现实意义。

七、曾济宽

曾济宽（1883～1950 年），四川省酆都县（今丰都）人，我国近代著名的林业教育家、农业经济学家、林业经济学家。曾济宽于 1911 年留学日本，1915 年毕业于日本鹿儿岛高等农业学校林科。回国后历任国立北京农业专门学校林学科教授、江苏省立第一农业学校教员兼林场主任、中山大学森林系教授、国立中央大学森林系教授等职。1932 年 5 月，他出任国立北平大学农学院院长。1932 年 10 月以后，先后担任国民党北平市党部委员、国立西北农学院校务委员、西北技艺专科学校校长等职。他曾被选为中华林学会募集基金委员会委员和理事会监事。著有《林政学》《林业经济学》等书和《造林和建国的关系》《吾国今后之造林方法》《林产化学之进步与欧美制纸工业》《广东森林建设上的几个根本问题》《广东造林运动的使命》《广东森林植物带及重要造林树种之一考察》等。

曾济宽重视植树造林和保护生态。由于长期以来对自然资源掠夺式的开采与开发，到民国时期，西北地区土地沙化、水源枯竭现象已极为严重，逐渐形成了独特的生态环境。造成这些问题的原因，曾济宽认为主要有两点：一是森林荒废，土壤被侵蚀，经年累月，地面土沙被冲刷，不能储存水源；二是西北农民穷困，在他的土地上尽量掠夺，致地方耗尽，土地荒废，不能种植，这样循环往复，生态环境自是每况愈下。要解决这些问题，根本的方法就是植树造林，保护西北脆弱的生态环境。曾济宽认为，要开发西北就必须"彻底明了西北经济环境的自然条件"，因为"纵今日昌明的科学可能改变其一部，但终难脱其怀抱与约束；只有适应，而与之调和，始能促进人类社会之发展""欲把握西北建设问题的中心，更须就其地理的条件，换言之，即须就其位置，地形，地质，气候诸点，加以有力的剖析"。所以，他认为，在西北地区脆弱的生态环境条件下，"开发生产之唯一要图，似无有更急于保存西北地方，防止森林荒废者，吾人以为复兴西北，当自复兴西北森林始，故在西北各省实行大规模之造林，使能保土蓄水，改进农业生产，又为确切不移之理"。可见，曾济宽的西北开发思想已经具有了朦胧的可持续发展的思路，即：经济开发与环境保护相辅而行，经济建设必须建立在生态环境改善的基础上（魏贤玲，2011）。

在《西北地方应积极提倡的森林副业》一文中，曾济宽不仅对森林在生产和生活中的作用做了详细的论述，还把生态保护提到了国家战略的高度。他指出："森林之效用，除生产木材、燃料及其他附产物，直接供吾人之利用外，更因树木生长期间，发生种种的理化作用，而且间接可以防止水源之涸竭，土沙之侵蚀，水旱灾害之发生。并能增进地方之风景，有益于人类之卫生，森林之面积越广而效用越大；反之，森林越废者，其祸害尤为剧烈，故观察一地森林之有无，即可以推知当地农村经济之盛衰，故察一国森林之兴废，即可以决定其国家命运之隆替。"在当时西北开发思潮中，提倡植树造林固为有识之士之一般言论，但极少有人像曾济宽这样将森林之兴废与"农村经济之盛衰"和"国家命运之隆替"紧密联系起来。这也是曾济宽开发西北思想中的一个显著特点。他并没有盲从当时西北开发热潮中一些急功近利的观点，而是从长远利益出发，将复兴西北、开发生产建立在"复兴西北森林"的基础上，将农业、水利和造林三者定为"辅车相依"的关系："水利建设较急于农业建设，而大规模的森林建设尤重于局部的水利建设。我甚愿今日谈甘肃农业建设问题者，万勿忽视这三者的关系。"这一思想无论在当时还是在现今西部开发的思想中都是弥足珍贵的，也是值得我们认真思考和借鉴的（魏贤玲，2011）。

本章推荐读物

[1] 樊宝敏，李智勇. 中国森林生态史引论 [M]. 北京：科学出版社，2007.

[2] 王希群等编著. 中国林业事业的先驱和开拓者 [M]. 北京：中国林业出版社，2018.

[3] 蒙莹莹. 孙中山林业思想研究 [D]. 北京林业大学，2014.

[4] 胡文亮. 梁希与中国近现代林业发展研究 [M]. 南京：江苏人民出版社，2016.

[5] 李文静. 陈嵘林业思想与实践研究 [D]. 北京林业大学，2014.

[6] 荆蕙兰. 清末新政与东北农业早期近代化 [J]. 求索，2012（12）：4.

[7] 李博. 民国初期我国的"振兴林业"思想 [J]. 林业经济，2017，39（8）：12-20.

[8] 史家瑞. 张謇的林业法治思想及其当代价值——以其东三省林业法治建设为例 [J]. 国家林业和草原局管理干部学院学报，2022，21（2）：52-55.

本章思考与讨论

1. 中华民国时期的林业思想同前一个时期相比有何变化？变化的原因是什么？

2. 中华民国时期的林业思想最鲜明的特征是什么？

3. 张謇的林业法治思想在当代有何价值？

4. 孙中山的林业思想对现代林业发展有何启示？

5. 凌道扬的林业经济思想有何影响？

6. 林业部门官员与林业领域学者的林业经济思想有何联系？

第八章

新中国成立以来的林业经济思想史[*]

　　林草兴则生态兴。林业是生态文明建设的重要组成部分。中华人民共和国成立以来，中国林业进入一个全新的时代，从新中国初期的"以木材为主"，到之后的"生态和产业两大体系并立"，再到"以生态建设为主"发展道路的确立，中国林业的地位和定位不断演进，中国林业发展战略和林业经济发展思想也在不断演进，中国林业取得了巨大的发展，林业在国民经济和社会发展中的地位不断提高，为国家可持续发展作出了重要贡献。

　　现代林业经济思想丰富多元。本章概述了新中国成立以来党和国家领导人的林业经济发展思想、执政理念和相关表述，进而主要基于公开发表的一些文献概述了林业部门领导的一些林业经济发展观念、理念、思想及政绩贡献等，最后较为系统地概述了一些代表性学者有关森林保护与利用、林业经济发展、林业道路选择等与林业经济相关的一些学术观点、理论成果以及学术思想等。通过梳理现代林业经济思想，有助于总结发现现代林业经济发展脉络和发展规律，可促进我国林业经济学科建设和发展，也可为当代林业经济发展提供借鉴。

---

　　* 本章参加编著人员：柯水发、崔海兴、马明娟、袁雪婷、周丁盈、石守信、黄丹妮、纪元。

276

第一节　新中国成立以来党和国家领导人的林业经济重要论述

新中国成立以来，历任党和国家领导人在实践中产生的一系列林业治理思想，丰富和发展了马克思主义生态文明观，为建设中国特色社会主义起到积极作用。

一、毛泽东关于林业经济的重要论述

毛泽东等党和国家领导人对林木价值和林业经济的认识非常深刻。中华人民共和国成立以来，党和国家领导人高度重视林业工作，以政府为主体进行森林治理，通过发布一系列保护森林和开发森林资源的政策，以治愈战争创伤、尽快恢复经济、支持国家社会主义工业化建设。

1. 重视林木资源，发展林业事业

作为中国共产党和中国特色社会主义建设的开创者，毛泽东早年就开始关注林业，并持续一生，在林业建设方面作出了卓越贡献。在毛泽东看来，无论争取民族独立还是推进国家社会主义建设，林业都是一个大事业，具有重要地位和作用。

1919~1944年，毛泽东发表了若干篇有关林业的文章，主要内容包括他对林业的关注，对植树造林的提倡和对山林制度的调查研究等。早在1919年，年仅26岁的毛泽东就将目光投向了林业。在刊登在《北京大学日刊》上的《问题研究会章程》一文中，他列举了71个需要研究的问题，其中涵盖政治、经济、文化、教育、外交、内政等诸多方

面，在第62个"实业问题"中涉及"造林问题"。

从土地革命战争时期到抗日战争时期，毛泽东关注林业的重点是山林制度。《井冈山土地法》第六部分"山林分配法"，充分反映了毛泽东在土地革命战争初期就注意到了林产制度和山林分配法律制定的问题。在创建中央革命根据地时，毛泽东经过对江西寻乌山林制度的调查后，比较详细地了解了其形成的历史与现状。这些内容在《寻乌调查》第四章"寻乌的旧有土地关系"之第七部分"山林制度"中进行了论述。除此之外，在《兴国调查》第四部分"现在土地分配状况"以及《中华苏维埃共和国土地法》中均有反映毛泽东林业思想的内容。

毛泽东一贯重视群众造林运动，在1932年3月就签署颁布了《中华苏维埃共和国临时中央政府人民委员会对于植树运动的决议》。在延安期间，毛泽东非常重视边区生态建设，并提出要制订群众植树计划。

林木是工业建设重要的原材料，林业经济是经济发展的重要组成部分，作为可再生资源，森林为人类提供了源源不断的生产资料。新中国成立后，面对一穷二白的国内生产环境，亟须恢复生产，实行毛泽东所说的"生产为压倒一切的中心工作的方针"。1949年，中国人民政治协商会议颁布的《中国人民政治协商会议共同纲领》做出了"保护森林，有计划地发展林业"的规定，确立了新中国林业发展整体基调。1958年11月9日，毛泽东在郑州会议上指出，"林业将变成根本问题之一，林业以后才是牧业、渔业，蚕桑、大豆要加上。林业是化学工业、建筑工业的基础"（中共中央文献研究室、国家林业局，2003）。

毛泽东认为，种植经济林如茶树、果树，不仅可以观赏绿化，还可以获得果实，带来经济效益。他提出："造林不要只造一种，用材林有杉树、松树、梓树、樟树。"1956年，毛泽东等国家领导人向全国发出了"植树造林、绿化祖国"的伟大号召。根据毛主席的提议，《1956年到1957年全国农业发展纲要（修正草案）》明确指出鼓励社员种树，不仅要种植材林，还要种植经济林木，创造经济效益。1956年和1957年两年内，全国共造林1.5亿多亩，这些造林成果为我国工业化建设打下了良好基础（胡为雄，2016）。

我国经济建设过程中需要大量木材作为经济建设原料，毛泽东是勤俭治国方针的倡导者和实践者，在林业方面也厉行节约。1951年发布的《中央人民政府政务院关于节约木材的指示》中指出："为保证建设需要，除责成各级人民政府大力发动群众进行护林造林工作，以求逐步增加木材供应量外，对木材采伐和使用，全国必须厉行节约，防止浪费。"

毛泽东指出，森林是很宝贵的资源。1942年12月，他在边区高级干部会议做报告时提出："发动群众种柳树、沙柳、柠条，其树叶可供骆驼和羊子吃，亦是解决牧草一法。"1958年9月和10月，毛泽东在众多谈话中指出茶园、油料作物、木材等的森林资源的经济价值，以及林业和工业的相关关系，指出了林业对生态资源价值实现的重要可能。

2. 农林牧渔并举

早在江西苏区时期，毛泽东在《我们的经济政策》报告中指出："森林的培养，畜产的增殖，也是农业的重要部分。"1956年，毛泽东在《论十大关系》中指出："天上的空气，地上的森林，地下的宝藏，都是建设社会主义所需要的重要因素。"1958年，毛泽东在《关于发展畜牧业问题》中，强调要农业综合平衡，农林牧三者结合发展。同年，毛泽东在郑州举行的中央工作会议上指出"要发展林业，林业是个很了不起的事业……所以，苏联那个土壤学家讲，农林牧要结合，你要搞牧业，就必须搞林业"。在1960年发布的《关于一九五九年国家决算和一九六〇年国家预算草案的报告》中写道："毛主席早就指示我们……要实行农、林、牧、副、渔五业并举的方针"，将林业纳入生态系统全局发展中，进一步强调不同行业间的协调辩证关系，这都体现出中国共产党的大局观和思考的系统性（中共中央文献研究室，1997）。在党中央领导的集体努力下，我国的林业、农业和畜牧业等一系列相关产业得到了全面综合发展。

毛泽东等党和国家领导人把林业当作大事业来抓，高度重视林业在经济发展中的作用。一方面重视林木资源在工业建设中作为原材料的作用，在山区进行生产发展、植树造林；另一方面尊重自然规律，将林业作为农林牧副渔等"大农业"中的组成部分，综合平衡发展。毛泽东等党和国家领导人的林业经济思想为中国特色社会主义生态文明思想接续发展奠定基础。

二、邓小平关于林业经济的重要论述

作为改革开放和现代化建设的总设计师，邓小平等党和国家领导人始终将林业问题放在重要位置，对林业法治建设、全民植树造林、林业主义建设、林业技术推广等方面作出了深刻论述。

1. 加强林业法治建设

1978 年，邓小平提出要制定森林法，在《解放思想、实事求是，团结一致向前看》的讲话中指出，"应该集中力量制定刑法、民法、诉讼法和其他各种必要的法律，如工厂法、人民公社法、森林法、草原法、环境保护法、劳动法等"（中共中央文献编辑委员会，1983a）。在邓小平等中共中央领导人的支持和推动下，一系列森林资源培育、保护和利用的法律相继颁布。

1979 年 2 月 23 日，第五届全国人民代表大会常务委员会第六次会议颁布了《中华人民共和国森林法（试行）》，这部法律对森林资源培育、采伐、保护、发展和利用作出了一系列规定，使我国林业建设开始步入法治化轨道。

这个时期，林业相关政策所涉范围进一步扩大、制度更加健全，体现出三方面特点。第一，承接前期植树造林相关政策，继续推进绿化。主要是有关开展植树造林、防止森林火灾等的通知和决定，如1980年国务院颁布的《关于坚决制止乱砍滥伐森林的紧急通知》、1988年国务院颁布的《森林防火条例》，体现出党和国家持续开展绿化工作、提高森林覆盖率的决心。第二，贯彻依法治国，在现行行政法规的基础上，颁布了全国性的成文法律。1979年，全国人民代表大会常务委员会第六次会议通过了《中华人民共和国森林法（试行）》，初步规定了森林管理、森林保护和森林采伐利用的规则、奖励与惩罚；1989年颁布的《中华人民共和国环境保护法》和1991年颁布的《中华人民共和国水土保持法》等也涉及森林保护。第三，扩大了政策的覆盖范围，为响应联合国《21世纪议程》，中国政府发布了多个关于森林生物资源保护的文件，将森林及其林下生物作为整体进行协同治理，如1985年林业部颁布了《森林和野生动物类型自然保护区管理办法》，1989年国务院颁布的《森林病虫害防治条例》和1996年颁布的《野生植物保护条例》，林业管理的范畴不断拓展。这些法律法规和条例对我国合理合法利用森林资源、发展林业经济具有重要意义。

除了林业经济建设成文法，植树造林也成为法定的公民义务。1981年夏，四川发生特大水灾，邓小平找来时任国务院副总理的万里谈话，指出"最近的洪灾问题涉及林业，涉及森林的过量采伐"，"是否可以规定每年每人都要种几棵树……国家在苗木方面给予支持。可否摘出一个文件由人民代表大会通过施行，或者在人大常委会通过成为法律，及时施行。"在邓小平的倡导下，1981年12月第五届全国人民代表大会第四次会议通过了《关于开展全民义务植树运动的决议》，使植树造林成为法定的公民义务。

2. 重视全民植树造林绿化祖国

在邓小平同志的倡导下，根据国务院的提案，1981 年 12 月 13 日，第五届全国人民代表大会第四次会议审议通过了《关于开展全民义务植树运动的决议》，该决议使"植树造林，绿化祖国"成为法定的公民义务（李明华、朱永法，2001）。1982 年 2 月 27 日，国务院常务会议通过了《关于开展全民义务植树运动的实施办法》，规定了全民义务植树运动的组织管理机构、履行义务的人员范围和方式、奖惩措施等。1982 年 12 月 26 日，邓小平对林业部关于开展全民义务植树运动情况报告作出批语："这件事，要坚持二十年，一年比一年扎实。为了保证实效，应有切实可行的检查和奖惩制度。"

邓小平同志认为，林业是一件为子孙后代造福的大事。1982 年 11 月，他为全军植树造林总结经验表彰先进大会的题词是"植树造林，绿化祖国，造福后代"。1991 年 3 月 11 日，邓小平为全民义务植树运动十周年题词"绿化祖国，造福万代"。

邓小平对林业建设高度重视和关心，认为植树要成为法定的公民义务，要将绿化祖国作为建设社会主义、造福子孙后代的伟大事业。

邓小平不仅是义务植树运动的倡导者，还是实践者。1982 年 3 月 12 日，78 岁的邓小平在北京玉泉山上种下了一棵树，这是全民义务植树运动种下的第一棵树。1983 年 3 月 12 日，邓小平到北京十三陵中直机关造林基地参加义务植树劳动时指出："植树造林，绿化祖国，是建设社会主义，造福子孙后代的伟大事业，要坚持二十年，坚持一百年，坚持一千年，要一代一代永远干下去。"社会各界积极投身植树造林运动，全社会办林业、全民搞绿化的局面逐渐形成。邓小平要求植树造林有切实可行的检查和奖惩制度，实行领导干部造林绿化任期目标责任制，保障绿化造林的实绩核查。

邓小平主张军队应积极参与林业工作。1982 年 1 月，对全军绿化工作提出意见："军队在植树造林中，要积极地多做工作，除搞好营区植树造林外，营区外十公里范围内，要与地方共同协商搞好植树造林。"1983 年 1 月 16 日，邓小平对兰州部队绿化工作提出意见："兰州部队要下决心拿出二十年时间，协助地方搞好西北高原的绿化工作，改变西北自然面貌，为子孙后代造福。"

邓小平认为，应该用林业知识教育全国的青少年，使他们养成保护环境、热爱树木的好习惯。1987 年 4 月 5 日，邓小平在天坛公园参加义务植树时说："我这个小孙女和我一起种了六年树，要让娃娃们养成种树、爱树的好习惯。"邓小平所倡导的全民义务植树是一个创举，对公共地区的造林绿化产生了积极作用。

3. 因地制宜建设重大林业工程

在"文化大革命"中，我国林业建设遭受严重挫折，大规模、高强度的木材采伐严重破坏自然规律。在 1977~1981 年第二次全国林业资源清查中，全国有林地面积为 1.152 亿公顷，森林覆盖率较低。面对亟须解决的林业问题，邓小平等党和国家领导人重视绿化事业，实行了一系列林业工程。

1979 年，我国在西北、华北和东北"三北"地区开展三北防护林体系建设工程，工程规划期限为 73 年，分八期进行。三北防护林工程与植树造林这一项重大改革同步谋划、同步实施，体现出党在把工作重心转移到经济建设上来的同时，也意识到生态建设的重要性。

三北防护林工程提高了我国北方的森林覆盖率。2020 年第五期防护林体系完成后，工程区内森林覆盖率由 5.05% 提升到 13.57%，沙尘暴的发生次数显著减少，提高了当代和后代人的福祉，可持续发展思想得以体现，具有广泛性和深远影响。

针对西北水土流失现状，邓小平指出"西北就是要走畜牧业的道路，种草造林"，为经济发展打下基石。针对不同的旅游风景区和自然保护区，邓小平提出要在不破坏生态环境的情况下，增加当地居民的收入，如建议在杭州种植水杉树等"既经济，又绿化了环境"的经济林木。

4. 重视林业技术推广

邓小平十分重视倡导飞播造林等林业技术。20 世纪中期，中国经济相对薄弱，就全国来说，飞机数量相对匮乏，尤其是能够用于飞播造林的飞机数量十分有限。邓小平鼓励军队多为中国绿化作贡献。1982年 1 月 5 日，邓小平向中国人民解放军全军指战员发出指示："军队在植树造林中，要积极地多做工作，除搞好营区植树造林外，营区外十公里范围内，要与地方共同协商搞好植树造林。"接到邓小平指示后，林业部针对飞机播种造林进行了科学规划，并提交了《关于飞机播种造林情况和设想的报告》，提出"1983～2000 年，把适宜飞播的荒山全部飞播一遍"（樊宪雷，2012）。1982 年 2 月 2 日，邓小平向中国人民解放军空军发出指示："空军要参加支援农业、林业建设的专业飞行任务，至少要搞二十年，为加速农牧业建设、绿化祖国山河做贡献。"这一系列的指示对于空军投入建设，尤其是林业方面的建设，起到了极大的推动作用，也为飞机播种造林方法的广泛应用提供了现实可能（李学林、叶梦云，2017）。1983 年 6 月 30 日，邓小平在出席主要讨论集中财力物力保证重点建设问题的中共中央工作会议上，充分肯定了飞机播种造林的成效。邓小平首先强调了各地在建设中要注意调动各方面的积极性，综合利用各地区的力量与资源，包括军队的力量（李学林、叶梦云，2017），其中着重强调了军队在飞播造林任务上的贡献。他指出："不仅引滦工程军队出了力，植树造林军队也出了力，而且成绩不小，其中包括空军飞机播种在内。这个事要坚持几十年。"在 11 月全军植树造林总结经验表彰先进大会上作了"植树造林，绿化祖国，造福后代"的题词，这些都表明了邓小平对于飞机播种这一造林方式在增加我国绿化面积和增加木材蓄积量方面的成效的肯定。1986～1990 年，全国飞播造林面积累计 505.013 万公顷，大大增加了我国的造林面积。

1996 年，科技进步对林业经济培育的贡献率达到了 27.3%，林业科技成果的转化率达到了 34%，林业技术的进步在林业生产建设中产生了良好的经济收益、社会收益和生态收益。在邓小平等党和国家领导人的关心和指示下，中国的林业经济发展到了新高度。

5. 重视林业尊重规律、统筹兼顾的发展

邓小平指出，地区发展要尊重规律，因地制宜，土地开发利用必须合理，防止过量毁林开荒造成的环境破坏，同时要统筹兼顾、协调发展好水利、农牧业和林业建设，三者相互制约、相互依赖、相互促进，体现了一定的科学发展理念。在统筹地区发展方面，邓小平同志十分重视生态环境较差的西北地区的植树种草，尤其是水土流失严重的黄土高原。1982 年 11 月 15 日，邓小平在会见美国前驻华大使伍德科克时说："我们准备坚持植树造林，坚持二十年、五十年。这件事情耽误了，今年才算是认真开始。特别是在我国西北地区，有好几十万平方公里的黄土高原，连草都不长，水土流失严重。黄河所以叫'黄'河，就是水土流失造成的。我们计划在那个地方先种草后种树，把黄土高原变成草原河牧区，就会给人们带来好处，人们就会富裕起来，生态环境也会发生很好的变化。"这不仅指出了需要重视生态环境恶化地区的绿化工作，并且将植树造林与改善生态、脱贫致富紧密联系起来，在其思想指导下，党中央把林业作为西部大开发的根本和切入点（佚名，2004）。

邓小平把林业作为社会主义现代化建设的重要组成部分统筹考虑，提出了一系列重要论断和思想观点，对指导我国林业建设产生了重大而深远的影响，具有重大的理论和实践意义。

邓小平理论是一个博大精深的思想体系，其中土地承包制、社会主义市场经济、对外开放、发展科学和教育等思想，对我国林业的发展产生了积极而深刻的影响，为林业的改革与发展奠定了基础。

三、江泽民关于林业经济的重要论述

1926～1972 年召开的世界林业大会基本上是强调林业的经济作用，1992 年联合国环境与发展大会后，1997 年召开的第十届大会主题确定为"森林可持续经营——迈向 21 世纪"（刘振清，2021）。世界林业发展趋势的改变，对中国林业的走向产生了深刻影响。

在世纪之交的关键时刻，以江泽民为核心的党中央做出重大战略部署。1997 年，江泽民在党的十五大报告中提出要"严格执行土地、水、森林、矿产、海洋等资源管理和保护的法律，实施资源有偿使用制度。加强对环境污染的治理，植树种草，搞好水土保持，防治荒漠化，改善生态环境"。1998 年，我国启动实施天然林保护工程，以此为标志，开始了调整森林资源经营方向的进程，重视森林的生态效益，兼顾生态、经济和社会多方效益。

2003 年 6 月 25 日，中共中央、国务院颁发的《关于加快林业发展的决定》中提出，我国林业正处在一个重要的变革和转折时期，正经历着由以木材生产为主，向以生态建设为主的历史性转变，要大力保护、培育和合理利用森林资源在贯彻可持续发展战略中的重要地位；在生态建设中，要赋予林业以首要地位；在西部大开发中，要赋予林业以基础地位。这些分析和决定，集中反映了以江泽民为核心的党中央领导人对林业经济和生态建设关系问题上的深刻思想。

江泽民十分重视发展林业，认为植树造林，是造福今人和子孙后代的一件大事（中共中央文献研究室、国家林业局，2001）。1991 年 3 月 11 日，江泽民在湖南韶山参加义务植树时与湖南省委负责人谈话说："植树造林，绿化祖国，一可以防止水土流失，二可以保护生态环境，三可以改善人们的生活和工作环境。总之，这是一件造福子孙后代的大事。……希望全党动员，全民动手，锲而不舍，坚持下去，扎扎实实地搞好植树造林活动，把我们社会主义祖国建设得更加富强、美好"（中共中央文献研究室、国家林业局，2001）。1995 年 4 月 1 日，江泽民在北京潮白河畔参加义务植树时谈话说："植树造林，绿化祖国，改善生态环境，这是利国利民的大事，也是造福千秋万代的事业。植树造林具有保护环境、保持水土，促进经济发展的重大意义""林业与农业生产密切相关，从保持水土，为农业提供良好生态环境角度讲，林业也是农业持续发展的重要基础条件"（中共中央文献研究室、国家林业局，2001）。

江泽民尤其重视长江、黄河中上游地区的生态环境建设。1997 年 11 月 8 日，江泽民在长江三峡工程大江截流仪式上说："在三峡工程建设中，保护好流域的生态环境极为重要。库区两岸特别是长江上游地区，一定要大力植树造林，加强综合治理，不断改善生态环境，防止水土流失，这是确保库区和整个长江流域的长治久安和可持续发展的重要前提条件。是功在当代、利在千秋的大事，务必年复一年地抓紧抓好，任何时候都不能疏忽和懈怠"（中共中央文献研究室、国家林业局，2001）。

1998 年 4 月 16 日，江泽民在重庆考察时说："长江上游包括三峡库区的水土流失问题，不仅对三峡工程构成严重威胁，危害当地的经济发展和人民生活，而且已经成为影响我国整体生态环境质量的一大忧患。对此，必须有紧迫感。要把大搞植树造林、保护植被，加快长江上中游的生态环境建设，作为一项战略性任务抓紧抓好"（中共中央文献研究室、国家林业局，2001）。1999 年 6 月 21 日，江泽民在郑州主持召开黄河治理开发工作座谈会时，指出："生态环境建设，是关系到黄河流域经济和社会可持续发展的重大问题。几十年经验证明，必须把水土保持作为改善农业生产条件、生态环境和治理黄河的一项根本措施，持之以恒地抓紧抓好"（中共中央文献研究室、国家林业局，2001）。

发展林业，关键要坚持全党动员、全民动手，加强教育和宣传。"植树造林关键要坚持全党动员，全民动手，长期不懈地抓下去，形成风气。绿化祖国要靠一代一代人的努力。植树造林绿教育要从少年儿童抓起。……各级领导要坚持把造林绿化工作列入重要议事日程，坚持把领导干部抓造林绿化工作的政绩作为考核干部的重要内容"（中共中央文献研究室、国家林业局，2001）。1994年4月2日，江泽民在北京圆明园遗址公园参加义务植树时说："要加强宣传，提高全体公民植树的自觉性。经过这些年的努力，我们的森林覆盖率已经达到百分之十三，取得了很大的成绩，但是同世界先进国家相比，还有不小的差距，所以，要锲而不舍地搞下去"（中共中央文献研究室、国家林业局，2001）。

实施科教兴国战略和可持续发展战略，是我们在发展中保护好生态环境的可靠保障。1996年7月16日，江泽民在第四次全国环境保护会议上的讲话中说："在社会主义现代化建设中，必须把贯彻实施可持续发展战略始终作为一件大事来抓。……经济的发展，必须与人口、环境、资源统筹考虑，不仅要安排好当前的发展，还要为子孙后代着想，为未来的发展创造更好的条件，绝不能走浪费资源和先污染后治理的路子，更不能吃祖宗饭、断子孙路""任何地方的经济发展都要注重提高质量和效益，注重优化结构，都要坚持以生态环境良性循环为基础，这样的发展才是健康的和可持续的""控制人口增长和保护生态环境是全党和全国人民必须长期坚持的基本国策。党的十四届五中全会明确提出实现经济体制和经济增长方式的根本性转变，实施科教兴国战略和可持续发展战略，为我们在发展中保护好生态环境提供了可靠的保障。"

1999年6月28日，江泽民在看了中央电视台对贵州省台江县乱砍滥伐天然林事件的报道后，对贵州省委负责同志作电话指示说："禁止采伐天然林，保护生态环境，是党中央、国务院做出的重大决策，任何地方、任何人都必须认真贯彻执行。……要加强对干部群众保护森林和生态环境的法制教育"（中共中央文献研究室、国家林业局，2001）。

加强生态环境建设，是西部贫困地区实现脱贫的根本大计，也关系着中下游地区的可持续发展。1996 年 9 月 23 日，江泽民在中央扶贫开发工作会议上讲话时指出："下苦功夫，花大气力，改变生产条件，改善生态环境。贫困人口绝大多数分布在自然环境恶劣的地区，林木稀少，干旱缺水，土地贫瘠，风沙肆虐，水土流失严重，生态环境恶化。""在植被稀少，风沙严重的地方，要大搞造林绿化。据史书记载，我国西部许多地方秦汉时期曾是森林茂密之地，由于垦荒、战乱等多种原因，植被破坏殆尽。植被越差，降水越少，陷入生态的恶性循环。从长远看，这些地区必须大搞造林种草，增加植被，涵养水源，才能从根本上解决干旱缺水问题，不然就永远难以摆脱靠天吃饭的被动境地。要把造林种草、绿化荒山作为利在当代，恩泽子孙的伟大事业，一年接一年、一代接一代地干下去"（中共中央文献研究室、国家林业局，2001）。

在党的十五大前夕，江泽民提出"再造一个山川秀美的西北地区"的宏伟设想。1997 年 8 月 5 日，江泽民就《关于陕北地区治理水土流失，建设生态农业的调查报告》做出批示："我国是一个有几千年历史的文明古国。包括甘肃、陕西在内的黄河流域，是我们中华民族的主要发祥地。陕西曾经是周、秦、汉、唐等十三个王朝的建都之地，在古代历史上相当长的时间内，陕西、甘肃等西北地区，曾经是植被良好的繁荣富庶之地，所谓'山林川谷美，天材之利多'就是古来描绘陕西一带的自然风物的。司马光《资治通鉴》中描述盛唐时期陕、甘的发展情景是'闾阎相望，桑麻翳野，天下称富庶者无如陇右'。后来由于历经战乱的破坏，加上自然灾害和乱砍滥伐造成的损失，导致了陕、甘等西北地区的严重沙化、荒漠化，经济文化的发展也因此受到极大制约。历史遗留下来的这种恶劣的生态环境，要靠我们发挥社会主义制度的优越性，发扬艰苦创业的精神，齐心协力地抓植树造林、绿化荒漠，建设生态农业去加以根本的改观。经过一代一代人长期地、持续地奋斗，再造一个山川秀美的西北地区，应该是可以实现的"（中共中央文献研究室、国家林业局，2001）。为实现这一宏伟目标，江泽民强调全国各地制定切实可行的规划。

由此可见，江泽民同志的林业经济重要论述，从战略性和全局性的高度，明确提出了我国林业发展的目标、任务、关键和工作思路，是新时期创造性地开展林业工作的指导思想。

四、胡锦涛关于林业经济的重要论述

2003 年，党的十六届二中全会上，胡锦涛同志提出"科学发展观"的理念，要求树立全面、协调、可持续的发展观，促进经济社会和人的全面发展，按照"统筹城乡发展、统筹区域发展、统筹经济社会发展、统筹人与自然和谐发展、统筹国内发展和对外开放"的要求推进工作。科学发展观对解决环境问题、加快林业发展具有重要作用，此阶段市场机制被更加广泛地运用，政府与市场协同发挥多种作用，在科学发展观的指导下，现代林业建设更加繁荣。

以胡锦涛为总书记的党中央重视植树造林加强生态建设。2003 年 4 月 5 日，胡锦涛等党和国家领导人在北京奥林匹克森林公园参加义务植树活动。胡锦涛指出："植树造林，绿化祖国，加强生态建设，是一件利国利民的大事。我们要一年一年、一代一代坚持干下去，让祖国的山川更加秀美，使我们的国家走上生产发展、生活富裕、生态良好的文明发展道路。"2004 年 4 月 3 日，胡锦涛等党和国家领导人在北京朝阳公园参加首都义务植树活动。胡锦涛指出："要按照树立和落实科学发展观的要求，广泛动员全社会力量，坚持不懈地开展植树造林活动，把祖国建设得更加秀美。"2007 年 4 月 1 日，胡锦涛等党和国家领导人在北京奥林匹克森林公园参加首都义务植树活动。胡锦涛强调，保护生态、美化环境，是全面落实科学发展观的必然要求，也是关系人民群众切身利益的一件大事，一定要坚持不懈、年复一年地抓好，每一个公民都要把植树造林、绿化祖国作为自己的义务和责任，积极投身全民义务植树活动。

以胡锦涛为总书记的党中央全面推进集体林权制度改革，推动了集体林区发展。2008 年，中共中央、国务院颁布《关于全面推进集体林权制度改革的意见》，要求创新集体林业经营的机制体制，依法明晰产权、放活经营、规范流转、减轻税费，进一步解放和发展林业生产。此时，党和国家已经开始综合运用政策手段和经济激励工具，通过建立产权体系提升效率。随后几年，林业局推出相应的细化条例，如《国家林业局关于改革和完善集体林采伐管理的意见》《全国特色经济林产业发展规划（2011～2020 年）》，针对不同林种精细化管理，以适应林业生态建设新要求。

2008 年 4 月 17 日，时任中共中央总书记胡锦涛主持召开中央政治局常委会，研究部署全面推进集体林权制度改革工作。4 月 28 日，胡锦涛主持中央政治局会议，研究部署推进集体林权制度改革。会议认为，集体林地是国家重要的土地资源，是林业重要的生产要素，是农民重要的生活保障。实行集体林权制度改革，在坚持集体林地所有权不变的前提下，依法将林地承包经营权和林木所有权承包和落实到本集体经济组织的农户，确立农民作为林地承包经营权人的主体地位，对于充分调动广大农民发展林业生产经营的积极性，促进农民脱贫致富，推进社会主义新农村建设，建设生态文明，推动经济社会可持续发展，具有重大意义。会议指出，集体林权制度改革，是农村生产关系的一次变革，事关全局，影响深远。必须坚持农村基本经营制度，确保农民平等享有集体林地承包经营权；坚持统筹兼顾各方利益，确保农民得实惠、生态受保护；坚持尊重农民意愿，确保农民的知情权、参与权、决策权；坚持依法办事，确保改革规范有序；坚持分类指导，确保改革符合实际。各地区、各部门要切实加强组织领导，在认真总结试点经验的基础上，依法明晰产权、放活经营、规范流转、减轻税费，全面推进集体林权制度改革，逐步形成集体林业的良性发展机制，实现资源增长、农民增收、生态良好、林区和谐的目标。

以胡锦涛为总书记的党中央重视林业应对气候变化和林业国际组织建设。2007年9月8日，时任国家主席胡锦涛在澳大利亚悉尼召开的亚太经合组织第十五次领导人非正式会议上提议，建立亚太森林恢复与可持续管理网络，提议受到各成员领导人普遍支持，并被纳入悉尼宣言行动计划，这是中国政府首次在国际会议中就应对气候变化提出具体、务实的合作建议。

2008年11月22日，时任国家主席胡锦涛在秘鲁首都利马召开的亚太经济合作组织第十六次领导人非正式会议上发表题为《坚持开放合作，寻求互利共赢》的重要讲话。在谈到应对全球气候变化时，胡锦涛指出："各方应该根据《联合国气候变化框架公约》及《京都议定书》的要求，遵循共同但有区别的责任原则，积极落实'巴厘路线图'谈判，并结合自身情况采取有效的政策措施减缓气候变化。森林保护是应对气候变化合作的重要内容。去年，我提出了建立亚太森林恢复与可持续管理网络的倡议。在各方共同努力下，这一网络已在北京正式启动。中国政府将在未来几年内为该网络运行提供一定的专项资金，希望各方积极支持和参与。"

五、习近平关于林业经济的重要论述

随着我国进入新时代，经济发展进入新常态，人类从工业文明转向生态文明，林业与经济的关系也产生了新特征，为中国林业发展带来了一系列新机遇。党的十八大以来，以习近平同志为核心的党中央的林业经济重要论述有了进一步的发展和拓展。以习近平新时代中国特色社会主义思想为指导，形成了"绿水青山就是金山银山"的发展理念，体现出更高的资源治理角度、更广的多主体参与特点，促进了林草产业的高质量发展。党的十八大以来，习近平总书记对林业事业发展作出一系列重要指示、批示。习近平总书记于 2014 年 4 月 4 日在参加首都义务植树时深刻指出"林业建设是事关经济社会可持续发展的根本性问题"。2022 年，习近平总书记在参加首都义务植树活动时指出"森林和草原对国家生态安全具有基础性、战略性作用，林草兴则生态兴。"这些重要论述为林业事业高质量发展提供了遵循。

1. "两山"和"四库"的重要论述

森林具有生态效益、经济效益和社会效益，但这三者常常难以兼顾。习近平总书记要求，要从"美化、净化环境，为人们提供良好的生活条件"的高度认识林业的生态效益和社会效益。我国在追求经济发展的过程中，曾忽视资源环境保护。尽管我国森林面积在不断增长，但森林经营质量不高，森林的生态效益较弱，在一定程度上阻碍了林业建设与发展。我国乔木林每公顷蓄积量 89.79 立方米，仅为世界平均水平108 立方米的 84%；每公顷年均生长量 4.23 立方米，远低于德国、芬兰等林业发达国家；森林采伐消耗的 3/4 为中小径材，木材直接经济价值低；每公顷森林每年提供的主要生态服务价值仅 6.1 万元，只相当于日本等国的 40%。

以习近平同志为核心的党中央创造性地提出"绿水青山就是金山银山"和"森林是水库、钱库、粮库和碳库"的重要理念，打破了将经济效益与生态效益和社会效益对立的传统思想束缚，在新发展阶段科学地阐述了经济发展和生态环保的辩证统一关系。

2005年8月15日，时任中共浙江省委书记的习近平在浙江安吉余村考察时，提出了"绿水青山就是金山银山"的著名论断。"两山"论断成为新时期我国林业建设、实现森林可持续经营的理论基础，体现出新时代对林业发展的要求转变为保护优先、自然修复为主，坚持数量和质量并重、质量优先。

2016年5月23日，习近平总书记在黑龙江省伊春市上甘岭林业局林区考察时指出"转型发展，民生为要"。在伊春生态经济开发区规划展示厅内，当地生产的生态产品琳琅满目，如蓝莓、榛果、木耳、蘑菇、木雕、药材。习近平总书记详细了解林区全面停伐后产业接续发展及保障职工就业情况，指出"林区转型发展过程中要采取措施，搞好帮扶、做好低保工作，确保林业工人平稳转型、生产生活上有序过渡，同时要积极培育林业工人掌握新本领、新技能。只要勤劳肯干，守着绿水青山一定能收获金山银山"。习近平总书记的这一系列经典论述，是对林业经济效益作出的重要论断，对林业经济理论的发展具有重大意义，为林区脱贫致富、林业精准扶贫指明了方向。

1989年1月，时任福建宁德地委书记的习近平便提出："闽东经济发展的潜力在于山、兴旺在于林……林业有很高的生态效益和社会效益……森林是水库、钱库、粮库，这样说并不过分""发展林业是闽东脱贫致富的主要途径，林业是闽东财政收入的重要来源之一，是地方农业、工业和乡镇企业发展的重要依托，是出口创汇的重要基础"[①]。

---

① 习近平. 摆脱贫困［M］. 福州：福建人民出版社，2019：110－111.

2022 年 3 月 30 日，习近平总书记在参加首都义务植树活动时强调，森林是水库、钱库、粮库，现在应该再加上一个"碳库"。

森林"四库"论揭示了森林与水资源、物质财富、粮食、碳汇之间的内在必然有机联系。森林是"四库"的基体，"四库"是森林多功能的实现载体（谢屹，2022）。森林是粮库，"向森林要食物"潜力巨大。在 2022 年全国"两会"期间，习近平总书记来到农业界、社会保障和社会福利界看望政协委员共商国是，并作了重要讲话。他指出，要树立大食物观。要向森林要食物，向江河湖海要食物，向设施农业要食物，同时要从传统农作物和畜禽资源向更丰富的生物资源拓展，发展生物科技、生物产业，向植物动物微生物要热量、要蛋白。众所周知，粮食是人类赖以生存的基本物质保障，把森林比作粮库，是习近平总书记从中国特色社会主义的实际作出的新论断，对提高林业的基础地位具有重大现实意义。

森林是碳库，森林作为陆地生态系统主体，其强大的碳汇功能和作用，成为实现"双碳"目标的重要路径，也是目前最为经济、安全、有效的固碳增汇手段之一。2021 年 3 月 15 日，习近平主持召开中央财经委员会第九次会议，会议指出，要提升生态碳汇能力，强化国土空间规划和用途管控，有效发挥森林、草原、湿地、海洋、土壤、冻土的固碳作用，提升生态系统碳汇增量。

2011 年，中国开始了国内碳排放权交易试点；2012 年，国家发展改革委印发《温室气体自愿减排交易管理暂行办法》，正式将林业碳汇作为一种合格的"中国核证减排量（CCER）"纳入碳市场交易。

2020 年 9 月 22 日，习近平主席在第七十五届联合国大会一般性辩论上宣布："中国将提高国家自主贡献力度，采取更加有力的政策和措施，二氧化碳排放力争于 2030 年前达到峰值，努力争取 2060 年前实现碳中和。"并进一步宣布："到 2030 年，中国单位国内生产总值二氧化碳排放将比 2005 年下降 65% 以上，非化石能源占一次能源消费比重将达到 25% 左右，森林蓄积量将比 2005 年增加 60 亿立方米，风电、太阳能发电总装机容量将达到 12 亿千瓦以上。"

2021 年，《中共中央国务院关于完整准确全面贯彻新发展理念做好碳达峰碳中和工作的意见》提出，要持续巩固提升生态系统碳汇能力，到 2025 年，森林覆盖率达到 24.1%，森林蓄积量达到 180 亿立方米；到 2030 年，森林覆盖率达到 25% 左右，森林蓄积量达到 190 亿立方米。森林、草原、湿地等陆地生态系统源于其具有固碳增汇功能，且陆地碳库约为大气碳库的 3 倍，成为减缓大气二氧化碳浓度上升和全球气候变暖的有效途径。预计到 2030 年和 2060 年，中国森林植被的年固碳潜力分别可达每年 1.69 亿吨和每年 1.48 亿吨的水平（李海奎等，2021），将来中国林业碳汇增长潜力很大。

习近平以"森林是水库、钱库、粮库、碳库"的科学论断，揭示了森林"水库、钱库、粮库、碳库"的基本属性，不仅对我国林业发展进行了明确的战略定位，同时也揭示了林业与经济社会发展和人类生存发展之间的本质联系，"四库"之间是相互联系和有机统一的。

2. 系统治理的重要论述

（1）山水林田湖草沙系统治理论述

2013 年 11 月，习近平总书记在中共十八届三中全会上作《中共中央关于全面深化改革若干重大问题的决定》的说明时提出"山水田林湖是一个生命共同体"。2014 年 3 月 14 日，习近平总书记主持召开中央财经领导小组第五次会议时指出："在经济社会发展方面我们提出了'五个统筹'，治水也要统筹自然生态的各要素，不能就水论水。要用系统论的思想方法看问题，生态系统是一个有机生命躯体，应该统筹治水和治山、治水和治林、治水和治田、治山和治林等。"2019 年，习近平总书记在《推动我国生态文明建设迈上新台阶》一文中进一步指出：

"生态是统一的自然系统，是相互依存、紧密联系的有机链条。人的命脉在田，田的命脉在水，水的命脉在山，山的命脉在土，土的命脉在林和草，这个生命共同体是人类生存发展的物质基础。一定要算大账、算长远账、算整体账、算综合账，如果因小失大、顾此失彼，最终必然对生态环境造成系统性、长期性破坏。"

之后习近平总书记于 2021 年 3 月全国两会期间在参加内蒙古代表团审议时，又进一步提出"山水林田湖草沙"系统治理思想，将森林作为生态环境的一个子维度，多层次、多维度，系统治理人与自然的关系，体现出整体性、系统性和综合性，是新时代的森林治理思想的最大特点，也是我国生态文明系统治理取得重大成就的重要原因。

2015 年 10 月 29 日，习近平总书记在党的十八届五中全会第二次全体会议上指出"要坚持保护优先、自然恢复为主，实施山水林田湖生态保护和修复工程，加大环境治理力度，改革环境治理基础制度，全面提升自然生态系统稳定性和生态服务功能，筑牢生态安全屏障。"2017 年 5 月 26 日，习近平总书记在主持十八届中共中央政治局第四十一次集体学习时指出："要坚持保护优先、自然恢复为主，深入实施山水林田湖一体化生态保护和修复。"2021 年 4 月 30 日，习近平总书记在主持十九届中共中央政治局第二十九次集体学习时强调："要提升生态系统质量和稳定性，坚持系统观念，从生态系统整体性出发，推进山水林田湖草沙一体化保护和修复，更加注重综合治理、系统治理、源头治理。"

以习近平同志为核心的党中央采用系统治理举措，推动系统治理实践持续开拓，系统治理思想不断深化。我国于 2018 年整合设立了自然资源部，履行全民所有的土地、矿产、森林、草地、湿地、水、海洋等自然资源资产所有者职责，从组织架构入手推动生态系统思想体系支撑，对生态系统进行统筹规划、全面治理、不留遗漏（樊奇，2021）。

党的十八大以来，在习近平生态文明思想指引下，我国生态保护修复取得历史性成就，为美丽中国建设奠定坚实的绿色根基。党的十八大以来，以习近平同志为核心的党中央以前所未有的力度全面加强生态文明建设，推进山水林田湖草沙一体化保护修复，使我国生态环境保护发生了历史性、转折性、全局性变化。十余年来，我国统筹考虑自然生态各要素、山上山下、地上地下、岸上水里、城市农村、陆地海洋以及流域上下游，进行整体保护、系统修复、综合治理。十余年来，我国生态保护修复取得了开创性进展，率先在世界上提出并实施了生态红线保护制度，成为全球森林资源增长最快最多的国家。

习近平总书记在党的二十大报告中提出，中国式的现代化是建设人与自然和谐共生的现代化。为进一步落实"推动绿色发展、促进人与自然和谐共生"的战略部署，坚持山水林田湖草沙一体化保护和系统治理。未来，我国将进一步开展各类生态系统一体化保护和修复工程，促进自然生态系统质量的整体改善。

（2）天然林系统保护论述

天然林是我国森林资源的精华。习近平总书记于 2014 年 3 月 14 日在中央财经领导小组第 5 次会议上作出"要研究把天然林保护工程扩大到全国、争取把所有天然林都保护起来"的战略部署。党的十八大以来，在党中央和国务院高度重视下，为全面贯彻落实习近平总书记"争取把所有天然林都保护起来"的重要指示精神，天然林保护工作进入了全面保护发展新时代。2014 年 4 月 1 日，在长江上游、黄河上中游地区继续执行停伐的基础上，龙江森工集团和大兴安岭林业集团全面停止了木材商业性采伐。2015 年 4 月 1 日，内蒙古、吉林、长白山森工集团全面停止了木材商业性采伐。与此同时，河北省也纳入了停伐范围试点。2016 年，经国务院批准，"十三五"期间全面取消了天然林商业性采伐指标，全国天然商品林采伐全面停止。2017 年 10 月，党的十九大胜利召开，中国生态文明建设掀起了全面发展的新高潮，"完善天然林保护制度"被写进党的十九大报告。习近平总书记强调，开展国土绿化行动，既要注重数量，更要注重质量，坚持科学绿化、规划引领、因地制宜，走科学、生态、节俭的绿化发展之路，久久为功、善作善成，不断扩大森林面积，不断提高森林质量，不断提升生态系统质量和稳定性。20 年来，天保工程保障了林区社会发展和林区经济转型发展，成为国有林区、国有林场改革的支撑，拓宽了职工群众的致富途径，让林区社会趋于稳定，在实施乡村振兴战略和精准扶贫中发挥着特殊作用。

（3）国家公园建设的重要论述

"中国实行国家公园体制，目的是保持自然生态系统的原真性和完整性，保护生物多样性，保护生态安全屏障，给子孙后代留下珍贵的自然资产。"2019 年 8 月 19 日，在致第一届国家公园论坛的贺信中，习近平总书记对实行国家公园体制的重大意义作出深刻阐释。建立国家公园体制，是以习近平同志为核心的党中央站在实现中华民族永续发展的战略高度作出的重大决策，也是中国推进自然生态保护、建设美丽中国、促进人与自然和谐共生的一项重要举措。

2021 年 10 月 12 日下午，国家主席习近平以视频方式出席《生物多样性公约》第十五次缔约方大会领导人峰会并发表主旨讲话。习近平指出，为加强生物多样性保护，中国正加快构建以国家公园为主体的自然保护地体系，逐步把自然生态系统最重要、自然景观最独特、自然遗产最精华、生物多样性最富集的区域纳入国家公园体系。2021 年，中国正式设立三江源、大熊猫、东北虎豹、海南热带雨林、武夷山等第一批国家公园，保护面积达 23 万平方公里，涵盖近 30% 的陆域国家重点保护野生动植物种类。同时，本着统筹就地保护与迁地保护相结合的原则，启动北京、广州等国家植物园体系建设。

（4）全面推行林长制

全面推行林长制，是以习近平同志为核心的党中央作出的重大决策部署，是我国生态文明领域的重大制度创新，是推动林草事业高质量发展的重要抓手。林长制是以保护发展森林草原资源为目标，以压实地方党政领导干部责任为核心，以制度体系建设为保障，以监督考核为手段，构建由地方党委、政府主要领导担任林长，省、市、县、乡、村分级设立林（草）长，聚焦森林草原资源保护发展重点难点工作，实现党委领导、党政同责、属地负责、部门协同、全域覆盖、源头治理的长效责任体系。全面推行林长制，是贯彻习近平生态文明思想的生动实践；全面推行林长制，是完善生态文明制度体系的重大举措；全面推行林长制，就是要强化生态优先、绿色发展的生态文明理念，大力开展生态保护修复，积极保护发展林草资源，全面提升森林和草原等自然生态系统功能，更好地推动生态文明和美丽中国建设。2017 年以来，安徽、江西在全国率先探索林长制改革，建立以党政领导负责制为核心的保护发展森林资源责任体系。2020 年 12 月，中共中央办公厅、国务院办公厅印发《关于全面推行林长制的意见》。截至 2021 年初，全国已有 23个省区市开展林长制改革试点。至 2022 年，除直辖市和新疆生产建设兵团外，其余各省份均设省、市、县、乡、村五级林长，各级林长近120 万名。

3. 林区深化改革的重要论述

（1）国有林区深化改革

2015 年，国有林区进入深化改革新阶段。随着停止天然林商业性采伐逐步在全国范围内实现，各森工企业也进入了改革转型的加速期。在天保工程政策和资金的大力支撑下，重点国有林区和国有林场通过剥离企业社会职能，化解企业债务，不断减员增效，实施了向公益性事业单位的转制，进一步强化了森林经营和管护主体职责，推动并保障了

"四分开"改革的顺利进行。

中共中央、国务院印发的《国有林区改革指导意见》中指出："加强对国有林区的财政支持。国有林区停止天然林商业性采伐后，中央财政通过适当增加天保工程财政资金予以支持。结合当地人均收入水平，适当调整天保工程森林管护费和社会保险补助费的财政补助标准。"

2016年5月23日，习近平总书记到黑龙江省伊春市考察调研，详细了解了林区全面停伐、产业转型发展和职工就业安置情况后，强调指出："生态就是资源、生态就是生产力。森林是支撑经济社会发展的重要自然资源，优质高效的森林，不仅可以提供良好的生态空间，而且可以提供丰富的绿色林产品，满足经济社会发展对林业的多样化需求。"

林区经济转型发展怎么样，林区生态保护怎么样，林场职工生活怎么样，习近平总书记一直牵挂于心。2016年5月，习近平总书记在黑龙江考察时强调："过去林场为国家建设提供木材是为国家作贡献，现在林区全面停伐、保护和建设生态环境，同样是为国家作贡献。保护生态环境的意义是战略性的。林区经济转型发展是一项艰巨任务，要广开思路、多策并举。"

（2）集体林区深化改革

1997年5月，时任福建省委副书记的习近平同志在沙县调研时指出，沙县是林业大县，除了要林业生态效益以外，还应该要林业经济效益，真正把林业当作产业来办。2002年6月，时任福建省省长的习近平赴率先探索集体林权制度改革的龙岩市武平县进行专题调研。在听取汇报和实地调研后，习近平强调指出："林改的方向是对的，关键是要脚踏实地向前推进，让老百姓真正受益"，并要求"集体林权制度改革要像家庭联产承包责任制那样从山下转向山上"。历经15年的积极探索、大胆突破和持续改革，这场由习近平同志亲手抓起、亲自主导的集体林权制度改革，为福建保护生态、农民增收带来巨大活力。2012

年 3 月 7 日，已到中央任职的习近平，在看望十一届全国人大五次会议福建代表团代表时，对武平林改予以充分肯定。他说："我在福建工作时就着手开展集体林权制度改革。多年来，在全省干部群众不懈努力下，这项改革已取得实实在在的成效。"2021 年 3 月 23 日下午，在福建考察的习近平总书记走进沙县农村产权交易中心，了解当地深化林权制度改革的情况，对沙县这些年集体林权制度改革的积极探索表示肯定。习近平指出，三明集体林权制度改革探索很有意义，要坚持正确改革方向，尊重群众首创精神，积极稳妥推进集体林权制度创新，探索完善生态产品价值实现机制，力争实现新的突破。党的二十大报告再次强调了深化集体林权制度改革。

4. 生态产品价值实现和生态保护补偿机制的重要论述

（1）建立健全生态产品价值实现机制

党的十九大报告中提出要建立现代化经济体系，即以市场化改革为导向，建立有利于低碳绿色循环发展的体制机制。外部性等市场失灵的存在要求政府在公共物品上有所作为，但完全依靠政府也会产生政府失灵，故应健全市场机制，"充分发挥市场机制和经济杠杆的作用，有针对性地消除导致产业结构低度化和经济增长方式粗放型的体制性根源，建立能够反映资源稀缺程度的价格形成机制"，优化森林经营效能。

党的二十大报告提出，要"建立生态产品价值实现机制，完善生态保护补偿制度"。建立健全生态产品价值实现机制，是贯彻落实习近平生态文明思想的重要举措，是践行绿水青山就是金山银山理念的关键路径，是从源头上推动生态环境领域国家治理体系和治理能力现代化的必然要求，对推动经济社会发展全面绿色转型具有重要意义。

习近平总书记于 2016 年 5 月 23 日在黑龙江伊春市考察调研时提出："生态就是资源，生态就是生产力。"这是对森林给予的最客观、最准确的形象化定位，不仅为林业发展指明了方向，同时也注入了强大的精神动力。

习近平总书记在 2018 年召开的深入推动长江经济带发展座谈会上指出："要积极探索推广绿水青山转化为金山银山的路径，选择具备条件的地区开展生态产品价值实现机制试点，探索政府主导、企业和社会各界参与、市场化运作、可持续的生态产品价值实现路径。"

习近平总书记在 2020 年召开的全面推动长江经济带发展座谈会上强调："要建立健全生态产品价值实现机制，让保护修复生态环境获得合理回报，让破坏生态环境付出相应代价。"建立健全生态产品价值核算体系，才能摸清"家底"、掌握动态，为推动生态产品价值实现提供科学依据。

2021 年 4 月，中共中央办公厅、国务院办公厅印发《关于建立健全生态产品价值实现机制的意见》，生态产品价值实现已经由地方试点、流域区域探索进入上升为国家层面的重要任务。

（2）完善生态保护补偿机制

生态保护补偿是生态文明制度的重要组成部分，习近平总书记指出，要健全区际利益补偿机制，形成受益者付费、保护者得到合理补偿的良性局面。党的十八大以来，生态保护补偿加速推进，初步建成了符合我国国情的生态保护补偿制度体系，推动美丽中国建设。

进入新时代，我国加快深化森林资源市场化改革，建立资源有偿使用制度，使环境要素价格反映稀缺程度，同时建立生态补偿机制，引导社会资本尤其是民营资本提高对林业生态效益的重视。2014 年，财政部、国家林业局联合制定了《中央财政林业补助资金管理办法》，大幅度提高了林业生态效益补偿标准，首次提出了林业补贴标准，包括林木良种培育补贴标准和造林补贴标准（李国平，2018），无论是补偿标准还是方式都在不断优化。2016 年，国务院办公厅颁布了《关于健全生态保护补偿机制的意见》，要求建立健全补偿多种机制、建立健全自然资源产权制度、建立健全生态产品交易体制、建立健全自然资源资产管理体制，这都有利于我国实行森林资源的生态补偿。2018年，国家林业和草原局颁布《国家林业和草原局关于进一步放活集体林经营权的意见》，提出要落实所有权，稳定承包权，放活经营权，充分发挥"三权"的功能和整体效用，其中放活林地经营权是核心要义。落实林业"三权"生态保护机制是健全自然资源资产产权制度的环节之一，利于建立多元化的生态保护效益补偿机制。2021年9月，中共中央办公厅、国务院办公厅印发了《关于深化生态保护补偿制度改革的意见》，全面推进生态保护补偿机制的深化改革实践。

习近平林业经济重要论述源自丰富的基层工作经验和对林业特点的精准把握，不但继承了共产党人对林业发展的认识理论，还结合新时代的实际情况，结合林业发展面临的新挑战和新机遇，创造性地把林业建设提升到了新的高度。

第二节　新中国成立以来林业部门领导的林业经济思想或论述

新中国中央林业管理部门先后经历了林垦部（1949年10月至1951年11月）、新中国成立之初的林业部（1951年11月至1956年5月）、林业部与森工部分立（1956年5月至1958年2月）、两部合并后的林业部（1958年2月至1970年5月）、农林部（1970年5月至1979年2月）、改革开放后的林业部（1979年2月至1998年3月）、国家林业局（1998年3月至2018年3月）、国家林业和草原局（2018年3月至今）八个主要时期。

历任主要领导如下：梁希于1949年9月至1958年12月任林垦部、

林业部部长；罗隆基于 1956 年 6 月至 1958 年 2 月任森林工业部部长；刘文辉于 1959 年 4 月至 1970 年 5 月任林业部部长；沙风于 1970 年 6 月至 1975 年 1 月任农林部革委会主任，1975 年 1 月至 1978 年 1 月任农林部部长；杨立功于 1978 年 1 月至 1979 年 2 月任农林部部长；罗玉川于 1979 年 2 月至 1980 年 9 月任林业部部长；雍文涛于 1980 年 9 月至 1982 年 5 月任林业部部长；杨钟于 1982 年 5 月至 1987 年 6 月任林业部部长；高德占于 1987 年 6 月至 1993 年 3 月任林业部部长；徐有芳于 1993 年 3 月至 1997 年 7 月任林业部部长；陈耀邦于 1997 年 7 月至 1998 年 3 月任林业部部长；王志宝于 1998 年 3 月至 2000 年 11 月任国家林业局局长；周生贤于 2000 年 11 月至 2005 年 11 月任国家林业局局长；贾治邦于 2005 年 11 月至 2012 年 3 月任国家林业局局长；赵树丛于 2012 年 3 月至 2015 年 6 月任国家林业局局长；张建龙于 2015 年 6 月至 2018 年 3 月任国家林业局局长，于 2018 年 3 月至 2020 年 5 月任国家林业和草原局局长；关志鸥于 2020 年 5 月至今任国家林业和草原局（国家公园管理局）局长。

本书选择其中一些有代表性的林业部门领导的代表性的林业建设观点、林业经济论述、林业发展思想或林业管理贡献等加以概述。同时需要说明的是，所概述的林业部门领导的林业经济思想，其实也是以部门领导为核心的整个领导集体及决策支撑团队整体的思想结晶，也可以说是领导团体的林业经济思想、或林业经济执政理念、或林业经济论述。

一、梁希

梁希（1883～1958 年），浙江人，著名林学家，近代林学和林业杰出的开拓者之一。1913～1916 年在日本东京帝国大学农学部林科学习，1923 年赴德国塔朗脱高等林业学校（现为德累斯顿大学林学系）研究林产制造化学，1927 年回国。先后在国立北京农业专门学校、浙江大学农学系和中央大学森林系任教，从事教学和科学研究 30 余年。1949 年 9 月至 1958 年 12 月任林垦部、林业部部长。他提出了"全面发展林业，发挥森林多种效益，为国民经济建设服务"的思想。

胡文亮（2016）将梁希的思想总结为五个方面，分别是"森林多效益思想""治山治水思想""富国利民思想""林业独立发展思想""大林业思想"。

1. 大林业思想

"大林业思想"是梁希最重要的林业思想。所谓"大"，在梁希看来，林业、农业、水利三者属于一个大的生态系统，林业在其中是当之无愧的龙头老大。梁希认为："有森林才有水利，有水利才有农田。"（梁希，1950a）梁希认为，林业是水利和农业的根本，没有林业就没有水利和农业；抓住了林业，就等于抓住了解决中国诸多生态问题的关键。梁希认为林业的范畴实际上超越了农业的范畴，林业不是与农业、牧业、副业、渔业相并列的关系。事实上，林业相对于农业更具基础性地位，是农业、牧业、副业和渔业的支撑，没有林业，农业、牧业、副业和渔业都会受到很大的影响，反之，林业倒不需要农业、牧业、副业和渔业支撑。以后，梁希年年宣传这一观点，1949～1958 年，发表的74 篇文章里有 40 多篇都在强调这一观点（胡文亮、王思明，2012）。

1950 年 5 月 17 日，《人民日报》发表社论对梁希的"大林业思想"予以支持，标题是《重视森林，保护森林》。文中重点论述了梁希的"没有森林就没有水利，没有森林就没有农业"的观点，指出了"水灾和荒山的密切关系"，并提出"沙之为害，更甚于水"，指出"沙的灾害，只有培植森林才能解决"。借以说明中国当时的一个重要任务就是重视森林，大力发展林业。

2. 多效益经营的林业思想

林业资源能够产生生态效益、经济效益和社会效益。在这三大效益中，森林生态效益是保护经济效益的基础，也是实现社会效益的保障；经济效益是手段，只有经济发展了，物质文化、生活水平才能提高，才能更好地保护生态环境；社会效益是目标，因为生态效益、经济效益的提高是社会物质文明和精神文明提高的自然物质基础。因此，森林的三大效益同时产生，同时存在，有机结合（王维，2010）。

在生态效益方面，新中国成立前后以"木材生产"为主要林业发展取向的时段里，梁希先生提出了不同于凡俗的看法（称为"生态林业思想"）。梁希先生的"生态林业思想"在其著述中的体现比比皆是，如"森林不仅是观瞻问题，而且是国民经济问题，并且是国土保安问题。""造林就是保持水土的最有效而且最经济的办法。""发展林业，不仅可以满足国家建设和城乡人民生产生活上对木材和林副产品的需要，同时还能减轻自然灾害，保证农业丰收，美化环境，增进人民身体健康。""森林是创造自己环境的树木整体。也可以说，森林是森林本身和它的环境的统一体。正因为森林与它的环境起着相互作用，所以它对于水、旱、风、沙有相当的控制能力。"（刘海龙，2014）

经济效益方面，梁希在《林钟》复刊词中写道："森林，是向来没有人过问的。这怪不得社会，怪不得政府，只怪它自己不争气。它不能一本万利，效不速，利不大，不适应囤积者的需要，不满足投机家的欲望，更不能迎合大人先生的心理。优胜劣汰，天演公理，试问：林钟有什么办法、什么力量把它扶起来，教它和黄金、美钞、古巴皮鞋、巴西橡皮去争雄呢？"这段具有讽刺意味的话语道出了如果不能使林业的经济效益提高，林业发展就只能是个美好的愿望。为了解决国家的长久木材之需，梁希于1954年提出了在南方自然条件好的地区大力营造用材林，同时发展国营造林、合作造林和加强对采伐迹地更新的工作意见。

特别提出要加强对现有林的抚育工作，以提高单位面积的木材产量，并采取有效措施，消除森林采伐中浪费木材的现象，提高木材利用效率，逐步由大面积采伐过渡到小面积采伐（王维，2010）。

社会效益方面，梁希先生表达了"黄河流碧水，赤地变青山"的美好愿望，鼓舞人民群众参与到林业发展建设中，在林业工作中贯彻"全民林业"思想。梁希在《林钟》中写道："林人们，提起精神来，鼓起勇气来，挺起胸膛来，举起手，拿起锤子来，打钟，打林钟！""一击不效再击，再击不效三击，三击不效，十百千万击。少年打钟打到壮，壮年打钟打到老，老年打钟打到死，死了，还要徒子徒孙打下去。"梁希先生愚公一般的打林钟精神，鼓舞和激励了世代林人们为林业事业奋斗的积极性。

二、罗玉川

罗玉川（1909~1989年），河北满城人。1952年任林业部副部长、党组书记，1956年任森林工业部副部长，1964年兼任开发大兴安岭林区会战指挥部党委书记兼政委，1978年任国家林业总局局长、党组书记，1979年4月任林业部部长、党组书记，1980~1982年任林业部顾问，部党组成员。罗玉川逝世后，同事为纪念他，出版了《罗玉川纪念文集》（樊宝敏，2002）。

罗玉川的林业经济论述不断发展完善。他参加林业工作的前半期，主张采伐为森林更新积极创造条件。他认为："正确地在国有林区贯彻社会主义营林方针，使采伐为森林更新积极创造条件，并尽可能地扩大木材资源利用，这就是党的总路线、总方针在林业事业中的具体实现。"在西北、华北地区，主要任务是"广泛动员和组织全国青年带头开展大规模的造林育林护林运动"。在大兴安岭林区，应以木材生产为主。

1960年，罗玉川在《关于大兴安岭林区几个问题的报告》中说："今后必须坚决贯彻以木材生产为主，适当发展综合利用、多种经营的方针，不能几条战线齐头并进，不能因为搞综合利用多种经营而削弱木材生产战线。"罗玉川认为："开发大兴安岭林区，不但要把铁路修好，把木材采运出来，还要把育林工作搞好。林木的更新是一个重要问题，要吸取过去的经验教训，采伐方式，应以渐伐为主。"他积极提倡"实行采育兼顾伐"，认为其好处很多。三中全会以后，罗玉川主持起草《中华人民共和国森林法（试行草案）》，宣传以法治林，更加注意森林的多种效益。他说："森林与国计民生关系极大。它不仅是国家建设和人民生活需要的重要物资，而且对于改造自然、调节气候、涵养水源、保持水土和保障农牧业高产稳产具有重要作用；对于保护环境，防治污染，以及防护国土、加强战备等方面，都具有重要作用。我们应当更有效地发挥森林的这些作用，为我国四个现代化服务。""保护森林，发展林业，也是要靠政策靠科学。……靠政策也包括着靠法制。"罗玉川主持制订了"三北"防护林建设规划，为新时期林业发展作出重要贡献（樊宝敏，2002）。

罗玉川善于总结历史经验，不断加深对林业的认识（董智勇，1999）。"拿我来说，搞林业也算是个老资格了，搞了13年了，林业是什么，我也不是一开始就懂得的。""林业这个行业，做了这么多年，我们对它的认识，也是逐步由不完整到完整，由片面到全面，是向这个方向发展的。现在的认识……是不是就把林业看透了呢？我看还不是。""林业建设，既有工业方面的特点，也有农业方面的特点，它既不同于工业，也不同于农业。"（罗玉川，1966）这其中贯穿着对林业的思考。20世纪80年代，罗玉川指导编写《当代中国的林业》一书，总结林业发展的经验教训，反省包括自己在内的林业行业所走过的曲折历程，承认"在较长时期内重采伐、轻培育，森林采伐量越来越大，而没有把培育森林资源放到重要位置上，加上一个时期片面地强调'以粮为纲'和某些政策上的失误，导致毁林开荒和乱砍滥伐林木，使森林资源受到损失，生态平衡遭到破坏"。当然，这种失误明显地带有时代的印记。此外，中国林学会林业史学会的开创，与罗玉川的大力倡导有一定关系（樊宝敏，2002）。

罗玉川自1952年8月调到林业部至1989年去世，长期担任林业部的领导职务。他是新中国林业建设事业的一位开拓者和卓越领导人。新中国林业发展的每个阶段每个方面，都有他的心血汗水和不可磨灭的贡献。罗玉川在任期间率领一班人领导林业建设，创建的突出业绩包括十个方面：建立了森林工业体系，初步建立了森林防火体系，建立了育林基金制度，建立了森林调查规划体系，建设防护林体系，建设国有林场体系，开发大兴安岭林区，主持制定了新中国第一部《森林法（试行草案)》，建立林业科学研究体系，建立了林业教育体系（刘广运，2009）。

三、雍文涛

雍文涛（1912~1997年），贵州遵义人。1953年任国家林业部副部长，1979年任林业部副部长、党组副书记，1980年8月任林业部部长、党组书记，1982年4月至1985年任林业部顾问。著有《林业建设问题研究》《林业分工论》。

新中国成立后，雍文涛历任东北财委副主任，原林业部副部长、森林工业部副部长，中共中央中南局常委兼秘书长、广东省委书记处书记兼广州市委第一书记，国务院文教办公室副主任，中央宣传部副部长，北京市委书记，广东省委书记，教育部副部长、党组副书记，原林业部部长、党组书记，中共中央整党指导委员会办公室主任等职务，中央顾问委员会委员。

在从事林业工作的 30 年里，雍文涛在大量调查研究的基础上，亲自组织拟订了加快我国林业建设的方针、政策、规划和措施，主持草拟了我国历史上第一部《森林法》，并主持草拟了《关于大力开展植树造林的指示》《关于保护森林发展林业的决定》《关于开展全民义务植树造林运动的决议》等文件。雍文涛全身心投入林业、钻研林业，对国有林区、集体林区、国有林场、平原绿化、城市绿化以及资源保护、木材采运、林产工业、综合利用、多种经营，特别是林业理论和现代科技、教育工作，都提出了许多重要的指导性意见。退休之后，雍文涛一如既往地关心林业工作，提出了许多重要的建议，并撰写了多部著作。他一生中的大部分时间和精力，都贡献给祖国的林业事业，是我国林业工作的开拓者，为我国的林业事业作出了卓越贡献。

1956 年，雍文涛调查广东省雷州林业局，总结出营造速生丰产林、开展"以短养长"多种经营的经验，认为是一条兴办国营林场的正确道路。他重视对林业建设规律的研究。雍文涛他在《林业建设问题研究》一书中进一步指出，"林业建设中许多带规律性的问题没有摸透，路子也就不清楚。如果光打遭遇战，有时吃一堑，还不能长一智，即使国家给我们更多的钱，要把事情真正办好，也不容易。因此，必须重视对林业建设规律的研究。"（雍文涛，1986）

1992 年，雍文涛提出并系统论证了"林业分工论"。他在《林业分工论》一书的序言中写道："在总结、把握中国林情的基础上，提出了以'林业分工论'为核心的中国林业发展的经营思想和与之相应的发展战略，其要点就是通过深化改革，紧紧抓住解放和提高林业生产力这个中心环节，突出效益原则，强调结构效益，对林业进行分类指导，按照专业化分工的原则对林业经营格局进行大调整，集中力量重点突破，以重点部分林业的高效益带动林业全局的发展。"

雍文涛的上述理论是基于林业生态效益与经济效益的关系，坚持生态与经济功能兼顾的原则，同时考虑到供给与需求的关系，以及均衡发展与效率的关系，通过周密的研究加以理论创新而提出的。这一思想可以概括为"局部上分而治之，整体上合而为一"。具体来说，就是拿出少量的林业用地，搞木材培育，承担起生产全国所需的大部分木材的任务，从而把其余大部分的森林，从沉重的木材生产负担中解脱出来，保持其稳定性，发挥其生态作用。由此，按森林的用途和生产目的，把林业划分为商品林业、公益林业和兼容性林业三大类。这一思想中核心问题是通过专业化分工协作提高林业经营的效率。它特别强调"木材培育论"和"林业产业结构合理化"。"木材培育论"的两大要点是经营手段的现代化和实行严格的定向培育。林业产业结构调整的中心，是建立大批量深加工、精加工的高效益的林业产业。为此，必须进行林业的水平调整和立体调整。水平调整的内容是"产业型林业与事业型林业"的分离。立体调整的内容是林业工业化与林工一体化。雍文涛提出的"林业分工论"，对林业的改革与发展产生了重要影响（樊宝敏，2002）。

四、高德占

高德占，生于1932年8月，山东栖霞人。1987～1993年2月担任林业部部长、党组书记。高德占在林业两危与承包经营责任制改革、林业产业市场化经营、木材流通管理等方面的思想观点梳理如下。

1. 林业两危与承包经营责任制改革

高德占于1987年12月在全国林业厅局长会议上的讲话中明确提出要深化改革、集约经营、振兴林业。高德占指出，新中国成立以来，特别是党的十一届三中全会以来，我国林业生产建设取得了很大成就，对国民经济发展做出了重要贡献，但是必须清醒地看到，我国林业落后的面貌并未根本改变。林业战线多年积累的问题不少，其后果主要表现在两个方面：一是森林资源危机。特别是我国木材生产主要基地的131个林业局，到20世纪末有70%的林业局基本没有可采资源，大部分集体林区将基本上不能提供商品材。随着森林资源的减少，一些地区生态环境日趋恶化，水土流失面积增加，水、旱、风、沙等自然灾害频繁，已直接影响到工农业生产和国计民生。二是企业经济危困。森林资源危机，采伐量减少，必然导致企业经济危困。另外，由于经济危困，营林投入减少，影响资源更新，为解决经济困难，不得不过量采伐，从而更加重资源危机。20世纪80年代，林业企业经济危困局面相当严重。在131个国营林业局中有不少"小、老、穷"局，1988年有29个企业亏损，比上一年增加4个；企业人均留利164元，比上年减少24%，留利不足一般工矿企业的1/3。企业多年积累的生产和生活方面欠账很多，林区社会的经济负担很重。南方集体林区的不少林业企业，经济上也是相当困难的。造成森林资源危机，企业经济危困的问题和原因，是多方面的，是在各种历史条件下形成的。

　　高德占强调林业改革的目的是发展林业生产力，促进林业稳定协调发展。"要通过深化林业改革，实行集约经营，摆脱'两危'（森林资源危机、企业经济危困）、实现'两增'（增加森林资源、增强企业活力）。深化改革的关键举措之一就是全面推行承包经营责任制，进一步增强林业企业活力；积极完善集体林区林业生产责任制，进一步调动广大林农的积极性。进一步落实和完善企业的承包经营责任制，是经济体制深入改革的中心任务。推行承包经营责任制，要结合林业特点，从实际出发，在实践中不断加以完善。在林业承包经营中，效果好坏关键要看资源，要特别注意对森林资源消长的监督和审计，完善自我约束机制，坚决防止靠过量采伐或放松营林抚育去追求眼前经济利益的短期行为。国家对林业企业实行承包，企业内部要划小核算单位，完善各种形式的经济责任制，层层搞承包。把承包指标层层分解，落实到局、厂

（场）、班组和个人。林业生产建设的各个环节都要实行承包：采伐、运输、林产工业、多种经营要承包；造林、抚育、护林要承包；基建、改造工程要承包；科研、设计、资源调查也要承包，凡是有目标、能考核，可以承包的都要承包。总之，我们要搞全员承包，全过程承包，系列化承包。承包指标要全面、具体，合理确定基数。全面推行承包经营责任制，要和全面推行厂（局）长负责制结合起来，实行厂（局）长任期目标责任制和期终审计制。要在承包经营中引进竞争机制，促使一批精明强干、勇于开拓的林业企业家在竞争中涌现出来。实行承包经营责任制，目的在于增强企业活力，真正做到自主经营，自负盈亏，提高自我积累和自我发展能力。农村集体林业，在我国林业中占有重要地位。要从各地实际情况出发，继续完善各种形式的林业责任制，活跃山区经济，增加林农收入，加快集体林区林业的发展。要切实加强山林的保护管理，严格制止乱砍滥伐森林。"（高德占，1988）

2. 林业产业市场化经营

高德占于1993年1月在全国林业厅局长会议上强调对林业产业要有全面的认识。林业产业包括造林营林、木材生产、林产工业、多种经营四大体系。造林营林就产业这方面来说，主要有林木种苗业、用材林培育业、经济林业、竹类培育业等。木材生产，主要是木材采伐和运输业。林产工业，主要有制材业、人造板制造业、制浆造纸业、家具制造业、木片业、各种小材小料加工的木制品业、竹藤棕制品业和林产化学工业。另外还有林业机械制造业等。就林业的多种经营来说，内容更是十分广泛，主要有种植业、养殖业、林副产品加工业，森林食品、药材、香料的采集和培植业，森林旅游业、花卉盆景业、野生动物驯养业，以及林区开矿、采石、交通运输、建筑业、商业、服务业等。总之，林业产业是第一、第二、第三产业全面开发，全面发展，多元化的产业体系。

高德占强调要把办产业真正放开，以转换经营机制为突破口，把林业产业推向市场。"该放的要真正放开，主要是把办林业产业真正放开搞活，加快发展。要加快林业产业发展，关键是真正把林业产业推向市场，把企业推向市场。要在提高质量、优化结构、增进效益的基础上，努力实现比较高的发展速度，办成高产优质高效林业产业。""就是要适应市场供求关系的变化，按照市场的需要组织生产；按价值规律办事，全面引入竞争机制；讲投入产出，注重经济效益。要认真贯彻落实《全民所有制工业企业转换经营机制条例》，在转换经营机制上狠下功夫，使林业企业和各经营单位做到自主经营、自负盈亏、自我发展、自我约束。同时还要积极推进综合配套改革，不断探索林业产业发展的新路子"。

高德占认为，木材生产是林业产业的重要组成部分，但木材是特殊商品，生产的数量受采伐限额的严格控制，生产的品种也受森林资源的制约，因此又不能完全按市场需求组织生产。这也是林业的一个重要特点。把木材生产推向市场，重点是按社会主义市场经济体制的要求，抓好木材生产企业转换经营机制。国有林区重点森工企业，要在宏观上管住森林资源的前提下，重点抓好深化企业改革，转换经营机制，建立用材林开发利用的市场机制，实行林木生产商品化。对采伐的森林资源实行有偿使用，全面推行林价制度，用林价或育林基金购买合格的更新造林成果，做到更新造林即森林资源再生产商品化。推行这种"上卖青山、下买青苗"的机制，将从根本上改革森工企业几十年沿用的经营机制、管理模式和核算体系。与这项重大改革相配套，对重点国有林区要实行森林资源资产化管理改革。

高德占强调对林产工业（包括林产化工）、多种经营和林业机械，要完全放开，推向市场，加快发展步伐。要拓宽视野，广开门路，利用林区各种丰富的地上、地下资源，大力兴办多种产业。只要市场有需要，生产有效益，有什么条件就利用什么条件，能干什么就干什么。当前，特别要下大力量加快发展第三产业，使林区第三产业落后的面貌有一个根本转变。

高德占强调，要抓好林业产业，必须面向市场，抓好流通，充分利用林业系统现有经销力量和销售网络，积极培育和发展木材和林产品市场，发挥市场在资源配置中的基础作用。根据有利于加强资源管理和积累林业发展资金的原则，从各地实际出发，探索活立木市场机制，进行调查研究，制定规范化办法，有领导、有重点地做好试点工作。除抓好林业产品市场外，还要积极发展林业技术、信息、金融、劳务等各类生产要素市场。还要重视开发国际市场。做到对外开放，对内联合，以开放促开发，以联合求发展，注意搞好林业与其他行业的"嫁接"。要研究"入关"后林业面临的机遇和挑战，创造条件逐步实现与国际市场对接。

3. 木材流通管理

在《高德占部长谈木材流通问题》一文中，高德占系统阐述了木材流通管理（高德占，1992）。对木材流通要贯彻"宏观要管住，微观要放开"的原则。"宏观要管住"，最主要的是加强资源和林政管理，以管住森林资源，也就是要管住源头，管住木材产区。"微观要放开"，就是对木材销区要搞活。在产区设立木材检查站，是搞好木材流通的一项重要工作，对木材检查站要按照部里最近下达的有关文件执行。要积极改进木材流通管理。在木材产区，木材要坚持由林业部门统一管理和一家进山收购。但在新的形势下，强化管理必须有新的认识、新的措施。既要有行政手段，还要有经济手段，更要搞好服务。管理也是服务。各林业收购站要在便民利民上下功夫，要多照顾木材生产者的利益。在经营方式上要灵活多样，通过改善经营，加强服务等措施来掌握产区的收购市场。在销区，木材流通应放开。销区林业部门既不能依靠行政措施来经营，也不能放弃经营、退出竞争。要通过竞争，积极扩大销区木材市场。要逐步建立和完善以木材批发市场为中心的木材市场体系。部里的设想是，先建立省级木材批发市场，积极创造条件建立区域性市场并组建全国性的木材批发市场。省级以下单位不宜层层搞木材市场，地、县林业部门应集中精力加强林业经营体系建设，组织力量进入省区市场参与竞争。对建立木材批发市场要积极，但对建立活立木市场要慎重。木材产区的林业部门，既要搞好木材批发，也要重视零售，注意从方方面面占领市场。销区林业部门办产业，也要积极抓好木材和林产品经营，办好流通企业。无论是产区还是销区，林业部门如果放着木材和林产品不经营、不竞争、不认真抓好本部门的商品流通，就是没有尽到行业管理的责任，就是没有抓住经营的重点。加强市场竞争，搞好搞活木材流通的一项重要任务就是要开拓国际市场。各省（区、市）林业部门要抓住深化改革、扩大开放的机遇，积极向省（区、市）争取林产品进出口经营权，积极组织木材和林产品出口，发展创汇林业。

五、徐有芳

徐有芳，生于1939年12月生，安徽广德人。曾任林业部部长、中央农村工作领导小组副组长等。徐有芳与林业经济相关的主要观点如下。

1. 林业多种经营

徐有芳在《深化林业改革大力发展多种经营》一文中系统阐述了多种经营思想。徐有芳提出，在今后一个时期，多种经营发展总的指导思想是在深化林业改革过程中，进一步坚持以林为主、综合利用、多种经营、立体开发、全面发展的方针，加速林区资源的开发利用，从粗放经营转向集约经营，为摆脱"两危"森林资源危机、企业经济危困，为实现"两增"（增加森林资源，增强企业活力）、搞活经济、振兴林业提供条件。

为实现多种经营的奋斗目标和任务，要求各级林业部门和森工企业，必须进一步解放思想，从战略高度认识发展多种经营的重要性和深远意义。着眼全局，摆正林业生产和多种经营的关系，把多种经营放到与更新造林、木材生产、林产工业同等重要的位置，增强紧迫感和责任感，强化组织领导，采取有力措施，促进多种经营快速发展，切切实实抓出成效来。必须正确处理当前利益与长远利益，开发利用资源与保护培育资源的关系，力求林区资源科学开发永续利用。必须按照多种经营，按照木材生产和林业经济的特点，深化改革，理顺关系，创造良好的发展环境。要全面推行承包经营责任制，改善企业经营机制。必须推进技术进步，提高多种经营和科学经营水平。要借助和依靠科研院所、高等院校雄厚的技术力量，为多种经营生产开展技术咨询，聘请技术顾问，培养和造就一批生产技术人才。必须努力提高多种经营企业管理水平，发挥投资效益。必须适应商品生产发展的需要，不断增强时间观念、市场观念、竞争观念和效益观念，及时反馈和掌握市场信息、技术信息。生产更多的适销对路的林副产品、林牧产品。疏导流通渠道，提高多种经营产品的竞争力和商品率、出口创汇率。以流通促生产，使多种经营兴旺发达，林区经济更加繁荣。满足社会生产和人民生活对林副产品、林特产品日益增长的需要（徐有芳，1998）。

2. 林业市场经济运行机制

1993 年 12 月 20 日至 23 日，全国林业厅局长会议在长沙市召开。徐有芳在会上作题为《积极适应社会主义市场经济的要求，进一步深化林业改革，做好林业工作，把林业推向高产优质高效持续发展的新阶段》的重要讲话时指出，要建立适应林业特点的社会主义市场经济运行机制，关键要解放思想，转换思路，不断适应形势发展的需要，真正做到从计划经济观念向市场经济观念转变，靠观念的转变来促进改革的深化。尤其要注意做到"四个转变":一是在思想方法上,要从片面强调林业自身特点,向主动适应改革大潮和市场经济要求转变;二是在发展模式上,要从追求数量、速度型,向数量、质量、效益并重型转变;三是在投入机制上,要从依赖国家和地方财政投入,向投资多元化和经济利益驱使化方向转变;四是在管理方法上,要从直接的、微观的管理,向间接的、宏观的管理转变(徐有芳,1994)。

1994年12月20日,徐有芳在全国林业厅局长会议作题为《为建立比较完备的林业生态体系和比较发达的林业产业体系而努力奋斗》的重要讲话中提出建立两大"体系",是我国各族人民和广大林业工作者长期为之奋斗的宏伟目标,必须分阶段、分步骤地进行。所谓比较完备的林业生态体系,就是要突破目前我国林业生态环境建设中存在的局部、分散、整体效益不高的状况,实现我国林业生态体系的系统化、配套化,做到覆盖普及,布局合理,结构稳定,功能齐全,整体效益最佳。所谓比较发达的林业产业体系,必须是产业门类和产品数量与森林资源的多样性和丰富程度相称的,既有数量,又有质量,数量和质量并重、产业规模和产业素质并重的,与市场紧密联结,对内、对外高度开放的产业结构;是产业的组织结构合理有效,能够体现多项目增收,多层次增值的,坚持多产业、多渠道、多形式、多成分开发,一二三产业全面发展的,以林产工业为龙头的,以科技为依托的,以效益为前提的,能够持续发展的,富有生命力和竞争力的林业产业体系(徐有芳,1995)。

六、王志宝

王志宝,生于1938年,山东招远人。曾任国家林业局局长、党组书记,国务院西部开发领导小组办公室副主任。王志宝同志在担任国家林业局局长期间，曾参与了天然林保护工程、退耕还林工程、京津沙源治理工程等国家重大生态建设工程的决策，并负责主持上述工程的规划、实施工作。

王志宝（2004）在《加快林业产业发展努力实现林业产业现代化》一文中，系统阐述了现代林业发展、林业分类经营、林业产业发展思想。

1. 现代林业发展

现代林业简单地归纳为三个基本特征：第一，以森林的多功能满足人类的需求。人类对森林的需求，可以归纳为三个方面：（1）生态改善的需求，确保国家的生态安全；（2）经济需求，即经济社会发展对林产品的需求；（3）人类精神文明的需求，即对森林文化、森林旅游及森林保健的需求。第二，森林的经营利用是可持续的。所谓可持续，就是现代人对森林需求的经营，以不损害后代人的利益为前提。第三，森林的生产经营以现代科技为支撑，林业管理是以现代手段武装的，如生物技术、遥感技术和微机技术的应用等。现代林业的发展目标，可以用两层意思概括：一是逐步建立比较完备的林业生态公益体系目标。需要说明的是，林业生态公益体系的目标是动态的，随着国家经济社会发展的不同阶段，随着百姓生活不断提高，人们对林业生态公益的需求是在不断增强的。因此，建立比较完备的林业生态公益体系的目标，也是一个不断强化和不断完善的过程。二是逐步建立比较发达的林业产业体系目标，这是由经济社会发展对林产品需求决定的。林业产业体系目标也是动态的，它也是随着社会经济的发展、人们生活水平的不断改善以及科技和装备的现代化进程而逐步提高和完善的。

2. 林业分类经营

王志宝认为，林业分类经营改革是市场经济体制改革的必然要求。森林可以向人们提供两类产品的服务：一类是无形产品的服务，即生态公益性服务，如防风固沙、保持水土、涵养水源、净化空气、保护生物多样性等，这种生态公益性服务，目前尚不能通过有形市场进行等价交换。另一类是有形产品的服务，即真正意义上的商品服务，如木材及其制品、经济林产品、竹藤产品、花卉产品、菌类产品等，而这些有形产品是可以在有形市场上，通过等价交换为生产经营者带来直接经济效益的。林业的这种特殊性，要求林业发展必须通过林业分类经营改革，打破不同性质林业混为一谈，而难以适应市场经济发展的旧的管理模式和方式，建立一套针对不同性质的林业实行不同办法的有效措施。

王志宝认为，实行林业分类经营改革，有利于使不同性质的两种林业，最大限度地追求不同的效益。生态公益性林业的经营，追求的是最大限度的生态公益性效益，而商品性林业追求的是最大限度的经济效益。没有森林的分类经营，就难以实现不同性质的林业不同效益的最大化。林业产业是现代林业的重要组成部分，实行分类经营改革，是为了更有力地推进林业产业的发展。

3. 林业产业发展

王志宝认为，林业产业在我国经济社会发展中起着举足轻重的作用，主要表现在以下方面：（1）林业生产能提供大量的木材及其制品。木材被世界公认为四大原材料（木材、钢材、水泥、塑料）之一，而且是四大原料中唯一可再生的，在纸浆造纸、建筑家具、交通采矿等方面起着不可替代的作用。（2）林业生产能提供大量非木的经济林产品、天然产品和自然产品。包括林化产品、干鲜果品、木本粮油、医药原料、天然菌类等，这些非木产品的深加工还带动了相关产业的发展。很多产品不但是人民生活所必需的、不可替代的，而且还具有医疗保健等功能。尤其是森林旅游，随着经济不断发展，人民生活不断提高，越来越成为人们休闲的首选。（3）林业产业对实现农民增收，尤其是在促进山区经济发展中发挥着重要作用。我国是一个多山的国家，山区面积占国土面积的 69.2%，山区人口占全国总人口的 56%，山地已经成为当地农民生产和发展林业的主要经营对象。当前，在党中央和国务院高度重视农民增收的新形势下，山区发挥山地优势，发展林业产业，实现农民增收，已经成为一些地区的主渠道，也成为山区各级政府和群众普遍关注的问题。（4）林业产业可以提供木本粮油，确保国家粮食安全。我国人口众多，人均占有耕地不足1.5亩，因此，粮食安全一直是国家最为关注的重大问题。当前，很多人对国家粮食安全的研究仅仅局限于耕地面积，而由于种粮效益比较低，化解不了粮食安全与农民增收这一矛盾。因此，必须转变观念，把研究解决粮食安全的眼光，转移到利用全部国土资源，包括林地、草地和水面上。

王志宝认为：（1）比较发达的林业产业必须有以高科技支撑、高集约经营的造林营林产业。造林营林产业是林业产业的基础，而以高科技支撑、高集约经营的造林营林又是实现高产出的前提和保证。（2）比较发达的林业产业必须有以现代技术装备武装的、应用现代手段管理的、而且是规模化的林业加工业。（3）比较发达的林业产业，其企业必须建立起与市场经济体制相适应的现代企业制度。能否尽快建立与市场经济体制相适应的林业现代企业制度，是衡量是否实现比较发达的林业产业体系目标的重要标志。（4）比较发达的林业产业必须有健全完善的支持保障体系。林业产业比较发达的国家，必然伴随着与林业产业发展水平相适应的比较健全完善的支持保障体系。（5）比较发达的林业产业必须建立和完善与林业产业发展相适应的国家政策支持体系。林业产业发展的政策支持体系，是确保林业产业快速发展，实现产业发展目标的根本保证。

王志宝提出，要按市场经济规律和现代企业制度的要求，加快推进林业企业转轨转型。企业是市场经济的主体，林业也不例外。一个产业是不是强，关键在于这个产业中的企业整体素质是不是高，竞争力是不是强。针对林业产业发展的现状，必须抓好以下几点：第一，用高新技术和适用技术加速企业的技术改造，提高企业的技术装备水平，提高产品的质量和竞争力。第二，要以市场为导向，采取重新组合、组装的办法，加快林业企业规模化、集团化的进程；要大力培植林业的名牌产品，以品牌效益为切入点，增强林业企业的竞争力。第三，要采用股份制、股份合作制等资本组合方式，完善林业企业法人治理结构，提高林业企业管理水平。第四，要切实转变观念，解放思想，大胆引进国外资本和国内民间资本参与林业产业发展，促进林业产业资本的国际化和民营化。

七、周生贤

周生贤，生于 1949 年 12 月，宁夏吴忠人，中央党校研究生学历，曾任国家林业局副局长、局长，环境保护部部长、党组书记，全国政协人口资源环境委员会副主任。周生贤在《论我国林业的跨越式发展》一文中，系统阐述了林业跨越式发展思想。

周生贤认为，林业跨越式发展是指我国林业为赶上世界林业发达国家的先进水平，更好地满足经济社会发展的需要而采取的一种超常规发展模式。其实质是以可持续发展理论为指导，以重点工程建设为主要途径，以体制创新和科技创新为动力，加速由传统林业向现代林业的转变，缩小与世界林业发达国家的差距，使我国林业早日跨入可持续发展的新阶段。林业跨越式发展是一个庞大的社会系统工程，涉及发展阶段、经营目标、结构水平、增长方式和科学技术等多方面的跨越（周生贤，2001）。

林业跨越式发展是加速生态建设、再造秀美山川的重大举措，是增加资源供给、促进经济发展的重要途径，也是促进农村发展、增加农民收入的一条重要出路，是根本改变林业自身落后面貌的必然选择（周生贤，2001）。

在发展阶段上，要实现由恢复和发展森林资源阶段向可持续发展阶段的跨越。在森林经营上，要实现由单目标经营向多目标经营的跨越。在林业结构上，要实现由不合理向比较合理的跨越。在增长方式上，要实现由粗放经营向集约经营的跨越。在科学技术上，要实现由低度化技术向高度化技术的跨越。

林业跨越式发展的目标为：力争到 2010 年使我国森林覆盖率达到 19.4%，生态恶化的趋势初步得到遏制，林业产业结构调整初见成效；到 2030 年，森林覆盖率达到 24%，生态环境明显改观，林业产业实力明显增强；到 2050 年，森林覆盖率达到并稳定在 26% 以上，全面建成布局合理、功能齐备、管理高效的林业生态体系和规范有序、集约经营、富有活力的林业产业体系，从根本上改变我国生态环境面貌（周生贤，2001）。

周生贤在《中国林业的历史性转变》一文中，进一步提出了推进林业五大历史性转变的战略思想，即努力实现由以木材生产为主向以生态建设为主的历史性转变，同时，积极推进由以采伐天然林为主向以采伐人工林为主的转变，由毁林开荒向退耕还林的转变，由无偿使用森林生态效益向有偿使用森林生态效益的转变，由部门办林业向全社会办林业的转变。这是中国实现可持续发展的必然选择，也是林业实现可持续发展的必然选择（周生贤，2002）。

八、贾治邦

贾治邦，1946 年 11 月出生于陕西省吴起县，毕业于中国人民大学函授学院国民经济管理专业。2005 年 11 月至 2012 年 3 月担任国家林业局局长、党组书记。在国家林业局任职期间，推动了集体林权制度改革、现代林业建设和林下经济发展。

1. 集体林权制度改革

贾治邦在《中国农村经营制度的又一重大变革——对集体林权制度改革的几点认识》一文中认为，集体林权制度改革在保持集体林地所有权不变的前提下，将林地经营权交给农民，使农民不仅具有经营的主体地位，而且享有对林木的所有权、处置权、收益权。这项改革旨在建立一个适应社会主义市场经济要求，既能够兴林又能够富民的林业经营体制，形成林业发展的自组织机制，从而带动林业的大发展和农民收入的大幅度提高（贾治邦，2007）。

贾治邦在《稳步推进集体林权制度改革》一文中认为，集体林权制度改革是一项涉及广大农民群众切身利益的深刻变革，对解决"三农"问题、推进新农村建设、构建和谐社会、实现经济社会可持续发展都具有重大意义。集体林权制度改革是历史发展的必然趋势。集体林权制度改革的实质，就是使林业生产关系不断适应生产力的发展。集体林权制度改革是广大农民群众的强烈愿望。集体林权制度改革是经济社会发展的迫切要求。集体林权制度改革是实现林业又快又好发展的必然选择。无论从集体林权制度发展的历史看，还是从农民群众的强烈愿望看，无论是从经济社会发展的客观要求看，还是从林业自身发展的现实需要看，都迫切要求推进集体林权制度改革。集体林权制度改革的目标任务：坚持农村土地基本经营制度，坚持"多予、少取、放活"的方针，在保持集体林地所有权不变的前提下，确立经营主体，明晰林地使用权和林木所有权，放活经营权，落实处置权，保障收益权，完善配套改革，健全服务体系，强化科技支撑，转变管理方式，充分调动农民和社会参与林业建设的积极性，进一步解放和发展林业生产力。力争到"十一五"期末，基本完成全国集体林权制度改革任务，建立起以集体经济组织内部家庭承包经营为基础、多种经营形式并存、责权利相统一的集体林业经营体制，逐步实现森林资源增长、林业产业发展、农民生活宽裕、林区社会和谐的目标，为建设社会主义新农村、构建社会主义和谐社会作出应有的贡献（贾治邦，2006）。

2. 现代林业建设

贾治邦于2009年1月8日在全国林业厅局长会议上做了"把现代林业建设全面推向科学发展新阶段"的主题讲话。贾治邦提出，发展现代林业是林业工作的总任务，建设生态文明是林业工作的总目标，促进科学发展是林业工作的总要求，三者紧密联系、有机统一，共同构成了我国林业发展总体思路的核心和主题，共同成为林业建设的旗帜和方向。现代林业是科学发展的林业，是坚持以人为本、全面协调可持续发展的林业。其核心内容是，用现代科学技术构建完善的林业生态体系、发达的林业产业体系、繁荣的生态文化体系，全面开发和不断提升林业的多种功能，努力提高林业的生态、经济、社会效益，满足社会日益增长的对林业的多样化需求。只有发展现代林业，建好林业三大体系，特别是实现生态良好，才能为建设生态文明、促进科学发展打下坚实的基础。生态文明是人类文明发展史上最高级的文明形态，是实现人与自然和谐发展、经济社会科学发展的文明形态。建设生态文明是人类追求经济社会永续发展的崇高目标，也是发展现代林业、促进科学发展的最终目标。

贾治邦在《关于全面推进现代林业建设的总体设想》一文中，提出发展现代林业的总体要求：用现代发展理念引领林业，用多目标经营做大林业，用现代科学技术提升林业，用现代物质条件装备林业，用现代信息手段管理林业，用现代市场机制发展林业，用现代法律制度保障林业，用扩大对外开放拓展林业，用培育新型务林人推进林业，努力提高林业科学化、机械化和信息化水平，提高林地产出率、资源利用率和劳动生产率，提高林业发展的质量、素质和效益。现代林业建设目标旨在构建三大体系，一是完善的林业生态体系，二是发达的林业产业体系，三是繁荣的生态文化体系（贾治邦，2007）。

贾治邦在《拓展三大功能构建三大体系——论推进现代林业建设》一文中提出，发展现代林业，应当高度重视林业的林地资源潜力、物种资源潜力、市场需求潜力和安置农村劳动力的潜力；必须充分发掘林业的生态功能、经济功能和社会功能；必须加速推进林业经营思想、技术、装备、劳动技能、管理模式等六大转变（贾治邦，2007）。

3. 林下经济

2011 年 10 月 10 日，贾治邦在全国林下经济会上做了题为《壮大林下经济　实现兴林富民　全面推动集体林权制度改革深入发展》的讲话。贾治邦强调，发展林下经济，事关林改成败，事关生态建设，事关农民增收，事关林业长远，意义十分重大。

贾治邦说，林下经济具有发展模式多、就业容量大、从业门槛低的显著优势，是林地承包到户后，农民发展林业的首要选择和主要内容。大力发展林下经济，实现了生态建设与产业发展协调推进，生态效益与经济效益协调发挥，确保了生态受保护、农民得实惠。在全面深化林改的关键阶段，一定要从增加农民收入、巩固林改成果、实现绿色增长的战略高度，深刻认识发展林下经济的重大意义，从四个方面切实增强做好林下经济工作的责任感和紧迫感。一是发展林下经济是保护森林资源、实现绿色增长的迫切需要。二是发展林下经济是促进农民就业增收、实现不砍树也能致富的成功实践。三是发展林下经济是满足社会需求、拉动经济发展的重要途径。四是发展林下经济是全面深化林改、巩固林改成果的重要抓手。只有大力发展林下经济，让农民获得实实在在的经济利益，才能引导农民自觉处理好产业与生态、保护与利用、兴林与富民的关系，逐步形成生态与产业共进、保护与开发并重、改革与发展互动的良好局面。贾治邦强调，发展林下经济是一项复杂的系统工程，涉及生态建设和产业发展等多个领域，需要协调发挥生态、经济和社会效益。

九、赵树丛

赵树丛，生于 1955 年 3 月，山东诸城人，2012 年 3 月至 2015 年 7 月任国家林业局局长。赵树丛曾较为系统地提出发展绿色富民林业产业、发展生态林业和民生林业、推动国有林场林区改革等。

1. 绿色富民林业产业

2013 年 10 月 22 日，赵树丛在山东滨州调研时指出，保护生态、改善民生是林业转型升级的最基本、最重要、最核心的任务和职责，要科学谋划林业工作思路，加强林业的科技创新和管理创新，全面提升生态林业和民生林业发展水平。

赵树丛强调，要真正把生态建设放在林业的核心位置，把改善民生作为林业工作的出发点和落脚点，让人民群众充分享受林业建设成果，让绿色发展的理念深入人心，全面提升生态林业和民生林业发展水平。要树立强烈的创新意识，创新发展载体，创新体制机制，创新管理方式，创新林业科技。通过实施林业生态工程，增加森林植被、维护生态安全、提升生态红利，最大限度地改善生态环境，体现和发挥林业在生态文明建设的基础地位和主体作用；实施林业工程，增加林业产品，提高林业产值，增加群众收入，加大林业在经济社会发展中的贡献率。

2015 年 1 月 5 日，全国林业厅局长会议在京召开。赵树丛在会议上强调全面深化林业改革，着力转变林业发展方式，不断激发生态林业和民生林业发展活力。赵树丛指出，要加快发展绿色富民产业，着力破解投入瓶颈制约，有效促进绿色发展和农民就业增收：一是发挥增长潜力，为稳增长作贡献；二是发挥市场潜力，为调结构作贡献；三是发挥就业潜力，为惠民生作贡献；四是发挥投资潜力，为优化经济发展空间格局作贡献。赵树丛强调在资源配置中充分发挥市场的决定性作用，着力盘活林业资源，最大限度地释放生态林业和民生林业的发展潜力：一是牢固树立用市场手段推动林业发展的理念，二是着力培育多元化市场主体，三是逐步完善林产品价格形成机制，四是积极探索林业资产化管理模式，五是完善市场服务和监管体系。

赵树丛在《中国林业发展与生态文明建设》一文中认为，林业是绿色产业、生态产业、循环产业、碳汇产业、生物产业和富民产业，是绿色发展的优势和潜力所在。当前，林业推进绿色发展，要在全面提升林业生态功能的同时，大力发展木材培育、木本粮油和特色经济林、森林旅游、林下经济、竹产业、花卉苗木、林业生物、野生动植物繁育利用、沙产业、林产工业等十大主导产业（赵树丛，2013）。

2. 国有林场林区改革

赵树丛强调着力推进国有林场改革（赵树从，2015）。赵树丛认为，我国森林分为三大块：第一块是集体林，面积27亿亩，约占全国林地的60%，这是农民的资产，已经承包到户，由农民自主经营。第二块是国有林区，面积9.1亿亩，约占全国林地的20%，产权是中央政府的，林权证由国家林业局颁发，委托地方政府具体管理。第三块是国有林场，有4 855个，面积9.3亿亩，约占全国林地总面积的20%，由地方政府分级管理，省属林场占10%，地市属林场占15%，县属林场占75%。第二块和第三块加起来，约占全国林地的40%，这是国家的资产，由各级政府管理，主要提供生态服务。目前，集体林权制度改革已经基本完成，国有林区改革仍在探索，国有林场改革正在7个省区进行试点。国有林场改革的方向是要更好地提供生态服务，生产更多的生态产品（赵树丛，2015）。

赵树丛在2015年接受《经济日报》记者采访时强调，国有林场林区改革势在必行，国有林场改革的重点主要有三个方面：（1）明确功能定位。将国有林场主要功能明确定位于保护培育森林资源、维护国家生态安全。（2）合理界定属性。分三类属性界定国有林场：第一类，原为事业单位的国有林场，主要承担保护和培育森林资源等生态公益服务职责的，继续按公益服务事业单位管理，从严控制事业编制；第二类，原为事业单位的国有林场，基本不承担保护和培育森林资源而主要从事市场化经营的，推进转企改制，暂不具备转企改制条件的，剥离企业经营性业务；第三类，目前已经转制为企业性质的国有林场，原则上保持企业性质不变，或探索转型为公益性企业，确有特殊情况的，可以由地方政府根据本地实际合理确定其属性。（3）创新管理机制。在内部管理上，科学核定国有林场事业编制，用于聘用管理人员、专业技术人员和骨干林业技能人员，经费纳入同级财政预算。实行以岗位绩效为主要内容的收入分配制度，经营性活动实行"收支两条线"。公益林管护积极引入市场机制，可以通过合同、委托等方式面向社会购买服务。明确森林资源监管主体，由国家、省、市林业部门分级监管，对林地性质变更、采伐限额等强化多级联动监管。将森林资源考核结果作为综合考核评价地方政府和有关部门主要领导政绩的重要依据，对国有林场场长实行森林资源离任审计。实施森林资源经营管理制度，启动森林资源保护和培育工程，合理确定国有林场森林商业性采伐量，建立森林资源有偿使用制度。

赵树丛（2015）认为，与国有林场类似，国有林区改革的重点也主要包括三个方面：一是有序实施"一停一转"。在黑龙江停伐试点的基础上，有序停止国有林区天然林商业性采伐，积极推进森林科学经营，加快发展林业产业，转变林区发展方式。二是逐步推进"一分一建"，即逐步推进政企分开，逐步建立精简高效的国有森林资源管理机构。剥离企业的社会管理和办社会职能，移交给地方政府承担。按照

"机构只减不增、人员只出不进"原则，实施森工企业改制。三是积极推进"两项创新"，即积极创新森林资源的管护机制和监管体制。森林资源管护凡能以购买服务方式实现的，要面向社会购买。重点国有林区的森林资源产权归国家所有，由国务院林业主管部门代表国家行使所有权、履行出资人职责。

十、张建龙

张建龙，生于 1957 年 1 月，甘肃民勤人，2015 年 6 月至 2018 年 3 月任国家林业局局长、国家林业和草原局（国家公园管理局）局长。张建龙持续推动了林业现代化建设、集体林权制度深化改革、国有林场改革、国有林区改革、国家公园体制改革及林业供给侧结构性改革等。

1. 林业现代化建设

张建龙在《全面开启新时代林业现代化建设新征程》一文中谈到，党的十九大提出，加快生态文明体制改革，建设美丽中国，决胜全面建成小康社会，开启全面建设社会主义现代化国家新征程。这一系列重大部署，将对党和国家各项事业产生广泛而深远的影响，也赋予林业以新的重任和历史使命。林业建设是事关经济社会可持续发展的根本性问题。中国特色社会主义进入新时代，林业现代化建设要有新发展（张建龙，2018）。

党的十九大明确：建设生态文明，成为中华民族永续发展的千年大计；坚持人与自然和谐共生，成为中国特色社会主义的基本方略；建设美丽中国，成为建设社会主义现代化强国的奋斗目标；提供更多优质生态产品，成为现代化建设的重要任务；"绿水青山就是金山银山"，成为生态文明建设的核心理念。这些重大理论创新和战略部署，将对林业产生深层次、全方位的影响，为林业现代化建设提供前所未有的发展机遇（张建龙，2018）。

张建龙于 2018 年 1 月在全国林业厅局长会议上提出了新时代林业现代化建设的总体思路：

力争到 2020 年，林业现代化水平明显提升，生态环境总体改善，生态安全屏障基本形成。森林覆盖率达到 23.04%，森林蓄积量达到165 亿立方米，每公顷森林蓄积量达到 95 立方米，乡村绿化覆盖率达到 30%，林业科技贡献率达到 55%，主要造林树种良种使用率达到70%，湿地面积不低于 8 亿亩，新增沙化土地治理面积 1 000 万公顷，国有林区、国有林场改革和国家公园体制试点基本完成。

力争到 2035 年，初步实现林业现代化，生态状况根本好转，美丽中国目标基本实现。森林覆盖率达到 26%，森林蓄积量达到 210 亿立方米，每公顷森林蓄积量达到 105 立方米，乡村绿化覆盖率达到 38%，林业科技贡献率达到 65%，主要造林树种良种使用率达到 85%，湿地面积达到 8.3 亿亩，75% 以上的可治理沙化土地得到治理。

力争到 20 世纪中叶，全面实现林业现代化，迈入林业发达国家行列，生态文明全面提升，实现人与自然和谐共生。森林覆盖率达到世界平均水平，森林蓄积量达到 265 亿立方米，每公顷森林蓄积量达到 120立方米，乡村绿化覆盖率达到 43%，林业科技贡献率达到 72%，主要造林树种良种使用率达到 100%，湿地生态系统质量全面提升，可治理沙化土地得到全部治理。

张建龙提出，用林业现代化引领林业改革发展全局，在具体实践中把握好以下基本要求：一是坚持把以人民为中心作为林业现代化建设的根本导向，二是坚持把人与自然和谐共生作为林业现代化的不懈追求，三是坚持把生态保护修复作为林业现代化建设的核心使命，四是坚持把发展绿色产业作为林业现代化建设的重要内容，五是坚持把改革创新作为林业现代化建设的动力源泉，六是坚持把提升质量效益作为林业现代化建设的永恒主题，七是坚持把夯实发展基础作为林业现代化建设的有力保障。

2. 深化集体林权制度改革

张建龙在《继续深化集体林权制度改革　全面提升集体林业经营发展水平》一文中提出，集体林权制度改革是一个不断探索、创新、深化的过程，改革的目的是要充分释放 27 亿多亩集体林地的巨大潜力，全面提升集体林业经营发展水平，满足经济社会发展和人民群众对林业的多样化需求。明晰产权、承包到户的改革任务完成后，集体林业经营发展遇到了许多新情况、新问题，继续深化集体林权制度改革势在必行（张建龙，2016）。

张建龙认为，深化集体林权制度改革是全面推进林业改革的重要内容，是推动林业发展的动力源泉，是提高林产品供给能力的迫切需要，是促进农民就业增收的有效途径，是提升林业经营水平的必然选择（张建龙，2016）。

张建龙提出，要着力抓好深化集体林权制度改革的主要任务，即探索推行集体林地三权分置、积极推进多种形式的适度规模经营、吸引各种资本进入林业，培育壮大新型经营主体，推进绿色富民产业发展，强社会化服务体系建设，抓好改革试验示范区建设（张建龙，2016）。

张建龙在《我国集体林权制度改革态势与重点任务》一文中提出，要积极推动林业产业发展，有效促进农民增收致富（张建龙，2011）。林地承包到户后，农民是山林的主人。要帮助农民经营好林地，引导农民发展竹子、速丰林，发展林下种植业、养殖业、森林旅游业等产业，使农民能够通过耕山致富。特别是林下经济，不仅能够充分发掘林地资源潜力，而且可以实现长、中、短结合，实现经济效益和生态效益的有机统一。国家林业局已将林下经济发展作为推动林改全面深入发展的重大举措。希望各地及早抓这项工作，注意培育和发现林下经济发展的典型，更好地引导当地林下经济发展，促进农民增收致富。张建龙还要求大力发展合作经营，不断提高林业规模经营水平（张建龙，2011）。林地承包到户以后，单家独户面对市场，分散经营，成本很高。解决之路在于提高农民林业生产组织化程度。扶持发展农民林业专业合作社，不仅可以帮助农民解决好技术难、经营难、资金难、市场对接难等问题，还可以解决好森林保险、林权抵押贷款等问题，能够在很多环节中节约成本，提高效益。

十一、关志鸥

关志鸥，生于1969年12月生，辽宁沈阳人，中科院在职博士，自然资源部党组成员，国家林业和草原局（国家公园管理局）局长、党组书记。关志鸥自2020年5月担任国家林业和草原局（国家公园管理局）局长以来，全面推行林长制，并积极推动国家公园建设。

1. 全面推行林长制

2012年1月12日，国家林业和草原局党组书记、局长关志鸥在接受新华社记者采访时指出，全面推行林长制是贯彻习近平生态文明思想的生动实践，是完善生态文明制度体系的重大举措，是守住自然生态安全边界的必然要求。

关志鸥认为，全面推行林长制，是生态文明领域的一项重大制度创新，将有效解决林草资源保护的内生动力问题、长远发展问题、统筹协调问题，更好地推动生态文明和美丽中国建设。

关志鸥认为，林长制是落实山水林田湖草沙系统治理要求的重要抓手。森林覆盖率、森林蓄积量、草原综合植被盖度、沙化土地治理面积等都将作为林长制的重要考核指标，从而推动各类生态系统统筹谋划、系统治理、全面保护。各地要综合考虑区域、资源特点和自然生态系统完整性，科学确定林长责任区域，落实好保护发展森林草原资源目标责任制。

关志鸥认为，全面推行林长制是一项系统工程，需要统筹各方面力量，建立完善的制度体系，确保改革取得实实在在的成效。

2. 国家公园建设

关志鸥于 2022 年在《求是》杂志上发表文章《高质量推进国家公园建设》，强调建设国家公园意义重大，建立国家公园体制，是以习近平同志为核心的党中央站在实现中华民族永续发展的战略高度做出的重大决策。关志鸥认为，建设国家公园是建设人与自然和谐共生现代化的重要举措，建设国家公园是完善我国自然保护地体系的制度创新，建设国家公园是维护国家生态安全的战略选择，建设国家公园是增加高品质生态产品供给的迫切需要。

关志鸥认为，建设国家公园是完善我国自然保护地体系的制度创新，不仅丰富和发展了自然保护地体系，而且确立了国家公园在自然保护地体系中的主体地位，构建了国家公园、自然保护区、自然公园"三位一体"的发展新格局。

关志鸥指出，在党中央、国务院的高度重视下，各有关省区和部门通力合作、积极探索，圆满完成了试点任务，为建立中国特色国家公园体制、高质量建设国家公园奠定了坚实基础。当前，国家公园制度体系基本形成，国家公园管理体制初步建立，自然生态系统保护成效明显，国家公园理念日益深入人心。

关志鸥提出，要认真践行习近平生态文明思想，牢固树立"绿水青山就是金山银山"理念，严格保护自然生态系统，统筹推进山水林田湖草沙系统治理，建立健全保护管理制度，进一步完善国家公园制度体系，加强自然生态系统保护修复，推进社区共管和协调发展，建立健全支撑保障措施，确保高质量推进国家公园建设。

第三节　新中国成立以来学者的林业
经济思想、论著和贡献

中国林业经济学会和国家林业和草原局管理干部学院于 2019 年 10 月共同编著出版了《新中国林业经济思想史略》，该书梳理了一些有代表性的林业经济研究资深专家的学术思想。本章在参考此书的基础上进一步增补了部分代表性学者，并基于公开发表的文献成果，概括了其与林业经济相关的学术论著、学术思想、学术观点和学科贡献。

一、叶雅各

叶雅各（1894～1967 年），林学家，中国近代林业开拓者之一。他从事高等林业教育和林业科学技术工作 40 余年，极力宣传森林富民强国之道，倡导广修林政，开展植树造林，发展林业生产。他以森林生态学的观点提出了防治森林虫害的战略思想，设计和建设了武汉大学校园及武汉珞珈山地区的造林绿化。其林学思想已具备现代林学思想的种种特质，即营建森林、经营管理森林、利用森林生态系统、发挥森林生态系统的多种价值和功能（冯林、肖文瑶，2022）。

叶雅各的森林富民强国思想最早见之于 1922 年的《女子与森林》一文，强调森林的多种重要功能。一是环境维护功能。叶雅各指出，森林可以"涵养水源，以减少水旱疫疠，防免雪颓风害"。必须增加森林，保护气候，净化空气，增加肥力，美化景观，避免灾害。二是经济供给功能。人需木材，一刻不能缺，但中国森林远远不够。森林不仅是国家良好生态环境气候的重要保障，还能为国计民生提供重要资源。他的主张与当前强调的"森林就是水库、钱库、粮库，还是碳库"的环境治理价值观不谋而合。

1950 年初，叶雅各见到湖北人用"一锄法"种马尾松，立即纠正，要求种整地挖穴。1956 年，叶雅各推动将林业学校建在山上林场里，使教学在生产实践中进行，4 年后他还办起了树木园和植物标本室。这种思想是德国"正确林业"的先声，采用完备专业技术和高效经营方法，保证林地的经济与生态生产率，以实现物质与非物质技能的永续。

1960 年，叶雅各用前卫的森林生态学观念提出靠"平衡""自控"来防治森林虫害的战略思想，比如，珞珈山接近自然的林、鸟、虫和谐共生的成功案例。叶雅各成功地将自己这一科学思想转化为林业政策，既提升了林业从业者的业务水平，又推动了湖北乃至华中地区的林业现代化。

20 世纪 60 年代初，农户做饭取暖的燃料来自山林，山林砍伐日趋严重，森林覆盖率持续下降。为阻止毁林行为，叶雅各撰文倡导湖北人民用丛播法在丘陵岗地大力种植薪炭林，解决乡村居民燃料缺乏问题，兼顾了生态与民生双重功能。

1962 年，叶雅各在《森林对风调雨顺的关系》一文中彰显了推进生态文明建设的坚强意志，体现出让森林造福国民的坚定信心，强调森林覆盖率和环保的关联，呼吁加强森林配置。

叶雅各出色的专业才能得到了社会认可，并受到重用。新中国成立后，先后担任湖北省农林厅副厅长、湖北省林业局局长、湖北省林业厅副厅长，是湖北地区林业工作的担纲者，深度参与中国林政。叶雅各从事湖北林业行政管理期间，多次推出森林保护政策，加强湖北护林能力，促进湖北林业经济和区域经济的发展，打击过度砍伐，提高灾后森林恢复能力。他制定林业工作规范，以规章制度保护森林植被，以此作为应对湖北气候变化的重要林业行政措施。在他任高校林业学科带头人、西康科学考察团农林组主任、广西科学馆秘书长时，就与林业师生、教学科研机构、林业行政管理部门建立了广泛的伙伴关系，积累了丰厚的林业社会资源，教育、引导、推动林业从业者主动参与林业项目决策、实施、监督、评估和分配。主持林政让叶雅各不断拥有更大权力和责任，不断发现林业发展的问题和规律，并依据林业自身需要，找出解决办法，从而实现了一个时期湖北地区对生态环境的有效控制和建构。

二、殷良弼

殷良弼（1894～1982年），江苏无锡人，著名林学家、林业教育家。殷良弼一生亲历近现代中国林业发展的全过程，历任北京农业专门学校、厦门集美农林学校、北平大学、西北农学院、浙江英士大学、北京农业大学、北京林学院等院校教授，参与筹建多所农林院校，注重知行结合培养人才，在林业教育领域开多项风气之先，为我国林业的发展作出了卓越的贡献（李屏翰、李飞，2022）。

殷良弼毕生致力于中国林业的发展：林业教育上，他先后参与筹建多所林业院校，培养了大批林业人才，主张理论与实践相结合的林业教育方针，在全国范围内筹办了多所林场，为林业教学提供了坚实的实践基地；林业科研上，他主要从事森林利用和林产制造研究，注重立足中国实际，以实践为导向，以解决实际问题为目标，服务国家；学术交流方面，他早在民国时期就是中华农学会、中华林学会的会员，新中国成立后他是中国林学会的发起人之一，《林业科学》编委会委员。

1914年，殷良弼进入北京农业专门学校林科学习。就读期间，他参加了学校的校友会，参与创办了《国立北京农业专门学校丛刊》。殷良弼先后于第一期（1916年）、第二期（1917年）、第三期（1918年）发表《参观天坛林艺试验场笔记》《余之林业趋势观》《连年生长与平均生长之关系》《吉林之森林》等 4 篇文章。其中《余之林业趋势观》是对当时中国森林和木材业发展的总体认识，《连年生长与平均生长之关系》讨论森林经营中林木生长问题，《吉林之森林》是对吉林林业调研考察的综合性报告。1917 年 3 月 24 日至 4 月 29 日，殷良弼等三年级学生在林学科主任梁希的带领下，赴日本进行毕业实习，其间他跟随林科考察团参观东京山林局林业试验场、木材防腐会社、大泽制工场、东京木材仓库合资会社、长岛高店营业场、帝室林野管理局东京支局丰住出张所、清澄农科大学演习林等，开阔了眼界，更坚定了学林服务国家的志向。

殷良弼认为，要想全面改变当时中国林业落后的局面，首先要加强林业教育，培养专业化人才队伍，这是事关中国林业发展的百年大计。因此，1920 年留学归国后，他迅速投身于我国的林业教育事业，先后任教于多所农林大中院校，教书育人，用自己所学知识为国家培养林业人才。殷良弼在教学的同时，尤其注重教材的编纂和使用。回归母校北京农业专门学校后，他主讲造林学，根据教学和林场工作的经验，编写《中等林学大意》教材，内容偏重造林，供中等农业学校或师范学校教学使用。1931 年，他任教于北京大学农学院，根据教学内容编写《林产制造学》教材。新中国成立后，他先后任教于北京农业大学和北京林学院，编写了《实用伐木运材及工程》《中国森林利用学》等教材。

殷良弼尤其强调林业教育科研需要理论与实践相结合，认为林业科学研究需要立足中国实际，因此他非常注重实地调研。在北京农业专门学校求学期间，他奔赴东北地区，实地考察吉林的森林状况，撰写了《吉林之森林》，是当时较为系统地记录吉林省森林分布、林业管理、森林砍伐、林副产品、木材税等多方面内容的林业考察报告。他任浙江省立农业专科学校教员和浙江省天台第四林场场长期间，亲自考察了浙江多个林场，并提出了有针对性的建设意见。1939 年，在西北农学院任教期间，他撰写了《西北森林之管理问题》，该文在实地调研考察陕西、甘肃森林的基础上，从林业事务与技术管理两方面对西北林业管理提出了建设性的改进意见。新中国成立后，他与关君蔚、王林两位教授共同撰写了《北方岩石山地划分农林牧区的意见》，该文在具体分析北方地区自然环境状况与生产情况的基础上，提出了划分农林牧区的方法，为北方地区合理规划利用土地、开展生产活动提供了指导性意见。

三、周桢

周桢（1898～1982年），浙江省青田县人，1918年考入我国最早设有林科的高等学校——国立北京农业专门学校林学科（今中国农业大学和北京林业大学的前身），1921年毕业，1923年赴德国留学，专攻森林经理学。回国后，曾任浙江西湖林场场长，后任浙江大学、北平大学等农学院的副教授、教授。抗日战争爆发后，任西北联合大学农学院森林系教授，西北农学院（现西北农业大学）、江西中正大学农学院森林系教授，福建农学院森林系教授、系主任、院长等职。

1948年赴台湾，任台湾大学农学院教授、系主任、院长。1949年，周桢受任台湾四大林场之一的林田山林场管理处处长，管理莲花市之南的省林田山事业区4.6万公顷土地，蓄积量达75万平方米。还发展台湾大学3.4万公顷实验林，使之成为台湾当时的模范林。在台湾，周桢披荆斩棘，足迹踏遍全部山林，在人迹罕至的深山中进行林区勘测、合理采伐和迹地更新，认真草拟经营计划，并提出"森林多标经营论"。1955年起，他任台湾大学森林系教授及系主任。1956年兼任林田山林场场长。周桢积极进行产、官、学三方合作模式，大刀阔斧积极推动林场事务，场务蒸蒸日上。

1967年，周桢编著了我国第一部《森林经理学》，是林学界的权威专著。该书综合研究了美、德、日，特别是德国的森林经理理论与实践的优缺点，并结合中国的实际而编写；全面地介绍了德国的森林经理理论和方法，为建设与发展中国的森林经理学学科作出了开拓性贡献。1979 年，周桢历时 20 余载，写成了我国林业重大学术巨著《世界林业》一书，全书分四卷，全面系统地介绍分析了中国林业、美日林业、东南亚林业的发展进程、地理分布及主要森林的培育和经济价值。该书的出版，对推动我国林业经济的发展具有极高的科学价值。

　　周桢的其他重要著作还有《测树学》《林价算法及森林较利学》《实用森林计算表》《农林特集》《台湾主要造林树种之造林成本与收入》《台湾之森林经理》《台湾伐木事业》等。其一生致力于森林经理学科的教学工作，对中国高等林业学校的森林经理学起了推动作用（周光仲，2014）。

四、马大浦

　　马大浦（1904～1992 年），福建浦城人，祖籍安徽省太湖县，是我国著名林学家、林学教育家，在造林学、油桐、树木种苗等方面成果显著，对造林学学科建设和促进我国造林事业发展起到了积极作用。在生态思想上，强调要注重森林的生态功能，加强平原地区的森林建设（冯国荣，2014）。他主编了反映中国林业特点的系统科学的造林教科书《造林学》，先后发表了《新法造林》《油桐及其变种之性状与分布》《肥料及地位对油桐幼年生长的影响》等 20 余篇论文。他主编的《主要树木种苗图谱》《林业辞典》和参加编写的《中国主要树种造林技术》，在学术上和林业生产上都具有重要价值。

　　马大浦早年就读于中央大学农学院森林系，毕业后曾留校任教，并兼管校内林场。在林场工作期间，他坚持深入基层，系统地掌握了林场管理、林场经营、树木栽培等方面的知识。马大浦用实际行动实现了科研报国的理想，为中国林业发展贡献了自己的全部力量（冯国荣，2014）。

20 世纪 30 年代起，马大浦开始从事林学教育工作，先后在广西、江西、安徽等地从事教学活动。马大浦不仅擅长教学，而且擅长管理。1936 年 3 月，马大浦怀着科研报国的理想前往美国明尼苏达大学农学院林学系深造。留学期间，他深入研究了美国的油桐种植技术，撰写了《美国油桐事业最新之发展》一文。回国之后，马大浦潜心研究油桐的种植技术，在大量实验的基础上，他论证了肥料对油桐早期生长所具有的重要影响。

抗日战争期间，他在《抗战建国与森林》一文中，从森林对抗日战争和国家建设两方面的作用论述森林的重要性。此后，他从人们衣食住行出发，写下了《民主主义与森林》一文，阐述森林在民主建国中的地位和作用。抗日战争胜利后，他根据世界各地区森林开发、利用和造林状况，在《世界森林概况》中发表了自己的见解，呼吁"无论从何方面，均觉我国举办林业之不宜后缓，彰彰明矣"，并告诫当局"造林原非一蹴而就，能造尤贵能护"。1948 年，马大浦在《今年造林运动的趋势》一文中，从可持续发展的角度，呼吁在城市附近营造薪炭林，在杉木产地营造用材林，在黄泛区营造护农林，在西北区营造防沙林。并亲自带领大批灾区难民到南京幕府山植树造林，共植树 110 多万株。

新中国成立后，马大浦先后出版了《造林学》《森林学》《林业调查规划》等著作。这些作品都是在充分调研的基础上写成的，一方面结合了当时欧美林学的最新理论成果，同时系统性地分析了当时国内的林业情况。改革开放以后，已是高龄的马大浦仍旧不忘宣传林业的重要性。在多个学术讨论会上，一再强调森林在维护生态平衡方面的重要性，强调要依靠森林来防止自然灾害，强调在经济发展的过程中，不能忽视森林的维护以及可持续发展。1981 年，在苏州召开的全国平原绿化学术讨论会上，他强调森林对维护生态平衡，防止自然灾害，保护人民利益等方面有着十分重要的意义，并提出了平原绿化要达到的指标和研究平原绿化的突破口，十分关心我国平原林业的发展。

五、汪振儒

汪振儒（1908～2008 年），树木生理学家、林业教育家，我国树木生理学的奠基者。汪振儒曾在清华大学、美国康奈尔大学、美国杜克大学求学。曾任教于北京大学农学院、北京农业大学、北京林学院（后更名为北京林业大学）（王希群，2018）。他创办了我国第一份林业科普期刊《森林与人类》。

20 世纪 30 年代初，汪振儒在清华大学任助教时，看到了日本植物学会的会刊，就写信给胡步曾教授建议，中国也应组织学会、办会刊，以便促进植物学的研究与发展。1981 年，汪振儒参加了学术界"林水之争"的讨论，查文献、找资料、写文章、作报告，热情地宣传林业作用，与他人合写了《确切地认识森林的作用》，公开发表后引起了强烈反响。他还利用参加各种会议、各样活动的机会为林业界培养人才而奔走呼吁，先后发表了《森林作用与中国农业现代化》《林业振兴靠人才》等文章，提出"林业盛衰关系到国家命运的兴败和子孙生活的安定，影响深远，不能轻视"（佚名，2006）。

1981 年 3 月，政协全国委员会科学技术组举办"在经济调整中科技问题讲座"，汪振儒作《也谈关于森林的作用问题》的报告。他在报告中说，强调森林的间接作用，并不意味着其直接作用的重要性的降低。他举出很多例证，阐明木材生产的重要性。他说，有人估计，人均森林面积亩，是一个国家木材自给的界限，我国人均森林面积仅亩，可见家底很薄。解决的办法，除节约、代用外，根本的途径还是保护森林，大力造林，发展林业。汪振儒在该报告中从解决能源和发展林产品的角度论述了森林的重要性。他说，许多发达国家在能源政策中重新评价了可再生森林资源的意义，这方面学术界也很活跃，纷纷探讨生物能源问题，看来发展以木材为主的生物能源已成为人们重新认识森林直接作用的一个方面。我们应该把营造薪炭林放在十分重要位置上，对生物能源的课题也要抓紧研究。汪振儒认为，森林内蕴藏着丰富多样的林特产品，国内外经验证明，经营好这些产品，对活跃市场、繁荣经济很有作用。关于森林的间接作用，汪振儒教授还侧重从森林的气候、水文作用，作了较详尽的介绍，并引用国内外许多事例加以论证（林汇，1981）。

六、范济洲

范济洲（1912～2001年），森林经理学家、林业教育家。长期从事森林经理学科的完善和发展，他曾发表《秦岭主要树种的生长》《北平地区白榆、洋槐生长的研究》《组织森林经营永续利用的基础》等20余篇论文。他所设计的森林调查工具（综合型森林测尺，通称"范氏测杖"）在森林调查中广为应用；倡导推动地位指数的研究和应用，填补了评定中国森林生产力技术的空白；关心中国林业建设，多次为合理经营中国森林和发展北京地区的林业而宣传呼吁，为中国森林经理和林业教育事业做出了卓越贡献（高瑞霞，2012）。

范济洲曾任教于国立北平大学农学院森林系、西北联合大学农学院、西北农学院、浙江英士大学（后合并于浙江大学农学院）、河北农学院、北京林学院，曾兼任国务院学位委员会林学评议组成员、中国林业科学研究院研究员等职。主编有《森林经理学》等，同时还任《中国农业百科全书·林业卷》"森林经理"分支学科主编、《北京森林》主编等职。范济洲长期致力于森林经理人才的培养及森林经理学科的完善和发展。他主编的《森林经理学》1987 年获林业部优秀教材二等奖（高瑞霞，2012）。

从 20 世纪 60 年代起，范济洲一直认为中国林业的发展必须坚持森林永续利用原则，为我国林业的可持续发展作出了贡献。在经营利用我国森林资源两种思想的斗争中，他反对只顾眼前以单纯取材为目的大面积皆伐。他坚持永续利用原则，四处宣传，从不随波逐流（中国科学技术协会，1991）。

20 世纪 80 年代，范济洲深感传统的森林经理学只从木材生产角度研究森林的永续利用，不考虑森林效益的多样性，不符合现代林业的要求。随着中国天然林越来越少，人工林越来越多，对人工林合理经营实现永续的研究，势必成为森林经理学的重要组成部分。范济洲把自己的研究方向和指导研究生的重点，转向森林永续利用的新内容，如：人工林生产力的提高以及现有林的合理调整等方面。为了摸清中国针叶树种人工林的生产力，他对树种逐个进行研究。他的研究生已分别对油松、落叶松、杉木、思茅松等的自然生产力和合理经营作了研究探索（中国科学技术协会，1991）。

七、黄中立

黄中立（1918～1983 年），森林经理学家。他毕生致力于森林经理、测树、林业遥感等方面的科学研究，著有《原木材积表制法及原理》和《林业专业档案》等有关论著，奠定了中国木材计量标准基础，开拓了我国林业遥感科研事业。

1941 年，黄中立在中央大学森林系毕业后，先在岷县甘肃水利林牧公司和高级农业职业学校任职、任教，1943年被调农林部任科员。这期间，他深入林区考察，开展了多方面的试验研究，包括森林分布、林分结构、树种特性的分析，造林、育林技术的研究，以及林业经济问题的探讨等，发表了《金佛山一带土壤及森林分布之初步观察》《木材中螺旋纹理之观察》《覆土厚度与栾树种子发芽的关系》《苏联发明无节木材培育新方法》《西北荒山造林》《我国林业经济概况》等文章。1950～1956年任中央林垦部、林业部森林经理司经理科科长，调查设计局工程师、研究设计科科长。1956～1971年任中国林业科学研究院林业科学研究所森林经营、森林经理研究室副主任、主任、研究员。1977～1983年任中国林业科学研究院林业科学所森林经理研究室主任，1983年兼任中国林学会理事、森林经理学会副理事长。

20世纪60年代中期，中国林业科学研究院林业研究所受林业部的委托，为即将开发的大兴安岭林区进行大规模的调查研究，组织了考察队，黄中立担任副队长，并兼测树组组长。在他指导的一项经营林场森林经理调查工作中，首次做了森林分层抽样调查方法的试点，在清查森林资源方面取得了宝贵的经验。在他所撰写的总结汇报中，对合理利用和恢复大兴安岭森林资源提出了多项建议。他提出的三项研究报告，获1964年国家科委重大科技成果奖。1965年，这些建议被林业部调查规划局"大兴安岭林区（考察区）开发建设规划方案"采纳。在这一时期，黄中立还肩负多项科研任务，"中国森林资源分析"便是其中之一。他经过深入各主要林区考察，并结合多方收集和多年积累的资料数据，撰写了《中国森林资源分析》的研究报告，对中国森林资源发展现状与世界其他国家的对比做了分析论证，指出了我国森林资源贫乏、可采资源急剧下降的趋势，对中国森林资源枯竭的预兆形势，最早敲响了警钟，并在此基础上开始了关于森林资源永续利用的研究。黄中立是反对当时有人提出的"大砍大造"和"大面积皆伐"，而主张森林永续利用的林业专家之一。他极力主张建设好现有林区，合理利用森林资源，保证更新和提高森林生产力，是森林经营的根本出路。他后来的很多文章，如《谈谈林业现代化》《管窥森林永续经营的新发展》《林业投资评价小议》等，都体现了这一主导思想。

为了提高林业特别是森林资源的经营管理水平，黄中立早在 20 世纪 60 年代就对林业技术档案开展了大量的研究，于 1980 年出版了《林业专业档案》一书。他在书中指出，林业的经营必须建立档案制度，并要用动态的观点来对待档案。他认为只有提高各级林业单位特别是林场、林业局的经营管理水平，才能逐步实现森林资源的永续利用，并很可能为中国林业发展闯出一条路子。提高经营管理水平，应是增加森林资源的重要对策。这些观点至今仍有重大的战略意义，充分体现了他学术思想的前瞻性和实用性。

八、王长富

王长富（1911~2002 年），东北林学院林业经济学教授，林业经济学家、林业教育家，我国林业经济学先驱。他一生围绕着林业经济学著书立传，编写著作 18 部，发表论文百余篇，合撰有《中国林价问题初探》《林业在国土利用中的经济问题》等论文。王长富 1937 年毕业于日本北海道大学农学部林学科。新中国成立后，历任东北林学院教授、林业经济系主任，中国林业科学研究院林业经济研究所所长，中国林学会第三、第四届理事，中国林业经济学会第二届副理事长，国务院技术经济研究中心成员。（中国林业经济学会、国家林业和草原局管理干部学院，2019）。

1955 年，林业部聘请苏联林业经济专家马雷舍夫教授来到东北林学院，举办中国首个林业经济研究生班和林经进修班。东北林学院将林经研究生班和林经进修班均设在采运系，委托王长富教授作为班主任代管，并在采运系单独成立森工经济教研室，王长富教授兼任该教研室主任。1975 年成立林经系，王长富教授担任林经系主任。

1979 年，60 多岁的王长富教授接到林业部调令，受邀出任中国林业科学院林业经济研究所所长。他在林经所工作 6 年，编著著作两部，发表论文 33 篇。1985 年离休。

王长富教授研究了大量古文献，包括我国最早的林地交易、林地交易契约、林地管理思想，正确处理林木的思想，把林业视为治国根本大计。

王长富教授作为国家科委林业组成员，参加了 1978～1985 年全国经济科学发展方案的制定。作为国务院技术经济研究中心农业组成员，他积极为林业建设和发展提出许多建设性的意见和建议。他的意见和建议具有前瞻性、实用性和创新性，对我国林业经济发展具有重要的现实意义（刘国成，2022）。

王长富教授是新中国林业经济学科的开拓者和奠基人，他通过研究提出了林业经济学科的研究内容体系。他一直高度重视西部林业建设，多次提出组织科研力量总结牧场林的经验，探索林草畜结合等各种经济模式，探索科研基地、乡村林场所、农户的合作系统。王长富教授提出要想健康发展草原牧场，必须多营造草原牧场林，通过草原牧场林来维护草原牧场健康可持续发展，实现我国牧业林业双增长。

王长富教授强调森林培育要尊重植物群落的自然演替规律，重视优势树种的培育。他建议对东北林区生长周期长、经济价值高的优势树种，要实行集约经营，搞好中幼龄林抚育，可以获得很好的经济效益。

王长富教授作为资深的林业经济学家，非常重视对中国林业史的研究。王长富教授在其所著《中国林业经济史》前言中认为："中国林业经济有悠久的历史，中国林业经济在整个国民经济中虽未占首要地位，但是，其作用也是不容忽视的。中国林业经济有很多值得参考、借鉴以及弘扬的成果和经验。"1985年，王长富教授离休后身体力行，笔耕不辍，出版了《沙皇俄国掠夺中国东北森林史考》（1986）、《中国林业经济史》（1990）、《东北近代林业经济史》（1991）、《东北近代林业科技史料研究》（2000）等专著，为完善补充中国林业经济发展史作出了重要贡献（刘国成，2022）。

九、朱江户

朱江户（1908～1994年），又名朱刚夫，江西省莲花县琴亭镇花塘村人。茶叶专家，中国林业经济学先驱。曾任中国林业经济学会副理事长。

1908年，朱江户出生于日本江户。1932年前往德国柏林大学学习。1935年，经刘庆云引见与前往国外周游的茶叶专家吴觉农结识，谈到中国的茶叶复兴问题，得以对茶叶问题产生兴趣。1941年，茶叶研究所新建，所长为吴觉农，朱江户前往浙江省衢州东南茶叶改良总场工作，后又任福建省崇安茶叶研究所研究员。1945年6月，应吴觉农邀请重返位于衢州万川的东南茶叶研究所工作。1946年4月前往台湾省工作，任台北商品检验局局长，期间函邀陈观沧来局茶检室工作。1950年2月返回大陆，任中央人民政府农业计划司编纂处副处长。同年9月，朱江户改任中南军政委员会农林部副部长（中国林业经济学会、国家林业和草原局管理干部学院，2019）。

1952年5月，朱江户调任北京大学任教。同年10月，北京林学院成立，调任该校担任教授，加入中国民主同盟，参与北京林学院创建、教学以及科研工作。1953年，北京林学院林学专业开设了"林业政策与管理"课程，由朱江户教授负责，属于全国首创。1954年11月，北京林学院成立"林业经济教研组",朱江户任该组主任。1957 年 5 月,参加林业部组织的赴德意志民主共和国和捷克斯洛伐克共和国林业考察团。1962 年,北京林学院决定将原林业经济教研室扩编为林业经济、森工经济两个教研组,朱江户任林业经济教研组主任。

朱江户是新中国林业经济学科主要创建人之一,是北京林业大学林业经济管理学科的泰斗。1986 年 10 月,由朱江户主编的《林业经济管理学》正式出版。编写过程经历了由 1981 年第一次全国林业专业林业经济管理课程教学研讨会制定大纲,1984 年完成初稿,1985 年试讲,1986 年 5 月修改,到 1986 年 6 月最终定稿。从教材的设计到最终修订,都浸透着朱江户教授的心血,承载着他一生对林业经济管理的潜心研究。

1987 年,朱江户教授退休。朱教授从事林业教育和林业科研工作数十年来,在北京林业大学经济专业的创建发展中,呕心沥血,为我国林业教育事业做出了积极贡献。在学术上,他治学严谨,诲人不倦,担任《林业经济管理学》主编,参与《经济学大辞典》(农业经济卷)等多部著作和教材的编写,主持和参与多项国内外学术交流活动,参加中国林业经济学会的组织领导工作。先后获得国家林业部、中国林学会、北京高等教育局授予的多种奖励。

朱江户认为,我国林业虽然为社会主义建设做出贡献,但长期处于"和尚打伞无法无天"的状态,建议林业尽快立法。他指导研究生江机生运用历史的方法,划分依法治林的历史阶段,实现从理论上解决依法治林的目的。作为我国依法治林的初步研究,具有促进林政法规学科长久发展的深远意义。他还指导研究生徐智用系统论和经济控制论的基本原理和方法研究营林生产信纸经营及其经济效益,提出现代林业集约经营的概念,论述营林生产集约经营及其信息系统的原理,建立了规划决策的经济数学模型,推动了营林生产集约经营系统理论和方法的初步研究(徐智等,1985)。

十、黄寿宸

黄寿宸（1917～1991年），浙江温州人，曾任教于上海泸江大学商学院、杭州之江大学商学院、中国人民大学工业会计系。1961年调入东北林学院，曾任林业经济教研室主任、教授。他主编了国内第一本《林业会计学》系列教材，为该学科奠定了坚实基础；他创办了国内第一家有关林业会计学的《林业财务与会计》杂志，并担任主编。1962年，他在东北林学院林业经济专业首次开设"林业会计学"课程，开启了林业会计学的征程（中国林业经济学会、国家林业和草原局管理干部学院，2019）。

黄寿宸认为，林业会计学是会计学体系中的重要组成部分，主张必须大力宣传会计在国民经济管理和林业经济建设中的地位和作用。黄寿宸为丰富和发展中国林业会计学的实践与理论作出了突出贡献。

黄寿宸等（1980）提出实行全面、彻底的经济核算制是改革森工企业体制的一个重要方面。黄寿宸等认为，经济核算制是社会主义国家管理企业和企业进行经营管理的一项基本制度，应该从组织上、指标上、核算上和结算上建立一套完整的经济核算制度。

十一、宋莹

宋莹（1925～1968年），黑龙江双城人。1945年毕业于奉天农业大学林学科。1947年开始从事林业工作。1948～1950年先后在合江省林务局、松江省林务局任业务科长，1950～1952年在牡丹江森林工业管理局任计划科长。1955年8月至1959年1月在苏联列宁格勒林学院经济系读研究生，获经济学副博士学位。1959年开始任中国林科院木材采运研究所所长、林业经济研究所副所长，中国林学会第三届常务理事。"文革"期间受摧残、迫害，于 1968 年 9 月 19 日去世，年仅 43 岁（中国林业经济学会、国家林业和草原局管理干部学院，2019）。

宋莹同志为创立我国林业经济学科，为培养我国林业经济科研人才，为促进我国林业生产建设事业的发展，曾经作出过重大贡献。他是当时我国林业经济学界屈指可数的几位专家之一。宋莹同志治学严谨，重视调查研究，是我国林业经济学界理论与实际相结合的楷模。他在世时，曾先后兼任中国林业科学研究院双子河林业实验局副局长、林业部带岭林业实验局局长和党委书记等职，并长期蹲点于基层，掌握了大量的第一手材料。在改善林业企业的生产管理方面，曾多次发表文章，提出长远的规划和设想。20 世纪 60 年代初在带岭林区总结建立营林村和森林伐区作业综合小工队的经验，并加以推广，取得显著效益。

宋莹开展了苏联山地原始林区森铁运材和汽车运材经济效果的研究，他提出的确定原始林区木材运输类型的理论、公式、方法和使用图表，为中国森林采伐工业提供了实践依据和方法。他还翻译了《森林工业分局工程师手册》，于 1955 年由中国林业出版社出版。领导研究"伐区结案合作业小工队"和开展营林村建设实践。根据中国林业科学研究院人事档案材料记录，伐区综合作业小工队和营林村研究成果在东北、内蒙古等地林区广泛推广，获得国家科委奖励。

十二、廖士义

廖士义（1927～2020 年），生于 1927 年 8 月，四川成都人，著名林业经济学家、北京林业大学经济管理学院及林业经济管理学科的主要创始人（中国林业经济学会、国家林业和草原局管理干部学院，2019）。

1951 年，廖士义从四川大学农业经济学系毕业后在中央财政部、中央财经学院工作，1953 年调入北京林学院任林业经济学科助教，讲授"林业政策与管理"课程。

1954 年秋，廖士义去伊春林区的带岭、双子河、南岔等林业局开展林业生产经营管理调查，做有关林业经济管理教学资料的整理，以及"林业政策与管理"课程讲稿的编写。1955 年下学期，在北京林学院李相符院长的安排下，廖士义参加了在东北林学院举办的林业经济教师讲习班。1956 年回校给林业专业四年级学生讲授"林业经济学"。

廖士义是北京林业大学林业经济学科的主要创始人，对中国林业经济史、森林资源经济评价、林价及营林产值计算的理论与方法、林业经济管理体制改革等问题，有较为系统的研究，为中国林业经济学科发展作出了重要贡献，在林业经济领域有着广泛学术影响。

廖士义对林业经济教学体系建构贡献突出。廖士义指出，林业经济学科的主干课程包括林业经济史、林业政策与法规、林业经济学、林业企业管理、林业技术经济、林业经济统计、林业会计核算等，它们分别从不同的侧面研究林业生产发展过程中客观存在着的各种矛盾和问题，并构成完整的林业经济学科体系。他强调研究林业经济问题必须了解林业生产技术，掌握培育森林和采伐森林的林学原理及林业技术措施方面的基本知识。他的林业经济思想的轮廓，体现在他 1985 年出版后得到林业经济学界同人认可的《林业经济学导论》一书中。

廖士义认为，就林业经济管理来说，林业生产经营活动需要正确处理育、采、用、供、产、销、人、财、物、责、权、利这 12 个字，以及它们相互间的关系，协调其最佳的动态平衡，乃是林业经济管理经常性的工作任务。在当前的治理整顿中，要重点解决好林业中土地、林木的所有权和经营权问题，切实保障所有者和经营者的合法权益，以进一步完善各种形式的林业承包经营责任制，充分发挥其经营林业的积极性和主动性。上述林业行政、法制和经济三方面的管理工作，都离不开对林业经济管理学科的深入研究。

廖士义关注林业经济改革与发展，针对林业经济管理体制改革、国营林场管理体制改革、林业发展指导方针进行了深入研究，认为产权制度改革是林业改革的核心问题。国有林区深化改革的重点是建立适应社会主义市场经济发展的新的产权制度，明确国有林的所有者和经营者各自应有的责任、权力和利益。廖士义还开展了林业经营管理研究，总结了林业再生产的自然、技术和经济特点。在林业经济政策研究方面，廖士义针对林业政策原理、林业政策有效性开展了深入研究，发表了相关论文，提出了一系列深刻的见解。此外，廖士义还针对林业价值计量开展研究，认为林价是对成熟的活立木的价值计量，营林产值是对未成熟的活立木的价值计量，森林生态价值是对森林非物质形态生态服务的价值计量。

廖士义从事林业经济学科的教学和研究工作60多年，他的林业经济思想大多是在改革开放后形成的，他的与时俱进的林业市场化改革思想在当前仍不过时，对于促进我国林业深化改革仍具有重要的现实意义。

十三、宋宗水

宋宗水（1927～2009年），浙江上虞人，中国社会科学院农业经济研究所研究员。1992年获国务院政府特殊津贴。宋宗水1950年毕业于上海法政学院经济系，1966年毕业于东北林学院林业专业（函授部）。1950年响应国家号召，从上海市人民政府税务局岗位上支援边疆建设，到哈尔滨东北森工总局（后到东北人民政府林业部）工作，担任经理处成本科负责人，成为新中国第一代林业经济工作者。此后60年，一直在为林业经济工作作贡献。（中国林业经济学会、国家林业和草原局管理干部学院，2019）。

1980 年，宋宗水参加中国社会科学院第一次在全国范围公开招考科研人员的考试，被中国社会科学院农业经济研究所聘为副研究员，安排在林业经济研究室工作。1987 年晋升为研究员。他曾任民盟北京市委经济委员会委员、中国社会科学院老专家咨询服务中心生态林业研究部主任、国家林业局政策法规司特约研究员、中国林学会森林生态分会常务理事、中国野生植物保护协会红豆杉保育委员会副主任，一生从事林业经济、农业经济、生态经济和水经济研究。

宋宗水对林业经济的战略、法规和发展方向等宏微观问题都进行了深入的调查研究，曾主持完成"西北林业经济问题研究""实施天然林保护的重大政策研究"等课题，出版了《林业统计方法》《中国林业发展战略问题研究》等专著或合著 12 部。在中外报刊发表论文 100 多篇。宋宗水撰写的《林业统计方法》，对林业经济的量化方法进行了系统研究。

宋宗水认为，林业经济包括林产品简单生产、大生产、再生产等层次的生产形态，具有生产关系、社会发展、国土生态安全、积累财富和强国富民等内涵。宋宗水认为，林业经济蕴含多种关系，如林区自然环境与社会生产的关系、森林综合经营成果与生态保护的关系、林区木材生产量与可持续发展的关系、林业发展道路与林区职工致富途径的关系、林业经济与其他经济的关系等，都需要有取舍的战略方针，它们都应该在国家和林业经济工作者思考之内。宋宗水在研究中重视社会科学与自然科学相结合，是一名林学知识非常丰富的林业经济学家。

宋宗水积极为国家重大战略事项建言献策。他于 1986 年首先提出防护林生态经济补偿的建议，1998 年被纳入修订的《中华人民共和国森林法》。他提出的"黄河综合治理开发研究"建议，得到国务院领导批示和全国"两会"政协提案的响应。宋宗水退休后还参与了林业部

《关于森林问题的原则声明》实施方案的编制工作。生命最后集著《生态文明与循环经济》一书。宋宗水在林业战线工作几十年，始终没有离开服务林区、林业的经济工作。后期他的思想从以木材生产为中心的森工企业角度，转变到"以营林为基础"的经营森林理念，是对未来林区和林业发展的前瞻性战略思考。

十四、谢家祜

谢家祜，生于 1927 年 7 月，湖南安化人，河北农业大学教授。1952 年毕业于浙江大学森林系。谢家祜曾任河北省林学院副院长（现为河北农业大学林学院）、中国林经学会理事、常务理事，河北省林学会理事、常务理事、秘书长、副理事长，《河北林学院学报》主任委员，全国林业经济管理专业指导委员会委员。历任河北林学院系主任，教务处长及副院长，负责学院的教学、科研组织领导工作。研究方向为河北省区域性林业及林政法规。主持"河北省太行山区乡镇经济发展战略研究课题"，获林业部科技进步三等奖。出版著作有《林业经济管理学》《林业经济法教程》《河北山区开发治理手册》等。在各类刊物上发表论文 30 余篇，其中《河北林业的主要矛盾及其战略对策》《关于生态经济沟实行双目标经营的思考》《山区开发中经济林持续发展的思考》《试论山区开发的十大关系》等曾获不同层次的优秀论文奖（中国林业经济学会、国家林业和草原局管理干部学院，2019）。

谢家祜对河北林学院的林业经济管理专业建设和林业经济管理系的发展贡献突出。谢家祜长期从事林业经济学、林政学等课程的教学，致力于山区综合开发与林业发展、平原农区林业发展、经济林持续经营和林业生产力布局等方面的研究。

谢家祜指出，进行山区综合开发，有一系列战略性问题需要正确对待。将山区开发情况归纳成 10 个典型问题，称为山区开发的十大关系，即资源与市场、山场与耕地、开发与环保、人口与劳力、粮食与温饱、林业与果树、农业与工业、科技与扶贫、生产与生活、领导与群众（谢家祜，1996）。

谢家祜认为，平原农区是发展农业，提供粮、棉、油的重要基地，农区林业是农区经济不可缺少的组成部分，平原农区林业的发展必须有利于农业的发展。谢家祜强调林业发展一定要遵循自然规律，切忌只顾眼前利益，不顾长远发展，只顾经济效益，不顾生态效益；林业建设一定要有战略眼光、系统思维，构建长远的、全局性的、系统性的林业发展战略规划。谢家祜一直倡导林业经济效益、生态效益和社会效益协同发展，其林业经济研究成果具有前瞻性，山区林业研究具有开创性，是林业多功能发展的践行者。

十五、沈照仁

沈照仁，生于 1929 年 5 月，浙江省宁波市人，长期从事林业信息的收集、分析和研究工作。针对中国不同时期林业发展的特点，提出大力节约木材、林业发展趋势、学习北欧经验、价格改革、抓好国土 1% 的速生丰产林、坚持经营好现有林等有价值的观点，受到高度重视，为林业部门领导的重要决策作出了积极的贡献（中国林业经济学会、国家林业和草原局管理干部学院，2019）。

沈照仁在 1978～1997 年的 20 年，一直是《国外林业动态》《决策参考》《世界林业动态》的重要撰稿人。1989 年离休到 1995 年，仍为林业部《林业工作研究》《世界林业研究》供稿。沈照仁作为主要作者之一参撰的《国外林业和森林工业发展趋势》于 1963 年 2 月出版，被指定为林业干部必读材料。

1979 年 12 月 29 日，林业部部长雍文涛布置林业部经济体制改革工作。中国林业科学院情报研究所在 3~4 个月里提供了十几项调研资料。沈照仁认为，中国森林经营落后，欠账多，其关键问题是木材价格体制不合理。他在《匈牙利 1956 年以来的木材价格改革》一文中明确指出，旧木材价格体制的缺点及价格改革的要点，强调改革的核心是提高木材价格构成中立木价，也就是育林费部分。

1980 年 1 月 29 日，林业部林业经济改革小组以《林业简报》形式，出专刊介绍全文，并在《有关林业经济结构的几个问题》一文中，肯定了"价格结构不合理"是问题之一，认为"过去制订的木材价格，很少考虑造林育林成本，木材价格不能体现它的价值"。

1980 年，沈照仁在《国外林业动态》以增刊形式，发表调研报告《发达国家近几十年来林价与木材价格变化》，用美国、瑞典、芬兰、日本等诸多国家在 30~50 年里林价与木材价格比变化，说明提高林价收入、立木价收入是集约经营森林的经济保证，发达国家木材价格构成中，林价、育林费一般均占 50%~60%。

沈照仁以敏锐的洞察力和思考的独立性，对国内外林业情报开展了深入的研究，将世界各国林业发展情况，结合我国林业改革与发展战略，经过综合分析，撰写出了许多高水平的调研报告和专著，对林业主管理部门及科研管理部门决策发挥了重要的参考作用。

十六、张文琪

张文琪，生于 1930 年 4 月，吉林梨树人，东北林业大学教授。1953 年毕业于东北农林学院俄文班森林组（相当林学专业）。1953 年任东北农林学院苏联森工专家翻译，同时攻读木材采运专业课程。1955 年任东北林学院苏联林业经济专家翻译，同时攻读林业经济和企业组织与计划课程（即企业管理）。1957 年在东北林学院（现为东北林业大学）任教。历任东北林业大学经济管理学院林业经济教研室、林业企业管理教研室秘书、副主任，林业经济研究室主任。历任黑龙江省林学会、黑龙江省林业经济学会、中国林业经济学会理事，中国林业企业管理学会常务理事，林业部教育司林业经济管理教材编审组组长（中国林业经济学会、国家林业和草原局管理干部学院，2019）。

张文琪对林业经济管理学科的建设、林业经济管理人才的培养、林业企业管理理论的丰富、林业企业管理水平的提高作出了积极贡献。张文琪参与了新中国成立后首批林业经济管理教学人才培养，参与了东北林学院林业经济专业的创建，并积极参与各级林业在职干部的培养，促进了林业企业经营管理水平的提高。

张文琪积极编撰教材。20 世纪 60 年代，张文琪与许素晋合编了《林业企业组织与计划》（校内铅印），是当年林业经济专业的主要教材。1984 年，由张文琪主编的《林业企业管理》由中国林业出版社出版。该书是全国林业系统第一部企业管理教科书，广为林业院校采用或参考。

张文琪还出版有如下教材：《林业企业生产管理》（主编）、《国有森工企业管理学》（合编）、《林业生产经济》（合编）等。合译的著作有《木材采运企业经济活动分解》和《木材陆运学》。上述成果促进了林业经济学科的丰富和发展。

张文琪从事的科学研究项目广泛，主要有森林采伐方式、东北经济与林业发展战略、林业生产经济效果、国有林业企业考核指标、森林经营等。明确提出了林业企业的特点，主张国家对林业企业考核指标应符合林业企业特点；林业企业的经济效果要区分直接经济效果和间接经济效果，要区分当年经济效果和长期经济效果；林业企业的森林培育和利用应区分林种、因地制宜，做好规划。

十七、张建国

张建国（1932～2017 年），山东泰安人，我国著名的林业经济学家、森林生态经济学科主要奠基人和林业教育家。张建国于 1949 年报考了东北农学院森林系，于 1952 年提前一年毕业，留校任教。1953 年，组织上选送张建国入中国人民大学教师研究班专攻马列主义经济理论。1955 年，苏联林业经济学家谢·瓦·马雷歇夫受中国政府之邀，到东北林学院举办林业经济研究生班和林业经济教师进修班，张建国被从中国人民大学调回东北林学院任苏联专家的助手，同时兼任研究生班和教师进修班秘书，参与培养新中国成立后中国首批林业经济教师和研究生的工作。1956 年，被破格提升为讲师，并任院务委员会委员、林业经济教研室主任。1957 年，张建国编写了新中国第一部农林院校林学专业《林业经济学》教材，撰写了一系列颇有见地的学术论文，为新中国林业经济学科的创立作出了重大贡献（中国林业经济学会、国家林业和草原局管理干部学院，2019）。

1980 年，张建国出任福建林学院基础部副主任，随即出任教务处副处长。当时正值全党工作的重点转移到经济建设上来，他敏锐地意识到林业建设需要大量林业经济管理人才，于是他不顾辛劳，四处奔波，积极筹建中国南方林业院校第一个林业经济系。1982 年，福建林学院林业经济系成立，他任系主任。1983～1995 年，他先后任福建林学院副院长、院长、院长兼党委书记。

1986 年起，张建国先后任第二、第三届国务院学位委员会林学学科评议组成员和第四届学位委员会农林经济管理学科评议组成员，林业部第二、第三届科学技术进步奖评委会委员，林业部科学技术委员会第四届委员。1998 年起，任中国林业经济学会顾问。1984 年起，任中国生态经济学会理事、常务理事，《林业科学》《生态经济》等6种全国学术刊物编委和《林业经济问题》主编。1991年2月至1992年12月，先后担任北京林业大学和东北林业大学兼职教授等职。1991年享受国务院政府特殊津贴。

1981年，他和王长富教授合作发表的《中国林价问题初探》，是我国第一篇论述林价的文章，它明确提出了实行全国统一林价制度以林价作为调节，林业生产和社会对林业资源有偿使用的建议，这一建议得到全国林经学界的肯定和提倡。迄今为止，张建国的这一理论仍是我国林价研究的基础。

1981年，张建国教授首次提出以森林"生态利用"代替"木材利用"的观点，呼吁把林业经营的指导思想建立在生态平衡的基础上，创立了中国"生态林业"学派并据此出版了一系列专著，为中国林业合理定位和生态建设做了前期开创性的研究。

1996年，张建国教授出版专著《现代林业论》，开创性地提出现代林业的理论体系，标志着我国林业经营思想的一大飞跃，对林业经济管理学科的完善和发展做了积极探索。

张建国是中国林业经济学科带头人和森林生态经济学的主要奠基人。他积极探索生态林业的论点，提出中国林业应由木材利用向生态利用转变，开展林业经营综合效益研究，理论联系实际，积极投身林业改革与发展，对中国林业的发展战略，特别是对南方集体林区的林业发展作出了重要贡献。张建国还着力研究生态林业、持续林业、社会林业及其与现代林业的关系，从不同角度和侧面研究并建立了以"生态利用"为指导思想的现代林业经济学的学科体系。为中国森林生态经济学作出了杰出贡献。他以一系列研究成果为基础，主编《中国林业经济学》《森林生态经济学》，与吴静和合著全面阐述现代林业发展方向和内涵的力作《现代林业论》，在学界产生了广泛影响，为建立林业经济学科体系做出了贡献。

十八、吴静和

吴静和，生于 1930 年 9 月，江苏省江阴市人，浙江林学院（现浙江农林大学）教授，浙江农林大学经济管理学院创始人。从 1953 年起即从事林业经济专业教学工作。20 世纪六七十年代在北京林学院工作，80 年代在浙江林学院工作。曾担任全国林业经济教学改革委员会委员，为北京林业大学和浙江农林大学创办林业经济管理专业，为探索专业教学改革和林业经济研究作出了重要贡献（中国林业经济学会、国家林业和草原局管理干部学院，2019）。

吴静和于 1953 年中央大学森林系林学专业毕业后，留校任林业经济助教，一年后调到北京林学院继续从事林业经济教学工作。1955～1957 年赴东北林学院，在中国第一届林业经济教师研究班学习林业经济两年。毕业后回到北京林学院工作，参与林业经济专业教学计划的编制与执行，后随北京林学院南迁到云南。1977 年调至浙江林学院任教，1985 年创办林业经济管理专业，任林业经济管理系主任，1992 年退休。随后应张建国之邀，赴福建林学院从事研究工作至 1995 年。吴静和参与编写了《林业经济管理学》《森林生态经济学》等教材，与张建国合著《现代林业论》是对中国林业持续发展研究的理论专著。

吴静和先生是我国林业经济学科的创始人之一，也是一位知识渊博的集邮爱好者。吴静和教授编著的《邮票上的林业史》于 2011 年由中国林业出版社出版。《邮票上的林业史》以邮品为媒介传播林业发展知识，不仅给人以美感，还可以同时回味林业发展的历史进程。

吴静和调入浙江林学院后，积极投身于山区发展与改革研究，聚焦林业经济结构改善，开展林业技术经济效果分析，关注山区林业经济持续发展。吴静和较早进行中国林价研究，认为林价是木材价格的基础，也是木材价格的重要组成部分；林价是森林的立木价格，即立木价值的货币表现，包括生产立木所消耗的生产资料价值和营林劳动新创造的价值。合理的林价应该包括合理的利润，即考虑平均利润率。吴静和还提出了森林资源承载能力研究应纳入世界性土地资源承载能力研究工作中的重要观点。吴静和对全国，特别是对南方山区及林业经济的研究有独立见解。吴静和提出集体林区应发展林业商品经济，还提出了山区经济发展模式，指明了乡村林业的未来发展方向，强调乡村林业需要在土地利用、规划、组织措施以及制度和效益上进行保障。吴静和是南方人工林区林业经济研究的先行者，是现代林业的引领者、林业经济文化的传播者。

十九、苑文仲

苑文仲，生于 1931 年 1 月，辽宁沈阳市人，东北林业大学经济管理学院教授。1949～1953 年在东北农学院林学系林业专业（俄文专业森林组）学习。历任东北林业大学（原东北林学院）助教、讲师、副教授、教授；1953 年协助苏联专家在华培养林业经济研究生工作，翻译多种教材；1964 年参加国家林业部主持"大兴安岭北部林区开发规划研究"国家项目，历时 8 个月；1992 年为东北森工总局去俄罗斯从事商贸工作，任顾问、翻译。主要著作有：《中国林业经济学》主编，中国林业出版社，1987 年；《林业企业质量管理》主编，中国林业出版社，1993 年；《东北的林业》主编助理，中国林业出版社，1982 年；《苏联林业经济学》［苏］合译，中国林业出版社，1980 年；《林业生产经济》合编，中国农业出版社，1982 年（中国林业经济学会、国家林业和草原局管理干部学院，2019）。

自 1986 年起，苑文仲先生积极参加《中国林业史》审稿工作，任副组长，并积极参与中国林业史学会工作，承担外国林业史的研究工作。历任中国林业经济学会理事、中国林学会林业史学会常务理事、黑龙江省苏联东欧学会副会长、黑龙江省经济学会理事。

苑文仲先生博采众长，创新性地构建了林业经济学教材体系，首次将经济结构理论纳入林业经济学，提出了林业经济的部门结构、林业生产结构和林业经济管理体制的一些基本思想。苑文仲明确提出我国林业所有制结构包括林业全民所有制、林业集体所有制和林业个体所有制；首次将林业市场调节思想纳入林业经济学教材。苑文仲于 20 世纪 80 年代末，系统阐述了东北国有林区建立林价制度的迫切性和可行性，提出根据林分的林龄确定林价值的计算方法，对大兴安岭林区的林价进行了测算。苑文仲从经济管理体制改革的角度，提出改革林业局、试办林业联合企业的思想。

二十、陈太山

陈太山，生于 1931 年 7 月，福建南安市人，北京林业大学经济管理学院教授。1955 年从厦门大学贸易经济专业毕业后分配到北京林业大学（原北京林学院）政治教研室，1962 年 6 月调林业经济教研室任教，1997 年从北京林业大学经济管理学院退休。多年来主要从事林业经济、林业统计方面的教学和研究。1992 年起享受国务院政府特殊津贴。曾任中国林业经济学会统计专业委员会副主任（中国林业经济学会、国家林业和草原局管理干部学院，2019）。

陈太山先生积极投身于林业高等教育事业，承担了统计学课程和林业统计学的教学任务，在大量调研和交流的基础上编写了《林业统计学》教材；开展了林业经济核算研究，构建了人工林经济效果的指标体系与计算方法，建立了防护林经济效果指标体系与计算方法，探索了木材需求预测方法；创建林业统计学科，构建了林业统计学科的理论体系，创办计划统计专业，积极为政府部门重大项目的经济效果评估和林业统计工作提供咨询服务。陈太山是林业统计学科的创建者，森林经营经济效果计量与评价的先行者，林业经济管理人才培养的辛勤耕耘者。

二十一、何迺维

何迺维（1930～2016 年），吉林省吉林市人，中国社会科学院农村发展研究所研究员。曾任生态经济研究室主任，学术专长为生态经济、林业经济。于 1992 年享受国务院政府特殊津贴。系中国社会科学院首批荣誉学部委员，中国林业经济学会第四届理事会副理事长。何迺维在农村发展研究所内创建了一个由林学、水利学、生态学、经济学、化学、环境工程学等专业的本科生、研究生构成的生态经济研究室。何迺维长期担任中国生态经济学会常务副秘书长，为中国生态经济学会组织了大量的学术活动。何迺维早在 1981 年就提出开展森林生态经济研究，建立森林生态经济学的建议。何迺维是《中国自然保护纲要》的主要执笔人之一，该成果获国家科技进步三等奖。何迺维还参与了《中国 21 世纪议程》的撰写和评审工作，作为生态与环境专家组成员承担了"长江中上游防护林体系工程"等国家重大工程的评估工作。何迺维以大流域为观察和分析单元，根据森林减少、径流变混、水量变少、流量年际变化增大、水旱灾风险变强等因素，揭示森林过度采伐导致的生态危机。此外，还为消除生态风险做了大量研究。（中国林业经济学会、国家林业和草原局管理干部学院，2019）。

何迺维认为，林业是第一产业、第二产业和第三产业兼而有之，经济效益、生态效益和社会效益同步发挥的多产业、多功能的综合性生产部门，而不只是采伐木材的产业部门。要把这个综合性生产部门的各种功能都充分发挥出来，必须改革现行的林业经济体制：一是改革以木材为中心的林业计划体制；二是全面推行林业生产责任制，承包方式的选择应因地制宜；三是按照"采伐管严，流通搞活"的要求改革林产品流通体制；四是强化森林经营管理，改变重造林轻抚育等问题。这些思想至今仍有重要的现实意义。

二十二、李克亮

李克亮（1930～2000年），祖籍河北宁河，生于吉林省吉林市，中国社会科学院农村发展研究所研究员。1949～1949年就读于东北林科高级职业学校。毕业后先后在东北森林工业总局、林业部和中共中央农村工作部工作。1954～1958年就读于中国人民大学。毕业后分配到中国林科院林业经济研究所工作，任林业经济研究室副主任。1979年7月到中国社会科学院农村发展研究所从事林业经济研究工作，曾任林业经济研究室副主任。李克亮热爱林业经济研究工作，在科研岗位上取得了大量的优秀成果，曾多次获得优秀科研成果奖、全国优秀科技图书奖以及科技进步奖等。李克亮对国营林场的经营管理和国有林区的可持续发展问题进行了深入研究，提出了许多有价值的意见。1987年，李克亮带领研究小组到大兴安岭特大火灾的受灾林区调研，及时提出过火的成熟林不必马上采伐的正确主张。其后又数次深入该林区调研，为过火林区灾后重建出谋划策，发挥了重要作用。他还主持了"中国林业发展战略问题研究"，负责承担了国家计委组织的"国家发展速生丰产林问题的研究"，对林业生产发展起到了推动作用。（中国林业经济学会、国家林业和草原局管理干部学院，2019）。

李克亮曾任全国林业经济研究会副会长兼秘书长、中国林牧渔经济学会副会长，兼任原林业部科学技术委员会委员。在主持全国林业经济研究会工作期间，积极开展林业经济学术活动，并形成每年组织一次学术研讨会，每年出版一本林业经济学术论文集，每年向政府部门提交一份政策建议书的特色。1980～1992 年，连续召开了 13 届学术年会，集中全国林业专家研究我国林业生产中的重大问题，献计献策，为提高我国林业经济学术水平，深化林业经济理论作出了重要贡献。

李克亮还就集体林区改革、国有林区改革、国营林场所经营管理、林业经营形式改革、林业现代化、林业发展战略等进行了深入研究，取得了一系列丰富的研究成果。

国营林场经营管理是李克亮的研究专长。李克亮撰写的《国营林场经营管理》于 1984 年由中国农业出版社出版，作为国内第一本公开出版的国营林场经营管理学专著，在 20 世纪 80 年代是国内很多林业院校经济管理专业学生必修课的教材。经过多年的研究和探索，李克亮认为，国营林场应适应改革开放的要求，从生产型向生产经营型转化，从粗放经营向集约经营转化，从劳动密集型向技术密集型转化，从单一经营向多种经营转化，从封闭经营向开放经营转化，从森林培育向定向培育转化，从周期经营向永续经营转化。

李克亮指出，林业经济结构调整必须全面协调木材等林产品生产和森林多种效益发挥之间的内在联系。林业扩大再生产，不仅要考虑生产多少木材和林副产品满足经济建设和人民生活的需要，还要保护和发挥森林调节气候、涵养水源、保持水土、防风固沙、减少空气污染、保护和净化环境的功能。李克亮针对当时我国林业的现状和问题提出的调整林业经济结构和扩大森林资源再有生产的具体设想，在今天看来仍具有现实意义。

二十三、厉以宁

厉以宁（1930～2023年），出生于江苏南京，祖籍江苏仪征，著名经济学家，曾担任北京大学工商管理学院院长、北京大学光华管理学院院长、北京大学战略研究所名誉理事长。曾获得第十四届CCTV中国经济年度人物·终身成就奖、第五届吴玉章人文社会科学终身成就奖、改革先锋称号等。

厉以宁长期关心关注中国林权制度改革，其有关林权改革的一些学术观点和思想主要体现在他的一些讲座报告和采访发言中。2008年9月28日上午，由北京大学和国家林业局主办，光华管理学院、国家林业局经济发展研究中心和国家林业局林改办承办的集体林权制度改革论坛在北京大学光华管理学院新楼报告厅顺利举行。厉以宁教授作"关于集体林权制度改革思考"主旨报告，提出林权制度改革不能单纯地仿照农业承包制，必须走超越农业承包制之路。超越之一：林地的承包制年限是70年。这同实行农业承包制时只有30年不大一样，因为承包制越长，越能使承包人安心，放手经营。超越之二：分散到各户的农业承包制不利于农业规模经营，农业增产到一定程度就停止了。林权制度改革在开始的时候就避免了这一缺陷。超越之三：农业承包制对金融的作用实际上是受限制的，林权制度改革突破了这一限制。这具体反映在林权制度改革中允许以林地使用权和林木所有权作为抵押，取得贷款。超越之四：农业承包制未触动城乡二元体制，林权制度改革时应当结合城乡二元体制改革进行，或者说，包括山区、林区农村在内，所有农村都应当列入城乡二元体制的改革范围。

2013年4月21日，林下经济与低碳发展战略研讨会在北大光华管理学院召开，在会议中，厉以宁就林权制度改革问题发表了自己的看法，认为新世纪以后中国"改革的第一声春雷"就是集体林权制度改革。因为集体林权制度改革有三个突破：第一，承包期延长到70年不变，把农民的心安定下来；第二，林地可以抵押；第三，树立了一个样板——林权直接落实到农户。集体林改是"一竿子插到底"——承包到户。只有承包到户，群众的积极性才能真正调动起来。确权以后，林权证发到户，这很了不起，所以应该说集体林权制度改革的意义非常深远。

2015年，厉以宁在接受记者采访回顾集体林权制度改革时指出，从中国集体林权制度改革中可以得出八点启示：一是林改调动了亿万农民自主创业的积极性，奠定了成功的基石；二是林改推动了创业，带动了就业；三是林改为林产品产业链的延伸创造了条件；四是林改把民间资本引入林业建设；五是林改首创的林地和林木流转及抵押规定，对于振兴林业经济和提高农民收入及推进城镇化建设都具有重要意义；六是林改对生态保护和建设具有积极作用；七是在山林地区，唯有通过林改才能使林区农民真正走上脱贫致富的道路；八是制度创新是发展林业、建设山区的根本途径。今后，集体林权制度创新仍有待不断深化，为国家扶贫战略实施和推进城乡一体化建设不断作贡献。

在2012年1月举行的全国集体林权制度改革专家座谈会上，厉以宁高度评价了我国集体林改成效，并为深化林改建言献策。特别是在集体林权制度改革成效对国有林改革的借鉴意义方面，厉以宁认为，可以适当借鉴，但不是照搬。国有林是国家的森林储备，管理权限一定要明确。可以由省级或地市级管理国有林场，但仅限这两级管理。国家或县级以下都不宜直接管理国有林场，以免发生各种各样的问题。我国的国有林场形式应是多样化的，第一种模式是采取国家森林公园，生态保护区兼旅游区的形式；第二种模式是森林工业公司代管国有林场，森林公园公司至少是国家控股的，以保证一部分公益林不能砍，一部分可以种可以砍，对森林经营制订长远计划，由森林工业公司执行；第三种模式是国有林场内搞家庭林场，形成"二元体制"，把集体林权改革经验搬到那儿去。国有林场的职工是双重身份，既是国有林场的职工，有维护公益林的职责，又是林业承包户，包括发展林下经济等。总之，应积极探索国有林改革之路，不建议笼统地说国有林场企业化，否则，容易造成林地乱转让、乱开发等问题。

厉以宁还倡导建立支持林业发展的公共财政制度。他在 2009 年 2 月 28 日举行的集体林权制度改革公共财政问题座谈会上表示，建立支持林业发展的公共财政制度意义重大。厉以宁认为，中国林业的现代化发展对于 25 亿亩林地的保护和开发，对于林区 4 亿农民的发展，意义重大。随着"明晰产权、分林到户"的中国集体林权制度改革主体逐步展开和实施，建立支持林业发展的公共财政制度，必将对推进林业改革，促进中国经济、各项社会事业和生态发展都将产生重大而深远的影响。建立支持林业发展的公共财政制度，是满足社会生态建设和环境保护的需要，是促进人与自然和谐发展的有效途径。建立支持林业发展的公共财政制度，是提高农民收入水平，推进城乡经济社会一体化发展的重要保障。建立支持林业发展的公共财政制度，是应对国际金融危机影响，增加就业，扩大内需，帮助林农增收致富的重要举措。

二十四、荣佩珠

荣佩珠，1931 年生于山东济南，祖籍河南商丘，南京林业大学教授。1954 年毕业于南京林学院林学系，后留校任教，被分配开设新课林业经济学的任务。1955 年 9 月至 1956 年 7 月，在东北林学院林业经济进修班学习一年。1956 年 8 月加校后受命组建林业经济教研组，担任林业经济教研组主任。1977 年，学校招生复课，荣佩珠先后为林业专业开设了林业经济学、林业经济管理等课程。1984 年，南京林学院决定建立林业经济管理系，荣佩珠任系主任。1986 年，荣佩珠受命筹建经济管理学院（中国林业经济学会、国家林业和草原局管理干部学院，2019）。

荣佩珠还曾兼任中国林业经济学会理事、全国林业高等院校林业经济专业指导委员会副主任、中国林业会计学会理事、中国林科院林经所特约研究员、全国林业经济管理专修科教材编审委员会委员等。荣佩珠主要科研方向包括中国森林资源经济问题、集体林规模经营、中国集体林与日本民有林的对比研究、国营林场管理、苏北平原农区林业经济问题等。我国第一本《林业经济学》统编教材于 1986 年 12 月正式出版，荣佩珠担任副主编。1989 年退休以后，主编和出版了《森林资源经济学》和《国营林场管理》两本教材。

荣佩珠认为，林业经济学是研究林业部门内的经济关系和经济活动规律及其应用的学科，是经济学的一个重要分支，属于部门经济学。荣佩珠认为，大面积森林和荒山荒地归国有，奠定了社会主义国有林业赖以存在和发展的基础。同时，国家对小农经济进行了社会主义改造，从而形成了庞大的集体所有制经济，只有少量的零星树木仍归农民所有，从而形成了三种所有制，即全民所有制、集体所有制和个体所有制。荣佩珠认为，要实现我国集体林业的可持续发展，必须把林权制度的改革和确定作为重中之重的前提。

二十五、倪鹏伍

倪鹏伍（1932～2011 年），安徽省桐城县人，东北林业大学教授。1952～1957 年就读于东北林学院森林采伐运输机械化专业（本科）、林业经济专业（研究生）。1957 年 7 月毕业并留校任教。第一任东北林业大学经济管理学院院长，全国林业高校经济管理专业指导委员会主任、林业经济管理学科带头人。历任《中国林业企业》杂志主编、中国林业经济学会第三届和第四届理事会副理事长、中国林业经济学会林业企业管理研究会理事长、黑龙江省林学会理事，主要从事林业经济管理方面的教育和科研工作。倪鹏伍为保留"林业经济专业"大声疾呼，为林业发展建言献策。"十五"规划后，倪鹏伍于 2000 年 8 月 25 日致信朱镕基总理，提出 10 条适合我国林业发展的建议（中国林业经济学会、国家林业和草原局管理干部学院，2019）。

倪鹏伍于 1994 年在《中国林业企业》刊首语中明确指出了建立林业现代企业制度的重要性与困难性。倪鹏伍提出了正确考核林业企业全部可比产品成本降低率的办法，提出东北林业持续发展的基本方向，指出建立营林生产总产值指标的必要性，重视开展建立林业基金的研究问题。

二十六、陈统爱

陈统爱（1932～2015 年），生于 1932 年 10 月 28 日，广东省普宁县人，林业经济学家。曾任中国林业经济学会第二届至第四届理事会副理事长（第二届理事会兼任秘书长）、第五届理事会理事长，享受国务院政府特殊津贴。陈统爱长期从事林业经济科研和实践活动，从事伐区作业综合小工队、营林村和林业生产责任制等方面的研究工作，取得了重要成就。对林业科技的发展战略、规划、政策等方面提出过许多学术观点，为中国林业经济和林业科技的发展作出了重要贡献（中国林业经济学会、国家林业和草原局管理干部学院，2019）。

1952 年，中国进行高校院系调整，急需大量人才，在此背景下，陈统爱尚未高中毕业就被分配到东北农学院（现东北林业大学）森林系就读于木材采运机械化专业；于 1955 年调入由苏联专家任教的林业经济研究班，从此他与林业经济学科结下不解之缘。1957 年 10 月，调到森林工业研究所经济研究组工作。这个组于 1958 年改为中国林业科学研究院直属的林业经济研究室。在此期间，他参加"森林更新经济问题""人民公社的林业经济问题"的调查研究。1960 年组建林业经济研究所时，陈统爱被指定为采运经济研究组组长，于 1961 年春天在伊春林区双子河森工局进行蹲点研究。经过一年半的努力，他主持的"伐区作业综合小工队"成果，于 1962 年夏天在东北、内蒙古得到广泛应用，并获得明显的经济效益。1963 年他晋升为助理研究员；1964 年春，被任命为研究室副主任。为了学习北欧经验，贯彻刘少奇视察东北林区提出试办营林村的设想，他带领全室同志转移到带岭林业实验局蹲点，积极参加营林村建设，拟定营林村管理办法。当这个研究课题正在按计划进行时，同年 10 月，他被抽调到内蒙古大兴安岭林区参加社会主义教育运动。1969 年到"五·七"干校，1971 年下放江西，研究工作被迫中断。1974 年，邓小平同志主持中央工作后，形势有了根本好转，在一些老领导的帮助下，他被借调到农林部林业局林产工业处主管木片生产。1978 年春，正式调入农林部。此时，国家林业总局已组建，他被任命为总调度室副处长。1981 年，他被调到林业部经济研究所工作（任负责人）。1982 年，经济所划归中国林业科学院管理，他任所长。1986 年春，被任命为中国林业科学研究院副院长。1988 年秋天，他被调到林业部财务司任司长，1992 年被任命为中国林业科学研究院院长。1996 年春，他卸任不久，被林业部指定担任全国山区综合开发专家咨询组组长。

陈统爱的学术贡献和学术思想包括以下五个方面。

1. 创建国有林区木材生产劳动组织——"伐区作业综合小工队"

20 世纪 60 年代初，全国最大的木材生产基地黑龙江省的木材产量逐年下降，严重影响国民经济的发展。1961 年，陈统爱带领一批科研人员，到黑龙江双子河森工局开展调研工作，经过一年多的研究，在罗圈河林场进行试验效果很好。这一科技成果，得到当时中国科学院学部的肯定，并获国家科学技术委员会的奖励。

2. 探索科学经营森林的基层组织——"营林村"

"营林村"是借鉴北欧经验，并遵照刘少奇、谭震林同志的指示而试办的经营森林的基层组织。1963年，林业部决定在天然次生林区试办"营林村"。1964年，陈统爱在黑龙江省带岭林业实验局组建中国第一个营林村——红星营林村，经过运行，效果很好。营林村对科学地经营森林，改善职工家属生产生活条件，安定林区社会秩序，促进林业生产的发展起到了重要作用。

3. 积极开展以经济建设为中心的林业经济研究工作

陈统爱认为，作为林业经济工作者，必须敢于冲破过去的禁区，开拓新的研究领域。林业生产责任制应与农业有所不同。他和同行们对林业出现的各种形式的生产责任制进行广泛调查研究，编著了《林业生产经济责任制》一书。该书深入浅出地介绍了林业生产经济责任制的必要性和可能性，通过分析其发展过程，归纳了责任制的几种基本形式和内容，并对如何建立健全林业生产经济责任制提出了建议。

4. 研究林价与木材价格

中国木材价格体系是从苏联照搬过来并按计划经济体系确定的。其中最大的弊端是不承认林木有价值，它仅作为一种自然资源供无偿采伐，在木材价格构成中没有"原料费"这一项。这是造成中国木材价格背离价值并长期偏低的根本原因。陈统爱支持科技人员开展此项研究，亲自主持重要的学术讨论会，宣传在中国建立林价制度的必要性和可能性。这个建议被林业部采纳；同时也为20世纪80年代几次提高木材价格提供了理论和实践依据。20世纪90年代初，当陈统爱任林业部财务司长时，进一步提出了实行林价制度的建议，在林业部的部署下，得到财政部的批准，开始在东北、内蒙古林区试行林价制度，取得了可喜成绩。

5. 退休后继续奋斗在山区综合开发工作岗位上

1996 年，中央农村工作领导小组决定加速中国山区的综合开发，成立以林业部为牵头单位的部际协调小组。协调小组成立专家咨询组，陈统爱出任全国山区综合开发专家咨询组组长。1998 年，根据调研情况，在全国山区综合开发示范县办公室主任会议上，作了题为"全国山区综合开发示范工作中值得注意的几个问题"的报告，得到广泛重视。

陈统爱的主要论著有《伐区作业综合小工队》《林业生产经济责任制》等。

陈统爱长期从事林业经济的科研和实践活动，在森林经营基层组织构建、山区林业开发等方面的研究取得了多项成果，为中国林业经济发展做出了重要贡献。他是林业组织管理理论的引领者，林业经济研究的拓荒者，山区林业开发理论的探索者。

二十七、孔繁文

孔繁文，生于 1936 年 4 月，河北省武安市人，国家林业和草原局经济发展研究中心研究员。1960 年北京林学院毕业。1960～1964 年主要研究次生林改造，社队林场经营管理以及木本粮油的开发与利用，其中木本粮油的开发与利用得到了林业主管部门及国务院的重视与支持。此后，他长期从事森林资源与环境经济的基础理论研究。历任林业部经济发展研究中心基础理论研究室主任、中国林业科学研究院学术委员会委员、北京林业大学兼职教授、中国社会科学院环境与发展研究中心理事、中国生态经济学学会理事、中国林业经济学会理事等（中国林业经济学会、国家林业和草原局管理干部学院，2019）。1992 年享受国务院政府特殊津贴。

孔繁文在总结中国林业实际经验与教训的基础上，与国内外有关机构进行合作，系统地研究了森林资源的商品属性、价值、价格、保险、税收、资产评估及森林资源与环境核算等。其建议为林业、物价、环保和国家统计局等国家机构所采用，为林业由计划经济向市场经济转化提供了系统的理论思想。对森林资源的价值、价格、营林产值、森林灾害与森林保险、森林资源核算、森林环境资源核算及如何纳入国民经济核算体系、森林资源产业等专题进行了长期和系统的研究，形成了较为完整的学术成果体系。

孔繁文提出了"森林资源再生产是商品生产"的新理念，提出林价即森林价格的概念，倡导建立林价制度，启动森林资源市场，建立了新的营林产值计算理论与方法体系，提出了完善的森林资源产业化经营思想。孔繁文提出了《森林火灾经济损失计算方法》（林业行业标准），在理论上有突破，方法上有创新，并通过了部级评审，具有很高的操作性。国务院发展研究中心聘请孔繁文为"森林资源核算纳入国民经济核算体系"课题组组长，该课题研究填补了我国国民经济统计核算和林业经济管理中的一项空白，相关成果在国家和林业部门制定战略政策及重要文件时得到应用。

二十八、邱俊齐

邱俊齐，1936年10月出生，河北献县人，北京林业大学教授，享受国务院政府特殊津贴。1961年2月毕业于北京林学院林学专业，后留校任教，先后从事林业统计学、林业经济管理学、林业经济学的教学和科研工作。其主要著作有：普通高等教育"九五"国家级重点教材《林业经济学》《林业经济管理》《技术经济手册（林业卷）》等。其中

《林业经济学》教材得到了学界的广泛认可和各相关高校的采用推广（中国林业经济学会、国家林业和草原局管理干部学院，2019）。

邱俊齐曾任国务院学位委员会农林经济管理学科评议组成员、林业局林业经济管理教学指导委员会委员，曾获中国林学会颁发的长期深入林业基层工作劲松奖。

邱俊齐认为，林业生产特点的形成取决于林业生产对象的自然属性和林业本身的经济属性。林业是一个通过先进的科学技术和管理手段，从事培育、保护和利用森林资源的经济实体和发挥森林多功能、多效益的社会性公益事业，是一个不同于其他产业部门的特殊商品生产部门。

20 世纪 90 年代初，邱俊齐对林业经济管理专业提出了相应的改革建议。邱俊齐认为，林业经济学科是现代资源经济学、林学、社会学、人类学和政策学等相互交叉的边缘学科，它既要遵循一般经济理论，又有其自身特有的理论和研究方法，有自己完整的学科体系。

20 世纪 90 年代末期，邱俊齐发表《林业技术经济学科建设及教学改革》，提出对我国技术经济和林业技术经济的内容和教学改革观点。

邱俊齐主持的"广西龙胜各族自治县经济社会技术综合发展规划研究"获 1990 年林业部科技进步三等奖。《林业经济管理》获 1995 年中国技术经济研究会优秀著作奖。《林业经济学》获 2005 年中国林业教育学会首届林科类优秀教材一等奖。"高等农林院校本科经济管理系列课程教学内容和课程体系改革与实践研究"课题项目获 2004 年北京市教育教学成果二等奖。

二十九、翟中齐

翟中齐，生于 1936 年 8 月，江苏省溧阳市人，北京林业大学教授。1960 年毕业于北京大学，同年被分配至北京林学院任教。1995 年享受国务院政府特殊津贴，2004 年退休。翟中齐长期从事林业区划、规划、林业生产布局、林业地理与经济地理的教学和研究工作。曾任北京林业大学学术委员会委员、全国经济地理教学和研究会理事、北京林学会理事、中国生态经济学学会林业生态专业委员会理事、中国林学会林业区划委员会常务理事。翟中齐出版的专著《中国林业经济地理》填补了经济地理学科和林业经济学科相关研究的空白，荣获北京市哲学、社会科学研究优秀成果二等奖（中国林业经济学会，2019）。

翟中齐对区域林产工业进行了界定和划分，认为各区域应该结合当地的经济、社会等发展现状，寻找各自发展林产工业的优势，形成完善且区域特色突出的林产工业体系。翟中齐还提出了区域林产工业结构与布局圈层，强调核心企业的布局应与该地区的资源环境优势相适应。翟中齐根据林区的特点和林产工业的产业特性，提出建设具有不同特色的区域性林产工业体系，并提出该做法是充分发挥林区优势、振兴林区经济的有效途径和必由之路。

翟中齐提出，县级行政区域作为林产工业的基本区域是偏小的，在现有行政区划下，建立南方集体林区林产工业体系应以区或州为单位。翟中齐强调林业多种经营与综合发展，提出将多种经营发展作为林区经济的支柱。翟中齐对生态经济问题进行了严格界定，提出生态经济计量问题，促进了森林生态经济学理论体系的完善。

三十、金锡洙

金锡洙，生于 1937 年 10 月，中国林业科学研究林业经济研究所、林业部经济发展研究中心研究员，享受国务院特殊津贴。历任中国林业科学研究院林业经济研究所所长，中国林业经济学会副理事长、秘书长，林业部经济发展研究中心副主任等，1998 年退休。曾任《中国农业百科全书（森林工业卷）》（1993 年版）总论分支副主编（中国林业经济学会、国家林业和草原局管理干部学院，2019）。

金锡洙主要学术研究集中在以下三个方面。

第一，借鉴国有林区森工企业开展经营管理的实践，长期关注和研究东北、内蒙古国有林区林业发展和企业改革的问题。金锡洙等 1985 年提出"关于国有林区林业企业工资改革"的意见，是林业部门响应国务院对国有企业工资改革问题提出的相关改革方案建议，是对林业部门决策的有力支撑。

第二，20 世纪 90 年代初，我国建立社会主义市场经济体制初期，对林业适应市场经济需要开展的改革和主管部门如何调整其宏观调控进行分析并提出相关建议。针对市场经济和林业改革，金锡洙提出林业部门要想顺利过渡到市场经济体制，仍必须从理顺产权关系、建立市场体系、重构政府职能三个方面着手进行改革探索。

第三，围绕中国林业发展战略，开展中国林业发展道路和林业产业政策的研究。金锡洙作为课题组副组长参与由雍文涛主持的"中国林业发展道路的研究"项目，该项目研究成果荣获林业部科学技术进步一等奖、国家科技进步二等奖。该研究立足于我国国情和林情，借鉴国内外的经营思想，从林业经营思想和林业发展战略两大方面重点探讨，提出了"林业分工论""木材培育论"和"林业产业结构合理化"的"两论一化"为核心的中国林业发展道路思路和林业新格局的设计方案与实施意见。其要点是"通过深化改革，紧紧抓住解放和提高林业生产力这个中心环节，突出效益原则，强调结构效益，对林业进行分类指导，按照专业化分工的原则对林业经营格局进行大调整，集中力量重点突破，以重点部分林业的高效益带动林业全局的发展"（中国林业经济学会、国家林业和草原局管理干部学院，2019）。

三十一、任恒祺

任恒祺（1937～2018年），河南省卫辉市人，北京林业大学教授，1992年起享受国务院政府特殊津贴。1956年考入北京林学院（现北京林业大学），1960年毕业留校任教。任恒祺先生曾任北京林业大学经济管理学院院长和院学术委员会主任、林业经济管理学科带头人，兼任原林业部林业经济管理类教学指导委员会主任、国务院学位委员会学科评议组成员、中国林业经济学会副理事长、中国林业经济学会技术经济研究会主任、中国技术经济研究会理事、中国会计学会林业分会常务理事等学术职务。任恒祺长期从事林业经济和林业财务会计的教学和科研工作，是我国知名的林业经济管理专家（中国林业经济学会、国家林业和草原局管理干部学院，2019）。

1982年，北京林业大学成立林业经济系时，只有一个林业经济专业，时任林业经济系副主任的任恒祺领导创办了林业财务会计专业。他亲自编写教材，为本科生讲课，为林业财务会计专业的发展打下了良好的基础。1989年，推动创办了统计学专业。

1992年，党的十四大召开以后，本着教育要面向市场、为国家的经济建设服务的思想，任恒祺先后领导创办了国际贸易、金融学、工商管理、经济信息管理等近10个专业或专业方向，经济管理学院成为北京林业大学学科专业最多、在校人数最多的第一大学院。

任恒祺领导成立了林业经济研究所、生态经济研究所和林业会计研究所等学术研究机构，使北京林业大学经济管理学院成为林业系统林业经济研究的中心之一；领导建立了实验中心、会计模拟实验室、林业经济案例室、木材商品陈列室等。任恒祺领导构建了完备的经济管理学科体系，为经济管理学院的可持续发展奠定了坚实的基础，是北京林业大学经济管理学院奠基人之一，是北京林业大学会计学专业创办人和领路人，为林业经济管理学术发展和林业经济人才培养作出了突出贡献。

2004 年，任恒祺坚持退而不休，继续奉献余热。为庆祝北京林业大学经济管理学院成立 50 周年，他主持出版了《北京林业大学经济管理学院五十年：1959～2009》，于 2010 年由中国林业出版社出版，系统总结梳理了学院的发展历史。

任恒祺长期从事林业经济和林业财务会计的教学、科研工作，先后主持和参加了多项科学研究工作。参与主持完成的"三北防护林地区自然资源和综合农业区划"项目，获全国农业区划委员会科技进步二等奖和林业部科技进步二等奖；"三北防护林经济效果研究"获林业部科技进步三等奖。主持完成的"林业企业财务会计制度的研究设计"等课题在全国林业系统产生较大影响。主持国家教委"面向 21 世纪林业经济管理类教学内容和课程体系的改革与实践研究"课题，获得教育部国家级教学成果二等奖和北京市优秀教学成果二等奖。编著《西部大开发林业生态环境建设管理与政策研究》和《林业企业会计》等著作和教材多部，发表学术论文 40 多篇。

任恒祺用改革思维推进课程体系和林业经济专业改革，提出了林业经济管理新内涵，并应实践需求创办林业财会专业，拓宽林业经济管理学科领域，用五湖四海理念汇聚人才、培养人才，保障林业经济学科建设健康可持续发展。

在学术思想方面，任恒祺提出企业内部经济核算和效益是林业经济活动的基础，重视开展防护林、林业生态工程效益评价与监测，强调林业发展必须把争取和落实资金放在首位，建议要更加重视森林资源价值化和资产化管理。

三十二、贾庆文

贾庆文，生于 1939 年 1 月，黑龙江省哈尔滨市人，东北林业大学教授。1957 年考入东北林学院采运系采运专业学习，1962 年本科毕业，随即考入东北林学院林业经济研究生，于 1965 年研究生毕业后留校，任东北林学院采运系林业经济教研室教师。于 1991 年 1 月至 1992 年 3 月赴英国阿伯丁大学林学系学习。任教期间，曾任林业技术经济、林业经济教研室主任，从事教学与科研工作（中国林业经济学会、国家林业和草原局管理干部学院，2019）。

贾庆文为林业经济管理专业开设了"林业技术经济"课程，编写了校内用教材。1990 年，主编的全国高等林业院校试用教材《林业技术经济学》由中国林业出版社出版，该教材在林业技术经济效果、基本原理、技术经济分析方法和技术经济指标选择方面有创新见解。

贾庆文主持完成了国家自然科学基金项目"森林资源补偿理论与机制研究"。在主持完成的黑龙江省自然科学基金项目"营林生产双重补偿政策研究"中，提出对营林生产的全部价值应由市场与政府双方进行完全补偿。贾庆文认为，营林生产过程中，既生产了商品，又产生了公益效益（生态效益和社会效益），不论是商品林还是公益林都有这两种产出，产出的商品价值应由市场来补偿，产出的公益效益全社会受益，应由全社会受益者的代表——政府来补偿，即对营林生产实行双重补偿。公益林以生产公益效益为主，故应以政府补偿为主，市场补偿为辅；商品林以满足市场需求为主，故应以市场补偿为主，政府补偿为辅。

三十三、刘国成

刘国成，生于 1939 年 11 月，吉林省长春市人，东北林业大学教授，1993 年享受国务院政府特殊津贴。1962 年毕业于东北林学院，毕业后留校任教，从事教学与科研工作。多年兼任中国会计学会理事，中国会计学会林业分会常务理事、副秘书长（中国林业经济学会、国家林业和草原局管理干部学院，2019）。

刘国成多次主持或参加林业部财务司会计制度建设及省部级重点课题，主要有"国有森工企业会计制度的制定与修订""林业财务核算体制改革研究""东北内蒙古国有林区林价制度研究""林业基金问题研究""林业税费问题研究""中国可持续发展林业战略研究""林业与公共财政关系研究"等。

刘国成参加了林业部国有森工企业会计制度的制定，参加了林业财务核算体制改革研究，编写了《林业会计学》《林业审计学》等一系列林业财务会计教材和著作，创办《林业财务与会计》杂志，主持《林业财务与会计》杂志社工作。

刘国成建立了较为完整的林业会计分支学科体系，倡导加强资金管理，逐步形成较为健全的林业资金循环系统，深化林业税费改革，建立合理的林业税费机制，提出建设可持续发展的生态林业需要科学的投资渠道，倡导建立林业公共财政体系。

三十四、蒋敏元

蒋敏元（1940～2018 年），东北林业大学教授，享受国务院政府特殊津贴。1962 年东北林学院林业经济专业毕业，曾在辽宁财经学院进修 2 年，20 世纪 80 年代曾赴美国俄勒冈州立大学访学 2 年、加拿大多伦多大学访学 3 个月。历任东北林业大学林业经济系副主任、经济管理学院副院长兼经济研究所所长。曾兼任中国林经学会常务理事，中国林业企管研究会理事长、中国统计学会理事、黑龙江省统计学会副会长、黑龙江省林业经济学会常务副理事长、《中国林业企业》杂志社社长兼主编等职（中国林业经济学会、国家林业和草原局管理干部学院，2019）。

蒋敏元创建了森林资源经济学，1991 年编著出版了森林资源经济学教材。1995 年，蒋敏元主编的《林业规划经济学》正式出版。2000 年，由蒋敏元任主编、高岚和贺建伟任副主编的《林业经济管理》作为林业行业干部岗位培训教材正式出版。

东北林业大学于 1996 年获批全国首批林业经济管理博士学位授权点，蒋敏元是东北林业大学经济管理学院第一批博士生导师，也是博士学科点成立后的学科带头人。

20 世纪 90 年代，中国学术界开展了关于林业发展道路的讨论。蒋敏元对新中国成立 30 年来林业管理体制的变革进行了深入思考，提出"对我国林业管理体制进行根本改革：森林资源管理独立实行垂直领导；森工企业从林业部分离出来，组建企业集团，实行产销一体化"。

2002 年，蒋敏元在其主持国家社会科学基金课题成果的基础上，出版了《以生态环境建设为主体的新林业发展战略研究》，提出并构建了以生态环境建设为主体的新林业发展战略总体框架，提出了森林综合效益系统概念，提出并构建了林业大经营、大流通、大财经三大战略。

三十五、马天乐

马天乐，生于 1941 年 12 月，安徽六安人，南京林业大学教授。

1960 年 9 月由合肥林校保送北京林学院，就读林业经济学专业。曾任中国林业经济学会理事、常务理事，首届林业部直属普通高等林业院校教学指导委员会委员（中国林业经济学会、国家林业和草原局管理干部学院，2019）。

马天乐长期从事林业经济理论与政策的教学和研究工作，主讲林业经济、林业政策学、林政管理学等课程。主（参）编出版教材《林业政策学》《林业政策与林政管理》《林业经济管理学》等 10 余部。马天乐对林业经济增长周期性问题、林业政策及林政管理问题、社区林业发展问题等有较深入研究。他的代表著作有《社区林业发展论》《社区林业发展与消除贫困的制度及案例研究》等。

马天乐深入研究林业政策学，认为林业政策总是为解决一定时空条件下某种林业问题或任务而制定的，林业政策具有严肃性，林业政策需要有相对稳定性、连续性、一致性、层次性和相关性。由于在不同的历史时期内，林业实践的具体内容不同，林业发展过程中包含的矛盾不同，各种林业经济关系的变化趋势也不同。

马天乐深入林区调研，并借鉴国内外林业管理的经验与做法，构建了"林政管理学"课程体系，提出林政管理的五大重点工作：建立健全森林资源管理制度，稳定山林权属、正确处理山林权纠纷，严格控制用材林消耗量，加强林业法制实行以法治林，管严与搞活相结合、加强木材流通管理。

三十六、侯元兆

侯元兆，生于 1945 年 6 月，山东临沂人，中国林业科学研究院研究员，中林联智库专家。1968 年毕业于南京大学，1978 年入职中国林业科学研究院（林业科技信息研究所）。1987～1988 年公派留学法国乡村工程水源及森林高等学校，获高级林业工程师资质，2001 年曾任该校客座教授（中国林业经济学会、国家林业和草原局管理干部学院，2019）。

侯元兆曾兼任中国林科院科技信息研究所所长、副司级调研员、林业部科技情报中心负责人、中国林学会情报学会负责人、林业部科技委委员、中国林业经济学会第六届理事会副理事长、《世界林业研究》主编等职。侯元兆学术研究涉猎较广，主要在林业发展、林业经济学、发展经济学、环境经济学等领域有开创性研究，出版专著或教材约 20 部。

侯元兆的学术思想包括以下四个方面。

1. 森林财富思想

侯元兆认为，投资自然资本是达到可持续发展的彼岸之桥。森林是基础的国民财富、基础的国民福利、基础的国民安全，是绿色经济的主体。侯元兆基于国家的可持续发展国策，专注于林业可持续发展研究。他于 2003 年发表了《林业可持续发展和森林可持续经营的框架理论（上下篇）》，于 2004 年出版了专著《林业可持续发展和森林可持续经营：理论与案例》。

2. 森林分类经营思想

侯元兆基于国际经济学界的专业化分工发展理论，针对中国国情，提出了专业化分工思维，他认为应对现代林业需求的高效率发展是森林分类经营，从而化解中国森林资源供给与需求的矛盾。侯元兆研究运用 11 个经济学原理揭示了传统林业的病态经济机制，分析传统林业经济模式无法融入现代经济体系的原因，推导出森林资源走向分工发展格局的必然性。侯元兆提出了雍文涛林业分工论的具体分工方案，给出了分工发展的预期效率，明确了适用条件。

3. 森林资源价值核算思想

侯元兆作为先行者，开拓了森林环境经济研究领域，利用近 20 年的时间为我国创立了一套森林资源价值核算的理论和方法体系。侯元兆团队 1995 年出版的《中国森林资源核算研究》，首次算出中国森林资源价值 13 万亿元。

4. 现代林业产业建设思想

提出现代林业产业带理念，推动工业原料林发展。1999 年，侯元兆发表了《中国南方现代林业产业带发展研究报告》《建立现代林业产业带是中国林业发展的战略选择》等论文。发展产业带的思想发表后，在当时国内产生了较大影响。

三十七、张春霞

张春霞，生于 1947 年 7 月，福建农林大学教授、博士生导师。1993 年 9 月任福建林学院林经系主任。1995 年 12 月任福建林学院党委委员、副院长。2000 年 10 月任福建农林大学党委常委、副校长。张春霞系享受国务院政府特殊津贴专家。兼任中国生态经济学会教育委员会副理事长、中国林业经济学会常务理事、福建省社会主义新农村研究会会长、福建省林业经济学会副理事长。

张春霞长期从事林业经济理论与政策、社会林业、绿色经济、林业产权改革、农林经济等研究，在全国率先提出并研究了"中国特色社会林业发展道路"和"林产品市场化改革"问题，较早对集体林权改革、绿色经济进行了系统研究。

张春霞在林业经济科研方面取得了丰硕的成果。她在公开刊物上发表了一系列林业经济学相关论文。《木材市场营销与管理》是我国关于木材市场理论的第一部专著，荣获 1993 年福建省社会科学三等奖。她主持的省级科研课题"福建林业产业发展模式与实施对策"通过了省级鉴定，并荣获林业部 1993 年科技进步三等奖。她参加了国家体改委组织的"市场丛书"中的《中国木材市场》一书的编写，在林业部召开的专家论证会上得到好评，认为这是"我国木材市场深入研究的重大成果"。

张春霞认为，林业产权制度的改革既不能照搬工业的经验，也不能硬套农业的模式。独具特点的林业使林业产权制度也有它明显的特点，只有准确把握这些特点，才能建立起有效率的林业产权制度。张春霞认为，集体林业产权制度改革的实质是实现林业财产权利的平民性，这一改革从 20 世纪 80 年代的林业"三定"开始，经过艰难的探索而未能取得突破。2003 年，由福建省率先进行的新一轮林改，完成了从"承包"到"均山分林"的历史性跨越，使广大林农成为林业财产权利的主体，林业财产成为广大普通林农生存之基和发展之本，从而实现了林改的突破（张春霞等，2009）。张春霞认为，新一轮林改实际上是对具有非平民性的集体林业产权制度进行改革，形成了以平民财产权利为核心的新制度，并建立起多层次、多角度的保护平民财产权利的制度（张春霞等，2008）。

张春霞提出社会林业以人人参与、人人得益为本质特征，以家庭经营为基础，以协调人与自然的关系为最终目标，是实现林业可持续发展的新型制度。张春霞认为，社会林业是以制度的内在机制来规范和固化人们的生产行为，促进林业生产在不断地循环反复中实现再生产的连续性。以居民的广泛参与性和得益性为本质内容的社会林业，是以林木包括成片的森林和散生的树木为主要经营对象或作为经营内容之一，以居民的切身利益为驱动力，以家庭经营为基础，在"以参与作为得益的前提，以得益作为再参与的诱导"的机制下，形成了"参与—得益—再参与—再得益"的机理，从而使林业生产活动在不断循环反复中，实现再生产的连续性；它还通过系统经营的技术，把建设森林生态系统的社会目标分解和溶化在个人追求生产经营利益的目标中，把社会需要的生态效益、社会效益等整体利益寓之于个人追求生产经营利益的活动中（张春霞等，2000）。

三十八、李周

李周，1952年9月出生，上海市人，籍贯湖北黄陂，1978年4月至1982年1月在北京林学院林业系学习，获农学学士学位；1984年9月至1986年7月在北京林业大学林业经济系学习，获农学硕士学位；1989年9月至1993年7月在中国社会科学院研究生院在职学习，获经济学博士学位。1982年2月至1984年8月在中国林业科学研究院林业经济研究所工作；1986年8月起在中国社会科学院农村发展研究所工作。1994年被中国社会科学院批准为有突出贡献的中青年专家，同年享受国务院有特殊贡献专家津贴。2017年被中国社会科学院聘为中国社会科学院"登峰战略"资深学科带头人。

李周曾兼任中国社会科学院农村发展研究所所长、中国生态经济学学会理事长、中国林牧渔业经济学会会长、农业部软科学委员会委员、中国社会科学基金评审专家，北京大学经济学院、北京林业大学兼职教授，以及《经济学（季刊)》《林业科学》《生态学报》《自然资源学报》《生态农业学报》《生态与农村环境学报》等学术杂志编委。长期从事农业经济、资源环境经济、生态经济和林业经济研究，曾获孙冶方经济科学奖、中国经济理论创新奖、中国社会科学院优秀科研成果二等奖、林业部科技进步二等奖、梁希林业科学技术奖二等奖、中宣部"五个一工程"奖等奖项10多项。其中，林业经济领域的研究成果"中国林业走出困境的现实选择"获林业部1994年科技进步3等奖；"中国速生丰产林规模、布局和管理体制研究"，获1991年国家计委科技进步3等奖；"林业经济学导论"，获林业部1989年科技进步二等奖。

李周的学术思想丰富。在林业经济领域的学术思想主要包括以下 3 个方面。

1. 林权改革

2008 年，李周发表了论文《深化林改的思考》，提出集体林权改革要实行"还权于民"的理念，改善林业治理结构，调动农民的积极性，提高林地生产力和森林对农民增收的贡献率。李周认为，集体林改应以农户为本，还权于农民，赋予完整的林权，包括林地的经营权、处置权、收益权和林木所有权、经营权、处置权和收益权共计七项权利。李周提出要打破木材收购市场垄断局面，建立起林权依法有序流转的平台，加大财政转移支付力度，减少对育林基金及各种管理费的依赖性（李周，2008）。集体林区林业产权改革调动农民的积极性和改善治理结构，但仍需将"以林为本"理念转为"以人为本"理念，完善林业政策体系，加强林权保护，促进森林资源可持续发展。

2018 年，李周发表论文《如何看待业内人士对林权改革的不同声音》，提出国有林区的林权制度改革应该做到：竞标者获得的权利与承担的责任具有对称性，以制止国有资产流失和消除寻租机会；竞争的充分性，以有效制止内部人交易行为的发生；政策的公正性、程序的公开性和结果的公平性。国有林区的林权制度改革，应该同解决计划经济体制的遗留问题挂钩。国有林区的林权制度改革，最为重要的工作是激励那些获得了林权的林主们开展技术创新、组织创新和制度创新，而不是为他们提供一个保温箱和保险箱。

2. 私有林发展和林业转型发展

2005 年，李周发表论文《私有林与中国林业发展》，提出发达国家和经济转型国家的私有林具有以下特征：木材生产大多由采伐公司承担，集约经营程度和竞争力与它的规模有较强的正相关性，公共品或准公共品性质趋强，以及非农林主增多、老龄林主增多、林地平均规模趋小等。根据国际经验判断私有林也应成为中国林业发展的选择。在现阶段发展私有林需要改进林木采伐管制，确保采伐指标的公平分配，削弱森林部门征收税费的能力，相信农民的能力并规范政府的行为（李周，2005）。

李周认为，从总体上看，私有林的发展空间是很大的，许多国家的私有林占森林面积和森林产出的份额很大，就是例证。但同时提出以为"一私就灵"是不切实际的想法。私有林也是有局限性的。私有林需要大发展，其他所有制形式的林业也需要大发展。社区林、国有林也是不可缺少的。世界各国的林业通常都采用多种所有制形式并存的做法。

此外，李周在《经济转型中的林业发展》一文中明确提出林业转型思想。李周认为林业亟待进行转型，林业要由生产优先向生态优先转型，森林要由产品经营向生态系统经营转型，森林要由储蓄罐向银行转型，生态补偿由林地面积向生态价值增量转型（李周，2016）。

3. 林业经济学科建设

2017年，李周发表论文《林业经济学科建设的思考》，提出最初的林业经济学以木材采运为中心，它的劳动对象是自然生态系统，除了追求利润最大化外，还追求天然林经营区内木材可持续产量的稳定性。近百年来，木材生产出现了速生丰产林和工业人工林对天然林的替代。近些年尤其是今后，随着森林生态服务的重要性变得越来越高，林业经济学科建设必须与时俱进，从森林的木材可持续供给提升到森林的生态服务可持续供给，舍此就无法应对需求的变化。历史上和现实中的林业经济学是围绕着木材可持续生产展开的。它最为关注的是蓄积量、生物量和产品产量，这当然是一个知识体系。但是，森林经营正在由资源经营转为生态系统经营。面对森林经营转型，林业经济学科体系也要转型。

所以，从长期看，林业经济学很可能会围绕着森林生态系统可持续经营展开，它更关注的将是森林功能、森林景观和生态服务的可持续（李周，2017）。

李周提出，中国作为一个发展中国家，林业经济学学科建设要分三步走。第一步是中国证据阶段，即采用国际上最好的理论、方法和工具研究中国问题，使中国的林业经济研究尽快达到国际先进水平；第二步是中国经验阶段，即用规范的方法将源于中国林业实践上升为一般经验，对学科知识体系进行扩展；第三步是中国范式阶段，即在归纳和演绎中国经验的基础上进行概念创新、模块创新和模式创新，凝练出中国研究范式。这是一个循序渐进的过程，也是一个相互交织在一起的过程。中国林业经济学科建设要由中国证据阶段走向中国经验阶段和中国范式阶段。离开了中国实践，中国林业经济学科建设就是无源之水、无本之木（李周，2017）。

李周还提出，林业经济学科的发展要赶上其他学科的发展，必须用实验科学方法替代经验科学方法。现在已经进入大数据时代，所有活动都留有记录或痕迹。如果能够利用大数据平台不断地将新的数据纳入研究之中，不仅大数据可以及时得到充分利用，而且经济学研究的方法论会有重大突破。中国现在是世界上研究林业经济的专业人员最多的国家，按照人的平均素质基本相似的人口学规律，中国理应有条件提出并达到林业经济研究范式创新的学科建设目标（李周，2017）。

综上所述，本书较为系统地梳理了一些代表性学者的林业经济相关的学术论著、学术观点、思想理论或学科贡献。但限于篇幅和认知的有限性，难免存有疏漏。需要特别说明的是：一是前述代表性学者林业经济思想概述可能还存在不全面、不系统的情况；二是前述代表性学者的林业经济学思想可能是以所列学者为代表或为核心的团队集体智慧的结晶；三是前述代表性学者除了林业经济思想之外，可能在其他领域也有一些代表性学术观点、学术思想或学术贡献，但由于本书聚焦的是林业经济领域，因此本书难以全面概述学者的所有思想；四是本书篇幅有限，主要概述的是国内有代表性学者的学术思想，因此不可能全面系统概述所有学者，如有疏漏还望海涵告知并待将来修订时增补；五是当代还活跃着一大批有影响力的林业经济学者，考虑到他们的学术生涯、学术思想和学术贡献还在持续，当前不便评述，留待后人另行总结梳理。

本章推荐读物

［1］樊宝敏．中国清代以来林政史研究［D］．北京林业大学，2002.

［2］梁希．梁希文集［M］．北京：中国林业出版社，1983.

［3］雍文涛．林业分工论：中国林业发展道路的研究［M］．北京：中国林业出版社，1992.

［4］中共中央文献研究室、国家林业局．毛泽东论林业（新编本）［M］．北京：中央文献出版社，2003.

［5］中共中央文献研究室、国家林业局．新时期党和国家领导人论林业与生态建设［M］．北京：中央文献出版社，2001.

［6］中国林业经济学会．新中国林业经济思想史略（1949—2000）［M］．北京：中国林业出版社，2019.

［7］《中华大典》工作委员会，《中华大典》编纂委员会．中华大典·林业典·林业思想与文化分典［Z］．南京：凤凰出版社，2014.

［8］樊宝敏等．中国森林思想史［M］．北京：中国林业出版社，2019.

本章思考与讨论

1. 毛泽东的林业经济思想在当代有什么理论价值和实践价值？

2. 历任领导人的林业经济思想中有什么一脉相承的要素？

3. 习近平总书记的林业经济思想是如何形成的，有哪些特色之处？

4. 梁希的林业经济思想对当代林业经济发展哪些启示？

5. 林业经济学者的学术思想可以通过哪些渠道对林业发展产生影响？

附 录

林业经济学科发展大事记 *

　　林业经济学科起源于早期的农科和林科。中国近代教育始于 1862 年清政府创办了第一所新式学堂——京师同文馆，但一直没有农学堂。

　　我国农学堂教育最早创建于 1896 年，共有三所学堂，分别是：江西绅士蔡金台等人创办的"高安蚕桑学堂"、两江总督张之洞创办的"江宁储才学堂"、直隶遵化知州陈以培创办的"农算学堂"。是清政府批准的第一所农业学校，也是中国近代第一所农业学校。

　　1897 年和 1898 年浙江蚕学馆和湖北农务学堂先后成立。

　　1898 年，中国近代第一所国立大学——京师大学堂成立，标志着中国近代国立高等教育的开端。1902 年，清政府重建京师大学堂，设速成、预备两科。

　　1910 年，京师大学堂开办分科大学，开办经科、法政科、文科、格致科、农科、工科、商科共七科。

　　1914 年，京师大学堂农科大学开始设立林科，这是中国高等林业教育史上创办最早的一个林学科系。

　　1914 年 2 月，京师大学堂农科大学改组为国立北京农业专门学校，开始独立办学。程鸿书任北京农业专门学校林学科首任教务主任，并主

---

　　* 本部分整理人员：柯水发、纪元、赵海兰。

讲森林算法课程。

1915 年，国立北京农业专门学校正式开设了林政学课程，并同期开设了森林数学、森林管理学，这可视为我国林业经济管理学科的起源。

1921 年，国立北京农业专门学校在国内正式设立了农业经济学系，并在国内首先开设了林业经济学课程。

1923 年 3 月，北京农业专门学校改为国立北京农业大学，设森林系。

1925 年，南京私立金陵大学也设立了林科。

1927 年，曾济宽编写的国内最早的林业经济学教材《林业经济学》由上海新学会社出版。

1935 年，李英贤编译的《森林管理学》（［日］川濑著）由上海新学会社出版。

1944 年，曾济宽编写的《林政学》由正中书局印行。

1951 年，中国林学会重建，前身为 1917 年成立的中华森林会。

1952 年，河北省黄村林业学校林学系设立林业经济教研室。

1952 年，北京林学院朱江户教授开设"林业政策与管理"课程。

1954 年 11 月，北京林学院将"林业政策与管理"教学小组扩编为"林业经济教研组"，朱江户任主任。

1955 年，东北林学院成立林业经济教研室，任炎任主任。

1955 年，苏联林业经济专家谢·瓦·马利谢夫教授在东北林学院（现为东北林业大学）举办中国第一个"林业经济研究班"（培养两年制研究生）和"林业经济教师进修班"（学制一年），中国林业经济管理学科创立，王长富任两个班的班主任，张建国任班秘书。

1955 年，《林业科学》创刊。

1956 年，北京林学院廖士义教授开设"林业经济学"课程；同年，南京林学院成立林业经济管理教研组。

1956 年，森林工业部森工所设立经济研究组。

1957 年，东北林学院设立森工经济教研室，王长富任主任。

1957 年，北京林学院开设"林业企业组织与计划"课程。

1957 年，张建国编写了《林业经济学初稿》讲义，这是新中国第一本林业经济学教材。

1958 年，经国务院科学规划委员会批准，林业部成立中国林业科学研究院。中国林业科学研究院设立林业经济研究室。

1958 年，东北林学院森工经济、林业经济教研室合并为林业经济教研室，王长富任主任。

1959 年，北京林学院（现北京林业大学）和东北林学院（现东北林业大学）设立林业经济本科专业，开始招收林业经济本科生。

1960 年，中国林科院的林业经济研究室扩建为林业经济研究所。国家科学技术委员会批准成立中国林业科学研究院林业经济研究所，宋莹任所长。

1960 年，北京林学院首次招收林业经济研究生。

1960 年，东北林学院自主招收首届林业经济研究生。

1962 年，北京林学院林业经济专业首次招收外国留学生。东北林学院通过"国家考试"招收林业经济研究生。

1964 年，中国林业科学研究院林业科技情报研究所成立。

1967 ~ 1969 年，受"文化大革命"影响，林业经济研究机构和林业高校大多下放地方。研究人员及教师的教学和研究活动、林业经济理论研究和学科建设等基本处于停滞状态。

1970 年 8 月，中国林科院与中国农业科学院合并，成立中国农林科学院。林业经济研究所建制撤销，人员分散。

1971 年，东北林学院召开"教育革命座谈会"，讨论"专业设置问题"。这次会议决定：停办林业经济管理专业。

1972 年，农林部召开教改会议。根据东北林学院等有关专家的强烈建议，会议决定"林业经济管理专业保留待定"。

1975年，东北林学院成立林业经济系。

1977年12月，中国林学会召开学术会议时，中国林学会理事长张克侠同志和全体代表写信给方毅同志并报邓小平副主席，建议农、林两院分开。

1978年，北京林学院和东北林学院恢复招收林业经济专业本科生。

1979年7月，恢复中国林科院林业经济研究所建制，成为全国林业经济研究的核心机构。王长富任所长。

1979年，中国林牧渔业经济学会成立，下设林业经济专业委员会等6个专业委员会。同年，中国林业科学研究院林业经济研究所主办的《林业经济》创刊（内部刊物，不定期）。

1979年，由从事林业经济的理论工作者和实际工作者组成的"全国林业经济研究会"成立，业务主管部门为中国社会科学院。

1980年，中国林业经济学会成立，挂靠中国林科院林业经济研究所。经林业部批准，由时任林业部副部长（当年8月任部长）雍文涛任第一届理事长。中国林学会首届林业经济学术讨论会在北京举行。《林业经济》期刊成为中国林业经济学会会刊。

1980年，东北林学院成立林业经济系，崔仲维为临时负责人。

1981年，东北林学院林业经济系获批全国首批林业经济管理硕士学位授予权。

1982年，中国林科院林业经济研究所收归林业部直接领导，改名为林业部经济研究所，同年林业经济研究所又归中国林科院领导。

1982年，《林业经济》改为双月刊（内部刊物）。林业部明确中国林业经济学会为国家一级学会。

1982年，北京林学院成立林业经济系，陈燕芬任系主任。在林学硕士点下招收林业经济方向硕士研究生。福建林学院成立林业经济系，张建国任系主任，开始林业经济管理本科专业的招生，同年获得林业经济管理硕士招生资格，并招收林业经济管理硕士研究生。中国林业经济学会和福建林学院联合主办《林业经济问题》期刊创刊（内部发行）。陈统爱任中国林业科学研究院林业经济研究所所长。

1983年，《林业经济》（双月刊）获国内公开发行。

1983年12月，中国林业经济学会第二届理事会成立，雍文涛继续任理事长。

1984年，林业管理干部学院设立林业经济管理系。

1984年，北京林学院林业经济系获批林业经济硕士学位授予权。林业经济被确定为北京林学院的重点学科和重点专业。首次招收林业经济研究生班。

1984年"全国高等林业院校林业经济专业教材编委会"成立，编委会挂靠在东北林学院林业经济系。浙江林学院成立林业经济教研室，设立林业经济管理专科专业。福建林学院获批林业经济管理学科硕士学位授予权。《林业经济问题》由福建省委宣传部批准公开出版发行。

1984年，И. В. 沃罗宁等著、苑文仲等译的《苏联林业经济学》由中国林业出版社出版。

1984年，北京林业大学经济管理学院发起成立"大学生林业经济研究会"，不定期出版《林业经济论坛》。同年，东北林业大学大学生林业经济研究会（简称"林研会"）成立，1985年创办会刊《林业经济探索》。

1985年1月，北京林业管理干部学院招收林业经济管理专业学生30人。这是学院招收的第一届大专班学生。

1985年8月，林业部批准：北京林学院、东北林学院和南京林学院分别更名为北京林业大学、东北林业大学和南京林业大学。

1985年9月，南京林业大学林业经济管理本科专业招生。东北林业大学招收"林业经济管理"研究生班。

1985年10月，南京林业大学成立林业经济管理系，荣佩珠任系主任。

1985年，经文化部批准，《林业经济》获国内外公开发行。第一届大学生林业经济论坛在北京林业大学举办。金锡洙任中国林业科学研究院林业经济研究所所长。

1986年2月，由林业部主办、东北林业大学承办的《林业财务与会计》杂志创刊。

1986年3月，河北林学院开办林业经济管理本科专业，隶属林学系。

1986年7月，南京林业大学林业经济管理系获批林业经济管理硕士点授予权。

1986年9月，浙江林学院成立林业经济管理系，吴静和主持工作。

1987年，北京林业大学经济管理学院和东北林业大学经济管理学院成立。

1987年5月，河北林学院成立林业经济管理系，杨志帆任系主任。

1987年，林业经济管理与农业经济管理两个二级学科构成农林经济管理一级学科，归管理学门类。

1987年，"全国林业经济教学指导委员会"成立，秘书处设在东北林业大学。

1987年，廖士义编著的林业院校教学参考书《林业经济学导论》由中国林业出版社正式出版。东北林业大学主编的全国高等林业院校试用教材《林业经济学》由中国林业出版社正式出版。

1987年，中国林业经济学会第三届理事会成立，雍文涛继续任理事长。

1988年，吉林林学院成立林业经济系。中南林学院设立林业经济管理专业。

1988 年，中国林科院林业科技信息研究所主办的《世界林业研究》创刊。同年，中国林业经济学会世界林业经济研究会成立。

1989 年，中国林业经济学会林业企业管理研究会成立。

1989 年，北京林业大学成立"全国林业技术经济研究会"。

1990 年，王长富所著的《中国林业经济史》由东北林业大学出版社正式出版。

1991 年，王长富所著的《东北近代林业经济史》由中国林业出版社正式出版。

1991 年 12 月，中国林业经济学会第四届理事会成立，时任林业部副部长徐有芳任理事长。中国林业经济学会陆续成立二级分会"专业委员会"。北京林业大学"全国林业技术经济研究会"、东北林业大学"中国林业企业管理研究会"加入中国林业经济学会，分别改名为"中国林业经济学会技术经济专业委员会""中国林业经济学会林业企业管理专业委员会"。同时新成立中国林业经济学会国外林业经济专业委员会、林业统计专业委员会。

1992 年 11 月，林业部成立"林业部林产品经济贸易研究中心"，挂靠南京林业大学。中国技术经济研究会林业技术经济专业委员会成立，挂靠北京林业大学。

1992 年，东北林业大学经济管理学院林业经济管理学科被评为林业部重点学科、黑龙江省重点学科。

1992 年，张建国主编的《中国林业经济学》由东北林业大学出版社出版发行。

1993 年，中国林业经济学会林业区域经济专业委员会、城市林业经济专业委员会成立。

1993 年，中国林业经济学会、东北林业大学主办的期刊《中国林业企业》创刊。

1993 年 5 月，徐有芳因工作变动辞去中国林业经济学会第四届理事会理事长，时任林业部副部长王志宝接任理事长。中国林业科学研究院林业科技情报研究所更名为"中国林业科学研究院林业科技信息研究所"。

1994 年，中央机构编制委员会办公室批复，同意将"中国林科院林业经济研究所"改编为"林业部经济发展研究中心"，成为林业部直属事业单位，江泓任主任。

1995 年，中国林业经济学会城市林业、森林旅游经济专业委员会成立。

1995 年 9 月，陈根长兼任林业部经济发展研究中心主任。

1995 年 12 月，中国林业经济学会第五届理事会成立，时任中国林业科学研究院院长陈统爱任理事长。

1996 年，东北林业大学和北京林业大学获首批林业经济管理博士学位授权点。

1996 年，北京林业大学经济管理学院、东北林业大学经济管理学院获批林业经济管理二级学科博士学科授予权并招生。

1996 年，北京林业大学林业经济管理专业被批准为第二学位授予专业。

1997 年 5 月，王成祖任林业部经济发展研究中心主任。

1997 年，高岚、刘东生、刘伟平、李智勇被国家林业局选拔为首批"跨世纪学术和技术带头人重点培养对象"。

1998 年 5 月，全国专业目录调整，林业经济管理专业调整为农林经济管理专业。

1998 年 10 月，邱俊齐主编的普通高等教育"九五"国家级重点教材《林业经济学》由中国林业出版社正式出版。

1999 年，北京林业大学经济管理学院首批林业经济管理博士生毕业。在林业经济管理专业的基础上，经教育部批准设立农林经济管理本科专业。

1999年9月，党中央、国务院为实施西部大开发战略和推进科教体制统筹改革，将同处杨凌的原西北农业大学、西北林学院、中国科学院水利部水土保持研究所、水利部西北水利科学研究所、陕西省农业科学院、陕西省林业科学院、陕西省中国科学院西北植物研究所等7所科教单位合并组建成立西北农林科技大学。

2000年，北京林业大学邱俊齐、福建农林大学张建国成为国务院学位委员会第四届农林经济管理学科评议组成员。西北农林科技大学经济管理学院获批农林经济管理一级学科博士学位授予权，林业经济管理博士、硕士学位授予权。原福建农业大学和原福建林学院合并组建新的福建农林大学。

2001年，国家重点学科评比，北京林业大学林业经济学科在全国同类院校名列第一。

2002年，黎祖交任国家林业局经济发展研究中心主任。

2003年，北京林业大学刘俊昌、东北林业大学王兆君、西南林学院张玉光、福建农林大学张春霞等当选教育部农林经济与管理类教学指导委员会委员。中国人民大学唐忠为主任委员，中国人民大学曾寅初为秘书，北京林业大学刘俊昌为副主任委员。

2003年，由北京林业大学经济管理学院发出倡议，东北林业大学经济管理学院、南京林业大学经济管理学院、福建农林大学经济与管理学院、浙江林学院经济管理学院、西南林学院经济管理系、内蒙古农业大学经济管理学院、河北农业大学经济贸易学院、国家林业局经济发展研究中心、中国林业科学研究院林业科技信息研究所等林业经济教学和科研机构一致同意共同发起建立中国林业经济论坛。第一届中国林业经济论坛在北京林业大学召开。

2003 年，南京林业大学经济管理学院获批林业经济管理博士点授予权。

2003 年，北京林业大学和东北林业大学设农林经济管理博士后流动站。北京林业大学成为教育部农林经济管理教学指导委员会副主任单位。中南林业科技大学获得林业经济管理二级学科学术型硕士学位点。浙江林学院林业经济管理学科入选省级重点学科，获得林业经济管理二级学术型硕士学位点。

2003 年，北京林业大学和东北林业大学获得林业经济管理博士后流动站。同年，"梁希科技教育基金"在北京成立，设立梁希科学技术奖，包括梁希林业科学技术奖、梁希青年论文奖、梁希优秀学子奖和梁希科普奖 4 个奖项。

2004 年，张蕾任国家林业局经济发展研究中心主任。第二届中国林业经济论坛在北京林业大学召开。《林业经济》期刊更名为《绿色中国》（半月刊），下半月理论版为原《林业经济》内容。

2005 年，中国林业经济学会第六届理事会成立，时任国家林业局局长周生贤任理事长。北京林业大学宋维明、福建农林大学刘伟平、东北林业大学曹玉昆成为国务院学位委员会第五届农林经济管理学科评议组成员。北京林业大学获批农林经济管理一级学科博士授予权和农林经济管理等四个一级学科硕士学科授予权。浙江林学院林业经济管理学科入选浙江省重点学科。高岚主编的全国高等农林院校教材《林业经济管理学》由中国林业出版社正式出版。

2006 年，第三届中国林业经济论坛在东北林业大学召开。北京林业大学林业经济管理学科成为国家林业局重点学科。南京林业大学林业经济管理博士点被评为国家林业局重点学科和"十一五"江苏省重点学科。第四届中国林业经济论坛在浙江林学院召开。河北农业大学获得农林经济管理一级学科博士授予权和林业经济管理二级学科博士授予权。北京林业大学《林业经济学》获得北京市精品课程建设项目，并被列入"十一五"国家级规划教材项目。东北林业大学经济管理学院获批农林经济管理一级学科博士学位授予权。由中国林业经济学会和东北林业大学联合主办的《中国林业企业》期刊更名为《中国林业经济》。西南林学院获批农林经济管理一级学科硕士点。福建农林大学获批农林经济管理一级学科博士学位授予权。《林业经济》期刊复刊。

2007年，南京林业大学经济管理学院获批农林经济管理博士后科研流动站。第五届中国林业经济论坛在福建农林大学召开，主题为"中国林业：发展和协调"。北京林业大学林业经济管理学科被列为国家重点培育学科，林业经济管理学科被确定为国家"211"工程三期建设重点学科。浙江大学、南京农业大学、华南农业大学、北京林业大学、南京林业大学、福建农林大学的农林经济管理专业被评为国家级第一批高等学校特色专业。北京林业大学首次招收农林经济管理外国博士留学生。浙江林学院农林经济管理入选浙江省级重点建设本科专业。福建农林大学经济与管理学院（旅游学院）获批建立农林经济管理博士后科研流动站。

2008年，第六届中国林业经济论坛在中南林业科技大学召开，主题为"林业高质量发展与生态文明"。中南林业科技大学商学院"农林经济管理研究中心"获批为湖南省重点社科研究基地。

2009年，刘东生任国家林业局经济发展研究中心主任。第七届中国林业经济论坛在西南林学院召开，主题为"和谐社会构建与现代林业发展"。河北农业大学商学院获国务院学位办批准，建立农林经济管理博士后科研流动站。中南林业科技大学农林经济管理专业获批省级重点建设专业。东北林业大学经济管理学院"林业经济与管理研究中心"在黑龙江省教育厅组织的黑龙江省高等人文社科重点研究基地评估中获得优秀。

2010 年，第八届中国林业经济论坛在南京林业大学召开，主题为"生态和谐与林业发展"。经教育部批准，浙江林学院更名为浙江农林大学；西南林学院更名为西南林业大学。北京林业大学宋维明、福建农林大学杨建州、东北林业大学曹玉昆成为国务院学位委员会第六届农林经济管理学科评议组成员。东北林业大学经济管理学院农林经济管理专业被评为国家级特色专业。浙江农林大学获批农林经济管理一级学术型硕士学位点。南京林业大学生态经济研究中心获批江苏高等哲学社会科学重点研究基地。

2011 年，由中国林业经济学会、北京林业大学经济管理学院、中国人民大学农业与农村发展学院主办的《林业经济评论》创刊。南京林业大学经济管理学院获批农林经济管理一级硕士点授予权。第九届中国林业经济论坛在华南农业大学召开，主题为"新时期的林业：机遇、改革、发展"。东北林业大学农林经济管理专业被评为黑龙江省级重点专业。刘俊昌主编的普通高等教育"十一五"国家级规划教材《林业经济学》由中国农业出版社正式出版。沈月琴和张耀启主编的浙江省高等学校重点建设教材《林业经济学》由中国林业出版社正式出版。

2012 年，第十届中国林业经济论坛在福建农林大学召开，主题为"林业发展与林业的社会贡献"。北京林业大学农林经济管理学科获批北京市重点学科。南京林业大学农林经济管理类（农林经济管理、信息管理与信息系统）列为江苏省"十二五"高等学校重点专业。中南林业科技大学农林经济管理专业获批省级特色专业。国家林业局批准福建农林大学成立"国家林业局南方集体林权制度改革研究基地"。浙江农林大学"浙江农民发展研究中心"获批浙江省哲学社会科学重点研究基地。朱洪革主编的教材《林业经济管理》由中国林业出版社正式出版。

2013 年，北京林业大学宋维明、东北林业大学吴国春、南京林业大学温作民、浙江农林大学沈月琴、福建农林大学刘伟平、西南林业大学罗明灿等当选2013～2018年教育部农业经济管理类专业教学指导委员会委员。中国人民大学唐忠为主任委员，中国人民大学曾寅初为秘书长。宋维明和吴国春为副主任委员。

2013年，国家教育部、农业部、国家林业和草原局（原国家林业局）发布《关于实施卓越农林人才教育培养计划的意见》。中国林业经济学会集体林经营专业委员会、森林资源与环境经济专业委员会、油用牡丹经济专业委员会成立。第十一届中国林业经济论坛在西北农林科技大学召开，主题为"林业发展与生态文明建设"。

2013年，万志芳等编著的《林业经济学》由中国林业出版社正式出版。张道卫和皮尔森著，刘俊昌等翻译出版的教育部农林管理特色专业建设点项目引进教材《林业经济学》由中国林业出版社正式出版。

2014年，王焕良任国家林业局经济发展研究中心主任。第十二届中国林业经济论坛在沈阳农业大学召开，主题为"生态、民生与中国林业发展"。中国林学会林下经济分会成立。中国林业经济学会林产品贸易专业委员会成立。

2015年，北京林业大学获批国家级农林业经营管理虚拟仿真实验教学中心。北京林业大学农林经济管理获批国家林业局重点学科。中国林业经济学会林业政策与法规专业委员会、森林疗养国际合作专业委员会成立。李金华任国家林业局经济发展研究中心主任。南京林业大学经济管理学院农林经济管理专业获批"江苏高校品牌专业建设工程"一期项目培育资助。第十三届中国林业经济论坛在东北林业大学召开，主题为"新常态下中国林业的改革与发展和生态安全问题"。北京林业大学陈建成、东北林业大学田国双、福建农林大学杨建州成为国务院学位委员会第七届农林经济管理学科评议组成员。浙江农林大学林业经济管理入选国家林业局重点培育学科，农林经济管理入选浙江省"十三五"一流学科。

2016 年，南京林业大学经济管理学院农林经济管理学科被评为国家林业局重点学科。中国林业经济学会现代乡村林业专业委员会成立。中国林业经济学会第八届理事会成立，国家林业局总经济师张鸿文任理事长。第十四届中国林业经济论坛在南京林业大学召开，主题为"发展现代林业经济 推进生态文明建设"。浙江农林大学成立国家林业局集体林权保护研究基地。农林经济管理专业入选浙江省优势专业。福建农林大学林业经济管理获批国家林业局重点学科。首届中国农林经济管理学术年会（Chinese Conference on Agricultural Forestry Economics and Management，CAFEM）在中国人民大学举办。年会由国务院学位委员会农林经济管理学科评议组、教育部高等学校农业经济管理类专业教学指导委员会、中国农业经济学会青年工作委员会联合主办，中国人民大学农业与农村发展学院和北京农业经济学会联合承办。中国人民大学、浙江大学和华中农业大学的农林经济管理学科进入国家首轮"双一流"建设学科名单。

2017 年，中国林业经济学会国家公园与自然保护区专业委员会、国有林场专业委员会和会计专业委员会成立。成立中国林业经济学会学术委员会。南京林业大学经济管理学院农林经济管理学科被评为江苏省重点学科（培育）。北京林业大学获批中华人民共和国商务部援助发展中国家学历学位教育项目，招收林业经济与政策硕士。第十五届中国林业经济论坛在山东农业大学召开，主题为"林业供给侧改革理论与实践"。李冰任国家林业局经济发展研究中心主任。国家林业局批准福建农林大学建立"国家林业局集体林业改革发展研究中心"。北京林业大学成立"一带一路"与林业发展研究中心。

2018 年，北京林业大学陈建成、东北林业大学曹玉昆、南京林业大学杨加猛、福建农林大学的王林萍、中南林业科技大学的尹少华、西南林业大学的龙勤等当选 2018～2022 年教育部高等学校农业经济管理类专业教学指导委员会委员。中国人民大学唐忠为主任委员，中国人民大学朱信凯为秘书长。

2018年，南京林业大学经济管理学院获批农林经济管理一级博士点授权。第十六届中国林业经济论坛在中南林业科技大学召开，主题为"中国林业经济：新时代、新机遇、新发展"。东北林业大学经济管理学院农林经济管理学科获批两个黑龙江省级科研学术平台，即省级领军人才梯队——林业经济管理研究团队、黑龙江省重点培养智库——现代林业与碳汇经济发展研究中心。农林经济管理学科成为黑龙江省哲学社会科学学科体系创新工程学科。浙江农林大学获批农林经济管理一级学科博士学位点，获批浙江省高端智库——乡村振兴研究院。

2019年，中国生态经济学学会林业生态经济专业委员会成立。中国林业经济学会2019年会暨第十七届中国林业经济论坛在西南林业大学召开，主题为"林草改革：责任与机遇"。

2019年，《林业经济评论》集刊更名为 Forestry Economics Review，获得国际标准刊号（ISSN：2631-3030），由北京林业大学经济管理学院、中国人民大学农业与农村发展学院合办。

2019年，中国人民大学、浙江大学、华中农业大学、中国农业大学、南京农业大学、华南农业大学、西北农林科技大学、沈阳农业大学、内蒙古农业大学、河北农业大学、江西农业大学、安徽农业大学、北京林业大学、东北林业大学等高校的农林经济管理专业入选国家级一流本科专业建设点。

2019年，中国林业经济学会、国家林业和草原局管理干部学院组织编写的《新中国林业经济思想史略：1949～2000》由中国林业出版社正式出版。

2020年，中国林业经济学会2020年会暨第十八届中国林业经济论坛在中国人民大学召开，主题为"新时代的中国林草业高质量发展"。

第一届国际林业经济与政策高峰论坛在北京林业大学召开。中国林业经济学会草原资源经济专业委员会、中国林业经济学会森林转型与绿色发展专业委员会成立。北京林业大学温亚利、东北林业大学田国双成为国务院学位委员会第八届农林经济管理学科评议组成员。浙江农林大学的农林经济管理专业入选国家级一流本科专业建设点。西南林业大学获批农林经济管理一级学科博士学位授予权。柯水发等编著的高等农林院校农林经济管理专业系列教材《林业经济学》由中国林业出版社正式出版。

2021年，中国林业科学研究院林业科技信息研究所主办的《林草政策研究》创刊。同年，高等农林院校课程思政联盟成立。中国林业经济学会2021年会暨第十九届中国林业经济论坛在华南农业大学召开，主题为"推进中国林业和草原事业高质量发展"。南京林业大学、福建农林大学等学校的农林经济管理专业入选国家级一流本科专业建设点。国家林业和草原局经济发展研究中心更名为国家林业和草原局发展研究中心。

2022年，中国林业经济学会2022年会暨第二十届中国林业经济论坛在北京林业大学召开，主题为"生态文明背景下中国的林业和草原发展"。南京林业大学经济管理学院农林经济管理学科入选"十四五"江苏省重点学科。中国人民大学、浙江大学和华中农业大学的农林经济管理学科进入国家第二轮"双一流"建设学科名单。威廉·F.海德（William F. Hyde）著、徐晋涛和陈思莹翻译的《全球视角下的林业经济学》由北京大学出版社正式出版。

资料来源：①中国林业经济学会，国家林业和草原局管理干部学院．新中国林业经济思想史略：1949～2000［M］．北京：中国林业出版社，2019；②国家林业和草原局网站、百度百科、各相关高校网站。

参 考 文 献

［1］白寿彝．中国通史［M］．上海：上海人民出版社，1999.

［2］蔡登山．深圳凌道扬：一生树木亦树人［EB/OL］．人民号．https：//rmh．pdnews．cn/Pc/ArtInfoApi/article？id=34932942．2023－04－07/2023－04－29.

［3］曹关平，刘新庚．孙中山的民生生态观的二重性及其启示［J］．湖南科技大学学报：社会科学版，2013（3）：4.

［4］曾晓江．人心都有绿意——易培基与中国植树节［EB/OL］．浙江树人学院．https：//www．zjsru．edu．cn/info/1091/6281．htm．2021－03－12/2023－04－29.

［5］陈科．环境史视域下民国时期东北木材利用工业研究［D］．渤海大学，2018.

［6］陈嵘．发展首都各县林业意见书［J］．中华农学会报，1929（6）：1－6.

［7］陈嵘．历代森林史略及民国林政史料［M］．金陵大学农学院森林系林业推广部，1934.

［8］陈嵘．中国森林史料［M］．北京：中国林业出版社，1983.

［9］陈正存，吴金山．我国林政管理探讨［J］．安徽农学通报，2022，28（1）：48－50.

［10］戴凡．新中国林业政策发展历程分析［D］．北京林业大学，

2010.

[11] 戴渊. 调查及意见书：南京上新河木材贸易状况 [J]. 中华农学会报，1934：230-240.

[12] 丁健. 论民国初年农林总长陈振先及其施政理念 [J]. 农业考古，2013（1）：254-258.

[13] 樊宝敏，董源. 中国历代森林覆盖率的探讨 [J]. 北京林业大学学报，2001（4）：60-65.

[14] 樊宝敏，李晓华，杜娟. 中国共产党林业政策百年回顾与展望 [J]. 林业经济，2021，43（12）：5-23.

[15] 樊宝敏，李智勇. 中国森林生态史引论 [M]. 北京：科学出版社，2007.

[16] 樊宝敏，王枫. 凌道扬振兴林业思想述要 [J]. 林业经济，2019，41（6）：8-13，19.

[17] 樊宝敏. 中国林业思想与政策史（1644—2008年）[M]. 北京：科学出版社，2009.

[18] 樊宝敏. 中国清代以来林政史研究 [D]. 北京林业大学，2002.

[19] 樊奇. 中国共产党建党百年来"山水林田湖草沙"系统治理思想的发展逻辑和启示 [J]. 鄱阳湖学刊，2021（2）：5-17.

[20] 樊宪雷. 邓小平批示：飞播造林要坚持二十年 [J]. 党的文献，2012（3）：2.

[21] 冯尔才. 李根源主陕期间振兴林业的思想和举措论析 [J]. 北京林业大学学报（社会科学版），2016，15（1）：18-23.

[22] 冯国荣. 马大浦：献身林业潜心教育 [J]. 教育与职业，2014，803（19）：106-107.

[23] 冯林，肖文瑶. 叶雅各林学思想初探 [J]. 湖北开放大学学

报，2022，42（6）：53－58.

［24］高德占．高德占部长谈木材流通问题［J］．云南林业，1992（5）：3.

［25］高德占．深化改革 集约经营 振兴林业——林业部部长高德占在全国林业厅局长会议上的讲话（摘要）［J］．新疆林业，1988（2）：2－7.

［26］高瑞霞．范济洲［EB/OL］．中国农业大学校友网．http：//xyh. cau. edu. cn/art/2012/1/9/art_22589_426715. html. 2012－01－09/2023－04－30.

［27］龚书铎，朱汉国．中国社会通史：清朝后期卷［M］．太原：山西教育出版社，1996.

［28］顾仲阳．党的十八大以来我国累计完成造林9.6亿亩［N］．人民日报，2022－03－21.

［29］郭从杰，陈雷．抗战前南京国民政府的农业推广政策［J］．历史档案，2008，109（1）：115－119.

［30］国家科委．中国21世纪议程［M］．北京：中国环境科学出版社，1994.

［31］国家林业和草原局政府网．1999年林业大事记［EB/OL］．（2000－12－09）［2022－12－28］．http：//www. forestry. gov. cn/main/60/content－155. html.

［32］国家林业和草原局政府网．2017年度中国林业和草原发展报告［EB/OL］．（2019－06－20）［2022－02－21］．http：//www. forestry. gov. cn/main/62/20190620/150803098432965. html.

［33］国家林业和草原局政府网．2018年度中国林业和草原发展报告［EB/OL］．（2020－04－27）［2022－02－21］．http：//www. forestry. gov. cn/main/62/20200427/150949147968678. html.

[34] 郝景盛. 森林万能论 [M]. 上海：正中书局，1947.

[35] 贺闿，刘瑚. 桐村与桐油 [R]. 国民政府实业部汉口商品检验局，1934.

[36] 胡鞍钢，刘珉. 从森林赤字到森林盈余：林业发展转型与绿色新政 [J]. 林业经济，2011 (3)：7 - 13.

[37] 胡坚强. 中国林业史研究概述 [J]. 浙江林学院学报，2002 (3)：106 - 109.

[38] 胡锦涛. 携手应对气候变化挑战——在联合国气候变化峰会开幕式上的讲话 [N]. 人民日报，2009 - 09 - 23.

[39] 胡为雄. 论毛泽东的绿色经济思想——读《毛泽东论林业》 [J]. 毛泽东邓小平理论研究，2016 (3)：71 - 77，93.

[40] 胡文亮，王思明. 梁希"大林业思想"探析 [J]. 中国农史，2012，31 (1)：114 - 121.

[41] 胡文亮. 梁希与中国近现代林业发展研究 [M]. 南京：江苏人民出版社，2016.

[42] 华辰. 北洋政府农商总长谷钟秀就职演说辞 [J]. 民国档案，2005 (2)：3 - 4.

[43] 黄寿宸，刘国成. 实行全面、彻底的经济核算制是改革森工企业体制的一个重要方面 [J]. 林业经济，1980 (1)：66 - 71

[44] 贾治邦. 发展林业：应对气候变化的战略选择 [J]. 求是，2010 (7)：54 - 56.

[45] 贾治邦. 关于全面推进现代林业建设的总体设想 [J]. 内蒙古林业，2007 (5)：1.

[46] 贾治邦. 拓展三大功能　构建三大体系——论推进现代林业建设 [J]. 林业经济，2007 (8)：3 - 7.

[47] 贾治邦. 稳步推进集体林权制度改革 [N]. 中国绿色时报，

2006 – 10 – 20.

［48］贾治邦．中国农村经营制度的又一重大变革——对集体林权制度改革的几点认识［J］．求是，2007（17）：27 – 29.

［49］贾治邦．壮大林下经济　实现兴林富民　全面推动集体林权制度改革深入发展［J］．林业经济，2011（11）：6 – 10.

［50］翦伯赞，郑天挺，龚书铎．中国通史参考资料（近代部分）下册［M］．北京：中华书局，1985.

［51］蒋伯英，郭若平．中央苏区政权建设史［M］．厦门：厦门大学出版社，1999.

［52］荆蕙兰．清末新政与东北农业早期近代化［J］．求索，2012（12）：4.

［53］康有为．大同书［M］．北京：古籍出版社，1956.

［54］柯水发，姜雪梅，田明华．林业政策学理论过程与体系［M］．北京：中国农业出版社，2014：8 – 9.

［55］柯水发．林业政策学［M］．北京：中国林业出版社，2013：36.

［56］寇文正．新时期中国林业产业发展报告——2004年中国林业产业发展状况及最近5年中国林业产业发展态势评析［J］．中国林业产业，2005（10）：12 – 15.

［57］李博．民国初期我国的"振兴林业"思想［J］．林业经济，2017，39（8）：12 – 20.

［58］李国平，刘生胜．中国生态补偿40年：政策演进与理论逻辑［J］．西安交通大学学报（社会科学版），2018，38（6）：101 – 112.

［59］李海奎．碳中和愿景下森林碳汇评估方法和固碳潜力预估研究进展［J］．中国地质调查，2021，8（4）：8.

［60］李进霞．近代中国林业资源的变迁及其原因分析［J］．重庆

工商大学学报（社会科学版），2009，26（3）：70－75.

[61] 李莉，李飞. 中国林业史研究的回顾与前瞻［J］. 自然辩证法研究，2017（12）：93－97.

[62] 李莉. 中国林业史［M］. 北京：中国林业出版社，2017.

[63] 李明华，朱永法，张小芳. 邓小平的林业发展观探析［J］. 林业经济，2001（10）：7－10.

[64] 李明扬. 中国近现代木材贸易及其影响因素分析［D］. 河北农业大学，2009.

[65] 李屏翰，李飞. 风雷滚滚开先河——记中国近代林业的重要开拓者殷良弼［N］. 中国绿色时报，2022－01－14.

[66] 李世东. 新时期中国林业发展战略思考［J］. 林草政策研究，2022，2（1）：30－36.

[67] 李爽，李莉. 论韩安与农林部中央林业实验所［J］. 北京林业大学学报（社会科学版），2020，19（4）：70－75.

[68] 李文静. 陈嵘林业思想与实践研究［D］. 北京林业大学，2014.

[69] 李文治. 中国近代农业史资料［M］. 北京：三联书店，1957.

[70] 李学林，叶梦云. 论邓小平飞播造林及其对中国当代林业的影响［J］. 攀枝花学院学报，2017，34（4）：18－22.

[71] 李艳红. 民国时期左舜生的社会与政治活动研究［D］. 湖南师范大学，2018.

[72] 李育明. 我国林业税费改革十年述评［J］. 林业资源管理，2001（3）：33－41.

[73] 李周. 经济转型中的林业发展［J］. 林业经济，2016（12）：3－15.

[74] 李周. 林业经济学科建设的思考 [J]. 林业经济问题, 2017, 37 (3): 88 - 96

[75] 李周. 深化林改的思考 [J]. 农村工作通讯, 2008, 496 (20): 18 - 19.

[76] 李周. 私有林与中国林业发展 [J]. 林业经济问题, 2005 (3): 129 - 136.

[77] 梁希. 黄河流碧水, 赤地变青山——为五省 (区) 青年造林大会而作 [J]. 新黄河, 1956 (3): 19 - 21.

[78] 梁希. 梁希文集 [M]. 北京: 中国林业出版社, 1983.

[79] 梁希. 目前的林业工作方针和任务——1949 年 12 月 18 日在林业座谈会上的报告 [R]. 全国林业业务会议专刊, 1950b.

[80] 梁希. 森林在国家经济建设中的作用 [M]. 北京: 中华全国科学技术普及协会, 1957.

[81] 梁希. 我们要用森林做武器来和西北的沙斗争 [J]. 中国林业, 1950a, 1 (5).

[82] 梁希. 有关水土保持的营林工作 [J]. 中国林业, 1956 (1).

[83] 梁希. 组织群众护林造林, 坚决反对浪费木材 [J]. 中国林业, 1951, 3 (5).

[84] 林汇. 北京林学院汪振儒教授作《也谈关于森林的作用问题》的报告 [J]. 林业科学, 1981 (3): 341.

[85] 凌道扬. 近年来中国林业教育之状况 [A]. 真光杂志, 1927 (6)//刘中国, 刘鸿雁编. 凌道扬文集 [C]. 香港: 公元出版有限公司, 2018: 159 - 163.

[86] 凌道扬. 林业与民生之关系 [J]. 进步, 1915 (6): 13 - 1.

[87] 凌道扬. 论森林与教育之关系 [A]. 约翰声, 1917 (4)//刘中国, 刘鸿雁编. 凌道扬文集 [C]. 香港: 公元出版有限公司, 2018:

123 – 124.

［88］凌道扬. 森林学大意［M］. 上海：商务印书馆，1916a.

［89］凌道扬. 森林与国家之关系［J］. 东方杂志，1916b（11）：19 – 20.

［90］凌道扬. 森林与旱灾之关系［J］. 中国气象学会会刊，1925（1）：47 – 58.

［91］刘东生. 中国林业六十年历史映照未来［J］. 绿色中国，2009（19）：8 – 17.

［92］刘广运. 罗玉川：卓越的林业事业开拓者［N］. 中国绿色时报，2009 – 09 – 10.

［93］刘国成. 东林故事·王长富——我国林业经济学首倡者［EB/OL］. https：//nefu70. nefu. edu. cn/info/1047/1217. htm. 2021 – 10 – 10/2023 – 04 – 30.

［94］刘海龙. 梁希的林业发展观及其时代价值［J］. 南京林业大学学报（人文社会科学版），2014，14（1）：69 – 72.

［95］刘建平. 韩安［EB/OL］. 中国农业大学校友网. http：//xyh. cau. edu. cn/art/2012/1/9/art_22589_426836. html. 2012 – 01 – 09/2023 – 04 – 29.

［96］刘俊昌. 林业产值的计量、分析和应用研究［D］. 北京林业大学，2002.

［97］刘克祥. 清末和北洋政府时期东北地区的土地开垦和农业发展［J］. 中国经济史研究，1995（4）：85 – 107.

［98］刘露霏. 400 倍的跨越：从"一二三"到"二三一"［N］. 中国绿色时报，2018 – 11 – 29.

［99］刘珉，胡鞍钢. 中国创造森林绿色奇迹（1949 – 2060 年）［J］. 新疆师范大学学报（哲学社会科学版），2021，43（3）：69 – 80.

［100］刘振清．江泽民关于林业与生态建设问题的战略思考［J］．党史文苑，2013（2）：32－34.

［101］陆波，方世南．中国共产党百年生态文明建设的发展历程和宝贵经验［N］．中国社会科学报，2021－09－23.

［102］罗贤宇．习近平关于植树造林重要论述的理论溯源、科学内涵与时代价值［J］．福建师范大学学报（哲学社会科学版），2022（6）：77－86，170.

［103］马家麟．树木树人——访林学泰斗汪振儒教授［J］．前进论坛，1999（1）：27－28.

［104］毛泽东．毛泽东文集（第七卷）［M］．北京：人民出版社，1999.

［105］蒙莹莹．孙中山林业思想研究［D］．北京林业大学，2014.

［106］南京林业大学．南林人物——姚传法［EB/OL］．南京林业大学 120 周年校庆网．https：//120.njfu.edu.cn/info/1007/1301.htm.2022－11－21/2023－04－29.

［107］潘丹，陈寰，孔凡斌．1949 年以来中国林业政策的演进特征及其规律研究——基于 283 个涉林规范性文件文本的量化分析［J］．中国农村经济，2019（7）：20.

［108］泮君玲．清末商部——农工商部研究［D］．山东师范大学，2004.

［109］秦凤翥．论林业建设的综合发展战略［J］．吉林林学院学报，1987，3（4）：1－6.

［110］任铃．1949～1966 年我国林业建设的实践探索［J］．党的文献，2022（3）：107－114.

［111］沈家五．张謇农商总长任期经济资料选编［M］．南京：南京大学出版社，1987.

［112］史家瑞．张謇的林业法治思想及其当代价值——以其东三省林业法治建设为例［J］．国家林业和草原局管理干部学院学报，2022，21（2）：52 - 55.

［113］史志通．张謇主持制定中国第一部《森林法》［EB/OL］．江海明珠．https：//www. ntjoy. com/html/bendi/2022/0312/349404. shtml. 2022 - 03 - 12/2023 - 04 - 29.

［114］孙长山．探索中国森林资源发展现状［J］．林业勘查设计，2020，49（4）：22 - 24.

［115］索景炎．两年来林业界（二十一、二十二两年）［J］．中华农学会报，1934（129、130）.

［116］汤尔和．吉林省之林业［M］．上海：商务印书馆，1930.

［117］唐伟锋．宋教仁的农业思想及其现实意义［J］．理论与现代化，2014，228（4）：91 - 95.

［118］陶吉兴．先人对森林生态功能的认识［J］．浙江林业，2022（8）：26 - 27.

［119］田宝强．中国林业系统资本系数测度与分析［J］．林业经济，1997（2）：62 - 66.

［120］王本洋，罗富和，陈世清，刘锡辉．1978 年以来我国林业发展战略研究综述［J］．北京林业大学学报（社会科学版），2014，13（1）：1 - 8.

［121］王超英，王洪杰．森林法修改的必要性和重要现实意义［J］．中国林业，1998（8）：3 - 4.

［122］王金香．梁希森林防灾思想简论［J］．古今农业，1999（4）：53 - 60.

［123］王维．梁希的林业思想初探［D］．北京林业大学，2010.

［124］王文娟，黄海菲．邓小平对于中国社会主义生态建设的探

索 [J]. 学理论, 2010 (7): 6 – 8.

[125] 王希群. 凌道扬年谱——纪念凌道扬先生诞辰 130 周年 [J]. 北京林业大学学报 (社会科学版), 2018, 17 (1): 1 – 22.

[126] 王希群. 汪振儒年谱——纪念汪振儒先生诞辰 110 周年 [J]. 北京林业大学学报 (社会科学版), 2018, 17 (4): 17 – 29.

[127] 王心同. 中国林业发展的经济政策研究 [D]. 北京林业大学, 2008.

[128] 王长富. 中国林业经济史 [M]. 哈尔滨: 东北林业大学出版社, 1990: 192 – 193.

[129] 王长富. 从 "清朝双绝" 看今日东北林区主战场 [J]. 林业经济问题, 2000, 20 (6): 321 – 326.

[130]. 王长富. 东北近代林业经济史 [M]. 北京: 中国林业出版社, 1991.

[131] 王长富. 中国林业经济史 [M]. 哈尔滨: 东北林业大学出版社, 1990.

[132] 王志宝. 加快林业产业发展努力实现林业产业现代化 [J]. 中国林业产业, 2004 (6): 1 – 6.

[133] 魏贤玲. 略论曾济宽西北经济开发思想 [J]. 开发研究, 2011 (4): 154 – 157.

[134] 魏源. 海国图志 [M]. 李巨澜评注. 郑州: 中州古籍出版社, 1999.

[135] 邬仪. 全川各县苗圃林场二十五六年度概况 [J]. 建设周报, 1938 (2): 25 – 62.

[136] 吴洪珍. 毛泽东林业建设思想的当代启示 [J]. 常州大学学报 (社会科学版), 2011, 12 (1): 20 – 23.

[137] 吴洪珍. 毛泽东林业思想及其当代意义 [J]. 经济师,

2010，262（12）：34-35.

[138] 吴小松，刘东生．中国林业市场经济改革与发展的几点思考 [J]．林业经济，2000（2）：32-25.

[139] 习近平．摆脱贫困 [M]．福州：福建人民出版社，2014.

[140] 习近平．在十八届中共中央政治局第二次集体学习时的讲话 [EB/OL]．中国政府网，2023-02-01.

[141] 肖致治．辛亥革命后黎元洪的实业活动 [J]．江汉论坛，1981（5）：20-25.

[142] 谢家祜．河北省林业史料 [R]．河北省林业厅林业志办公室，1996.

[143] 谢先进．鸭绿江右岸之林业 [M]．民国中华农学会，1931.

[144] 谢屹．深入理解森林"四库"精准提升森林质量 [N]．中国绿色时报，2022-07-06.

[145] 熊大桐．中国古代林业科学技术知识初探 [J]．林业科学，1987（2）：162-173.

[146] 熊大桐．中国近代林业史 [M]．北京：中国林业出版社，1989.

[147] 熊大桐．中国林业科学技术史 [M]．北京：中国林业出版社，1989.

[148] 徐世昌．东三省政略 [M]．李澍田等点校．长春：吉林文史出版社，1989.

[149] 徐有芳．积极适应社会主义市场经济的要求进一步深化林业改革做好林业工作把林业推向高产优质高效持续发展的新阶段 [J]．林业经济，1994（1）：1-9.

[150] 徐有芳．深化林业改革大力发展多种经营 [J]．中国林副特产，1988（1）：3-4.

[151] 徐有芳. 为建立比较完备的林业生态体系和比较发达的林业产业体系而努力奋斗 [J]. 林业经济, 1995 (1): 1-10.

[152] 徐智, 朱江户, 廖士义. 营林生产集约经营系统理论和方法的初步研究 [J]. 北京林学院学报, 1985 (2): 36-46.

[153] 佚名. 邓小平论林业与生态建设 [J]. 内蒙古林业, 2004 (8): 1.

[154] 佚名. 汪振儒——我国树木生理学的奠基者 [EB/OL]. 北京大学新闻网. https: //news. pku. edu. cn/bdrw/137-108588. htm. 2006-06-19/2023-04-30.

[155] 雍文涛. 林业建设问题研究 [M]. 北京: 中国林业出版社, 1986.

[156] 雍文涛. 林业分工论: 中国林业发展道路的研究 [M]. 北京: 中国林业出版社, 1992.

[157] 苑朋欣. 商部 (农工商部) 与清末林业的振兴 [J]. 北京林业大学学报 (社会科学版), 2010, 9 (3): 31-36.

[158] 苑朋欣. 晚清时期国人对林业的认识与思考 [J]. 史志学刊, 2017, 18 (6): 18-23.

[159] 苑朋欣. 袁世凯与清末直隶农政 [J]. 河北师范大学学报: 哲学社会科学版, 2011, 34 (1): 5.

[160] 张春霞, 许文兴, 蔡剑辉. 社会林业——实现林业可持续发展的制度——中国特色社会林业发展研究 (七) [J]. 林业经济问题, 2000 (1): 5-8.

[161] 张春霞, 郑晶. 林权改革30年回顾——集体林权改革研究之二 [J]. 林业经济, 2009 (1): 55-58.

[162] 张春霞, 郑晶. 新一轮林改: 落实和保护平民财产权利的制度创新——集体林权改革研究之一 [J]. 林业经济, 2008 (9): 12-

17.

［163］张岱年，方克立．中国文化概论［M］.北京：北京师范大学出版社，1994.

［164］张桂香．论邓小平理论对林业建设的指导作用［J］.山西林业，1998（4）：8－10.

［165］张謇．张謇全集：第2卷［M］.南京：江苏古籍出版社，1994.

［166］张建国．社会林业论：现代林业的资源动员方式［M］.2版．北京：中国林业出版社，2002.

［167］张建龙．继续深化集体林权制度改革全面提升集体林业经营发展水平［J］.林业经济，2016，38（1）：3－8.

［168］张建龙．加快推进林业现代化建设［J］.紫光阁，2016（3）：41.

［169］张建龙．全面开启新时代林业现代化建设新征程［J］.国土绿化，2018（2）：6－9.

［170］张建龙．我国集体林权制度改革态势与重点任务［J］.林业经济，2011（3）：3－6.

［171］张建龙．现代林业统计评价研究［M］.北京：中国林业出版社，2013.

［172］张廷栖，范建华．张謇的生态观研究［J］.南通大学学报（社会科学版），2006，22（2）：115－120.

［173］张文琴．改革开放四十年来中国近代林业研究综述［J］.农业考古.2020（3）：257－264.

［174］张文涛．民国时期西南地区林业发展研究［D］.北京林业大学，2011.

［175］张霞．孔祥熙"三农"思想研究［J］.山西农业大学学报

（社会科学版），2009，8（5）：449－452.

［176］张迎春．中国近代林业产业状况研究［D］.河北农业大学，2011.

［177］章雪梅，郭清华．现代高效持续林业——中国林业发展道路的抉择［J］.农业与技术，2017，37（22）：179.

［178］仇文新．皖赣林业调查记［J］.森林，1921.

［179］赵尔巽．清史稿．第十三册［M］.北京：中华书局，1976.

［180］赵树丛．中国林业发展与生态文明建设［J］.行政管理改革，2013（3）：16－21.

［181］赵树丛．国有林场林区改革势在必行［J］.中国林业产业，2015（6）：26－27.

［182］赵同谦，欧阳志云，郑华，王效科，苗鸿．中国森林生态系统服务功能及其价值评价［J］.自然资源学报，2004（4）：480－491.

［183］赵渭人．重庆之木业［J］.木业界，1950，2（11）.

［184］郑宇．民国北京政府时期东北林政管理体系探析［J］.学习与探索，2020（11）：183－191.

［185］中共中央文献编辑委员会．邓小平文选（第二卷）［M］.北京：人民出版社，1983a.

［186］中共中央文献编辑委员会．邓小平文选（第三卷）［M］.北京：人民出版社，1993b.

［187］中共中央文献研究室、国家林业局．毛泽东论林业（新编本）［M］.北京：中央文献出版社，2003.

［188］中共中央文献研究室、国家林业局．新时期党和国家领导人论林业与生态建设［M］.北京：中央文献出版社，2001.

［189］中共中央文献研究室．建国以来毛泽东文稿（第5册）

［M］. 北京：中央文献出版社，1997.

［190］中国科学技术协会. 中国科学技术专家传略·农学编·林业卷1［M］. 北京：中国科学技术出版社，1991.

［191］中国林业经济学会，国家林业和草原局管理干部学院. 新中国林业经济思想史略：1949～2000［M］. 北京：中国林业出版社，2019.

［192］中国人民大学政治经济学系《中国近代经济史》编写组. 中国近代经济史［M］. 北京：人民出版社，1976.

［193］中国森林编辑委员会. 中国森林（第1卷）［M］. 北京：中国林业出版社，1997.

［194］中国社会科学院农业经济研究所林业发展战略课题组. 我国林业发展战略的初步设想［J］. 农业经济问题，1983（5）：34－38.

［195］中国政府网. 习近平：高举中国特色社会主义伟大旗帜为全面建设社会主义现代化国家而团结奋斗——在中国共产党第二十次全国代表大会上的报告［EB/OL］（2022－10－25）［2022－12－20］. http：//www. gov. cn/xinwen/2022－10/25/content_5721685. htm.

［196］中国政府网. 中共中央 国务院关于加快林业发展的决定［EB/OL］.（2003－06－25）［2022－12－20］. http：//www. gov. cn/gongbao/content/2003/content_62358. htm.

［197］钟卓安. 陈济棠［M］. 广州：暨南大学出版社，1999.

［198］周光仲. 周桢：文成走出的林业大家［N］. 温州日报，2014－03－06.

［199］周生贤. 东扩、西治、南用、北休冶——相持阶段林业发展区域战略方针［J］. 人民论坛，2005（10）：24－25.

［200］周生贤. 论我国林业的跨越式发展［J］. 林业经济，2001（6）：3－7.

［201］周生贤．中国林业的历史性转变——《中国可持续发展林业战略研究总论》前言［J］．中国林业，2002（21）：24－27.

［202］周兴樑．陈济棠治粤与广东的近代化建设［J］．中山大学学报（社会科学版），2000（6）：64－72.

［203］周永萍，杨绍陇．南林人物——李寅恭［EB/OL］．南京林业大学120周年校庆网．https：//120. njfu. edu. cn/info/1007/1037. htm. 2021－10－12/2023－04－29.

［204］朱济凡，任荣荣，周济．再论我国林业发展新战略［J］．农业经济丛刊，1983（3）：49－52.

［205］朱济凡．论我国林业发展的新战略［J］．南京林业大学学报（自然科学版），1982（3）：1－4.

［206］朱寿朋．光绪朝东华录［M］．北京：中华书局，1958：4758－4833.

［207］朱永法，樊宝敏．论21世纪中国林业的发展［J］．林业经济，2000（增刊）：21－26.

［208］左承颖．"森林"进入城市：民国时期森林公园筹设研究［J］．近代史研究，2022（3）：115－130.